JOHANN GOTTLIEB FICHTE

Wissenschaftslehre nova methodo

Kollegnachschrift K. Chr. Fr. Krause 1798/99

Herausgegeben sowie mit Einleitung
und Anmerkungen versehen von
ERICH FUCHS

FELIX MEINER VERLAG
HAMBURG

PHILOSOPHISCHE BIBLIOTHEK BAND 336

Im Digitaldruck »on demand« hergestelltes, inhaltlich mit der 2. verb.
Aufl. von 1994 identisches Exemplar. Wir bitten um Verständnis für
unvermeidliche Abweichungen in der Ausstattung, die der Einzelfer-
tigung geschuldet sind.

Bibliographische Information der Deutschen Nationalbibliothek

Die Deutsche Nationalbibliothek verzeichnet diese Publikation in der
Deutschen Nationalbibliographie; detaillierte bibliographische Daten
sind im Internet abrufbar über ‹http://portal.dnb.de›.

ISBN 978-3-7873-1159-0
ISBN eBook: 978-3-7873-3219-9

www.meiner.de

INHALT

Johann Gottlieb Fichte
Wissenschaftslehre nova methodo

Inhalt

VORWORT ZUR ZWEITEN AUFLAGE

Der Text der WL nova methodo hat vor allem im nicht-
deutschsprachigen Ausland große Resonanz gefunden. Seit
dem Erscheinen der Nachschrift Krauses (1982) wurden drei
Übersetzungen der WL nova methodo unternommen: zuerst
wurde die Hallesche Nachschrift 1987 von Manuel Ramos und
José Luis Villacaños ins Spanische übertragen. Dann veröffentlichte Ives Radrizzani 1989 eine Übertragung vornehmlich der
Krause-Nachschrift ins Französische und Daniel Breazeale 1992
eine solche ins Englische. Mit den beiden letztgenannten Fichte-
Forschern stand ich während deren Übersetzungsarbeit in Kon-
takt. Ihre Anfragen und Korrekturvorschläge zu der von mir
vorgelegten Transkription der Krause-Nachschrift hatten mei-
nerseits eine weitere Aufmerksamkeit dem edierten Text gegenüber zur Folge. Nach Erscheinen der beiden Übersetzungen
habe ich das Ergebnis der philologischen (und diesen zugrunde-
liegenden systematischen) Bemühungen der beiden Forscher-
Kollegen für die Verbesserung des hier vorgelegten Textes be-
nützen können, so daß der Leser dieser Ausgabe vom Resultat
dieser mehrere Jahre dauernden „Dreierkonferenz in Sachen
WL nova methodo" profitieren kann.

Die zur Verbesserung der Textqualität geleistete Arbeit wird
ersichtlich durch die philologischen Anmerkungen auf den Seiten 257–264 dieses Bandes. Im Textteil selbst wird auf diese
Korrekturen durch * im Bundsteg neben der betreffenden Zeile
verwiesen. Stillschweigend verbessert sind die wenigen Satz-
fehler der ersten Auflage.

Die philologischen Anmerkungen enthalten Veränderungen
von zweierlei Art:

a) Korrekturen von Transkriptionsfehlern, die bei der Erstel-
lung der ersten Auflage vor allem durch das Bemühen, der
Forschung möglichst schnell nach der Entdeckung den neuen
Text zur Verfügung zu stellen, verursacht worden sind. Diese
Verbesserungen werden ohne weitere Angabe nach der Sigle *F:*
geboten.

b) Veränderungen, die ich aus inhaltlich-systematischen Gründen am Text des Manuskripts Krauses vorgenommen habe. Diese Herausgeber-Korrekturen sind durch ein dem Bezugswort vorangestelltes *Ms:* kenntlich gemacht. Sie wurden zumeist gewonnen durch den Vergleich mit Parallelstellen aus den anderen bekannten Fassungen der WL nova methodo, vor allem der in der J. G. Fichte-Gesamtausgabe der Bayerischen Akademie der Wissenschaften, Band IV,2 veröffentlichten Halleschen Nachschrift. An einigen Stellen war auch ein Blick in die mir inzwischen bekannt gewordene Nachschrift F. A. Eschens hilfreich.

EINLEITUNG

Der Text der Vorlesung

Von der „Wissenschaftslehre nova methodo", die Fichte in Jena von 1796 bis 1799 lehrte, liegt uns Fichtes Handschrift nicht vor. Fichte hat zwar begonnen, diese Wissenschaftslehre als „Versuch einer neuen Darstellung der Wissenschaftslehre" im „Philosophischen Journal einer Gesellschaft Teutscher Gelehrten", 5.–7. Band, 1797/98 herauszugeben[1]; die Veröffentlichung bricht aber aus unbekannten Gründen nach dem ersten Kapitel ab.

Der Text dieser Wissenschaftslehre war lange Zeit allein in der erstmals 1912 von Fritz Medicus erwähnten, von Hans Jacob 1937 in Band 2 der „Nachgelassenen Schriften" Fichtes abgedruckten Nachschrift Yg 21 der Universitätsbibliothek Halle a. d. Saale (deswegen im folgenden „Hallesche Nachschrift") bekannt.[2] Die hier in zweiter Auflage zur Veröffentlichung gelangende Kollegnachschrift der Wissenschaftslehre nova methodo aus dem Wintersemester 1798/99 verbessert seit ihrer Auffindung im Jahre 1980 die Textlage in bedeutender Weise. (Inzwischen ist aus dem Nachlaß von F. A. Eschen in der Eutiner Landesbibliothek eine weitere Nachschrift der WL nova methodo bekannt geworden. Sie ist allerdings nur fragmentarisch erhalten und enthält den Paralleltext zu den folgenden Seiten dieser Ausgabe: 54–90; 118–130; 157–178; 182–183).

Im handschriftlichen Nachlaß Karl Christian Friedrich Krauses in der Sächsischen Landesbibliothek Dresden befindet sich die von diesem selbst geschriebene Kollegnachschrift mit dem Titel: „Fichte's Vorlesungen über die Wissenschaftslehre, gehalten zu Jena im Winter 1798/99. nachgeschrieben von K. Chr. Fr. Krause." (Krause, 1781 geboren, nahm im Wintersemester 1797/98 das Studium in Jena auf. Er war ab 1802 Privatdozent, 1805 in Dresden, 1814 nach Fichtes Tod in Berlin – dort bewarb er sich vergeblich um die Nachfolge auf Fichtes Lehrstuhl –, zuletzt in Göttingen und München, wo er 1832 starb. Er entwarf ein eigenes philosophisches System, das er als die höhere Vereinigung des Schelling-Hegelschen ‚Absolutismus' und des Kant-Fichteschen ‚Subjektivismus' betrachtete.)

Krauses Nachschrift hat gegenüber der Halleschen Nachschrift und derjenigen Eschens den Vorteil der genauen Datierung. Die Nachschrift trägt die Bibliothekssignatur „l 16". Sie ist in einen Pappeinband gebunden und mit einem schwarzen Papierumschlag versehen. Das Format dieses Buchs ist ungefähr 17,5 mal 22,5 cm.

Vor dem hier wiedergegebenen Text dieser Vorlesung sind der Handschrift auf neun, mit 1 bis 9 durchnumerierten Seiten (mit einem „Beiblatt zu S. 2." zwischen Seite 1 und Seite 2) Fichtes Diktate der Inhaltszusammenfassungen der neunzehn Abschnitte (§§) der Wissenschaftslehre nova methodo beigebunden. Diese Diktate tragen auf einem eigenen Titelblatt vor S. 1 den Titel „Fichte's Hauptsätze der Wissenschaftslehre, vom Jahr 1798–1799". Die Seite 1 dieser Diktate trägt oben eine eigene Überschrift: „Fichte's Dictate zu seiner Wissenschaftslehre. (das letztemal vorgetragen) (Im Winter 1798 bis 1799.)" – Da sich der Text dieser den Inhalt zusammenfassenden Diktate in nahezu gleichlautender Formulierung auch im fortlaufenden Text der Vorlesung (jeweils am Ende des Abschnittes, dessen Inhalt er resümiert) findet, wird hier auf seine Wiedergabe verzichtet.

Die eigentliche Nachschrift der Vorlesung ist nach dem eigenen Titelblatt[3] von 1 bis 325 durchnumeriert. In dieser Zählung treten einige Fehler auf: die Nummern 79, 127, 134, 307 erscheinen zweimal, die Nummern 96 und 141 fehlen. Es sind also 327 Textseiten auf grauem, geripptem Papier mit einem Wasserzeichen, das sich jeweils über eine Doppelseite erstreckt. Jeder Bogen zu acht Blatt, ausgenommen Bogen L (6 Blatt) und O (2 Blatt), trägt oben rechts fortlaufend einen lateinischen Großbuchstaben, beginnend auf Seite 1 mit A bis zu Seite 319 mit Z. Die Buchstaben J, W, X und Y fehlen. Die Seite 233 (dazu unten eine Erläuterung), die Rückseite von 325 und zwei weitere Seiten sind unbeschrieben. Auf der vorletzten Seite folgt ein Inhaltsverzeichnis für die Seiten, auf denen die Zusammenfassungen für die einzelnen Abschnitte (§ 1 bis § 19) stehen.

Über dem Text, von diesem durch einen Querstrich getrennt, steht ein ‚lebender Kolumnentitel': auf den ersten Seiten
z. B. „Erste Einleitung", S. 4: „Erste Einl. üb. d. System
d. W.L", S. 5: „Erste Einl. Uiber d. Kantische Ph.", S. 6: „Erste
Einl. Grund der Nothw d. Ph.". Beim Text der Wissenschaftslehre selbst steht nur die jeweilige Paragraphen-Nummer, z. B.
„§ 1" usw.

Jedes Blatt ist in der Mitte in Längsrichtung geknickt und
beidseitig jeweils auf der Innenhälfte der Seiten beschrieben.
Auf der Außenhälfte stehen – im ersten Viertel der gesamten
Nachschrift viel häufiger als hinten – später verfaßte, sachliche
(meist Fichtes philosophische Position kritisierende) Anmerkungen Krauses, die zum Teil mit einer Datierung versehen
sind (z. B. „Mai 1814", „1822"). Es läßt sich daraus schließen,
daß Krause diese Kollegnachschrift in späteren Jahren wieder als
Grundlage für seine Lehrveranstaltungen verwendet hat.[4] (In
den 1823 in Dresden gehaltenen, 1829 in Göttingen im Druck
erschienenen „Vorlesungen über die Grundwahrheiten der
Wissenschaft" hat Krause offensichtlich seine Kollegnachschrift
benützt, vergl. dort S. 392–399.) Diese Randglossen sind wie
die ebenfalls zum größten Teil später gemachten Unterstrei-
chungen im Text mit anderer Tinte (rot, dunkleres Schwarz) als
der fortlaufende Text geschrieben.

Über die Veranlassung zu der Anfertigung dieser Nachschrift
gibt eine Briefstelle Krauses an seinen Vater Auskunft, der seinen Sohn vor seinem Studienantritt vermutlich aufgefordert
hatte, ihm über den Inhalt der gehörten Vorlesungen zu berich-
ten. Krause schreibt am 2. Dezember 1797 an seinen Vater: „Mit
dem grösten Vergnügen werde ich Ihnen von Zeit zu Zeit das
Auffallendste aus Griesbachs, Fichtens und Schützens u. s. w.
Collegien mittheilen, *ich will mir ein Buch darüber halten.*"[5] Aus
Krauses umfangreichem Briefwechsel mit dem Vater beziehen
sich die folgenden Stellen auch auf die Vorlesung der Wissenschaftslehre nova methodo. Am 18. Oktober 1798 schreibt der
Vater an Krause: „Du kannst ja sehen, daß du sie [sc. die Colle-
gien] auch bei Fichte frei bekommst, du mußt bitten u. das ist
k[eine]. Schande, u. sagen, du wolltest dir gerne auch ein u. das
andre Buch kauffen u. wolltest dich doch gerne in sein System
einstudiren."[6] Am 24. Oktober antwortet Krause: „Bey Fichten

XI

terung dient dafür auf Ms.-S. 232 unten der Zusatz: „Hier hängt das Manuscript unmittelbar mit P. 234 zusammen; es fehlt nichts." Diese Anmerkung von der nicht geschwänzten „Stunde" informiert uns demnach darüber, wie groß der Textumfang dessen ist, was Fichte in einer einzigen Vorlesungsstunde vorgetragen hat.

2. Überprüft man nun das Manuskript am Ende der nächsten, etwa gleich großen Textmenge hinsichtlich der Tintenfarbe und des Schriftbilds, so erkennt man, daß auf Ms.-S. 239 unten das Schriftbild undeutlicher (Ermüdung des Schreibers!) und die Tinte blasser wird als am vermutlichen Beginn der nächsten Vorlesungsstunde auf derselben Seite, welcher mit den Worten beginnt: „(Man könnte den Transcendent[alen] Ideal[ismus] eintheilen". Der nächste Einschnitt wäre aus denselben Gründen auf Ms.-S. 245 unten („Der Zweckbegriff geht") zu machen.

Diesen Beobachtungen zufolge kann man feststellen, daß Krause die Nachschrift wahrscheinlich stundenweise, und zwar vermutlich bald nach Hören der Vorlesung, angefertigt hat.

3. Diese Vermutung, daß das auf uns gekommene Manuskript keine unmittelbare Mitschrift im Hörsaal, sondern eine Reinschrift an Hand der im Hörsaal gemachten Notizen, darstellt, wird durch folgende Beobachtungen gestützt: An einigen Stellen scheint Krause die eigenen Notizen fehlerhaft abgeschrieben zu haben: vgl. 40, letzte Zeile, wo Krause wahrscheinlich das ursprüngliche „sich selbst sehendes" als „sich selbst setzendes", also h als tz gelesen hat. Auch die Verschreibung von „Gefühls" in „Erfolgs", S. 152, dürfte auf die (bei Krause) große handschriftliche Ähnlichkeit beider Wörter zurückgehen. Ebenso auf S. 151, Z. 9 die Verschreibung Reihe – Reiche. Auf Ms.-S. 104 unten tritt ein beim Abschreiben häufig vorkommender Fehler auf: verleitet durch ein identisches Wort „rutscht" der Abschreiber einige Zeilen höher oder tiefer und läßt entweder den dazwischen liegenden Abschnitt aus oder schreibt ihn ein zweites mal ab; letzteres ist Krause hier passiert: Im mit „Ich kann..." beginnenden Absatz kommt zweimal der Passus „das Gefühl des Strebens" vor. Beim zweiten Mal hat Krause irrtümlich noch einmal fortgesetzt: „eines Dranges müßte da sein", dann den Fehler bemerkt und diese Worte

durchgestrichen. Ein gleicher Fehler ist auf Ms.-S. 138 festzustellen.

In der Einleitung zur ersten Auflage habe ich den auf S. 12 des Manuskripts in Klammern gesetzten Satz „(Dieses Versprechen [sc. die Reflexionsgesetze in Vereinigung und Verbindung mit dem, was daraus entsteht, ausdrücklich und gründlich abzuhandeln] konnte wegen Mangel an Zeit nicht erfüllt werden.)“ für eine Bemerkung Krauses gehalten und daraus Schlüsse über die Abfassungszeit der Krauseschen Kollegnachschrift gezogen. Franz Bader verdanke ich den Hinweis, daß Reflexion und Reflexionsgesetze in der WL nova methodo sehr wohl, und zwar in § 14, ab S. 156 dieser Ausgabe, behandelt werden, und Ives Radrizzani hat im Vorwort zu seiner französischen Ausgabe treffende Argumente dafür geliefert, daß (nicht Krause, sondern) Fichte selbst sich mit dieser Bemerkung auf einen Mangel der „Grundlage der gesammten Wissenschaftslehre“ bezieht. Deshalb läßt sich *daraus* kein Hinweis auf die Zeit der Niederschrift dieser Kollegnachschrift gewinnen.

Die Untersuchung zu den wahrscheinlichen Stundenanfängen und -enden habe ich nicht am ganzen Text durchgeführt; aber die angegebenen Hinweise genügen wohl für die vorsichtige Schätzung, daß Fichte die Wissenschaftslehre nova methodo im Wintersemester 1798/99 in etwa *60 Vorlesungsstunden* vom 29. Oktober 1798 – unterbrochen durch die Weihnachtsferien (siehe Ms.-S. 127b) – bis zum 14. März 1799 vorgetragen hat.

Die Schlußfolgerung auf die Textmenge einer Vorlesungsstunde und die wahrscheinlichen Stundenenden wird durch einen Vergleich mit den Parallelstellen der Halleschen Nachschrift gestützt. Diese letztere hat nämlich an den im Gedankengang entsprechenden Stellen, in der zweiten Hälfte häufiger als in der ersten, einen Querstrich, der allem Anschein nach das Stundenende anzeigen soll: z. B. Akad.-Ausg. IV, 2, S. 179 (entspricht unserer Ms.-S. 226 unten), S. 189 (entspricht Ms.-S. 239), S. 195 (entspricht Ms.-S. 245). Auch dieser Vergleich ließe sich weiter fortführen. So dürfte Fichte in dem Semester, in welchem die bisher bereits bekannte Nachschrift angefertigt wurde, an der sachlich selben Stelle die Zäsur der Weihnachtsferien gesetzt haben: vergl. Akad.-Ausg. IV, 2, S. 92 und unsere

Ms.-S. 127b. Auf den ersten Blick fällt hier noch auf, daß Fichte in der Halleschen Nachschrift jeweils an den vermuteten Stundenanfängen kleine Rekapitulationen des vorangegangenen Inhalts durchgeführt hat, welche in der Krause-Nachschrift – vermutlich wegen des in der zweiten Semesterhälfte nachlassenden Interesses und/oder Verständnisses des Hörers – meist fehlen.

Die Stelle eines Briefes von Fichte an Reinhold vom 21. März 1797 liefert einen Hinweis darauf, wie Fichte bei der Abfassung seiner neuen Darstellung vorgegangen ist: „Ich habe sie diesen Winter für mein Auditorium [...] ganz umgearbeitet; so als ob ich sie nie bearbeitet hätte, und von der alten nichts wüßte. Ich lasse diese Bearbeitung in unserem Phil. Journal abdrucken (versteht sich wieder von neuen aus den Heften bearbeitet)."[13] Dieser Vorlesungsgrundlage wird nach Fichtes gewöhnlicher Arbeitsweise ein erster schriftlicher Entwurf, das Ergebnis seines ‚Denkens mit der Feder in der Hand‘, vorangegangen sein.

Diesen „Heften" dürfte eine endgültige, stilistisch vollendete Ausformung gefehlt haben; man wird sich ihren Formulierungszustand ähnlich demjenigen vorstellen müssen, welchen das im Nachlaß erhaltene Manuskript Fichtes zur ersten Vorlesungsreihe der Wissenschaftslehre von 1804[14] oder dasjenige der Wissenschaftslehre vom Sommer 1805 (Erlangen)[15] aufweist: dort ist der Vorlesungsinhalt zum Teil nur in Stichworten und Satzteilen, zum Teil auch in ganzen Sätzen niedergelegt. Bei der Vorlesung selbst im Hörsaal wird Fichte seine Gedanken dann vollständig in freier Rede – vgl. auf dem Anschlagzettel: „libera et perpetua oratione" – unter Verwendung seiner Aufzeichnungen formuliert haben. Diese ‚halb durchformulierten‘ „Hefte" haben dann vermutlich für alle drei Semester, in denen Fichte die „Wissenschaftslehre nova methodo," gelesen hat (WS 1796/97, WS 1797/98, WS 1798/99) als Vorlesungsgrundlage gedient. Diese Annahme schließt auch die Möglichkeit ein, daß Fichte im Laufe der drei Jahre in geringem Umfang gewisse Teile verändert, präzisiert, manche herausgenommen und durch Neuformulierungen ersetzt hat.

Als Indiz dafür, daß nur eine Vorlesungsgrundlage für alle

drei Vorlesungen existiert hat, kann auch die Tatsache sprechen, daß Fichte jedesmal, wenn er später (1799–1801) von ihr
redet, von der neuen Darstellung der Wissenschaftslehre, bzw.
der neuen Bearbeitung im Singular spricht; so z. B. im Brief an
seine Frau vom 28. Oktober/2. November 1799: „ich habe noch
ein schönes Manuscript liegen, die neue Bearbeitung der Wissenschaftslehre, welche mit weniger Mühe sich auch verkaufbar
machen läßt, und die ich gleichfalls gut anzubringen hoffe."[16]

Unter dieser wenigen Mühe dürfte sicherlich die endgültige,
druckreife Formulierung – neben einer möglichen Abänderung
der Interpersonallehre[17] – zu verstehen sein. Diese Annahme
einer einzigen Vorlesungsgrundlage würde mehrere auffällige
Fakten erklären, deren Zahl sich durch das Auftauchen der
Krause-Nachschrift und der Eschen-Nachschrift noch ver-
mehrt hat. Eines dieser Fakten ist die sehr große Übereinstimmung der nunmehr drei bekannten Nachschriften im Gedankengang, in derselben Aufeinanderfolge der Gedankenschritte,
als auch in der Gliederung der Paragraphen wie auch deren Un-
tergliederungen (1., 2., 3., usw.).

Fichte scheint diese Gliederungspunkte angegeben haben, so
daß die Hörer sie mitschreiben konnten. Eine Stelle fällt diesbezüglich besonders ins Auge: Akad.-Ausg. IV,2, S. 78, Zeile 15
bzw. Krause (Meiner) S. 86, Zeile 15: Der Schreiber der Halleschen Nachschrift hatte richtig „9)" geschrieben, vorher aber
die beiden Punkte 7 und 8 ausgelassen. Anhand der Nachschrift
Krauses kann man diese beiden Punkte identifizieren.

Die Nachschriften stimmen auch darin überein, daß sie nirgends auf den – wenigstens was die hier veröffentlichte Krause-
Nachschrift anbelangt – schon erfolgten Abdruck des ersten
Kapitels im „Philosophischen Journal" Bezug nehmen. Die
Hallesche wie die Krause-Nachschrift verweisen erst im hinte-
ren Teil auf die gedruckte Sittenlehre Fichtes. (In der Nachschrift Eschens findet sich, soweit sie überliefert ist, an den
entsprechenden Stellen keinerlei Hinweis auf die gedruckte Sittenlehre. Daraus läßt sich nicht viel folgern, da sie ingesamt
knapper formuliert ist als die beiden anderen Nachschriften.)
Der im Gedankengang feststehende Text der „Hefte" kann erklären, warum die aus der Zeit des Atheismusstreits stammende
Krause-Nachschrift mit keinem Wort auf dieses Ereignis ein-

geht und auch warum sie keinerlei Änderung in der Interpersonalitätslehre aufweist.

Den Nachschriften ist ebenso gemeinsam, daß sie den nahezu gleichlautenden Text der Paragraphen-Zusammenfassungen („Diktate") haben. Die Nachschrift Eschens macht hinsichtlich der Zusammenfassung zu § 16 eine Ausnahme; der kurz danach abbrechende Text scheint aber an dieser Stelle verdorben zu sein. In der Krause-Nachschrift findet sich für die ersten drei Paragraphen jeweils zusätzlich eine „ältere Abfassung" (dies der Zusatz in den beigehefteten „Hauptsätzen"). Ives Radrizzani und Daniel Breazeale haben in ihren schon erwähnten Vorworten die nicht mit einander vereinbaren Fakten diskutiert, daß die in den „Hauptsätzen" als „ältere" bezeichneten Zusammenfassungen von § 1–3 innerhalb des laufenden Vorlesungstextes den Zusatz „(dictirt 1798.)" bzw. „(1798.)" tragen. Wenn diese tatsächlich älter wären, müßten sie im Herbst 1797 oder 1796 diktiert worden sein. (Es sei denn, man nimmt an, Fichte habe jeweils am Ende des Wintersemesters die gesammelten Diktate noch einmal im Zusammenhang vorgetragen. Diese Annahme wird durch die Tatsache, daß ein eigenes mehrseitiges Manuskript, „Fichte's Hauptsätze der Wissenschaftslehre, vom Jahr 1798–1799", existiert, gestützt. Dies könnte Fichte auch im Wintersemester 1797/98 so gehalten haben, und dann würden beide Angaben „ältere Abfassung" und „dictirt 1798" einander nicht widersprechen.)

Ansonsten bleibt nur zu konstatieren, daß Krause sich geirrt hat und entweder die „ältere Abfassung" fälschlich mit 1798 datiert oder umgekehrt die Fassung von 1797 (oder früher) mit „Neuere Abfassung" bezeichnet hat. – Vielleicht könnte, nach einem Hinweis von Michael Rath, eine *inhaltliche* Interpretation des, so viel ich sehe, allein in der „älteren Abfassung" auftauchenden Begriffs „reine Reflexion" (vgl. S. 34) weiterhelfen. Er kommt jedenfalls im gesamten Text der Wissenschaftslehre nova methodo nicht vor: ein Hinweis darauf, daß er aus einer älteren Fassung der WL nova methodo stammt? Wäre er aus der jüngsten Fassung, so hätte Fichte ihn hier auch im laufenden Text verwendet.

Die Nachschrift Eschens kann in dieser Frage leider keine Auskünfte vermitteln, da der Anfang nicht erhalten ist. So wird man diesbezüglich im Ungewissen bleiben, solange keine weiteren Texte zur WL nova methodo aufgefunden werden.

Vergleicht man die Nachschriften aufmerksam, so ergibt sich schließlich: sie gehen zwar auf *eine* gemeinsame Grundlage, die nach „Heften" vorgetragene Wissenschaftslehre nova methodo, zurück, stammen aber aus zwei (oder drei) verschiedenen Vorlesungen, wobei die hier veröffentlichte Krausesche eindeutig auf das Wintersemester 1798/99 zu datieren ist, wie Titel und Schlußanmerkung beweisen. Da die Wissenschaftslehre nova methodo in diesem Wintersemester das letzte Mal vorgetragen wurde – Fichte begab sich im Juli 1799 nach dem Verlust seiner Professur von Jena nach Berlin –, bleibt für die Datierung der Halleschen Nachschrift nur mehr ein früheres Semester. (Eschens Nachschrift dürfte aus einem der beiden früheren Wintersemester stammen, da ihr Schreiber von Herbst 1796 bis März 1798 in Jena studierte.) Bei aller Übereinstimmung der nunmehr bekannten Fassungen der Wissenschaftslehre nova methodo im inhaltlichen Aufbau und der Abfolge der Hauptgedanken bis hin zu gelegentlichen Übereinstimmungen der Formulierung kann man mit großer Sicherheit ausschließen, daß sie Nachschriften ein und derselben Lehrveranstaltung wären. Zu groß sind die Unterschiede in der Detailausführung. Diese Verschiedenheit entscheidet auch gegen alle anderen Indizien, welche bisher für die Hallesche Nachschrift eine spätere Datierung vermuten ließen.[18]

Die beiden vollständigen Nachschriften unterscheiden sich am meisten am Anfang: die Krause-Nachschrift hat zwei Einleitungen, von denen die erste kein Pendant in der Halleschen Nachschrift hat, „vorgetragen in den öffentlichen Vorlesungen", stellt sie sicherlich die Nachschrift der am „Schwarzen Brett" so angekündigten Vorlesungen dar: *„publicis* lectionibus inde a. 16. h. m. hor. VI–VII. habendis, quaedam cum *de universa philosophia*, tum *inprimis de methodo usuque istarum lectionum* disseram."* Außerdem ist die Krause-Nachschrift in den ersten sechs Paragraphen etwas ausführlicher, in den letzten Teilen eher knapper formuliert. Da Fichte sich, wie ausgeführt, im wesentlichen an den Wortlaut seiner schon feststehenden „Hefte" gehalten hat, dürfte der in der zweiten Hälfte festzustellende Qualitätsschwund der Krause-Nachschrift auf Krauses nachlassendes Interesse, bzw. das damit verbundenen Verständnis zurückzuführen sein. Ähnliches ist bei der Nachschrift Eschens zu vermuten.

Die Krause-Nachschrift übertrifft die älteren Nachschriften an Ausführlichkeit der die „Grundlage der gesammten Wissenschaftslehre" und den „Grundriß des Eigenthümlichen der Wissenschaftslehre" erläuternden Stellen. Vergl. vor allem die Ms.-Seiten 53–55 und 88–93: ein Hinweis auf die Eigenständigkeit der Nachschrift gegenüber der Halleschen, da solche genauen Stellenvergleiche von den Studenten besonders aufmerksam notiert worden sein dürften? Damit hat Fichte im WS 1798/99 noch breiter ausgeführt, was er schon für die beiden vorhergehenden Wintersemester versprochen hatte, so z. B. in einer Ankündigung für das WS 1797/98: „Mehrere meiner Zuhörer haben die Bequemlichkeit eines gedrukten Lehrbuchs dieser Vorlesungen ungern entbehrt. Ich werde, um diese Wünsche derselben zu befriedigen, für dieses mal meinen über die Wissenschaftslehre erschienenen Büchern (Grundlage der gesammten Wissenschl. u. Grundriß des Eigenthümlichen,) mehr folgen, als es in meinem lezten Vortrage der Wissenschaftslehre geschehen, ohne jedoch bei Seit zu setzen, was ich zufolge eines weitern Nachdenkens für die höhere Klarheit dieser Wissenschaft beibringen kann." (Akad.-Ausg. II,4, S. 364f.). Die knapperen Ankündigungen für das WS 1798/99 versprechen ebenfalls die Benützung der „Grundlage" und des „Grundrisses": „IOANN. GOTTL. FICHTE, privatim, [...] hor. III–IV. *fundamenta philosophiae transscendentalis* (die Wissenschaftslehre) nova methodo, adhibitis tamen suis libris, exponet." (So die gedruckte Ankündigung des „Catalogvs praelectionvm"; ähnlich lautet die oben zitierte des „Schwarzen Brettes".)

Henrik Steffens (1773–1845) hat anscheinend einen Teil der Wissenschaftslehre-Vorlesung des Semesters 1798/99 gehört; denn sein Bericht erinnert teilweise sehr stark an die auf Ms.-S. 34f. mitgeteilten Ausführungen Fichtes über § 1 der Wissenschaftslehre nova methodo: „Ich ging von Schelling zu Fichte, der eben seine Vorlesungen [...] eröffnete. Dieser kurze stämmige Mann mit seinen schneidenden gebietenden Zügen, imponirte mir, ich kann es nicht leugnen, als ich ihn das erste Mal

sah. Seine Sprache selbst hatte eine schneidende Schärfe; schon
bekannt mit den Schwächen seiner Zuhörer, suchte er auf jede
Weise sich ihnen verständlich zu machen. Er gab sich alle mögliche Mühe, das, was er sagte, zu beweisen; aber dennoch schien
seine Rede gebietend zu sein, als wollte er durch einen Befehl,
dem man unbedingten Gehorsam leisten müsse, einen jeden
Zweifel entfernen. – „Meine Herren", sprach er, „fassen Sie sich
zusammen, gehen Sie in sich ein, es ist hier von keinem Aeußern
die Rede, sondern lediglich von uns selbst." – Die Zuhörer
schienen so aufgefordert, wirklich in sich zu gehen. Einige veränderten die Stellung und richteten sich auf, andere sanken in
sich zusammen und schlugen die Augen nieder; offenbar aber
erwarteten alle mit großer Spannung, was nun auf diese Aufforderung folgen solle. – „Meine Herren", fuhr darauf Fichte fort,
„denken Sie die Wand", – ich sah es, die Zuhörer dachten wirklich die Wand und es schien ihnen allen zu gelingen. – „Haben
Sie die Wand gedacht?" fragte Fichte. „Nun, meine Herren, so
denken Sie denjenigen, der die Wand gedacht hat." – Es war
seltsam, wie jetzt offenbar eine Verwirrung und Verlegenheit
zu entstehen schien. Viele der Zuhörer schienen in der Tat denjenigen, der die Wand gedacht hatte, nirgends entdecken zu
können, und ich begriff nun, wie es wohl geschehen könnte,
daß junge Männer, die über den ersten Versuch zur Spekulation
auf eine so bedenkliche Weise stolperten, bei ihren ferneren Bemühungen in eine sehr gefährliche Gemüthsstimmung gera-
then konnten. Fichte's Vortrag war vortrefflich, bestimmt,
klar, und ich wurde ganz von dem Gegenstande hingerissen und
mußte gestehen, daß ich nie eine ähnliche Vorlesung gehört
hatte."[19]

Zur Einordnung des Textes innerhalb Fichtes philosophischer Entwicklung

Am 2. März 1790 schreibt der knapp 29jährige Johann Gottlieb Fichte in Zürich, wo er sich seit September 1788 als Haus-
lehrer aufhält, an seine spätere Frau Marie Johanne: „Ich
selbst habe zu einem Gelehrten von métier so wenig Geschik,
als möglich. Ich will nicht blos *denken*; ich will *handeln* [...].

Ich habe nur eine Leidenschaft, nur ein Bedürfnis, nur ein Volles Gefühl meiner Selbst, das: außer mir zu würken."[20]

Noch aber widerspricht in diesem Zeitpunkt sein Kopf dieser unmittelbar aus dem Herzen kommenden, überströmenden Äußerung des Kraft- und Freiheitsgefühls des späteren „Philosophen der Freiheit". Auf theoretisch-spekulativem Felde steht Fichte damals noch ganz im Banne des von der Philosophie Leibniz' und Wolffs bestimmten Determinismus, in welchem strenger Glaube an ein Vorherwissen-Vorherbestimmen Gottes mit der theoretischen Auffassung von der rational erfaßbaren Kausalität der Wirklichkeit zusammenwirkt.

Der Jubel, welchen das entscheidende Ereignis – die Lektüre von Kants Kritik der praktischen Vernunft – etwa ein halbes Jahr später in Fichte auslöst, läßt erschließen, wie sehr der Widerstreit von Kopf und Herz auf ihm gelastet haben muß, ehe Kants praktische Philosophie ihm eine neue Welt eröffnet und die Möglichkeit gezeigt hat, beide in Übereinstimmung zu bringen: ein Jubel, der dem früheren Schulfreund Weißhuhn gegenüber in die Worte ausbricht: „Ich lebe in einer neuen Welt, seitdem ich die Kritik der praktischen Vernunft gelesen habe. Sätze, von denen ich glaubte, sie seyen unumstößlich, sind mir umgestoßen; Dinge, von denen ich glaubte, sie könnten mir nie bewiesen werden, z.B. der Begriff einer absoluten Freiheit, der Pflicht u.s.w. sind mir bewiesen, und ich fühle mich darüber nur um so froher. Es ist unbegreiflich, welche Achtung für die Menschheit, welche Kraft uns dieses System giebt [...] Welch ein Segen für ein Zeitalter, in welchem die Moral von ihren Grundfesten aus zerstört, und der Begriff Pflicht in allen Wörterbüchern durchstrichen war"![21]

Dieses Erlebnis der geistigen Befreiung durch die Transzendentalphilosophie lenkt Fichtes Wirkungsdrang jetzt auf die Philosophie. Er beschließt zunächst, einen Teil seines Lebens der Verdeutlichung und anschaulichen Darstellung der kritischen Philosophie zu widmen. Die Sorge um den Lebensunterhalt und andere äußere Umstände verhindern aber vorerst die intensive Verwirklichung dieses Plans. In den Briefen und politischen Schriften Fichtes aus den Jahren 1790 bis 1793 finden sich nur Spuren des Weges, auf welchem Fichtes Denkkraft vorwärtsstrebt, ehe – wohl ab Herbst 1792 – die nähere Begeg-

nung mit Reinholds synthetischem Genie ihm einen wesentlichen richtungsweisenden Anstoß gibt.

In der Auseinandersetzung mit Reinholds Elementarphilosophie und Schulzes „Aenesidemus"[22] gewinnt Fichtes Bestre-
ben Kontur, der kritischen Philosophie das oberste Prinzip zu
geben, durch das allein sie sich in den Rang einer strengen
Wissenschaft erheben kann, nachdem Kant letztes Endes die
Frage, worin die Einheit der theoretischen und praktischen
Vernunft bestehe, offengelassen hat. Schon seit 1791 hat Fichte
„die noch unbestimmte Idee, die gesammte Philosophie auf das
reine Ich aufzubauen"[23]. Im November 1793 konzipiert der
inzwischen durch die Veröffentlichung des „Versuchs einer
Critik aller Offenbarung" schlagartig berühmt gewordene
Fichte in Zürich die für seine Wissenschaftslehre entscheidende
Erkenntnis: die intellektuelle Anschauung der Tathandlung
des Ich. Hand in Hand damit geht die völlige Destruktion des
Ding-an-sich-Begriffs durch den Aufweis der umfassenden
Phänomenalität der Wirklichkeit, deren sowohl theoretische
als auch praktische Konstitutivmomente aus dem Ich-Akt de-
duzierbar werden. Ein wesentliches neues Moment, das den
mit der Feder in der Hand „experimentierenden" Philosophen
im Augenblick des Fundes aufs höchste erstaunt, ist dabei die
doppelte Funktion der praktischen Momente der Vernunft:
sie bestimmen sowohl den Willen, wie sie andererseits den äußeren Gegenstand mitaufbauen.

Die Veröffentlichung dreier philosophischer Rezensionen in
der „Allgemeinen Literatur-Zeitung" verschafft Fichte weite-
res Ansehen, und so erhält er Anfang des Jahres 1794 den An-
trag, als Nachfolger Reinholds eine Professur in Jena anzunehmen. Bevor Fichte dorthin abgeht, hält er im angesehensten
Zirkel Zürichs, im Hause Lavaters, von Februar bis April 1794
die erste Vorlesung seiner Wissenschaftslehre.

Am 1. März 1794 äußert Fichte in einem Brief an Karl
August Böttiger erstmals den Gedanken, seine erste schriftliche
Darstellung der Wissenschaftslehre als Textgrundlage für seine
Vorlesungen in Jena erscheinen zu lassen: „Ich sehe selbst jezt,
und weiß es überdem seit langem, wie unangenehm für Lehrer
und Zuhörer es ist, ohne Lesebuch lesen zu müßen. Das gedan-
kenlose Nachschreiben, das ich für meine Vorlesungen wenig-

stens ganz abschaffen möchte, wird dadurch nur zu sehr beför-
dert. [. . .] Hierbei ist mir nun dies Expediens eingefallen. Wie
wenn ich es während des Cursus bogenweise als Handschrift
für meine Zuhörer, herausgäbe, weil [ich] die Vorlegung meines Systems vor das größere Publikum mir schlechthin noch
Jahre lang vorbehalte?"[24]

Dieser Plan wird ausgeführt, allerdings mit der wichtigen
und folgenreichen Änderung, daß die erst im Juli 1795 vollständig vorliegende „Grundlage der gesammten Wissenschaftslehre" nicht nur wie ursprünglich vorgesehen an die Studieren-
den ausgegeben wird, sondern auch über den Buchhandel an
die weitere, interessierte Öffentlichkeit gelangt. Über lange
Zeit hinweg ist sie die gedruckte Darstellung der Philosophie
Fichtes gewesen und diejenige, welche in die Philosophiege-
schichte eingegangen ist.

Schon am 1. Oktober 1794 heißt es in einer wohl auf Fichte
selbst zurückgehenden Anzeige der Gablerschen Buchhand-
lung, welche die „Grundlage" verlegt, Fichte wolle „gegen-
wärtiges Werk, welches im Verlauf seiner Vorlesungen entstanden ist, dem Publikum nicht anders, als mit der ausdrück-
lichen Erklärung übergeben, daß es in seinen eigenen Augen
unvollendet ist. Erst in einigen Jahren hofft er es dem Publicum
in einer seiner würdigen Gestalt vorlegen zu können."[25] Hier
klingt ein oft wiederkehrendes, die wissenschaftliche Existenz
Fichtes im innersten berührendes Thema an, zu dem Fichte
bereits am Anfang seiner Laufbahn die ahnungsvollen Worte
findet: „Die Darstellung der W.L. erfordert, wie ich die Sache
erblike, allein ein ganzes Leben; und es ist die einige Aussicht,
welche fähig ist mich zu erschüttern, daß ich [. . .] sterben
werde, ohne sie geliefert zu haben."[26] Tatsächlich sollte denn
auch Fichtes Ringen um die vollendete Darstellung der Wissenschaftslehre ein ganzes Leben lang währen.

Ein Grund der Unzufriedenheit Fichtes mit der äußeren
Form des Werkes war der Einfluß des Zeitdrucks, unter dem
es entstand. (So berichtet Fichte am 17. Juni 1794 an seine Frau:
„Ich aber muß heute einen ganzen Drukbogen arbeiten. Man-
cher andre hätte Noth genug, ihn nur zu schreiben."[27] Am
30. September an Goethe: „Wenn Ein Bogen durchgelesen
war, *muste* ein andrer erscheinen; und dann *muste* ich es gut

seyn laßen."[28] Und am 2. Juli 1795 an Reinhold: „Bedenken Sie, daß das bis jezt gelieferte Handschrift für meine Zuhörer ist, zusammengeschrieben neben Vorlesungen, [. . .] und neben tausenderlei sehr heterogenen Beschäftigungen, so daß der Bogen jedesmal fertig wäre, wenn der vorige zu Ende ging."[29]

Darüber hinaus gibt es jedoch noch tiefere Gründe für die Mangelhaftigkeit der ersten gedruckten Fassung der Wissenschaftslehre. Dazu teilt Fichte am 31. 1. 1801 Friedrich Johannsen seine Gedanken mit: „Meine gedruckte Wißenschaftslehre trägt zu viele Spuren des Zeitraums, in dem sie geschrieben, und der Manier zu philosophiren, der sie der Zeit nach folgte. Sie wird dadurch undeutlicher, als eine Darstellung des transscendentalen Idealismus zu seyn bedarf."[30]

Hinzu kommt nach Fichtes Ansicht dann noch sein zu großer Abstand vom Lesepublikum (an Reinhold am 22. April 1799: „Mein schriftstellerischer Unstern ist der, daß ich mich in die Denkart des lesenden Publicum so wenig zu versetzen weiß, daß ich immer so vieles voraussetze, als sich von selbst verstehend, das sich doch fast bei keinem von selbst versteht."[31]). Dieser „Unstern" veranlaßte Fichte dann auch, keine ausgearbeitete Wissenschaftslehre mehr in gedruckter Form vorzulegen; er beschränkte sich ab 1802 darauf, die Wissenschaftslehre im lebendigen Vortrag, im wechselseitigen geistigen Kommerzium von Lehrer und Hörer darzustellen und zu erklären, um so möglichst die negative Wirkung des toten Buchstabens, der „ersten Grundwendung aller Sprache", der „Objektivität", auszuschalten. Denn: „Der Buchstabe tödtet ganz besonders in der Wissenschaftslehre; welches theils an dem Wesen dieses Systems selbst, theils wohl auch an der bisherigen Beschaffenheit des Buchstabens liegen mag."[32]

Allerdings bringt Fichte bald zum Ausdruck, daß es auch am lesenden Publikum selbst liegen müsse, wenn es die Wissenschaftslehre nicht verstehe, und im Jahre 1806 ist er „an dem größern Publikum also irre geworden, daß [er . . .] nicht mehr weiß, wie man mit diesem Publikum reden solle, noch, ob es überhaupt der Mühe wert sei, daß man durch die Druckerpresse mit ihm rede"[33] und daß er jetzt erklärt, „daß die alte Darstellung der Wissenschaftslehre gut und vorerst ausreichend sei"![34]

Im April 1795 dagegen gibt er Reinhold gegenüber zu: „Der theoretische Theil der Grundlage der W.L. ist äußerst dunkel; ich weiß es sehrwohl, die W.L. hat überhaupt einen innern Grund der Dunkelheit, und sogar der Unverständlichkeit für manche Köpfe [. . .] in sich selbst. Aber ich hoffe, daß durch den praktischen Theil der Grundlage [der bekanntlich erst im Herbst 1795 erschien] [. . .] die Sache klärer werden soll."[35] Aber auch nachdem die „Grundlage" vollständig erschienen war, scheint Fichte das Verständnis nicht befriedigt zu haben; denn wohl noch im darauffolgenden Winter 1795/96 geht er daran, eine neue Darstellung zu konzipieren.

Im Vorlesungsverzeichnis der Universität Jena steht schon für das Sommersemester 1796 eine Ankündigung „*privatissime fundamenta philosophiae transscendentalis* (vernacule die Wissenschaftslehre)", doch nach Aussage J. F. Herbarts findet dieses Privatissimum nicht statt. Er schreibt am 1. Juli 1796 an Johann Smidt, „daß F. selbst längst laut gesagt hat, er wolle nächsten Winter – denn diesen Sommer ist das Collegium nicht zu Stande gekommen – die Wssl. nach einem neuen Manuscripte lesen."[36] Vermutlich spricht Fichte auch von diesem geplanten Kolleg, wenn im Briefe an Reinhold vom 27. August 1796 von „zwei [Collegia], die ich schon gelesen, die ich aber bearbeite, als ob ich sie nie bearbeitet hätte",[37] die Rede ist.

Auch aus späteren brieflichen Mitteilungen Fichtes läßt sich erschließen, daß er die Wissenschaftslehre nova methodo zwischen dem Winter 1795/96 und dem Winter 1796/97 abgefaßt hat.[38]

Im Wintersemester 1796/97 nämlich liest Fichte entsprechend der Vorlesungsankündigung „*fundamenta philosophiae transscendentalis (die Wissenschaftslehre) nova methodo, et longe expeditiori, secundum dictata adhibitis suis libris*".

Einem Brief Fichtes an Reinhold vom 21. März 1797, also vom Ende des Semesters, entnehmen wir Informationen über den Hauptgrund, der ihn zu einer neuen Darstellung der Wissenschaftslehre veranlaßt hat: „Über meine bisherige Darstellung [sc. die „Grundlage"] urtheilen Sie viel zu gütig; oder der Inhalt hat Sie die Mängel der Darstellung übersehen lassen. Ich halte sie für äußerst unvollkommen. Es sprühen Geistesfunken daraus; das weiß ich wohl: aber es ist nicht Eine

Flamme."[39] Damit deutet Fichte auf die Notwendigkeit, den wohl wesentlichsten Mangel der „Grundlage" zu beseitigen, der für die meisten Mißverständnisse verantwortlich war und der ja gerade durch das wesentlich Neue des Grundprinzips der Wissenschaftslehre überwunden worden war: Fichte hatte im Ich ein die kantische Trennung in Theorie und Praxis überwindendes Einheits-Prinzip gefunden. Dies hebt er im Brief an Reinhold vom 2. Juli 1795 hervor: „Nun hat die von mir aufgestellte Einheit noch das, daß durch sie nicht nur die Kr[i]t[i]k der speculativen, sondern auch die der praktischen, und die der Urtheilskraft, vereinigt wird; wie es seyn sollte, und muste."[40] Daß er für diese Einheit noch keine adäquate, über-theoretisch-praktische Darstellungsform gefunden hatte, mußte für Fichte ein Hauptgrund sein, mit der „Grundlage" unzufrieden zu sein. Das „NotaBene", das am Anfang der Halleschen Kollegnachschrift der „in neuer und weit leichterer Methode" ausgearbeiteten Wissenschaftslehre steht, bestätigt dies: In der neuen Wissenschaftslehre Fichtes „findet aber die bisher gewöhnliche Abtheilung der Philosophie in theoretische und praktische nicht statt. Sondern er trägt Philosophie *überhaupt* vor – theoretische und praktische vereinigt, fängt nach einem weit natürlichern Gange vom praktischen an, oder zieht da wo es zur Deutlichkeit was beiträgt, das praktische ins theoretische herüber um aus jenem dieses zu erklären. – Eine Freiheit, die der Verfasser sich damals, als er seine WissenschaftsLehre in Druck gab – sich noch nicht herauszunehmen getraute."[41]

In der hier veröffentlichten Nachschrift spricht sich Fichte über das Verhältnis der beiden Darstellungen der Wissenschaftslehre so aus: „Als das höchste und erste im Menschen wird sowohl in der alten als neuen Bearbeitung das Streben oder der Trieb angenommen. Gegenwärtig wird vom unmittelbaren Objecte des Bewustseins, von der Freiheit, ausgegangen, und die Bedingungen derselben aufgestellt. Die freie Handlung ist das wesentlichste unsrer Untersuchung. in der ehemaligen Behandlung wurde die freie Handlung, das Streben und der Trieb nur gebraucht als Erklärungsgrund der Vorstellungen und der Intelligenz, welches dort der Hauptzweck der Untersuchung war; [vgl. hierzu die entsprechende Passage in der Halleschen Nachschrift: In der „Grundlage" „war nach

Veranlassung damaliger Zeitumstände der Hauptzweck zu zeigen, all unser Bewußtseyn habe seinen Grund in unsern Denkgesetzen, welches immer wahr bleibt. Durch gegenwärtige Darstellung aber erhalten wir zugleich ein festes Substrat der INTELLIGIBLEN Welt für die EMPIRISCHE."[42] in der gegenwärtigen Behandlung ist das praktische unmittelbar Object, und aus ihm wird das theoretische abgeleitet, so wie ferner in ihr mehr der Gang der Synthesis, in jener aber mehr der Gang der Analysis herrscht. Ideales und reales liegt neben einander und bleiben immer abgesondert; im Buche [sc. der „Grundlage"] ist zuförderst das erste bestimmt, und das 2te von ihm abgeleitet. Hier wird umgekehrt mit dem praktischen angefangen, und dieß wird abgesondert, so lange es abgesondert ist und nicht mit dem theoretischen in Beziehung steht; so bald aber beide zusammenfallen, werden sie beide miteinander abgehandelt; sonach fällt die in dem Buche in den theoretischen und praktischen Theil gemachte Eintheilung hier weg; in beiden Darstellungen wird ausgegangen von einer Wechselbestimmung des Ich und NichtIch."[43]

In den beiden Nachschriften finden sich noch folgende Bemerkungen Fichtes, welche den methodischen Unterschied der Wissenschaftslehre nova methodo von der „Grundlage" charakterisieren:

„Es giebt mehrere METHODEN eine Materie synthetisch abzuhandeln 1.) indem man von einem Widerspruche ausgeht u. diesen nur dadurch zu lösen sucht, daß man das und das p. annimmt. Diese Art oder METHODE ist in DOCENS gedruckter WISS=LEHRE befolgt. Sie ist die schwerste und daher Ursache, daß er vom PUBLIKUM u. einigen seiner ehemaligen Zuhörer nicht verstanden wurde. 2) eine ander[e] METHODE ist: wenn man s[ich] gleich von Anfang eine Hauptaufgabe vorsetzt; u. dieselbe durch mittelbare Sätze zu lösen sucht. Nach dieser sind wir [in der Wissenschaftslehre nova methodo] verfahren."[44]

„CONFER. den § 1 der gedrukten Wißenschaftslehre, wo daßelbe auf eine andere Weise gesagt ist, es wird nehmlich dort von dem Begriffe zur Anschauung übergegangen, hier ists aber umgekehrt."[45] Dem entspricht in der Halleschen Nachschrift der Satz: „Wir giengen von der Thathandlung

aus u. kamen auf die Thatsache – im Buche [sc. der „Grundlage"] aber ist die umgekehrte Methode."[46]

Diese letztgenannten Erläuterungen betreffen den Unterschied der Hinführung zum ersten Grundsatz des Systems,
zwischen dem „A=A" der „Grundlage" und dem Postulat, sich
selbst zu denken, der Wissenschaftslehre nova methodo. Bekanntlich hat Fichte es auch hierbei nicht bewenden lassen,
sondern in weiteren Anstrengungen seinen Zeitgenossen sich
verständlich zu machen gesucht. So geht er in der Wissenschaftslehre von 1801/02[47] von der Konstruktion des Wissens
und in der Wissenschaftslehre von 1804–2[48] von der Voraussetzung, „es gebe Wahrheit", aus.

Philologische Hinweise

Der Text der Nachschrift wird in Orthographie und Inter-
punktion unverändert wiedergegeben. Allerdings ist anzumerken, daß Krause sehr viele Abkürzungen und Kürzel verwendet. Aus Gründen der besseren Lesbarkeit wurde deshalb nicht
jede Ergänzung des Herausgebers, die normalerweise mit [ ]
gekennzeichnet wird, angegeben, sondern die kommentarlos
aufgelösten Abkürzungen und Kürzel werden in einer nachfolgenden Liste gesammelt wiedergegeben. In etlichen Fällen
ist anhand des Schriftbilds nicht zu entscheiden, ob ein großer
oder kleiner Anfangsbuchstabe zu lesen ist, hier wurde in
Analogie nach der Mehrheit der sonstigen Fälle entschieden.
In mehreren Fällen wurden in Abkürzungen bzw. Kürzeln
fehlende, selbstverständlich ergänzbare Vokale (z.B. in
„behptt", „übrhpt", „bestmtes") ohne Angabe ergänzt. Bei
Kürzeln, die für zweierlei stehen (z.B. „B" für Bild und Bewußtsein), wurde im Zweifelsfall die seltenere Ergänzung ver-
merkt. Die sehr häufig fehlenden Umlautstriche wurden durchgängig ohne Vermerk ergänzt. Lateinische Schrift der Handschrift wurde mit KAPITÄLCHEN wiedergegeben. Der Schreiber
schwankt beim Gebrauch der lateinischen Schrift (sowohl bei
Anfangsbuchstaben von lateinischen Wörtern als auch bei einzelnen für die Gliederung und für Beispiele verwendeten Ein-
zelbuchstaben) zwischen Groß- und Kleinschreibung. Daß für

dieses Schwanken ein besonderer sachlicher Grund vorläge, wurde nicht festgestellt. Im Sinne der größtmöglichen Originaltreue wurde von einer Vereinheitlichung abgesehen. Diese lateinischen Buchstaben sind deshalb unterschiedlich einmal als Kapitälchen und dann wieder als Versalien wiedergegeben. Unsichere Lesart wurde mit ‹ › gekennzeichnet. Die nach Gliederungsziffern (z. B. 1.)) stehende, in der Handschrift oft nur angedeutete, einem Komma ähnliche, links offene Klammer wurde einheitlich mit) wiedergegeben.

Die auf dem Seitenrand stehenden recte gesetzten Seitenzahlen geben mit dem Seitenwechsel-Zeichen [/] in der Zeile den Seitenwechsel der Handschrift wieder. Die in Klammern gesetzten, kursiven Seitenzahlen geben die inhaltlich entsprechenden Seitenzahlen des zweiten Bandes der Kollegnachschriften-Reihe der J. G. Fichte-Gesamtausgabe (Akademie-Ausgabe, abgekürzt: AA IV, 2) an.

Die Einteilung der WL nova methodo in 19 Paragraphen wurde im Druckbild deutlicher gemacht, als dies im Manuskript der Fall ist: die Überschriften des Haupttextes der einzelnen Paragraphen unterscheiden sich durch größeren Schriftgrad und Absetzung vom vorherigen Text von den Überschriften der Zusammenfassungen (Diktate Fichtes) am Schlusse der jeweiligen Paragraphen.

Für die freundliche Unterstützung meiner Arbeit an der Handschrift in Dresden möchte ich mich herzlich bei Herrn W. Stein von der Handschriftenabteilung der Sächsischen Landesbibliothek bedanken.

Liste der Abkürzungen und Kürzel

Nahezu alle Abkürzungen kommen mit und ohne Abkürzungspunkt vor, sie werden einheitlich behandelt.

aber	ab
allein	alle
Anschauung	Ansch
auch	ch
auf	f [mit Querstrich über der Zeile]
aus	s [mit u-Haken über der Zeile]
Begriff, Begriffe	Begr, Begrr
Bestimmung, Bestim- mungen	Best, Bestst
bewust	bew
Bewustsein	B [oder] Bew
daher	dhr
daß	ß [mit Querstrich]
darauf	drf [mit u-Haken]
der, den, dem	d
Ding, Dinge	D, DD
durch	dch
ein, einer, einem, einen	e
ent-	t [mit Querstrich über der Zeile]
Erfahrung	Erf
Erscheinung	Ersch
für	f″
Gefühl, Gefühle	Gef, Geff
gegen	gg [mit Querstrich unter der Zeile]
-gen, -ung, -ungen	g [mit Schleife]
Gesetze	Gess
Handeln	H, Hn, Hln
Handlung(en)	H, Hg, HH
hat	ht
Ich	I [mit Querstrich]
Individuum	Indiv
kann, können	k
kein	ke
Kraft, -kraft	Kr, -kr
-lich, -liche(n), -lichkeit	l [mit Schleife]
man	m [mit Schrägstrich]
Mensch, Menschen	M, MM [mit u. ohne Querstrich]

mit	+
müßte	"ßte
nach	ch [mit Querstrich über der Zeile]
nicht	ŏ
NichtIch	NI [mit Querstrich im I]
noch	ch [mit Querstrich unter der Zeile]
nur	r [mit u-Haken]
Object, Objecte	Obj, Objj
oder	od
Punct, -punct	P, -p
Philosoph; Philosophen	Phil, Philos; Philoss
Philosophie; Philosophien	Ph, Phil, Philos; Phill
Reflexion	Refl, Reflx
selbst	s [mit zwei Querstrichen über der Zeile]
sein, seinem, seinen	se
Seiten	SS
sich	s [mit einem Querstrich über der Zeile]
sie	s
sodaß	sß
sondern	s [mit drei Querstrichen über der Zeile]
Thätigkeit	Th, Thät, That, Thätigke
über	üb
und	u
Vermögen	Verm
Vernunft	V, Vern
von	v
Vorstellung(en)	Vorst, Vorstst
wäre, wären	r"e, r"n
was, wir	w
weil	l
welches	lches
wenn	w!
werden, worden	wdn, rdn
wird	rd
Wißenschaft	W
WißenschaftsLehre	WL
wollen	llen
würde	r"d
zu, zum	z
zugleich	zugl

Anmerkungen zur Einleitung

1 Vergl. Philosophische Bibliothek Nr. 239; J. G. Fichte-Gesamt-ausgabe der Bayerischen Akademie der Wissenschaften (abgek.: Akad.-Ausg.) I,4, S. 167–281.
2 Vergl. Akad.-Ausg. IV,2.
3 Vergl. das Faksimile auf S. 1 dieses Bandes.
4 In der Sächs. Landesbibliothek Dresden befindet sich z. B. noch das Manuskript von Göttinger Vorlesungen Krauses über Fichte. Sign. 1 164.
5 „J. G. Fichte im Gespräch Berichte der Zeitgenossen", hrsg. v. Erich Fuchs, Band 1, Stuttgart-Bad Cannstatt 1978, S. 468 – Hervorhebung von mir.
6 „J. G. Fichte im Gespräch", Band 6.1, S. 296.
7 Ebenda.
8 Ebenda, S. 304.
9 Ebenda, S. 308.
10 Ebenda, S. 309.
11 Vergl. Akad.-Ausg. IV,1.
12 Fichte Foundations of Transcendental Philosophy (Wissen-schaftslehre) Nova Methodo (1798/99) Translated and edited by Daniel Breazeale. Ithaca und London 1992. Editor's Introduc-tion, S. 46, Anm. 88 und S. 33, Anm. 88; vgl. „J. G. Fichte im Gespräch", Bd. 1, S. 370 und Bd. 61, S. 482 u. 484.
13 Akad.-Ausg. III,3, S. 57f. – Sperrung von mir.
14 Johann Gottlieb Fichte Erste Wissenschaftslehre von 1804 aus dem Nachlaß herausgegeben von Hans Gliwitzky. Stuttgart 1969.
15 Vergl. Philosoph. Bibliothek Nr. 353
16 Akad.-Ausg. III,4, S. 132.
17 Vergl. Akad.-Ausg. IV,2, S. 10.
18 Vergl. ebenda S. 5ff.
19 „J.G. Fichte im Gespräch", l.c., Bd. 2, S. 7f.
20 Akad.-Ausg. III,1, S. 72f.
21 Ebenda, S. 167.
22 Vergl. Fichtes „Eigne Meditationen über ElementarPhiloso-phie", Akad.-Ausg. II,3.
23 Akad.-Ausg. I,4, S. 225.
24 Akad.-Ausg. III,2, S. 71.
25 Intelligenzblatt Nr. 113 der „Allgemeinen Literatur-Zeitung" vom 1. Oktober 179, Col. 899.
26 Akad.-Ausg. III,2, S. 347.
27 Ebenda S. 136.

28 Ebenda S. 203.
29 Ebenda S. 347.
30 Akad.-Ausg. III,5, S. 9.
31 Akad.-Ausg. III,3, S. 325.
32 Ebenda S. 142.
33 In der Vorrede zur „Anweisung zum seligen Leben", vergl. Ausgabe Medicus, Band 5, S. 106.
34 Im „Bericht über den Begriff der Wissenschaftslehre und die bisherigen Schicksale derselben", Ausgabe Medicus, Bd. 5, S. 318.
35 Akad.-Ausg. III,2, S. 315.
36 „G. Fichte im Gespräch, l.c., Band 1, S. 360.
37 Akad.-Ausg. III,3, S. 33.
38 Vergl. Akad.-Ausg. IV,2, S. 8f.
39 Akad.-Ausg. III,3, S. 57.
40 Akad.-Ausg. III,2, S. 346.
41 Akad.-Ausg. IV,2, S. 17 – Abkürzungen von mir aufgelöst.
42 Akad.-Ausg. IV,2, S. 150.
43 Ms.-S. 88 – Abkürzungen hier ohne Angabe aufgelöst.
44 Akad.-Ausg. IV,2, S. 107f.
45 Ms.-S. 40.
46 Akad.-Ausg. IV,2, S. 33.
47 Philosoph. Bibliothek Nr. 302.
48 Philosoph. Bibliothek Nr. 284.

BIBLIOGRAPHISCHE HINWEISE
ZUR WL NOVA METHODO

Berger, Siegfried: Über eine unveröffentlichte Wissenschaftslehre J. G. Fichtes. Diss. Marburg 1918.

Hirsch, Emanuel: Christentum und Geschichte in Fichtes Philosophie. Tübingen 1920.

Bock, Kurt: Das Verhältnis Fichtes zu Kant nach der Rezension des Aenesidemus und den beiden Einleitungen in die Wissenschaftslehre. Philosophisches Jahrbuch, 34. Bd., 50–63. Fulda 1921.

Heimsoeth, Heinz: Fichte. München 1923.

Gurwitsch, Georg: Fichtes System der konkreten Ethik. Tübingen 1924.

Hirsch, Emanuel: Die idealistische Philosophie und das Christentum. Gütersloh 1926.

Wundt, Max: Fichte-Forschungen, Stuttgart 1929, 1976².

Jacob, Hans (Hrsg.): Johann Gottlieb Fichte Schriften aus den Jahren 1790–1800. Nachgelassene Schriften Band 2. Berlin 1937.

Heimsoeth, Heinz: Fichtes Systementwicklung in seinen Jenenser Vorlesungen, in: Blätter für Deutsche Philosophie, 13, 1939–1940, S. 156–172.

Pareyson, Luigi: Fichte. Torino 1950¹, 1976².

Cantoni, Alfredo: La ‚Theoria della scienza‘ del 1798 di G. A. Fichte. in: Pensiero. Rivista quadrimestriale di Filosofia. III, S. 51–68. Milano 1958.

Salvucci, Pasquale: Grandi Interpreti di Kant, Fichte e Schelling. in: Pubblicazioni dell’ Università di Urbino. Serie di Lettre e Filosofia. Vol. IX. Urbino 1958.

Cantoni, Alfredo: J. G. Fichte – Theoria della scienza 1798 – nova methodo, introd., trad. italiana di A. C., Milano-Varese 1959.

Franke, Alfred: Kann man das System Fichtes im Philosophieunterricht behandeln? in: Pädagogische Provinz. Unterricht und Erziehung, Deutsch – Geschichte – Sozialkunde – Philosophie. Jahrgang 14, S. 96–103. Frankfurt/M. 1960.

Tilliette, Xavier: Bulletin de l’idealisme allemand – Les études fichtéennes, in: Archives de philosophie, 30, 1967, S. 578–622

Schrader, Wolfgang: Empirisches und absolutes Ich – Zur Geschichte des Begriffs Leben in der Philosophie J. G. Fichtes, Stuttgart 1972.

Lauth, Reinhard: Die Entstehung von Schellings Identitätsphilosophie in der Auseinandersetzung mit Fichtes Wissenschaftslehre. Freiburg/München 1975.

Druet, Pierre-Philippe: Fichte. Namur 1977.

J. G. Fichte-Gesamtausgabe der Bayerischen Akademie der Wissenschaften, Band IV,2. Kollegnachschriften 1796–1804. Herausgegeben von Reinhard Lauth und Hans Gliwitzky. Stuttgart-Bad Cannstatt 1978.

Ramos, Manuel/Villacaños, José Luis: Fichte, Doctrina de la Ciencia nova methodo. trad., Valencia 1987.

Vetö, Miklos: Moi et Non-Moi dans la Wissenschaftslehre nova methodo, in: Cahiers philosophiques, 37, Dez. 1988, S. 27–51.

Bader, Franz: Zu Fichtes Lehre vom prädeliberativen Willen, in: Transzendentalphilosophie als System, hrsg. v. Albert Mues, Hamburg 1989, S. 212–241.

Breazeale, Daniel: The Standpoint of Life and the Standpoint of Philosophy in the Context of the Jena Wissenschaftslehre (1794–1800), in: Transzendentalphilosophie als System, hrsg. v. Albert Mues, Hamburg 1989, S. 81–104.

Düsing, Edith: Sittliche Aufforderung. Fichtes Theorie der Interpersonalität in der WL nova methodo und in der Bestimmung des Menschen, in: Transzendentalphilosophie als System, hrsg. v. Albert Mues, Hamburg 1989, S. 174–197.

Schrader, Wolfgang: Der Übergang zur Wissenschaftslehre 1801, in: Transzendentalphilosophie als System, hrsg. v. Albert Mues, Hamburg 1989, S. 199–211.

Radrizzani, Ives: Johann Gottlieb Fichte La Doctrine de la Science Nova Methodo. Traduction Texte présenté, établi, traduit et annoté par I. R. Lausanne 1989.

Breazeale, Daniel: Fichte Foundations of Transcendental Philosophy (Wissenschaftslehre) Nova Methodo (1798/99) Translated and edited by D. B. Ithaca und London 1992.

Radrizzani, Ives: Vers la fondation de l'intersubjectivité chez Fichte des principes a la nova methodo. Paris 1993.

JOHANN GOTTLIEB FICHTE

Wissenschaftslehre nova methodo

Kollegnachschrift K. Chr. Fr. Krause 1798/99

FICHTE'S
VORLESUNGEN
ÜBER
DIE
WISSENSCHAFTSLEHRE,
GEHALTEN
ZU JENA
IM WINTER 1798–1799.

———

nachgeschrieben

von

K. Chr. Fr. Krause.

———

Fichte's
Vorlesungen
über
die
Wissenschaftslehre,
gehalten
zu Jena
im Winter 1798 — 1799.

nachgeschrieben
von
K. Chr. Fr. Krause.

(vorgetragen in den öffentlichen Vorlesungen)

Es werden darinn beantwortet folgende 3 Fragen:
I Was ist Philosophie[?]
II Wie wird sie im Systeme der WißenschaftsLehre behandelt?
und
III Welche Veränderungen mit dem sonstigen Plane vorgenommen worden sind, und wie sie in diesen Vorlesungen
behandelt werden soll.

ad. I Es soll keine bloße Definition gegeben werden, keine
bloße Formel bei der man weiter nichts denkt; son[dern] es
soll genetisch gezeigt werden was Philosophie sei; das heißt es
soll dargethan werden wie der menschliche Geist zum Philosophiren kommt.
Es wird vorausgesezt daß man das Dasein der Dinge auser
sich annehme; bei dieser Annahme beruft man sich auf seinen
innern Zustand. Man geht bei dieser Uiberzeugung in sich
zurück in das Innere, man ist sich bewust eines Zustandes[,]
aus welchem man auf das Dasein von Gegenständen auser sich
schließt; nun ist man aber[,] inwiefern man sich bewust ist,
ein vorstellendes Wesen, man kann also nur sagen, man sei
sich der Vorstellungen von Dingen auser uns bewust, und
weiter wird eigentlich auch nichts behauptet[,] wenn man
sagt, es gebe [/] Gegenstände auser uns. Kein Mensch kann 2
unmittelbar behaupten[,] daß er Sinne habe, sondern nur, daß
er nothgedrungen sei, so etwas anzunehmen. Das Bewustsein
geht nur auf das[,] was in ihm vorkommt, aber dieß sind Vorstellungen. – Damit begnügen wir uns aber nicht, sondern
machen schnell einen Unterschied zwischen der Vorstellung
und dem Object, und sagen[,] auser der Vorstellung liege noch
etwas würkliches. Sobald wir auf den Unterschied der Vorstellung und des Objects aufmerksam werden, sagen wir, es
sei beides da. Alle vernünftige Wesen, [(]selbst der Idealist und
Egoist, wenn er nicht auf dem Katheder steht) behaupten immerfort, daß eine würkliche Welt da sei. Wer sich zum Nach-

3

denken über diese Erscheinung in der menschlichen Seele erhoben hat, muß sich verwundern, da hier eine scheinbare INCONSEQUENZ ist. Man werfe sich also die Frage auf[:] wie kommen wir dazu anzunehmen, daß noch auser unsrer Vorstellung würkliche Dinge daseien? Viele Menschen werfen sich diese Frage nicht auf, entweder weil sie diesen Unterschied nicht bemerken, oder weil sie zu gedankenlos sind. Wer aber diese Frage aufwirft, der erhebt sich zum Philosophiren; diese Frage zu beantworten, ist der Zwek des Philosophierens, und die Wißenschaft die sie beantwortet ist Philosophie.

Ob es würklich eine solche Wißenschaft giebt[,] bleibe vor der Hand noch unentschieden; daß aber viele Bemühungen angewandt worden sind, diese Frage zu beantworten, ist bekannt; denn von je her war sie die Aufgabe der Philosophie; nur sind die Philosophen meist in ihrer [/] Beantwortung einseitig zu Werke gegangen, daher denn auch die Antwort einseitig ausfallen mußte; man glaubte z.B. man hätte nur zu fragen, ob Gottheit, Unsterblichkeit, Freiheit sei? das heißt, ob den Vorstellungen davon etwas würklich auser ihnen entspreche. Aber die Frage der Philosophie ist nicht, haben diese einzelnen Vorstellungen, sondern haben unsre Vorstellungen überhaupt Realität?

Objective Gültigkeit ist da, wo man behauptet, daß auser der Vorstellung noch etwas sei; die Objectivität der Gottheit untersuchen heißt prüfen ob Gott ein bloßer Gedanke sei, oder ob diesem Gedanken noch etwas auser ihm entspreche. Die Frage nach der Objectivität der Welt ist eben so intereßant als die nach der Objectivität der Gottheit und der Unsterblichkeit, und wenn man die erste Frage nicht beantwortet[,] kann man die beiden leztern auch nicht beantworten..

Eine Philosophie ist also wenigstens denkbar; nehmlich es ist denkbar, daß man nach der Objectivität unserer Vorstellungen frage, und es ist würdig[,] daß das Vernunftwesen über ihre Beantwortungen nachdenke. Die Idee der Philosophie ist also erwiesen, die Wirklichkeit derselben kann aber nicht anders erwiesen werden, als dadurch, daß ein System derselben würklich aufgestellt werde[.]

So wie der menschliche Geist diese Fragen aufwerfen kann, so kann er auch viele andere aufwerfen, und sie beantworten

4

oder zu beantworten suchen. Geschieht diese Beantwortung nach bestimmten Gesetzen, so wird RAESONNIRT, und es entsteht Wißenschaft, aber nicht darum Philosophie, welche bloß in Beantwortung obiger Frage besteht. [/]

ad. II. Man philosophirte schon frühe, aber nur dunkel; es lag   4
noch kein deutlicher Begriff zu Grunde[.] Die Sceptiker warfen vorzüglich die Frage auf, ob wohl unsere Vorstellungen objective Gültigkeit hätten? Durch HUME, einen der grösten   ×
SCEPTIKER wurde Kant gewekt; lezterer stellte aber kein System auf, sondern schrieb nur Kritiken, d. h. vorläufige Untersuchungen über die Philosophie. Wenn man aber das was Kant besonders in der Kr[itik].der r[einen]. Vernunft sagt, in ein System fast, so sieht man, daß er die Frage der Philosophie sich richtig gedacht hat; er drükt sie so aus: wie sind synthetische Urtheile A PRIORI möglich, und beantwortet sie so: es   ×
giebt eine gewiße Nothwendigkeit, gewiße Gesetze nach denen die Vernunft handelt in Hervorbringung der Vorstellungen; was durch diese Nothwendigkeit, durch diese Gesetze zu Stande gebracht wird, hat Objective Gültigkeit; also von Dingen an sich, von einer Existenz ohne Beziehung auf ein Vorstellendes ist bei Kant nicht die Rede. Es war ein großer Misverstand, daß man das was Kant in seinen Kritiken vortrug für System hielt; gegen die[,] die dieß glauben[,] läßt sich folgendes einwenden:
1) Das gesammte Handeln des menschlichen Geistes, und die Gesetze dieses Handelns sind bei Kant nicht systematisch aufgestellt, sondern bloß aus der Erfahrung aufgegriffen. Man kann daher nicht sicher sein
    A) daß die Gesetze des nothwendigen Handelns des menschlichen Geistes erschöpft sind, weil er sie nicht bewiesen hat.
    B) wie weit sich ihre Gültigkeit erstrecke? [/]
    C. Die merkwürdigsten Aeußerungen des menschlichen Gei-   5
stes: Denken, Wollen, Lust oder Unlustempfinden sind nach Kant nicht aufs ‹erste› zurückzuführen, sondern sind COORDINIRT.
2. Das worauf es hauptsächlich ankommt[,] nehmlich zu beweisen[,] daß und wie unsern Vorstellungen object[ive].G[ül]tigkeit]. zukomme, ist nicht geschehen. Die Kantisch[e]: Phi-

losophie ist nur durch INDUCTION nicht aber durch DEDUCTION bewiesen. Sie[a] sagt: Wenn man diese oder jene Gesetze annehme, wäre das Bewustsein zu erklären; sie gilt daher nur als Hypothese.

In wiefern kann man es nun bei so einer Philosophie bewenden laßen und in wie fern nicht? und warum muß weiter gegangen werden? wer sich unbefangen seiner Vernunft hingiebt[,] der bedarf keiner Philosophie; Wäre es daher nicht beßer[,] wenn man der Philosophie ganz entbehrte, und nicht vielmehr einem, der sich seiner Vernunft nicht unbefangen mehr hingiebt, [zu] rathen, daß er sich an den Glauben an die Wahrheit seines Bewustseins halten möge? wenn der Mensch unbefangen seinem Bewustsein glaubt, so ist es gut, aber die Bestimmung der Menschheit ist es nicht, sie geht unaufhörlich fort auf gegründete Erkenntniß, der Mensch wird unaufhörlich getrieben, nach gründlicher Uiberzeugung zu forschen; und derj[enige]. der sich einmal zu philos[ophischem].Zweifel verstiegen hat, läßt sich nicht mehr zurück weisen, er sucht sich immer seine Zweifel zu lösen. Es entsteht in dem Menschen ein peinlicher Zustand[,] der seine innere Ruhe, und sein äuseres Handeln stört und sonach practisch schädlich ist. Der Idealist[,] der die Körperwelt läugnet, stüzt sich doch unaufhörlich auf
6. diese, ebenso [/] wie der der ihre Würklichkeit glaubt. Dieser Zweifel des Idealisten hat nicht unmittelbare Folgen auf das Leben, allein es ist doch unanständig, daß seine Theorie mit seiner Praxis in Widerspruch stehe. Auch in dem Glauben an Gott und Unsterblichkeit kann man durch Scepticismus irre gemacht werden; und dieß hat Folgen auf unsere Ruhe, und Lage; man kann zwar durch eine unvollständige und seichte Philosophie auf einige Zeit beruhigt werden; findet man aber diese einst als unzureichend, so entsteht ein Zweifel an der Möglichkeit des Philosophirens selbst, und dieß versezt den Menschen in noch größere Unruhe[.]

Der practische Zweck nun ist, diese Zweifel zu lösen; den Menschen in Uibereinstimmung mit sich selbst zu bringen, daß er aus Uiberzeugung und aus Gründen seinem Bewustsein glaube[,] wie er es vorher aus Vernunftinstinkt that. (Der ganze

a *Ms.*: Es

6

Zwek der Bildung des Menschen ist, ihn durch Arbeit zu dem zu machen, was er vorher ohne Arbeit war). Dieser Zweck ist in der Kantischen Philosophie völlig erreicht, sie ist bewiesen, und jeder der sie versteht, muß sie für wahr halten. Aber der Mensch ist auch nicht bestimmt, sich damit begnügen zu laßen, er ist bestimmt zu vollständiger und systematischer Kenntniß. Es ist nicht genug, daß unsre Zweifel gelöst, und daß wir zur Ruhe verwiesen sind, wir wollen auch Wißenschaft. Es ist ein Bedürfniß im Menschen nach Wißenschaft und die WißenschaftsLehre macht sich anheischig[,] dieses Bedürfniß zu befriedigen; Also die Resultate der WißenschaftsLehre sind mit denen der Kan[/]tischen Philosophie dieselben, nur die Art   7 sie zu begründen ist in jener eine ganz andere. Die Gesetze des menschlichen Denkens sind bei Kant nicht streng wißenschaftlich abgeleitet, dieß soll aber in der WißenschaftsLehre geschehen. In dieser werden abgeleitet, die Gesetze des endlichen Vernunftwesens überhaupt, im Kantischen Syst[em]. werden bloß aufgestellt, die Gesetze des Menschen, weil es bloß auf Erfahrung beruht, diese werden in der WißenschaftsLehre bewiesen. Ich beweise jemandem etwas heißt, ich bringe ihn dazu, daß er an‹nehme›, daß er irgend einen Satz schon zugegeben habe, indem er die Wahrheit irgend eines andern vorher zugegeben hatte. Jeder Beweiß setzt also bei dem, dem er bewiesen werden soll, schon etwas bewiesenes voraus; und zwei die über nichts einig sind, können einander auch nichts beweisen. Da nun die WißenschaftsLehre beweisen will die Gesetze, nach denen das endliche Vernunftwesen bei Hervorbringung seiner Erkenntniße verfährt: so muß sie dieß an irgend etwas
* anknüpfen, und da sie unser Wesen*b* begründen will[,] an etwas, das Jedermann zugiebt. Giebt es so etwas nicht[,] so ist systematische Philosophie unmöglich.

Die WißenschaftsLehre fordert jeden auf, zu überlegen, was er thut, in dem er sagt: *Ich.* Von diesem behauptet die WißenschaftsLehre, daß er dadurch annehme ein Sezen seiner selbst, daß er sich setze als Subject-object. Man kann Ich nicht denken ohne dieß. Dadurch nun durch die Identität des Setzenden und Gesetzten ist der Begriff der Ichheit, in wiefern ihn die Wißen-

---

b könnte auch heißen: Wißen

schaftsLehre postulirt, völlig erschöpft. Es wird hier nicht mit hineingezogen, was man sonst beim Sezen seiner selbst noch

8. denken möchte[. /] Wer diese nicht zugäbe, mit dem könnte die WißenschaftsLehre nichts anfangen; dieß ist das erste, was die WißenschaftsLehre jedem anmuthet. Weiter muthet sie an, noch einmal in sein Bewustsein hineinzugehen, und behauptet, daß man finden werde: daß man sich nicht nur selbst setze, sondern daß man sich auch noch etwas entgegensetze. Dieses Entgegengesetzte, wird, weil von ihm weiter nichts behauptet wird als daß es dem Ich entgegen gesezt sei, auch Nichtich genannt. Man kann es noch nicht Object oder Welt nennen, da erst bewiesen werden muß, wie es zum Objecte und zur Welt werde; sonst wäre die Philosophie Popularphilosophie.

Aus diesen Voraussetzungen nun wird alles übrige abgeleitet. Im Ich liegt die Vernunft, im Nichtich die Endlichkeit. Die WißenschaftsLehre behauptet, daß alles was daraus folge, für alle endlichen Vernunftwesen gültig sei.

Nun stellt die WißenschaftsLehre die Bedingungen auf, unter welchen das Ich sich selbst sezt, und sich ein Nichtich entgegensezt., und darin liegt der Bew[eiß] ihrer Richtigkeit. Diese Bedingungen sind ursprüngliche Handelsweisen des menschlichen Geistes; was dazu gehört, daß das Ich sich selbst setzen, und sich ein Nichtich entgegensetzen könne, ist nothwendig.. Diese Bedingungen beweißt die WißenschaftsLehre durch DEDUCTION.

Der Beweiß durch Deduction geht so: Wir können es als das Wesen des menschlichen Geistes annehmen, daß das Ich sich selbst seze, und sich ein Nichtich entgegensetze, nehmen wir aber dieß an, so müßen wir noch manches andere annehmen; dieß heißt DEDUCIREN, von etwas anderm ableiten. [/]

× 9 Kant sagt: ihr verfahret nur immer nach den Kategorien, die WißenschaftsLehre aber sagt: so gewiß ihr euch, als Ich sezt, müßt ihr so verfahren. In den Resultaten sind beide einig, nur knüpft die WißenschaftsLehre noch an etwas höheres an.

1) Die WißenschaftsLehre sucht sonach den Grund von allem Denken, das für uns da ist, in dem ‹innern› Verfahren des endlichen Vernunftwesens überhaupt. Sie wird sich kurz so ausdrücken: das Wesen der Vernunft besteht darin, daß ich mich selbst setze, aber das kann ich nicht[,] ohne mir eine

Welt, und zwar eine bestimmte Welt entgegenzusetzen die im
Raume ist, und deren Erscheinungen in der Zeit auf einander-
folgen; dieß alles geschieht in einem ungetheilten Moment;
da Eins geschieht, geschieht zugleich alles übrige. Aber die
Philosophie, und besonders die WißenschaftsLehre will diesen
Einen Act genau kennen lernen, nun aber lernt man nichts
genau kennen, wenn man es nicht zerlegt, und zergliedert. So
macht es also auch die WißenschaftsLehre, mit dieser Einen
Handlung des Ich; und wir bekommen eine Reihe miteinander
verbundner Handlungen des Ich; darum weil wir die Eine
Handlung nicht auf einmal faßen können, weil der Philosoph
ein Wesen ist, das in der Zeit denken muß..

Dadurch nun wird das Bedürfniß nach Wißenschaft befriedigt; wir haben dann nicht bloß eine DISCURSIVE, aus der Erfahrung aufgeraffte[,] sondern eine systematische Erkenntniß,
in der sich alles von einem Puncte ableiten läßt, und mit diesem
zusammenhängt. Der menschliche Geist strebt nach systematischer Erkenntniß und darum sollte er diesem Streben nach-
folgen; wer [/ sagt,] daß die Erlangung deßelben unmöglich   10.
sei, sagt bloß daß sie ihm eben unmöglich sei. – Diese Methode
hat nun Vorzüge in Absicht der Deutlichkeit; denn das ist
allemal deutlicher[,] was in sich zusammenhängt, wo man aus
‹einem› alles leicht übersehen kann, als wenn man mehreres
zerstreut auffaßen muß[.]

2. Kant hat die Frage: wie kommen wir dazu, gewißen Vorstellungen objectiv‹e› Gültigkeit beizumeßen, nicht beantwortet[.] Die WißenschaftsLehre leistet dieß. Wir schreiben einer
Vorstellung objective G[ültigkeit]. zu, wenn wir behaupten,
daß unabhängig von der Vorstellung noch ein Ding da sei, das
der Vorstellung entspreche; beide sind so verschieden: die Vorstellung habe ich hervorgebracht, das Ding aber nicht. Nun
behauptet die WißenschaftsLehre[:] mit Vorstellungen, welche
nothwendig in uns sein sollen, verhält es sich so[,] daß wir annehmen müßen, daß ihnen etwas äuseres entspreche; und dieß
zeigt sie genetisch.

Es giebt 2 Haupthandlungen des Ich, die eine wodurch es
sich selbst setzt und alles was dazu erforderlich ist, also die
ganze Welt; die 2te ist ein abermaliges Setzen, desjenigen, was
durch jene erste Handlung schon gesetzt ist. Es giebt also ein

ursprüngliches Sezen des Ich und der Welt, und ein Setzen des schon Gesetzten, das erste macht das Bewustsein erst möglich, und kann daher darinn nicht vorkommen; das 2te aber ist das Bewustsein selbst. Das 2te sezt sonach das erste voraus. Im 2ten wird sonach etwas gefunden, als ohne Zuthun des Ich vorhan-

11.   den, worauf das Ich REFLE[/]CTIRT. Das erste dessen Resultat das ＊
Ding ist; dadurch zeigt sich, was eigentlich das Product des ＊
Ich ist;

Es wäre sonach zu unterscheiden, eine ursprüngliche THESIS, oder da in ihr ein Mannigfaltiges gesezt wird, eine ursprüngliche SYNTHESIS, von der ANALYSIS dieser SYNTHESIS, wenn nehmlich wieder auf das REFLECTIRT wird, was in der ursprünglichen SYNTHESIS liegt; die gesammte Erfahrung ist nun bloße ANALYSIS dieser ursprünglichen SYNTHESIS. Das ursprüngliche Sezen kann nicht im würklichen Bewustsein vorkommen, weil es erst die Bedingung der Möglichkeit alles Bewustseins ist.

Dieß ist der kurze Inbegriff, das Wesen und der Charakter der WißenschaftsLehre.

ad. III 1.) Die Untersuchungen der Wißenschaftslehre sollen aufs neue aufgestellt werden, als wenn sie noch nie aufgestellt wären; die Bearbeitung wird dadurch gewinnen, denn seit

× der ersten Bearbeitung sind die Prinzipien weiter fortgeführt worden, und dieß giebt eine klarere Einsicht derselben. Auch fand DOCENT dadurch, daß er mit den verschiedenartigsten Köpfen darüber sprach, woran es bei manchen lag, daß die Sätze noch nicht einleuchteten; doch wird auch auf die erste

× Darstellung Rücksicht genommen werden.

(17)   2) Die erste Darstellung ist dadurch etwas beschwerlich worden, weil die Bedingungen der Möglichkeit der Sätze nicht in der natürlichen Ordnung, sondern in einem theoretischen und practischen Theile abgehandelt wurden, dadurch sind nun Dinge, die unmittelbar in einander eingreifen, zu weit von einander gerißen[,] welches nun nicht mehr geschehen soll. [/]

12.   Dann sollen noch ausdrücklich, und gründlich abgehandelt werden, die Reflexionsgesetze in Vereinigung und Verbindung mit dem, was daraus entsteht. (Dieses Verspr[echen] konnte wegen Mangel an Zeit nicht erfüllt werden[.]) Reflectiren heißt seine ideale Thätigkeit auf etwas richten; dieß geschieht nur

nach gewißen Gesetzen, und dadurch wird das Object der REFLEXION so und nicht anders.

DOCENT leitet in seinen Vorlesungen ein bestimmtes Denken; und wer nicht mitdenkt[,] der erhält nichts; nur der der mitdenkt kann Nuzen haben. Für die die nicht selbst mitdenken, möchte er seinen Vortrag ARABISCH machen[.]

ZWEITE EINLEITUNG

§. 1.

In diesen Vorlesungen sollen die ersten und tiefsten Fundamente der Philosophie vorgetragen werden.

Philosophie ist nicht eine Sammlung von Sätzen, die so gelernt werden, sondern sie ist eine gewiße Ansicht der Dinge, eine besondere Denkart, die man in sich hervorbringen muß. Wer noch nicht recht angeben kann, wovon in der Philosophie die Rede ist, der hat noch keinen rechten Begriff von Philosophie.

Es ist, wie Kant sagt, ein Vortheil für eine Wißenschaft, wenn man das[,] was sie zu leisten hat[,] auf eine Formel *(18)* bringt. Kant bringt das[,] was die Philosophie zu leisten hat[,] auf die Aufgabe zurück: „wie sind synthetische Urtheile A PRIORI möglich[?]" DOCENT drückt die Frage so aus: wie kom- ×men wir dazu anzunehmen; daß den Vorstellungen in uns etwas auser uns entspreche? Beide Fragen heißen daßelbe[./]

Ich bin mir bewust von der Vorstellung von irgend etwas, 13 das weiß ich, nun behaupte ich[:] dieser Vorstellung entspricht ein Ding, das da sein würde, wenn ich auch die Vorstellung davon nicht hätte. Nun ist aber der Zusammenhang zwischen der Vorstellung und dem Dinge auch nur eine Vorstellung auch in mir; nun aber behaupten wir nicht nur[,] daß wir Vorstellungen haben[,] sondern daß dies[en] Vorstellungen auch Dinge auser ihnen entsprächen; sonach wäre die Vorstellung von dem Zusammenhange beider eine nothwendige Vorstellung. Also es geht schon hier eine Verknüpfung vor, ob wir uns schon der Handlung des Verknüpfens nicht bewust sind,. so ist es doch nothwendig. Dieß Verfahren, daß ich nehmlich von der Vorstellung zu der Vorstellung übergehe, daß Dinge würklich EXISTIREND da sind[,] ist nothwendig; alle Vernunftwesen verfahren so.

Also es giebt in den denkenden Wesen nothwendige Vorstellungen. Die Philosophie fragt nun nach dem Grunde dies[er] nothwendigen Vorstellungen in der INTELLIGENZ.

§. 2.

Nicht die PHILOSOPHIE, sondern die Aufgabe, die Tendenz zur Philosophie geht aus von dem FACTO[,] daß wir Bewustsein haben. Unter den Bestimmungen und Zuständen unseres Bewustseins, die wir Vorstellungen nennen, sind einige begleitet von dem Gefühle der Nothwendigkeit, andre hingegen hängen bloß von unsrer Willkühr ab.

1) An diesem FACTUM zweifelt niemand; es kann keine Frage drüber entstehen, und wer da noch nach einem Beweise fragt, der weiß nicht was er will. (Tiedemann in [/] seinem Theätet will beweisen, daß er Vorstellungen habe[.])

2. Bemerke man wohl, wie diese Thatsache gestellt ist; es ist behauptet worden, es giebt Vorstellungen, mit dem Gefühle der Nothw[endigkeit]. begleitet, daß ihnen Dinge entsprechen, nicht, daß Dinge sind.

3. An dies[es] unbezweifelt gewiße FACTUM wird etwas anderes angeknüpft, nehmlich die Idee eines Grundes. Nehmlich der Philosoph fragt: Welches ist der Grund, der in mir mit dem Gefühle der N[othwendigkeit]. vorkommenden Vorstellungen? daß es einen Grund gebe, wird als ausgemacht angenommen, die Frage ist nur: welches ist dieser Grund?

Schon in der Aufgabe für die gesammte Philosophie ist eine Synthesis. Es wird schon aus dem FACTUM herausgegangen zum Grunde; wie komme ich nun dazu, aus dem FACTUM zu dem Grunde herauszugehen? Diese Frage ist wichtig; denn solche Fragen aufzuwerfen und zu beantworten heißt philosophiren, und da diese Frage der Philosophie zu Grunde liegt, würde,

14.
×

(19)

diese Frage beantworten, heißen: über die Philosophie philosophiren. Die Frage nach der Möglichkeit der Philosophie fällt
sonach selbst in die Philosophie hinein. Die Philosophie beantwortet die Frage nach ihrer eignen Möglichkeit. Sonach läßt
sich die Möglichkeit der Philosophie nur in einem Zirkel beweisen, oder, sie bedarf keines Bew[eises], und ist schlechthin
und ABSOLUT möglich.

Wir haben jezt die Frage zu beantworten: wie kommt man
zu obiger Frage? und was thut man[,] indem man diese Frage
* nur streift? Die Frage nach dem Grunde gehört [/] selbst mit   15
zu den nothwendigen Vorstellungen.

Man sucht nur den Grund von zufälligen Dingen. Die PHILO-
SOPHIE überhaupt sucht den Grund von nothwendigen Vorstellungen, diese müßen also als zufällig gedacht werden. Es wäre
Unsinn nach dem Grunde eines Dings zu fragen, das ich nicht
für zufällig hielte. Ich halte etwas für zufällig heißt[:] ich
könnte denken, daß es gar nicht oder daß es ganz anders wäre.
So sind die Vorstellungen vom ganzen Weltsystem; wir denken uns die Erde füglich als anders sein könnend, und uns selbst
können wir auf einen andren Planeten versezt denken. Ob wir
ohne solche Vorstellungen sein könnten, belehrt uns die PHILO-
SOPHIE; aber daß wir das Weltsystem für zufällig halten[,] ist
gewiß, denn nur darum können wir nach dem Grunde deßelben
fragen.

Dieses FACTUM enthält die ganze Erfahrung, aus diesem geht
man heraus, mithin auch aus der gesammten Erfahrung heraus, und dieß ist PHILOSOPHIE und nichts anderes.

Der Grund liegt nicht innerhalb des Begründeten, mithin
auserhalb der Erfahrung, und die Philosophie[,] die den Grund
der Erfahrung aufstellt, erhebt sich über dieselbe. Physik ist der
Umkreis der Erfahrung; die Philosophie[,] die sich drüber
erhebt ist also Metaphysik. In der Philosophie kommt kein
FACTUM, keine Erfahrung vor. Dieser Satz findet in der neueren
Zeit Widerspruch, wo man von Philosophie aus Thatsachen
spricht[.] Die Philosophie, und alles, was in ihr vorkommt, ist   ×
Product des reinen Denkvermögens; sie ist nicht selbst FACTUM,
sondern sie soll das FACTUM, die Erfahrung begründen.ᶜ [/]

* ᶜ Ms.: begründen;

16.   Wenn die Philosophen[,] die sich auf Thatsachen berufen[,] Kantianer sein wollen, so ist dieß doppelt schlimm, denn
×   Kant sagt: „er frage nach der Möglichkeit der Erfahrung". Wenn ich aber nach der Möglichkeit einer Sache frage, so ist mir zwar die Sache bekannt, aber der Grund der Möglichkeit ders[elben]. liegt auserhalb der Sache selbst. Also schon in Kants Buchstaben liegt[,] daß die Philosophie sich über die Erfahrung erheben solle.

(20)   Die Frage[,] wie man dazu komme, sich über die Erfahrung zur Philosophie zu erheben, nahm das ganze Recht zu philos[ophiren]. d. h. das ganze Verstehen der Vernunft in Anspruch,   *
zu folge deßen man von dem Zufälligen einen Grund suchen muß. In der Philosophie soll gezeigt werden[,] wie man dazu komme, mithin ist sie ein selbstbegründen.

      Also die erste und höchste Bedingung alles Philosophirens ist zu bedenken, daß man das lautere leere nichts antreffe, wenn man nicht alles das, worüber RAISONNIRT wird, aus sich selbst hervorbringt[.] Philosophische Ideen können nur im Geiste erzeugt werden, geben kann man sie nicht.

§. 3.

      Der Dogmatiker nimmt Dinge an sich an, diese und ihre Existenz postulirt er, denn sie liegen nicht im FACTUM m[eines] Bewustseins. Kein Dogm[atiker]. behauptet, er sei sich der Dinge an sich, unmittelbar bewußt; er behauptet nur[,] man könne das was Thatsache des Bewustseins sey nicht erklären, wenn man nicht die Dinge an sich voraussetze. Die alten *
Dogm[atiker], oder auch die critischen Dogm[atiker], die sich noch Stoff geben laßen, scheinen das nicht bedacht zu haben; denn sie ‹eifern› über das Herausgehen aus dem Bewustsein,
17.   das sie [/]doch selbst thun.

      Der Idealist erklärt die Vorstellung aus einem vorauszusetzenden Vorstellenden. Dieß ist auch nicht unmittelbar Object des Bewustseins. Im gew[öhnlichen]. Bewustsein kommen immer Vorstellungen von Dingen außer uns vor, soll eine Vorstellung vom Vorstellenden vorkommen, so muß sie erst durch REFLEXION auf sich selbst hervorgebracht werden. Ich

bin mir nur des Bewustseins bewust, und der Bestimmungen
des Bewustseins; auch diese sind Vorstellungen. Im Bewustsein
kann nur eine Vorstellung vom vorstellenden Subject vorkommen, nicht aber das Subject selbst. – Also Idealismus und Dogmatismus gehen aus dem Bewustsein heraus. Der Dogmatismus geht aus vom Mangel der Freiheit und endigt auch damit.
Die Vorstellungen sind ihm Producte der Dinge, die INT[ELLI-
GENZ]. oder das SUBJECT ist ihm bloß leidend. Auch die Freiheit
des Handelns geht verloren, und ein Dogm[atiker]. der Freiheit des Willens annimmt, ist entw[eder]. inconsequent, oder
er heuchelt; denn daß ich frei handle[,] geht auch durch die
Vorstellung hindurch, nun aber sind die Vorstellungen Ein-   (21)
drücke von Dingen, folglich hängt auch die Vorstellung von
der Freiheit des Handelns von dem Dinge ab.

Von der Speculation aus ist dem Dogm[atiker] nicht beizu-
kommen, denn alle Prinzipien, durch die man ihn widerlegen
könnte, weißt er von der Hand; man muß ihn von den Prinzipien aus widerlegen[,] von denen er ausgeht.

Der Idealist geht aus von dem Bewustsein der Freiheit, der
Dogmatiker erklärt diese für eine Täuschung. Alles was man
gegen ihn einwenden könnte und was der Idealist vor ihm
voraus hätte wäre das; daß der Dogm[atiker] nicht alles erklärt,
was erklärt werden sollte; daß er unbestimmt ist; denn das
Bewustsein [/] der Freiheit kann er nicht läugnen, er muß es   18
erklären durch eine Einwürkung der Dinge, welches unmöglich ist; ferner kann er nicht deutlich machen, was für ein
Wesen das sein möge, auf welches jede Einwürkung eine Vorstellung hervorbringt; er kann die INTELLIGENZ nicht genetisch
erklären, wohl aber der IDEALIST.

Von Seiten der Speculation läßt sich also mit dem Dogm[a-
tismus] nichts anfangen, wohl aber von Seiten des innigsten
Gefühls; er ist den edelsten und besten Seelen unerträglich,
welchen der Gedanke der Selbstständigkeit und Freiheit das
höchste und erste ist. –

Im Bewustsein kommt vor das Gefühl der Freiheit und das
der Gebundenheit; das erstere ist die Folge unserer Unendlichkeit, das lezte unserer Endlichkeit. Das erste führt uns in uns
selbst zurück, lezter[e]s aber auf eine Welt; wer beides miteinander vermischt[,] ist INCONSEQUENT.

15

Das Menschengeschlecht und das INDIVIDUUM gehen aus von der Gebundenheit. Wir alle gehen von der Erfahrung aus, werden aber in uns zurükgetrieben und finden unsre Freiheit; es kommt darauf an, welches Gefühl bei dem Menschen das hervorstechende ist, das läßt er sich nicht nehmen. – Der Streit des Dogm[atismus]. und Ideal[ismus]. ist eigentlich kein philosophischer, denn beide Systeme kommen nie auf einem Felde zusammen, denn jedes, wenn es CONSEQUENT ist, läugnet die PRINCIPIEN des andern, ein philosophischer Streit kann nur dann entstehen, wenn beide Partheien über die Prinzipien
19 einig, aber bloß über [/] die Folgen uneinig sind. Er ist ein Widerstreit der Denkart, der consequente Dogmatiker ist sein eignes Gegenmittel, er kann diese Denkart in die Länge nicht ertragen.

§ 4.

Des Dogmatikers Voraussetzung ist ein bloßes Denken; eine Voraussetzung, die nicht zu rechtfertigen sein wird, weil sie ja nicht erklärt, was erklärt werden soll; so bald ein andres System auftritt[,] das alles erklärt, kann sie nicht länger statt haben.

Der Idealist sagt: Denke dich und gieb Acht, wie du dich denkst; du wirst eine in dich zurückgehende Thätigkeit finden. Der Idealist legt etwas würklich im Bewustsein vorkommendes zu Grunde, der Dogmatiker aber etwas auser allem Bewustsein bloß zu denkendes.

(22)   Man könnte sagen: Alles jenes, was der Id[ealist]. fordert, ist doch nur eine Vorstellung von meiner in mich zurückgehenden Thätigkeit, aber doch keine zurückgehende Thätigkeit an sich auser der Vorstellung? RESP[ONDEO]: Von weiter ist auch nichts die Rede! als daß diese Vorstellung vorkomme, eine Unterscheidung zwischen einer in sich zurückgehenden Thätigkeit, und einer Vorstellung von ihr wäre nichtig. Denn eine Thätigkeit des Vorstellens auser dem Vorstellen wäre ein Wi- ∗ derspruch. Alle thätige Substanz als Substanz soll abgehandelt werden, die Philosophie muß zeigen, woher das SUBSTRAT komme, wo es statt findet, es ist nur die Rede von einem unmittelbaren Setzen des Ich, dieses ist eine Vorstellung.

Das Prinzip des Idealisten kommt im [/] Bewustsein vor, 20.
darum heißt auch seine Philosophie immanent. Er findet aber
sein Prinzip nicht von selbst in dem Bewustsein sondern zu
folge seines freien Handelns; wenn man den Gang des gewöhnlichen Bewustseins fortgeht: so liegt darinn kein Begriff vom
Ich, keine in sich zurückgehende Thätigkeit; aber man kann
sein Ich denken, wenn man vom Philos[ophen]. dazu aufgefordert ist, man findet es dann, durch ein freies Handeln, aber
nicht als etwas Gegebenes.

Jede PHILOSOPHIE sezt etwas voraus, erweißt etwas nicht und
erklärt und erweißt aus diesem alles andre, auch der Idealismus,
dieser sezt die erwähnte freie Thätigkeit voraus als Prinzip[,]
aus welchem alles erklärt werden muß, das aber selbst nicht
weiter erklärt werden kann.

Der Dogmatismus ist transcendent, überfliegend, aus dem
Bewustsein herausgehend; der Idealismus ist TRANSCENDENTAL,
er bleibt innerhalb des Bewustseins, zeigt aber, wie ein Herausgehen möglich ist, oder, wie wir zu der Annahme kommen,
daß den Vorstellungen Dinge auser uns entsprechen. Ob man
es nun dabei bewenden laßen werde oder nicht, kommt auf
die innere Denkart und den Glauben an sich an, wer den hat[,]
der kann Dogmatismus und Fatalismus nicht annehmen. Das
ist das, was bei Kant oft vorkommt, unter dem Namen: (23)
Intereße der Vernunft; Kant spricht von einem Intereße der
Speculativen und von einem Intereße der praktischen Vernunft, ×
und sezt beide entgegen; dieß ist nun auf seinem [/] Gesichts- 21
puncte richtig, nicht aber an sich, denn die Vernunft ist immer
nur eine und hat nur ein Intereße. Ihr Intereße ist der Glaube
an Selbstständigkeit und Freiheit, aus diesem folgt das Intereße
für Einheit und Zusammenhang, dieß könnte man das INTER-
[ESSE]. der speculativen Vernunft nennen, weil das Ganze auf
einen Grund gebaut und damit zusammenhängen soll; mit
diesem INTERESSE verträgt sich der IDEAL[ISMUS] beßer, als der
Dogm[atismus.]

§ 5

Wird dem Idealismus einmal die Wahrh[eit] seines Satzes,
und zw[ar]. als Prinzip zugegeben, so kann er streng alles davon

17

ableiten, was im Bewustsein vorkommt; ob es ihm aber jemand zugebe, das hängt ab von der Denkart des Jemand.

Man sagt, ich habe Bewustsein, als wenn das Bewustsein ein ACCIDENS des Ich wäre; dieß ist eine Absonderung, die erst spät geschieht, und wovon die Philosophie den Grund angeben muß. Es ist wahr, ich muß mir noch andre Bestimmungen oder PRAEDICATE zuschreiben, als Bewustsein, aber alle Handlungen gehen doch durch die Vorstellung hindurch. Alles was für uns sein soll[,] ist doch nur ein Bewustsein. Auf den ersten Anblick ist es richtig[,] wenn man sagt: mein Bewustsein ist Ich, und Ich bin mein Bewustsein. Im Bewustsein kommen zw[ar]. Vorstellungen mit dem Gefühle der Nothwendigkeit vor, oder das vorstellende ist ein Bewustsein deßen, was mit dem Gefühle der Nothw[endigkeit]. da ist; nun aber ist das Vorstellende, was es auch immer sein mag, durch Selbstthätigkeit[, /] also auch diese Vorstellungen sind Producte der Selbstthätigkeit.

Man darf nicht denken[,] daß das Ich durch etwas anderes bewust werde; das Ich ist nichts als seine Thätigkeit; das Vorstellende Selbst ist seine Selbstthätigkeit, diese ist sein Wesen, und eine gew[iße]. best[immte]. S[elbst].Thätigkeit ist in der und der Lage sein Wesen. Das Ich sezt sich selbst, heißt: es ist eine in sich selbst zurückgehende Thätigkeit, wer nicht von allem Objecte abstrahiren kann, der ist zum gründlichen Philosophen unfähig; weiter unten wird sichs finden, daß man ein Substrat hinzudenken müße, aber bis dahin muß man davon abstrahiren.

Da nun alles, was das vorstellende sein soll, nur durch Selbstthätigkeit sein soll, so sind auch die Vorstellungen, die mit dem Gefühle der Nothwendigkeit vorkommen, seine Producte[.]

§ 6

Dieser Beweiß würde völlig hinreichen zu einer kategorischen Behauptung, um das *Daß* zu erklären, aber nicht zu einer bestimmten Einsicht in das *Wie*, zu einer solchen Erklärung würde gehören, daß der ganze Act des postulirten Hervorbringens der Vorstellungen dargestellt würde. Soll der *
Idealismus Wißenschaft sein[,] so muß er dieß leisten können;

jezt wird im voraus drüber nachgedacht, auf welche Weise der
Idealismus diese Forderung erfüllen könne.

Zuförderst ist in der *d* Philosophie die Rede von den mit dem
Gefühl der N[othwendigkeit]. begleiteten Vorstellungen. Da
diese nun nicht wie im Dogmatismus [/] durch ein Leiden, 23
sondern aus einem Handeln der F[reiheit] erklärt werden soll,
so würde dieß ein nothwendiges Handeln sein müßen; denn
sonst würde es zu nichts helfen.

Anfangs zweifelt man, ob diese Vorstellungen Prod[ucte].
einer Selbstthätigkeit sind, weil man sich dieser Thätigkeit
nicht bewust ist, wenn die meisten Menschen von Thätigkeit[,]
von Handeln hören, so verstehen sie darunter ein freies Handeln; aber es kann auch ein nothwendiges Handeln geben. Ist
aber ein nothwendiges Handeln, noch ein Handeln, und nicht
vielmehr ein Leiden zu nennen?

(Der ächte Dogmatiker, der zugleich FATALIST sein muß,
kann das Bewustsein der F[reiheit] nicht leugnen, sondern er
erklärt es für Täuschung, das Handeln erfolgt erst zu Folge
eines äusern Einwürkens. VIDE Alexander von Joch (Hommel)   ×
über Belohnungen und Strafen nach türkischen Gesetzen[.])

Das nothwendige Handeln ist nur unter Bedingung eines
freien Handelns nothwendig, aber nicht überhaupt nothwendig, sonst wäre es mit Leiden einerlei[.]

Das erste absolut freie, unbedingte Handeln ist das Sezen des
Ich durch sich selbst; aus diesem könnte ein anderes nothwendig
folgen, von diesem könnte man sagen[,] es sei nothwendig,
aber freilich nicht ABSOLUT[,] sondern bedingt.

In dem ersten Handeln des Sichsezen[s] findet schon Freiheit
und Nothw[endigkeit] statt. Es ist möglich[,] daß man nicht
auf sich, sondern auf [/] Objecte REFLECTIRE. Dieß hängt von 24.
der Freiheit ab *e*, aber wenn ich auf mich REFLECTIRE, so kann
ich dieß nur durch eine in sich selbst zurückgehende Thätigkeit. So verhält es sich schon mit dem Prinzip und so könnte
es wohl kommen, daß wir auf [eine] Reihe nothwendige[r]
Handlungen stießen, welche bedingt würden durch das Setzen
des Ich, und so würde der Satz, das Ich ist[,] was es ist[,] durch

d Ms.: Zuförderst in in der   *e Ms.:* hab

sich selbst, der vorher nur formale Bedingungen hatte, materiale Gültigkeit bekommen.

(25)   Das Ich ist[,] was es ist[,] darum, weil es sich durch sich
selbst setzt. Das Selbstsetzen ist nur auf eine gew[iße] Art
möglich, dieß sezt, diese sezt eine andere voraus, diese wieder
eine andere u.s.w.

Alles geistige wird durch sinnliche Ausdrüke bezeichnet,
daher kommen viele Misverständ[nisse]. Denn die Zeichen sind
oft willkührlich, und drum muß erst, wenn man ein Zeichen
gebraucht, eine Erklärung gegeben werden; wenn man nun
eine Erklärung geben soll, wo das Wort fehlt[,] da muß man
die Sache selbst d.h. man muß genetisch erklären; ich setze
mich, und indem Ich dieß thue[,] bemerke ich, ich thue es auf
eine gewiße Art und kann es nur so thun; nun kann es kommen[,] daß ich auch vieles andere nur so thun kann, und d.h.
ein Gesetz; man spricht daher von Gesetzen des Anschauens,
des Denkens u s.w; dieses nothwendige Denken sind Denkgesetze. Gesetze sind eigentlich nur für ein handelndes Wesen,
dieß sehen wir gewöhnlich für frei an, denn sagen wir[:] du   *
mußt so oder so verfahren, so sagt man nach der Analogie[:]
das Vernunftwesen muß so oder so verfahren und dieß sind
seine Gesetze.

25   Die weitere Aufgabe für den Ideal[ismus /] müßte also sein;
wir sind zur Einsicht gekommen, daß das Setzende und das
Gesetzte daßelbe sind, Ich kann das Ich nur auf eine gew[iße].
Weise setzen, aber dieß kann ich nicht[,] ohne auch ein zweites
zu sezen, dieß nicht ohne ein 3tes, und so könnte es kommen[,]
daß wir alle die Gesetze[,] zufolge denen die Welt für uns zu
Stande kommt[,] von dem ersten ableiten könnten; dieß müßte
der ID[EALISMUS].nachweisen[.]

§. 7

Die meisten Idealisten vor Kant sagten, die Vorstellungen
sind in uns, weil wir sie in uns hervorbringen; sie verstanden
es so[:] sie könnten diese *hervorbringen oder nicht*, dieß ist ein
grundloser Idealismus.

Es laßen sich 2 Wege denken, die das RAESONNEMENT leiten,

entweder man geht aus von der uns bekannten Beschaffenheit der Welt, oder den nothwendigen Vorstellungen, die im Bewustsein vorkommen: Dieß ist ein bloßes Herumtappen und Probiren[;] man läßt sich immer das Resultat vor Augen schweben, dieß taugt nicht.

Oder man geht aus von der Handelsweise des vorstellenden Wesens und zeigt nun, wie nach diesen Gesezen solche Vorstellungen zu Stande kommen, man hat d[a] nur die Art vor Augen[,] wie etwas zu Stande kommen soll[;] wenn man so zu Werke geht, so wird von allem würklichen abstrahirt; Wäre der Grundsatz richtig, und würde richtig aus ihm gefolgert, so muß das Resultat, mit der gemeinen Erfahrung übereinstimmen, träfe etwa beides nicht zusammen, so würde nicht gerade die Unrichtigkeit des ganzen Unternehmens, sondern nur die des Verfahrens durch einen Fehlsch[l]uß folgen, diesen müßte [/] man aufsuchen. – Es ist zu erweisen[,] daß das Ich 26. sich nicht sezen könne, ohne noch manches andere zu sezen. Dieß wäre lediglich in der Selbstanschauung nachzuweisen, so wie das erste Gesetz, daß ich mich nur auf diese Weise setzen kann, dieß wäre der Gang des Systems.

Anm[*erkung*:] Das System kann jeden nur auffordern, in sich selbst hineinzusehen, wie er es macht, nun aber behauptet es allgemeine Gültigkeit, daß jedes Vernunftwesen so verfahren müße, diese Forderung geschieht mit Recht, und vorausgesezt, daß das Wesen der Vernunft in dem Sichselbstsezen bestehe, so gehen ja alle als nothwendig aufgestellten Handlungen aus demselben hervor: sie gehen sonach aus dem Wesen der Vernunft hervor, und jedes Vernunftwesen muß daher die Richtigkeit des Systems anerkennen.

Ferner die Einsicht in dieses System gründet sich darauf, daß man alle Handlungen[,] die hier betrachtet werden, innerlich nachmacht; denn es zählt nicht eine Reihe von Thatsachen auf, die nur so gegeben werden, sondern eine Reihe von Handlungen[,] in denen bemerkt wird, worauf es ankommt.

Der Philosoph ist nicht ein bloßer Beobachter, sondern er macht EXPERIMENTE mit der Natur des Bewustseins, und läßt sich auf seine bestimmten Fragen antworten. Das System ist für Selbstdenker, durch bloßes Lernen kann es nicht gefaßt werden[.] Jeder muß es in sich hervorbringen, bes[onders] weil

keine feste TERMINOL[OGIE].angenommen wird, durch das Gegentheil machte sich Kant so viele Nachbeter; [/]

27.   Wer an dieses System geht, braucht eben noch kein Selbstdenker zu sein, nur muß er Liebe zum Selbstdenken haben; bei
Jungen Leuten ists nicht leicht der Fall, daß ihr Kopf schon in
Falten eingezwängt sei, und daß sie daher zum Selbstd[enken].
unfähig seyen; Man kann zum Selbstd[enken]. anführen; [da-
durch] daß man Stoff giebt[,] worüber gedacht werden soll,
daß man vordenke, und dadurch zum Nachdenken erwecke.

Verhältniß*f* dieses Syst[ems]. zur Erfahrung..
     In der Erfahrung, welche durch dieses Syst[em]. deducirt
werden soll, findet man die Objecte und ihre Beschaffenheiten;
in dem Systeme aber die Handlungen des Vernunftwesens und
die Weisen derselben, inwiefern Objecte durch sie hervorgebracht werden, denn der Ideal[ismus]. zeigt, daß alle andre
Art[,] zu den Objecten zu kommen, keinen Sinn habe. Der
Philosoph fragt, wie entstehen Vorstellungen von den Dingen,
die auser uns sein sollen? dann die Vorstellungen von Pflicht,
Gott und Unsterblichkeit, diese Frage heißt so viel, wie kommen wir zu den Objecten, die diesen Vorstellungen entsprechen sollen? Man könnte die nothwendigen Vorstellungen,
objective Vorstellungen nennen, weil sie auf ein Object bezogen werden. – Dieß gilt auch von den Vorstellungen der
Pflicht, Gottheit und Unsterblichkeit. Man kann daher fragen,
woher das Object für uns? Die Philosophie enthielt[e] sonach
ein Syst[em]. solcher Handlungen[,] wodurch Objecte für uns
zu Stande kommen. Aber giebt es denn nun würklich solche
Handlungen? wie im Idealismus vorgetragen werden? hat das
darin vorgetragene REALITAET? oder ist es nur von der Philosophie erdichtet? [/]

28.   Zuförderst, der Idealismus stellt auf eine Reihe von ur-
(26) spr[ünglichen].Handlungen; daß es eine solche Reihe giebt,
wird nicht behauptet, dieß wäre gegen das System, denn darinn
heißt es: das Erste kann nicht sein ohne ein 2*tes* u s.w. Die
Handlungen kommen also nicht einzeln vor, da ja die eine
nicht ohne die andere sein soll, mit einem Schlage bin ich, und

f im Ms. kein Absatz

22

ist die Welt für mich; aber im System müßen wir, was eigentlich nur eins ist, als eine Reihe von Handlungen betrachten,
weil wir nur auf diese Art sie denken können, weil wir nur
Theile und zwar nur bestimmte auffaßen können. Wenn das
Vernunftwesen nach gewißen Gesetzen in der Erfahrung verfährt, und so verfahren muß, so muß es auch so in dem Gebiete
der Philosophie verfahren; ein Gedanke muß an den andren
angeknüpft werden; dann muß man den der so fragt bitten,
zu bedenken, w[as] er denn eigentlich frage; was heißt denn
würklich, w[as] heißt REALITAET, nach dem Ideal[ismus]. das
– was nothwendig im Bewustsein vorkommt. Kommen denn
diese Handlungen vor, *wo* und wie? Auf dem Gebiete der Erfahrung nicht, kämen sie da vor, so wären sie selbst Erfahrung
und gehörten nicht in die Philosophie, welche den Grund der
Erfahrung angeben soll. Also eine solche Würklichkeit wie die
der Erfahrung haben diese Handlungen nicht, auch kann man
nicht sagen, diese Handlungen geschähen in der Zeit, weil die
Erscheinungen ‹nur› Realität in der Zeit haben.

Hr. PROF. Bek, der die Critik der reinen Vernunft gefaßt hat,   ×
will nicht über die Erfahrung hinausgehen; dadurch wird*g* alle,
auch seine[,] Philosophie abgeschnitten; auch ist es nicht Kants
Meinung, denn er fragt, wie ist Erfahrung möglich. [/] er er-   29
hebt sich also über sie.

Aber das, was nicht im Gebiete der Erfahrung liegt, hat
keine Würklichkeit ‹im› eigentlichen Sinne, es darf nicht in
Raum und Zeit betrachtet werden, es muß betrachtet [werden]
als etwas nothwendig denkbares, als etwas ideales; z.B. das
reine Ich ist in diesem Sinn nichts würkliches, das Ich das in
der Erfahrung vorkommt, ist die Person. Wenn jemand das
reine Ich als philosophischen Begriff darum tadelt, weil es
nicht in der Erfahrung vorkommt, so weiß er nicht[,] was er
will.

Wer sich zur Philosophie erhebt, für den haben diese Handlungen Realität, nehmlich die des nothwendigen Denkens und
für dieses ist Realität; diese Realität hat auch die Erfahrung.
So gewiß wir sind und leben, so gewiß muß die Erfahrung sein,
und so gew[iß]. wir philosophiren, so gew[iß] müßen wir

g Ms.: werden

diese Handlungen denken. Im Bewustsein des Philosophen kommt etwas vor, was im gem[einen]. Menschenverstand als solchen nicht vorkommt, das Bewustsein des Philosophen erweitert sich, und dadurch wird es ein vollständiges, vollendetes. Sein Denken erstreckt sich so weit, als es nur gehen kann. Über die Erfahrung hinaus, kann gefragt werden, und dieß geschieht[;] aber über die Philosophie kann mit Vernunft nicht hinaus gefragt werden. z.B. was der Grund ‹der› Beschränk[t]heit, an sich sei, dieß widerspricht sich selbst und ist eine ABSURDITAET. Es wäre eine Anwendung der Vernunft, die von aller Vernunft abstrahirt w‹äre›.

Das Fortschreiten von Realität zu Realität, von einer Stufe des Bewustseins zur anderen, ist der Gang des nat[ürlichen].
30 Menschen [/] und wir können da 3 Stufen annehmen.

1) er verknüpft die Objecte der Erfahrung nach Gesetzen, aber ohne dessen sich bewust zu sein. – Jedes Kind, jeder Wilde sucht zu dem Zufälligen einen Grund, urtheilt also nach dem Gesetze der CAUSALITAET, ist sich aber deßen nicht bewust.

2.) der der über sich REFLECTIRT, bemerkt[,] daß er nach diesen Gesetzen verfährt, dem entsteht ein Bewustsein dieser Begriffe, in dieser zweiten Region kann es wohl kommen, daß man die Resultate dieser Begriffe, für Eigensch[aften] der Dinge hält; daß man sagt, die Dinge an sich sind in Raum und Zeit.

3.) der Ideal[ist]. bemerkt[,] daß die ganze Erfahrung nichts sei als ein Handeln des Vernunftwesen[s].

§. 8.

(27)   Der Idealismus geht aus, von dem S[ich].setzen des Ich, oder von der endlichen Vernunft überhaupt; aber wenn von einem überhaupt die Rede ist, so ist dieß ein unbestimmter Begriff, er geht also von einem unbestimmten Begriffe aus, nun sieht der Ideal[ist]. dem Bestimmen der Vernunft in ihren Begrenz‹ung›en zu, und läßt durch das Bestimmen ein vernünftiges INDIVIDUUM, ein würkliches Vernunftw[esen] werden, welches etwas ganz anderes ist als der unbest[immt]e Begriff vom Ich. Dieses INDIVIDUUM sieht die Welt und die Dinge auch an,

diese seine Ansicht wird auch[h] von dem Gesichtspuncte des
Idealismus erblickt, der Idealist sieht, wie dem INDIVIDUUM
die Dinge werden müßen, die Sache ist also für das INDIVIDUUM
anders als für den Philosophen; für das INDIVIDUUM nun sind
die Dinge[,] Menschen u s.w unabhängig von ihm vorhanden.
Der Ideal[ist] aber sagt[:] Dinge[,] auser mir, und unab[/]hän-   31
gig von mir vorhanden[,] giebt es nicht. Beide sagen also das
Gegentheil und widersprechen sich doch nicht, denn der
IDEALIST zeigt von seinem Gesichtspuncte aus die Nothw[en-
digkeit] der Ansicht der INDIVIDUEN, wenn der IDEAL[IST]
sagt[:] auser mir, so heißt dieß[:] auser der Vernunft, bei dem
INDIVIDUUM heißt es[:] auser der Person.
    Den Gesichtspunct des INDIVIDUUMS kann man den gemeinen
nennen, oder den der Erfahrung; wird er genetisch angesehen
A PRIORI, wenn man auf ihn kommt, so findet sich[,] daß man
durch das Handeln auf ihn komme, er heißt daher der praktische. Alle Philos[ophische]. Spec[ulation]. ist nur möglich,
in wie fern abstrahirt wird, (im Handeln findet keine Ab-
str[action] statt) und heißt daher der ideale Gesichtspunct[.]
Der praktische Ges[ichtspunct]. steht *unter* dem idealischen.
    Wenn der Philosoph auf dem praktischen Ges[ichtspuncte].
steht, so handelt er w[ie].jedes andere Vernunftwesen und
wird nicht durch Zweifel gestört, weil er weiß, wie er auf
diesen Ges[ichtspunct]. kommt. Die Specul[ation]. kann nur
den stören, der erst angefangen hat zu specul[iren], aber noch
nicht im reinen ist, dem critischen Philosophen kann so etwas
nicht einfallen, weil die Res[ultate]. der Erfahrung und der
*   Specul[ation] immer zusammen treffen, es gehört aber Festigkeit dazu[,] sich von einem Ges[ichtspunct]. auf den andren
zu sezen; hieran fehl[t] es oft dem Anfänger, der durch REALI-
STISCHE Zweifel in der Specul[ation]. gestört wird, der wird
auch im Handeln durch Ideal[istische]. gestört.

———————

[h] *Ms.:* auf

§. 1

Vorläufige Bemerkungen
[1]
Es ist neuerdings sehr geeifert worden, gegen das Aufstellen (28)
eines ersten Grundsatzes in der Philosophie, von einigen[,]   ×
weil sie etwas dabei denken, von anderen aber weil sie bloß
die Mode mitmachen..

Diejenigen welche sagen, sucht keinen ersten Grundsatz,
können sagen wollen, entw[eder] ihr sollt in der Philosophie
überh[aupt] nicht systematisch verfahren, so etwas ist unmöglich, diese werden widerlegt durch das würkliche Aufstellen
eines Systems.

Oder: Alles Beweisen geht aus, von einem unbewiesenen.
Was heißt beweisen? Es heißt doch wohl bei dem, der sich
einen deutlichen Begriff davon macht, die Wahrheit eines Satzes an einen andern anknüpfen; ich leite die Wahrheit eines
bekannten Satzes auf einen anderen über. Wenn aber dieß Beweisen heißt[,] so muß es in den Menschen eine Wahrheit
geben[,] welche nicht bewiesen werden kann, und die keines
Bew[eises] bedarf, von der aber selbst alles andere abgeleitet
wird; sonst giebt*a* es keine Wahrheit und wir werden ins Unendliche getrieben[.]

2
Keine von beiden Meinungen scheinen die beßeren die sich
dagegen auflehnen zu haben. PROF. Beck eifert auch gegen das
Suchen eines ersten Grundsatzes; er meint die Philosophie
müße ausgehen von einem *Postulate*, dieses ist aber auch ein   ×
erstes, das nicht weiter bewiesen werden wird, also auch ein
Grundsatz. Grundsatz ist jede Erkenntniß, [/] die nicht weiter 33.
bewiesen werden soll. Wer*b* also ein Postulat angiebt, giebt
auch einen Grundsatz an. Der Prof. Bek hat den Accent auf

a Ms.: giebts   *b Ms.:* soll wer

Satz gelegt, und soll sein etwas objectives, gefundenes, aus dem durch Analyse herausgebracht wird, aber wer hat ihn geheißen[,] Grunds[atz]. so zu erklären. Die Philosophie soll nicht gefunden werden in einem Gegebnen, sondern*c* durch synthetisches Fortschreiten. Der Satz des Bewustseins ist bei Reinhold ein Factum, durch die bloße Zergliederung deßen[,] was in diesem Satze liegt[,] soll nach seiner Behauptung die ganze Philosophie zu Stande kommen[.] Ein Verfahren[,] das mit Recht zu tadeln ist.

Die WißenschaftsLehre stellt zuerst auf ein Ich, dieß will sie aber nicht analysiren[;] dieß würde eine leere Philosophie sein, sondern sie läßt dieses Ich nach seinen eignen Gesetzen handeln, und dadurch eine Welt construiren, dieß ist keine Analyse, sondern eine immer fortschreitende Synthese. Uibrigens ist es richtig[,] daß man in der Philosophie von einem Postulate ausgehen müße; auch die WißenschaftsLehre thut dieß, und drückt es durch Thathandlung aus. Dieß Wort *wurde* nicht verstanden; es heißt aber, und soll nichts anderes heißen, als man soll innerlich handeln, und diesem Handeln zusehen. Wer also einem anderen die Philosophie vorträgt, der muß ihn auffordern diese Handlung vorzunehmen, er muß also postuliren.

Eine Ursache ist etwas nur so gefundenes in der Erfahrung mit Nothwendigkeit vorkommendes, und damit kann man weiter nichts anfangen, als es analysiren, wenn man nicht unconsequent wird, [/] und etwas anderes hinzunimmt, wie Reinhold mit seinem Satze des Bewustseins that. – Der erste Grundsatz ist ein Postulat. So wie der Unterricht in der Geometrie ausgeht von dem Postulate den Raum zu beschreiben, so muß auch in der Philosophie der Leser oder Zuhörer so etwas thun. Wer den ersten Satz versteht, der wird in die Philosophische Stimmung versetzt.

Postulat

Man denke sich den Begriff Ich, und denke dabei an sich selbst. Jeder versteht[,] was dieß heißt, jeder denkt darunter etwas, er fühlt sein Bewustsein auf eine gewiße Weise bestimmt,

c Ms.: Gegebnen. sondern

daß er sich eines gewißen bewust ist. Man bemerke nun, wie
man es mache, indem man diesen Begriff denkt.

Man denke sich irgend ein Object, z B die Wand den Ofen.
Das denkende ist das Vernunftwesen, dieses frei denkende ver-
gißt sich aber dabei, es bemerkt seine freie Thätigkeit nicht;
dieß muß aber geschehen, wenn man sich auf den Gesichtspunct der Philosophie erheben will: Im Denken des Objects
verschwindet man in demselben, man denkt das Object, aber
nicht daß man selbst das denkende sei. In dem ich z. B. die
Wand denke, bin ich das denkende und die Wand ist das Gedachte. Ich bin nicht die Wand, und die Wand ist nicht Ich,
beide – das denkende und das Gedachte werden also unterschieden. Nun soll ich das ich denken[;] ich bin also, wie in
allem Denken das handelnde; mit derselben Freiheit [/] mit 35
der ich die Wand denke, denke ich auch das Ich, beim Denken
des ich, wird auch etwas gedacht, es wird aber das denkende
und das Gedachte nicht so unterschieden wie bei dem Denken
der Wand. Beide sind eins, das denkende und das Gedachte[.]
Beim Denken der Wand geht meine Thätigkeit auf etwas
auser mir, beim Denken des Ich geht sie aber auf ich zurück.
(Der Begriff der Thätigkeit braucht nicht erklärt zu werden,
wir sind uns derselben unmittelbar bewust, sie besteht in einem
Anschauen[.])

Der Begriff oder das Denken des Ich in dem auf sich handeln
des Ich selbst, und ein Handeln im Handeln auf sich selbst,
giebt ein Denken des ich, und nichts anderes; beide erschöpfen
sich gegenseitig; das Ich ist, was es sich selbst setzt, und weiter
nichts, und das was sich selbst sezt, und in sich selbst zurückgeht[,] wird ein Ich, und nichts anderes.

In sich zurückgehende Thätigkeit und Ich sind eins, beide
erschöpfen einander gegenseitig[.] Dieser Satz könnte Schwierigkeiten erregen, wenn man unter dem Ich in dem aufgestellten Satze mehr verstünde, als darunter verstanden werden
soll..

Das Ich ist nicht Seele, die Substanz ist; jeder denkt sich bei
dem Ich noch etwas im Hinterhalte. Man denkt[:] ehe ich so *(30)*
‹und› so es machen kann, muß ich sein. Diese Vorstellung muß
gehoben werden. Wer dieß behauptet, behauptet daß das Ich
unabhängig von seinen Handlungen sei; oder man sagt ferner:

ehe ich handeln konnte[,] mußte doch ein Object sein, auf
das ich handelte. Aber was will denn dieser Einwurf sagen? wer
36. machte denn diesen Einwurf[? /] Ich selbst; ich sezte mich also
vorher selbst, und der ganze Einwurf ließe sich auch so ausdrücken: ich kann das Setzen des Ich nicht vornehmen, ohne
ein Gesetztsein des Ich durch sich selbst anzunehmen.

Der Begriff des Ich entsteht dadurch daß ich mich selbst
setze, daß ich auf mich zurückgehend handle. Was hat man
nun gethan[,] indem man handelte, und wie hat man es gemacht? ◇

Ich bin mir irgend eines Objects B bewust, deßen aber kann
ich mir nicht bewust sein, ohne mir meiner selbst bewust zu
sein, denn B ist nicht Ich und Ich bin nicht B. Ich bin mir aber
nur dadurch meiner selbst bewust[,] daß ich mir des Bewustseins bewust bin. Ich muß mir also bewust sein des Actes des
B ^{d}, des Bewustseins vom Bewustsein. Wie werde ich mir deßen   *
bewust? Dieß geht ins unendliche fort und auf diese Weise
läßt sich das Bewustsein nicht erklären. Der Hauptgrund dieser
Unmöglichkeit ist, daß das Bewustsein als Zustand des Gemüths, immer als Object genommen wurde, wozu es denn
immer eines anderen Subjectes bedurfte. Wären dieß die bisherigen Philosophien inne geworden, so würden sie vielleicht
auf den rechten Punct gekommen sein.

Dieser Einwurf ist nur so zu heben, daß man ein Object des
Bewustseins finde, welches zugleich Subject wäre; dadurch
ein unmittelbares Bewustsein aufgezeigt würde, ein Object[,]
dem man nicht ein neues Subject entgegenzusezen hat[.]

◇ Antwort auf obige Frage: wie werden wir uns des Handelns bewust, wir beobachteten uns, und ^{e} wurden uns deßen
37 im Handeln bewust. Ich der ich handelte, wurde [/] mir bewust meines Handelns. – Das Bewustsein des Handelnden und
des Handelns war eins, durch unmittelbares Bewustsein. In und
mit dem Denken wurde ich mir des Denkens bewust, das heißt
ich sezte mich als ein ^{f} Denken handelnd. Also auch in diesem   *
Bewustsein setzte ich mich selbst als Subject und Object
daßelbe und dadurch erhielten wir das unmittelbare Bewust-

---

d Ms.: B könnte auch Kürzel sein für: Bewustsein   e Ms.: uns
f könnte auch heißen: im

sein[,] das wir suchten. Ich setze mich schlechthin. Ein solches Bewustsein ist Anschauung, und Anschauung ist ein sich selbst setzen als solches, kein bloßes Setzen..

Alles Vorstellen ist ein sich setzen. Vom Ich geht alles aus. Das Ich ist kein Bestandtheil der Vorstellung sondern vom Ich geht alle Vorstellung aus. Alles mögliche Bewustsein sezt das unmittelb[are]. Bewustsein voraus und ist auser dem nicht zu begreifen. –

Die Identität des Gesetzten und des Setzenden ist absolut, sie *(31)* wird nicht gelernt, nicht erfahren, sie ist das was erst alles lernen und Erfahren möglich macht. Das Ich ist gar nicht Subject, sondern Subject=Object; sollte es bloß Subject sein[,] so fällt man in die Unbegreiflichkeit des Bewustseins, soll es bloß Object sein, so wird man getrieben, ein Subject*ᵍ* auser ihm zu suchen[,] das man nie finden wird. Ich, Subject, Seele u.Gemüth ist nicht daßelbe. Subject ist das Ich, inwiefern es etwas sezt in der Vorstellung.

Das Ich setzt sich schlechthin, daß es sich im unmittelbaren Bewustsein als Subjectobject setze, ist unmittelbar, es kann keine Vernunft darüber hinausgehen; über die anderen Bestimmungen[,] die im Bewustsein vorkommen, laßen sich Gründe angeben, von dieser aber nicht, [/] das unmittelbare   38. Bewustsein ist selbst der erste Grund, der alles andere begründen soll, biß zu ihm muß man gehen, wenn unser Wißen einen Grund haben soll.

Wir müssen von diesem lezten Grunde wißen, denn wir sprechen davon, wir kommen dazu durch unmittelbare Anschauung[,] wir schauen unsere unmittelbare Anschauung selbst wieder unmittelbar an; dieß wäre unmittelbare Anschauung der Anschauung. Es ist also reine Anschauung des Ich als Subject=Object möglich, eine solche heißt[,] da sie keinen sinnlichen Stoff an sich hat[,] mit Recht: INTELLECTUELLE ANSCHAUUNG.

Kant leugnet die INTELL[ECTUELLE]. ANSCHAUUNG, aber er   × bestimmt den Begriff der Anschauung so, daß sie nur sinnlich sein kann, und d‹arum› sagt er[:] diese sinnliche Anschauung kann nicht INTELLECTUEL[L] sein. Wenn einer behauptet[,] er

---

ᵍ später verbessert aus: Object

× schaue das Ich an als ein Ding, wie Platner, oder wenn einer
eine unmittelbare Offenbarung in sich anzuschauen glaubt,
gegen den hat Kant recht.. In der sinnlichen Anschauung wird
etwas fixirtes, ruhendes, gewöhnlich im Raume angeschaut,
aber in unserer intellectuellen Anschauung wurde nur ein Handeln angeschaut. Kant hatte sie, nur reflectirte er nicht darauf;
Kants ganze Philosophie ist ein Resultat dieser Anschauung,
denn er behauptet[,] daß die nothwendigen Vorstellungen Producte des Handelns des Vernunftwesens seien, und nicht des
Leidens. Dieß konnte er doch nur durch Anschauung haben. Bey Kant findet Selbstbewustsein statt; Bewustsein des
Anschauens in der Zeit; wie kommt er dazu? Doch nur durch
eine Anschauung, und diese ist doch wohl eine INTELLECTUELLE.

39   Nicht so vernunftmäsig, wie Kant, verstehen [/] diejenigen,
welche die intellectuelle Anschauung hinterher läugneten,
nachdem sie ihnen doch vorher DEDUCIRT war (der Recensent
× über Schellings Ich. V[IDE]. ALLG.L.Z. 1796) sie werden sich
ihrer Freiheit im Denken nie bewust.

Wer sich das Ich zuerst dachte, der hatte einen Begriff davon;
wie kommt dieser Begriff zu Stande?

Um mich selbst als mich selbst setzend wahrnehmen zu
können, müßte ich mich schon als gesezt voraussetzen; zu der
Thätigkeit[,] mit der ich mich setze, gieng ich über von einer
Ruhe, Unthätigkeit, die ich der Thätigkeit entgegensetze. Anders
konnte man die Vorstellung der Thätigkeit nicht bemerken;
sie ist ein Loßreißen von einer Ruhe, von welcher zur Thätigkeit übergegangen wird. Also nur durch Gegensatz war ich
vermögend, mir meiner Thätigkeit klar bewust zu werden,
und eine Anschauung ders[elben]. zu bekommen.

Handeln ist gleichs[am] AGILITAET, Uibergehen im geistigen
Sinne, diese[r] Agilität wird im Bewustsein entgegengesezt ein
Fixirtsein, ein Beruhen; umgekehrt kann ich mir auch der
Ruhe nicht bewust werden, ohne daß ich mir der Thätigkeit
bewust bin. Man muß daher beide zugleich ansehen, um eins
von beiden einzeln ansehen zu können. Nur durch Gegensatz
ist ein bestimmtes klares Bewustsein möglich. Wir haben es
aber hier nicht mit diesem Satze überhaupt, sondern mit dem
einzeln[en] bestimmten Falle zu thun, der hier in Frage kommt.

Ich richte meine Aufmerksamkeit auf den Zustand der Ruhe,

in dieser Ruhe wird das[,] was eigentlich ein Thätiges ist, ein Gesetztes, es bleibt keine Thätigkeit mehr, es wird ein Product, aber nicht etwa ein anderes Prod[uct]. als die Thätigkeit selbst, kein Stoff, kein Ding[,]welches vor der Vorstellung des Ich vorherging; sondern bloß, das Handeln wird dadurch daß es *(32)* angeschaut wird, fixirt; so etwas [/] heißt ein Begriff, im Gegen- 40 satz der Anschauung[,] welche auf die Thätigkeit, als solche, geht.

In dieser in sich zurückgehenden Thätigkeit, als ruhend angeschaut, fällt Subject und Object zusammen, und dadurch entsteht das positive fixirte. Dieses Zusammenfallen beider, und wie dadurch die Anschauung in einen Begriff verwandelt wird, läßt sich *nicht[h] anschauen, sondern nur denken.* Nur die Anschauung läßt sich anschauen[,] nicht denken; das Denken läßt sich nur denken[,] nicht anschauen. Jede Aeußerung des Gemüths läßt sich nur durch sich selbst auffaßen[.] Dieß bestätigt die oben aufgestellte Theorie des Bewustseins.

Bewustsein der Anschauung haben ist philosoph[isches]. Genie; Alles Denken geht von der Anschauung aus[,] sonach muß auch alles Phil[osophiren] von der Anschauung ausgehen[.]

Bey Kant heißt die Philosophie eine Vernunfterk[enntniß]. aus Begriffen, dieß kann aber bey ihm selbst nicht so sein, denn ×
nach ihm ist jeder B[egriff]. ohne Anschauung leer; auch ×
spricht er von transcendentaler Einbildungskraft, diese läßt ×
sich nur anschauen.

* Der Begriff entsteht mit der Anschauung zugleich in demselben Moment, und ist von ihm unzertrennlich. Es scheint uns[,] als ob der erste eher hätte sein müßen, aber es scheint nur so, weil wir den Begriff auf eine Anschauung zurück [be]-ziehen.

———————

CONFER. den § 1 der gedrukten WißenschaftsLehre, wo *(33)* daßelbe auf eine andere Weise gesagt ist, es wird nehmlich dort ×
von dem Begriffe zur Anschauung übergegangen, hier ists aber umgekehrt.

h im Ms. nicht unterstrichen

(32)

§. 1.
Postulat.

Den Begriff des Ich zu entwerfen und zu bemerken, wie man dabei verfahre.

„Indem man der Aufforderung zu Folge das verlangte thut, werde man, wurde behauptet, sich thätig finden, und seine Thätigkeit gerichtet finden, auf das thätige selbst; sonach komme der Begriff des Ich zu Stande nur durch in sich zurückgehende Thätigkeit, und umgekehrt durch diese Thätigkeit komme kein anderer Begriff zu Stande als dieser. Indem man
41. in dieser Thätigkeit sich beobachte, [/] werde man sich derselben unmittelbar bewust, oder man setze sich als sich setzend. Dieses als das einzige unmittelbare Bewustsein sei der Erklärung alles anderen möglichen Bewustseins voraus zusetzen. Es heißt die ursprüngliche Anschauung des Ich (das Wort im sub[-] und objectiven Sinn genommen[;] denn Anschauung kann 2erlei heißen α, Anschauung die das Ich hat[,] dann ist das Ich das Subject[,] das Anschauende, oder β. Anschauung[,] die auf das Ich geht, dann ist die Anschauung das objective und das Ich das angeschaute; hier wird das Wort zugleich in beiden Bedeutungen genommen.) Man werde ferner bemerken, daß man sich nicht als handelnd setzen könne, ohne diesem Handeln eine Ruhe entgegenzusetzen, durch Sezen der Ruhe entsteht ein Begriff, und in diesem Falle der Begriff des Ich[.]"

§ 1 (DICTIRT. 1798.)

Alles Bewustsein ist BEGLEITET VON EINEM UNMITTELBAREN SELBSTBEWUSTSEIN, GENANNT, INTELLECTUELLE ANSCHAUUNG, UND NUR IN VORAUSSETZUNG DESSEN, DENKT MAN. DAS BEWUSTSEIN ABER IST THAETIGKEIT UND DAS SELBSTBEWUSTSEIN INSBESONDERE IN SICH ZURÜKGEHENDE THAETIGKEIT DER INTELLIGENZ, ODER REINE REFLEXION.

(33)   *Anm[erkung:]* Alles zu folge angestellter Selbstbeobachtung. Diese reine REFLEXION als Begriff angesehen wird gedacht durch ich. Ich seze mich sonach schlechthin durch mich selbst, und durch dieses Selbstsezen ist alles andere Bewustsein bedingt.

In diesem COLLEGIO wird EXPERIMENTIRT, das heißt die Vernunft wird gezwungen uns auf gewiße planmäsige Fragen zu

antworten, die RESULTATE unserer EXPERIMENTE faßen wir
dann in Begriffe zum Behuf der Wißenschaft und des Ge-
dächtnißes.

§. 2 [/]

Beim ersten Schritte, den wir in der WißenschaftsLehre   42.
thaten[,] war es uns darum zu thun, daß das Ich nur durch
Thätigkeit charakterisirt würde, und wie dieß geschähe; denn
der Ideal[ismus]. erklärt ja alles was im Bewustsein vorkommt[,]
aus dem Handeln des Ich, und der kritische Idealismus aus
einem nothwendigen Handeln, das unter Gesetzen steht. Jezt
ist unser Zweck, besonders anschaulich zu machen, daß das Ich
nicht durch alle Thätigkeit, sondern bloß durch in sich zurück-   *(34)*
gehende Thätigkeit charakterisirt würde. Es ist nehmlich nicht
gesagt worden; durch *alles* Handeln, sondern durch ein bestimmtes Handeln ist der Begriff des Ich zu Stande gekommen.
Hierauf wird nun REFLECTIRT.
1) Bei dem was im vorigen § postulirt wurde[,] soll noch etwas
bemerkt werden; es war dort aufgegeben ein bestimmtes Handeln, einem anderen auch wohl denkbaren entgegengeseztes
Handeln[.] Es wurde auf das Zustandebringen des Begriffs vom
Ich achtgegeben und auf nichts anderes. Diese Einschränkung
wurde bemerkt, und nur in dieser Bemerkung wurde man sich
der Thätigkeit bewust. Dieses Abziehen von jedem möglichen
anderen Gegenstande und Hinrichtung auf ein bestimmtes war
eben diese Thätigkeit. So läßt sich alles Handeln denken als ein
Einschränken in eine gew[iße].Sphäre. *Alles Bewustsein der*
Selbstthätigkeit ist ein Bewustsein unseres Einschränkens unserer
Thätigkeit, nun kann ich mich nicht anschauen als beschränkend,
ohne ein Uibergehen von der Unbestimmtheit zur Bestimmtheit zu
setzen, also ohne die Unbestimmtheit mit zu setzen, und dem Bestimmten entgegenzusetzen. Auf diesen Punct kommt viel an.
Das bestimmte, auf das Denken des Ich beschränkte wird als
Thätigkeit gesetzt und kommt als solche[s] zum Bewustsein,
mithin kommt auch das Unbestimmte nur durch Thätigkeit
zum Bewustsein, welches wir, weil es in Beziehung auf das Bestimmtsein und mit ihm zugleich gesetzt wird, das Bestimm-

43. bare*a* nennen wollen. [/] Nach dem obigen ist Thätigkeit nicht ohne Ruhe anschaubar, aber Thätigkeit ist nicht anschaubar auser, als bestimmte, aber der Begriff einer bestimmten Thätigkeit ist nicht möglich ohne das Anschauen eines Bestimmbaren. – Es könnte jemand der Einwand kommen; es sei wohl erwiesen worden, daß das ich nur zu sezen sey, durch in sich selbst zurückgehende Thätigkeit; daß Thätigkeit nur zu sezen sey im Gegensatz der Ruhe, daß bestimmte Thätigkeit nur zu sezen sei, durch das Setzen eines Bestimmbaren, wenn aber daraus der allgemeine Satz sollte gefolgert werden, kein Bestimmtes ohne ein Bestimmbares, so sei dieß ein Fehlschluß[,] weil da aus etwas besonderem ein Allgemeines sollte abgeleitet werden. Allein alles Bewustsein ist ja vermittelt, durch das sich selbst sezen des Ich; alles was vorkommt ist Product der Thätigkeit des Ich; kommt nun ein bestimmtes Product vor, so ist es Product einer ‹einmal› bestimmten Thätigkeit des Ich, da nun keine bestimmte Thätigkeit des Ich gesezt werden kann ohne eine bestimmbare, so gilt dieser Satz allgemein[.]

2) Nun ist diese bestimmte Thätigkeit nicht eine bestimmte Thätigkeit überhaupt, welches ein Widerspruch wäre, sondern sie ist eine besondre bestimmte Thätigkeit. (Es kann nichts überhaupt, ohne auf eine gew[iße]. Weise best[immt].sein. Man kann wohl in der Abstraktion so sagen, allein hier*b* soll nicht abstrahirt, sondern angeschaut werden[.]) Dieses sich selbst beschränken, sich setzen, sich unmittelbar anschauen[,] sich seiner selbst bewust werden, ist eins, es bedeutet immer das Ansch[auen].seiner selbst.

Aber die bestimmte Thätigkeit läßt sich nicht sezen[,] ohne daß die entgegenges[etzte].Thätigkeit, von welcher das Bestimmte abgezogen wird, mitgesezt werde. Ein sich setzen läßt sich [nicht] verstehen[,] ohne daß ein sich nicht sezen zugleich mitgesezt werde. Es folgt schon aus dem obigen, aber auch aus der Anschauung. Man denkt nichts deutlich, und kann nichts deutlich denken, ohne sein Gegentheil zugleich mitzudenken.

44 Dieß wird nicht be[/]wiesen, aber jeder[,] der nur etwas deutlich denkt[,] wird es in sich finden; so muß man sich beim Sezen des Ich nothwendig das nicht Setzen deßelben mitdenken.

---

a Ms.: bestimmbare   *b Ms.:* hier hier

Die vorher als bestimmbare Thätigkeit überhaupt zu sezende *(35)*
Thätigkeit wird sonach zum Behufe des Postulats gesezt als
Nichtich, sie geht auf das Gegentheil des Ich. So gewiß also
das Ich gesezt werden soll, so gew[iß] muß ein Nichtich mitgesezt werden. Der Charakter des NichtIch geht nun unmittelbar aus dem Gegensatze hervor; denn die Thätigkeit[,] durch
welche ich auf daßelbe komme, ist das einzige Mittel[,] es zu
charakterisieren.

Zuförderst, daß die Thätigkeit des Ich durch gehe*b′*, darin
sind beide gleich. In beiden Fällen bin ich das denkende; aber
darin sind beide verschieden[:] Die erste geht auf das in ihr und
durch sie thätige selbst, die entgegengesezte kann also doch
nur auf ein Ruhendes, sich nicht sezzendes, (wenigstens nicht
in dem Sinne wie das Ich sich sezt) gehen. (Ob ihr in anderer
Bedeutung das sich sezen zukomme oder nicht[,] gehört nicht
hieher.) Es ist etwas für das in unserer Betrachtung sich sezende
ich vorhandenes. Das sich sezende findet es. Es findet es nicht
als Product seiner Freiheit[,] sondern der Nothwendigkeit, die
aber eine bedingte ist, und nur darum statt findet, weil das Ich
sich erst gesezt hat. (Ich denke mir das ich klar heißt[:] ich
fordere etwas[,] das NichtIch sein soll).

Der Begriff des NichtIch ist kein Erfahrungsbegriff, er läßt
sich nur aus der Handlung ableiten, durch die er construirt
wird. Das NichtIch ist ein bloß gesezte, etwas, das durch bloßes
sein bestimmt wird (Tiefer unten wird der Begriff des Seins,
aus dem Begriff der Thätigkeit[,] der nicht weiter erklärt werden kann[,] abgeleitet werden) [.]

3. Wir REFLECTIREN noch ein wenig, über das jezt gefundene!
und darauf wie wir es gemacht haben. Alles anknüpfen an das
Ich oder [/] alle Synthesis beruht, nach dem vorigen und jezigen 45
§ auf einem Entgegengesezten; soll ich etwas anschauen und denken[,] so muß ich es entgegensetzen. – Dieses Entgegensezen ist
der Grund alles Herausgehens aus dem Ich, im vorigen § aus der
Anschauung, im gegenwärtigen aus dem Ich selbst. Dort gingen
wir aus, von der Anschauung und knüpften an sie den Begriff;
hier aus dem Ich als geseztem und sezen ein NichtIch.

---

*b′ vielleicht irrtümlich für: daraufgehe. (So lautet das Wort auch in der
späteren Verbesserung Krauses.)*

Nun fragt es sich[:] ist unser bisheriges Raesonnement eine Deduction, oder ist wieder etwas vorausgesezt worden wie im vor[igen]. §.? Ist es erwiesen, daß mit dem Ich ein NichtIch vereinigt werden müße; oder haben wir wieder etwas vorausgesezt, und welches könnte das Vorausgesezte sein? Durch das Reflexionsgesez des Entgegensezens sind wir daraufgekommen, dieses haben wir in der Anschauung nachgewiesen. Dieß   *
könnte also das vorausgesezte nicht sein. Die Voraussetzung liegt darin: wir sind ausgegangen von dem Gedanken, wenn das Ich selbst wieder Object unsers Bewustseins sein soll, so folgt[,] daß ein NichtIch gesezt werden muß. Aber soll denn das Ich Object des Bewustseins werden? Dieß ist nicht bewiesen. Im vor[igen] § wurde bewiesen, daß allem Bewustsein unmittelbares Bewustsein vorausgehen müße[;] aber dieß ist nie   *
ein objektives, sondern immer das Subjective in allem Bewustsein. Das Bewustsein[,] aus dem wir jezt argumentirt haben[,] ist nicht unmittelbar, es ist Repraesentation des unmittelbaren, aber es selbst nicht. Das unmittelbare ist Idee und kommt nicht zum Bewustsein. Das erste Denken des Ich war ein freies Handeln, aber daraus folgt kein nothwendiges. Das Bewustsein des   *
Ich ist nicht ohne Bewustsein des NichtIch, dieß ist bewiesen, nun könnten wir zwar postuliren, aber dann müßen wir es auch als Postulat ankündigen; es würde dann ein Theil des
46 vor[/]ausgesezten Grundsazes; ob es nothw[endig] sei[,] so zu postuliren, werden wir sehen[,] wenn wir höher steigen. Wir haben weder erwiesen noch bewiesen ein NichtIch, son-
(36) dern wir hätten bew[iesen]. eine Wechselw[ürkung] zwischen Ich und NichtIch.

4)[c] Wir haben nun die gegenwärtige Synthesis, mit der vorigen zu vergleichen und an die Kette anzuknüpfen:

Im vorigen § wurde bemerkt, daß man Thätigkeit nicht sezen könne, ohne ihr Ruhe entgegenzusetzen[,] hier daß man keine bestimmte Thätigkeit sezen könne[,] ohne ihr eine bestimmbare entgegenzusezen. Also das Verfahren in beiden, worauf es ankommt, um vom einen zum andren überzugehen, war in beiden Untersuchungen daßelbe. Die gegenwärtig deducirte Handlung ist mit der vor[igen]. dieselbe, wir lernen

c Ms.: 2)

* sie nur beßer kennen; ist sie dieselbe[,] so muß auch das[,] worauf
übergegangen wird, daßelbe sein, also Ruhe und Bestimmbarkeit*ᶜ′* muß daßelbe sein, sie muß in ihr enthalten sein, denn eben
wenn eine Thätigkeit als solche noch bloß bestimmbar ist, hat sie
den Charakter der Ruhe, und ist keine Thätigkeit. Man könnte
diese Ruhe oder diese Bestimmbarkeit Vermögen nennen[.]
Vermögen ist nicht selbst das[,] was Vermögen hat, die Substanz; ich sage[:] die Substanz hat Vermögen; es ist ACCIDENS,
auch Thätigkeit ists nicht, Vermögen ist nicht Handlung sondern das wodurch Handlung erst möglich wird. Dadurch daß
Thätigkeit begriffen wird[,] wird sie Ruhe. Vermögen, Ruhe,
Bestimmbarkeit sind eins. Also beides Sezen im ersten Act und
im 2ᵗᵉⁿ ist eins und daßelbe. Dadurch daß Thätigkeit in Ruhe
angeschaut wird, wird sie zum Begriff. Man könnte auch umgekehrt sagen[: /] so ists mit der Bestimmbarkeit. Nur ist hier 47
* die Bemerkung zu machen, dieser Begriff ist nur Begriff in
Beziehung auf die Anschauung des Ich, in Beziehung auf
das NichtIch ist sie selbst Anschauung*ᵈ*. In der Anschauung
ist die Thätigkeit in ACTION, im Begriff nicht[,] sondern da
ist sie bloßes Vermögen; wird aber diese Thätigkeit im
Begriff bezogen auf das NichtIch[,] so ist sie Anschauung.
Wir dürften sonach 2 Anschauungen bekommen, innere und
äusere; intellectuelle und eine andere[,] die sich aufs NichtIch
bezieht.

In dem Zustande des Gemüths, den wir jezt betrachten[,]
giebts 2 abgesonderte Hälften, die eine ist die des Beabsichtigten, die andere die des nothwendig gefundenen, welches wir
nennen wollen das Gegebne. Die Absicht war eine Thätigkeit
zu sezen, und es wurde Ruhe mitgefunden; die Absicht war
ferner[,] eine bestimmte Thätigkeit zu sezen, und es wurde eine
bestimmbare mitgefunden. In der ersten Sphäre ist zweierlei
enthalten 1) in sich zurückgehende, würkliche Thätigkeit = A,
2) was durch diese Thätigkeit zu Stande gekommen ist = B.
In der gegebenen liegt abermals zweierlei: 1) bestimmbare Thätigkeit, (ɪ[ᴅ] ᴇ[sᴛ] bestimmbar zum würklichen Handeln, denn
in anderer Rücksicht mag sie selbst wieder bestimmt sein) = C[.]
2) das durch diese bestimmbare Thätigkeit hervorgebrachte

ᶜ′ Ms.: Bestimmtheit   *ᵈ Ms.:* ich sie selbst anschauung

NichtIch = D. – Dieß untersuchen wir nach der oben vorge-
tragenen Lehre von der Anschauung und Begriff.

(37)   Alles Bewustsein geht aus von dem oben angezeigten unmittelbaren Bewustsein (§ 1)[.] Das durch und in diesem Bewustsein sich selbst sezende = A, ist eine von$^{d'}$ uns, die wir
philosophiren, mit Freiheit der Willkühr hervorgebrachte Repraesentation des unmittelbaren Bewustseins[.] (Das unmittelbare Bewustsein ist in allem Bewustsein das Bewustseiende,
aber nicht das[,] deßen man sich bewust ist, das Auge sieht hier
48.   das Sehen des Auges)[. /] Diese Repr[aesentation]. brachten
wir hervor mit Willkühr; wir hätten auch von etwas anderem
reden können; so haben wir zur Seite liegen laßen, ob es nicht
in anderer Rücks[icht]. mit Nothwendigkeit repraesentirt
werden könne. – Dieses A, dieses Zuschauen des sich sezens,
ist Anschauung und zwar innere, intellectuelle Anschauung. –
Schon im ersten § fanden wir[,] daß keine Anschauung, sonach
auch die Anschauung A nicht, möglich ist ohne Begriff. Welcher Begriff muß mit der Anschauung A verknüpft werden?
Etwa der beabsichtigte B? offenbar nicht, denn der den wir
suchen muß im Gegebenen liegen, dieser Begriff wäre sonach
der, durch den die Anschauung A bedingt wird, = C, das bestimmbare oder die ruhende Thätigkeit; also C ist in Beziehung
auf die Anschauung A der Begriff, der sie bedingt. Dieser Begriff C ist nun in anderer Beziehung auch Anschauung zu nennen. Er ist das unmittelbare Bewustsein selbst, das nicht angeschaut[,] sondern begriffen wird nicht als Thätigkeit sondern
als Ruhe. Dieser Begriff ist das in der Anschauung A nachge-
(38)   machte. (Alles Anschauen ist ein Nachbilden.). Dieser Begriff
ist der unmittelbarste und höchste, gegründet auf die Intel-
l[ectuelle].Anschauung, die als solche nie Object des Bewustseins wird; aber wohl als Begriff, in diesem Begriff und vermittelst dieses Begriffes findet das Ich sich selbst, und erscheint
sich als gegeben. Ich kann mich nicht anders begreifen, denn
als Ich, das h[eißt]. als sich selbst sezendes, also als anschauendes;
jener Begriff ist also der Begriff eines Anschauens und in dieser
Rücksicht selbst Anschauung zu nennen. Das Ich ist sich selbst
49   sezend (ein sich selbst sezendes Auge) und als solches [/] wird   *

d' *im Ms.: wohl irrtümlich für*

es begriffen, also begr[iffen]. als Anschauung. C ist Begriff in
Beziehung auf A, Anschauung in Bez[iehung]. auf ein mögliches x. Ich finde mich anschauend als anschauend Etwas x.
(Die äusere und innere Anschauung sind b[ei]. Kant nur sinnlich, das Ich erscheint sich bei ihm nur als bestimmt, bei mir
aber als bestimmend.[)]

Im vorigen § war C nur Begriff, hier ist es Begriff und Anschauung; in der Folge wird es Anschauung sein; es kann verschiedenes bedeuten, je nachdem es in verschiedenem Verhältniße gesezt wird.

Das Ich in C wurde gefunden als sich selbst sezend; wurde
in C nicht in Thätigkeit[,] sondern in Ruhe gefunden, als ein
sich selbst sezendes geseztes. Seine Thätigkeit als solche ist aufgehoben, sie ist eine ruhende Thätigkeit, die aber doch eine
Anschauung ist und bleibt. Wie nun allenthalben die Anschauung einem Begriffe entgegensteht, und sie selbst nur durch diese
Entgegensezung möglich ist, so ists auch hier. Dieß C entgegengesezte ist nun das[,] was wir oben D nannten. Der Charakter des Begriffs überhaupt ist Ruhe, nun ist C als Anschauung
betrachtet schon Ruhe, da nun D in Rücksicht auf C Ruhe ist,
so ist es Ruhe der Ruhe, was ist nun D?

Indem C dem D entgegengesezt wird, ist es allerdings Thätigkeit, die durch freie Selbstbestimmung zur würklichen Thätigkeit hervorgerufen werden kann. Es ist Thätigkeit dem
Wesen nach (C ist Thätigkeit des Ich als Substanz betrachtet,
wovon weiter unten[,] denn hier bleibt es bloße Redensart[.])
Das Gegentheil dieser Thätigkeit D wäre nun REELLE NEGATION
von Thätigkeit, nicht bloße [/] PRIVATION, die Thätigkeit selbst   50
aufhebendes, vernichtendes, nicht ZERO[,] sondern NEGATIVE
Größe. Dieß ist der wahre Charakter des eigentlichen Seins,
deßen Begriff man mit Unrecht für einen ersten unmittelb[a-
ren]. gehalten hatte, – denn der einzige unmittelbare Begriff ist
der der Thätigkeit. Sein NEGIRT in Beziehung auf ein auser dem   (39)
Sein^e geseztes Thätiges; durch Sein wird Machen aufgehoben.
Was ist[,] kann nicht gemacht werden. Sein NEGIRT Zwek in
Beziehung auf das Sezende, was ich bin[,] kann ich nicht werden.

e Ms.: Seien

41

So hat nun der gem[eine].Menschenverstand[,] ohne es zu wißen[,] die Sache immer genommen. Mit der Existenz der Welt [wo]llte er sich nicht begnügen, er stieg zu einem Schöpfer auf[.]

Sein ist Charakter des NichtIch, der Ch[arakter]. des Ich ist Thätigkeit, der Dogmatismus geht vom Sein aus, und erklärt dieß fürs erste, unmittelb[are].

Indem die Thätigkeit des Ich ruhend ist in C, ist die Thätigkeit des Ich vernichtet durch das NichtIch. Jene Thätigkeit in C, die nicht eigentlich Thätigkeit ist, die man aber nennen kann die SUBSTANZ des Ich, zeigt sich wenigstens so fern als Thätigkeit, daß sie eine Anschauung ist. Das entgegengesezte wäre sonach, keine Anschauung, es wäre REELLE NEGATION des Anschauens[,] ein Angeschautes; dieß wäre abermal der Ch[arakter] des NichtIch, daher ist das NichtIch als Ding an sich eine ABSURDITAET. Es muß immer bezogen werden auf ein Anschauendes[.]

5) Wir haben oben gesehen; auf der Nothw[endigkeit]. des Entgegensezens beruht der ganze Mechanismus des menschlichen Geistes; die Entgegengesezten aber sind eins und
51 daßelbe[,] nur angesehen von ver[/]schiednen Seiten. Das Ich, welches in dem beabsichtigten liegt[,] und das NichtIch, welches in dem Gegebenen liegt[,] sind 1 und daßelbe. Es sind nur zwei unzertrennliche Ansichten, darum weil das Ich Subject= Object sein muß.. Aus leztem Satze geht alles hervor. Aus der ursprünglichen Anschauung entstehen 2 Reihen, die subjective oder ͓ das Beabsichtigte und das Objective oder das Gefundene; beide können nicht getrennt werden, weil sonst keine von beiden ist.. Beide Ansichten deßelben, Subj[ective] und Objective sind beisammen heißt, sie sind nicht nur in der REFLEXION
(40) unzertrennlich[,] sondern sie sind auch als Objecte der REFLEXION eins und daßelbe. Die Thätigkeit[,] die in sich zurückgeht, welche sich selbst bestimmt, ist keine andere als die Bestimmbare, es ist dieselbe, und unzertrennliche.

Das NichtIch ist also nichts anderes, als bloß eine andere Ansicht des Ich. Das Ich als Thätigkeit betrachtet giebt das Ich, das Ich in Ruhe betracht[et]. das NichtIch. Die Ansicht des Ich

͟ Ms:. und

42

als thätiges kann nicht stattfinden, ohne die Ansicht des Ich als ruhenden d.h. NichtIch. Daher kommts[,] daß der Dogmatiker[,] der das Ich nicht in Thätigkeit denkt, gar kein Ich hat. Sein Ich ist ACCIDENS des NichtIch. Der Idealismus hat kein NichtIch, das NichtIch ist ihm nur eine andre Ansicht des Ich. Im Dogm[atismus] ist das Ich eine besondre Art vom Dinge, im Ideal[ismus] das NichtIch eine besondre Weise – das Ich anzusehen.

§. 2 (DICTIRT 1798.)

JENE THAETIGKEIT DER REFLEXION ALS SOLCHE, DURCH WELCHE DIE INTELLIGENZ SICH SELBST SETZT, WIRD, WENN SIE ANGESCHAUT WIRD, ANGESCHAUT ALS EINE SICH BESTIMMENDE AGILITAET UND DIESE WIRD ANGESCHAUT, [/] ALS EIN UIBERGEHEN AUS DEM ZUSTANDE DER RUHE UND UNBESTIMMTHEIT[,] DIE JEDOCH BESTIMMBAR IST, ZU DEM DER BESTIMMTHEIT. DIESE BESTIMMBARKEIT ERSCHEINT HIER ALS DAS VERMÖGEN[,] ICH ODER NICHTICH ZU DENKEN, UND ES WERDEN SONACH IN DEM BEGRIFFE DER ERSTERN DIE BEIDEN LEZTERN BEGRIFFE NOTHWENDIG MITGEDACHT UND EINANDER GEGEN ÜBER GESETZT. BEIDE BEGRIFFE ERSCHEINEN SONACH BEI ERREGUNG DER SELBSTTHÄTIGEN REFLEXION ALS ETWAS UNABHÄNGIG VON DERS[ELBEN]. VORHANDENES, UND DER CH[ARAKTER]. DES NICHTICH IST DAS SEIN, EINE NEGATION[.]

---

§ 2 Man werde ferner finden, wird behauptet, daß man sich im Entwerfen des Begriffs vom Ich nicht thätig sezen könne[,] ohne diese Thätigkeit als eine durch sich selbst bestimmte, und diese nicht ohne ein Uibergehen von der Unbestimmtheit oder Bestimmbarkeit zu sezen[,] welches Uibergehen eben die bemerkte Thätigkeit ist (N. 1 ET 2 SUPRA); den[g] durch die bestimmte Thätigkeit entstandenen Begriff könne man gleichfalls nicht faßen[,] ohne ihn durch ein Entgegengeseztes Nicht-Ich zu bestimmen, das bestimmbare sei daßelbe, was oben das ruhende war (§ 1), weil es eben zur Thätigkeit bestimmt wird, und das[,] was in Beziehung auf die Anschauung des Ich Begriff deßelben sei, sei [in Beziehung /]auf das NichtIch Anschauung. 53

g Ms.: denn

Es sei nämlich Begriff des Anschauens (N. 4). Dem NichtIch
komme zu Folge der Entgegens[etzung]. zu der Charakter der
NEGATION der Thätigkeit, das ist der des Seins[,] welcher der
Begriff aufg[e]h[o]bner Thätigkeit, sonach nicht ein irgend
ursprünglicher, sondern ein von der Thätigkeit abgeleiteter
und NEGATIVER sei.

× *(41)*   Vergl[eich]. mit dem COMP[ENDIO]. §§. 2 ET. 3.

Hatten wir hier etwas postulirt, so wäre es das Erkenntniß
überhaupt des Uibergehens vom Ich zum Vorgestellten[.] Daß
diese Erkenntniß, dieß objective bestimmt sein müße, ist in
der Anschauung nachgewiesen[.] Aus dieser nothwendigen
Bestimmtheit ist Bestimmbarkeit, und aus dieser das NichtIch
DEDUCIRT. In diesem Stücke nun ist der in dem COMP[ENDIO].
beobachtete Gang völlig umgekehrt. Es wird da ausgegangen
vom Entgegengesezten des NichtIch, und es wird postulirt als
× ABSOLUT (§ 2.)[.] Aus diesem Entgegensetzen wird das Bestim-   *
× men abgeleitet. (§ 3) Beide Wege sind richtig; denn die nothwendige Bestimmtheit des Ich und das nothw[endige]. Sein
des NichtIch stehen im Wechsel. Man kann von Einem zum
andern übergehen. Beide Wege sind möglich. Aber gegen-
wärtiger hat die Vorzüge: die Bestimmtheit des Ich ist zugleich
Verbindungsmittel zwischen Ich und NichtIch. Was nach der
gegenwärtigen Darstellung Verhältniß zwischen Bestimmtheit
und Bestimmbarkeit genannt wurde[,] heißt im Buche QUAN-
× TITAET, zuweilen auch QUANTITABILITAET. Dieß hat zu Misverständnißen Veranlaßung gegeben. Manche sahen dadurch das
(42) Ich an als ein ausgedehntes[.] QUANTITAET hat eigentlich nur
das setzende. Aber davon ist hier noch gar nicht die Rede[.]
Der 3te § würde jezt der 2te sein, und umgekehrt. Mit dem
54 NichtIch ist abermal ein anderer [/] Weg eingeschlagen worden, das NichtIch ist nicht unmittelbar[,] sondern mittelbar
postulirt worden.

× P.18. N.1, Durch diesen Satz wird das absolute Entgegensezen
überhaupt nachgewiesen.

× P.20 6^h *Das Entgegensetzen.* Man kann Handeln nicht setzen

h Ms.: P.20 D

ohne Ruhe, bestimmtes nicht ohne Bestimmbares, Ich nicht ohne NichtIch, und daher kommt Einheit des Handelns und Einheit des Bewustseins heraus.

P.21. 9. Hier wird erwiesen das absolute Entgegensezen; × wenn dieß unmöglich wäre[,] ‹wem› könnte etwas entgegengesezt werden? Das Ich ist absolut gesezt[,] also das absolut entgegengesezte ist das NichtIch.

P. 23 §.3 „mit jedem Schritte" pp, es ist eigentlich nur von × einem Deutlichmachen deßen was in uns vorgeht die Rede, es wird in der alten Weise fortgegangen und nur ANALYSIRT.

P.24, N. 1 „insofern". In dem insofern liegt schon das was ab- × zuleiten ist mit drin. Insofern bedeutet QUANTITAET, Sphäre. Man könnte sagen: wenn das NichtIch gesezt ist[,] so ist¹ das Ich nicht gesezt. Nun soll in dem Bewustsein das NichtIch vorkommen, und in ebendemselb[en]. Bewustsein auch das Ich; denn das NichtIch sezt nichts ohne ein ich. Ein Gegentheil versteht man nicht ohne sein Gegentheil mit zu sezen[.]

P.26. N.1. Da nun Entgegengeseztes beisammen bestehen × soll, so muß das Ich das Vermögen haben, entgegengeseztes zusammen zu setzen in demselben act des Bewustseins, weil eins ohne das andere nicht möglich ist. Im Ich ist das Vermögen[,] synthetisch zu verfahren. *(43)*

* Synthesis soll heißen zusammensezen[;] nun kann aber nur zusammengesezt werden, was [et]was entgegen[ge]setzt ist; soll nun in einem Acte zusammengesezt werden[,] so muß in einem Acte das Ich entgegengeseztes also ein Mannigfaltiges zu Stande bringen können, mithin muß ein solcher Act einen Umfang haben. Dieser Umfang des Acts [/] nun in welchem Mannig- 55 faltiges zusammengesezt wird und wodurch es möglich wird, wird im Buche genannt QUANTITAETsfähigkeit[.] ×

Im Bewustsein dieses Handelns liegt das, wovon übergegangen wird, das wozu übergegangen wird, und das Handeln selbst. Das Bewustsein ist kein Act, es ist ruhend, in ihm ist Mannigfaltigkeit, über welche das Bewustsein gleichsam hinüber geführt wird. Im Bewustsein ist alles zugleich vereinigt und getrennt. Dieß bedeutet die Schranken, Theilbarkeit, × QUANTITAETsfähigkeit P. 28 N.8. ×

---

i ist im Ms. wohl versehentlich durchgestrichen

IB[IDEM]. N.9. „Ich sowohl" pp Dieß kann zu Misverständnißen Veranlaßung geben. Ich und NichtIch sind nur Theile
des Mannigfaltigen, sie liegen in demselben Bewustsein[,] sie
sind nicht zu trennen, beide sind PARTES INTEGRANTES. Darin
liegt das Beschränken, was eines ist[,] ist das andre nicht, aber
es heißt nicht, das Ich ist wieder zu theilen, und das NichtIch.
Es soll heißen[:] das Bewustsein ist theilbar in Ich und NichtIch.

×   P. 29 „Erst jezt" pp [„]Etwas" Ich und NichtIch sind nun
beide etwas heißt[:] man kann Ihnen Prädicate zuschreiben,
dieß geschieht nur durch Gegensetzen. Alles etwas sein ist nur
möglich durch Gegensetzen[.]

×   P.30 D Es ist bloß bewiesen, wenn das Ich zum Bewustsein
kommen solle, so müße es ein NichtIch setzen, aber es ist nicht
bewiesen, daß es dazu kommen solle.

§. 3. (1798.)

Jenes Uibergehen als solches wird angeschaut, als seinen
Grund schlechthin in sich selbst habend, die Handlung dieses
Uibergehens heißt drum reale Thätigkeit, welche der IDEALEN[,]
die die erste bloß rein abbildet[,] entgegengesezt wird; sonach
wird die Thätigkeit des Ich in diese beiden Arten derselben
eingetheilt. Nach dem Grundsatze der Bestimmbarkeit ist ein
REALES Handeln nicht zu sezen ohne ein REALES oder praktisches
Vermögen. REALE und IDEALE Thätigkeit sind durch einander
56 bedingt, und bestimmt[, /] eine ist nicht ohne die andre, und
was die eine sei läßt sich bloß durch die andere begreifen. In
diesem Acte der *Freiheit* wird das Ich sich selbst OBJECT. ES
ENTSTEHT EIN WÜRKLICHES BEWUSTSEIN, AN DESSEN ERSTEN
PUNCT VON NUN AN ALLES ANGEKNÜPFT WERDEN MUSS, WAS
OBJECT DESSELBEN SEIN SOLL; DIE FREIHEIT IST SONACH DER
ERSTE GRUND UND DIE ERSTE BEDINGUNG ALLES SEYNS UND
ALLES BEWUSTSEINS.

---

(44)   Die Handlung des sich selbst sezens des Ich ist ein Uibergehen von der Unbestimmtheit zur Bestimmtheit; wir müßen

darauf REFLECTIREN, wie das Ich es macht[,] um von der Unb[e-
stimmtheit] zur Best[immtheit]. überzugehen.

1) Hier giebt es keine Gründe; wir sind an der Grenze aller
Gründe. Man muß nur zusehen[,] was man da erblicke. Jeder
wird sehen: es giebt da kein vermittelndes. Das Ich geht über[,]
weil es übergeht, es best[immt]. sich, weil es sich bestimmt,
dieß Uibergehen geschieht durch einen sich selbst begründen-
den Act der absoluten Freiheit; es ist ein erschaffen aus nichts,
ein Machen deßen[,] was nicht war, ein absolutes anfangen[.] In
der Unbestimmtheit liegt nicht der Grund der nachfolgenden
Bestimmtheit, denn beide heben sich auf. Im Moment A war ich
unbestimmt, mein ganzes Wesen wurde in dieser Unbestimmtheit aufgehoben. Im Momente B bin ich bestimmt, es ist etwas
neues da; dieß kommt aus mir selbst; das Uibergehen geht
durch einen in sich selbst begründeten Act der Freiheit über.

[2)] Die Thätigkeit[,] die sich drin äusert[,] soll heißen REALE
Thätigkeit; der Act[,] durch welchen sie sich äusert[,] ein praktischer; das Feld[,] worin sie sich äusert, das praktische, diesem
Acte haben wir zugesehen, und sehen ihm noch zu[.] Die Thätigkeit[,] womit dieß geschieht[, /] soll heißen ideale Thätigkeit.　57.

Ich das anschauende, IDEALITER thätige, finde nun diesen Act
der absoluten Freiheit; aber ich kann ihn nicht finden noch
beschreiben, ohne ihm etwas entgegenzusezen. Ich bestimme
mich selbst heißt ich erhebe eine Möglichkeit zur Wirklichkeit,
ein Vermögen zur That^a[.] Den Act der Selbstbestimmung
durch absolute Freiheit, bestimme ich durch ein Vermögen,
mich durch ABSOLUTE Freiheit zu bestimmen. Vermögen soll
heißen, Möglichkeit zur Thätigkeit, dieß kann man aber nicht
verstehen[,] ohne das REFLEXIONSgesetz aufzustellen, wodurch
der Begriff deßelben entsteht. Vermögen ist nichts als die
Thätigkeit auf eine andre Art angeschaut. Jeder besondre Act
wird nur angeschaut[,] indem er durch ein Vermögen erklärt
wird, so ists auch beim Act der absol[uten]. Freiheit. Ein Vermögen ist nicht ohne Thätigkeit und eine Thätigkeit nicht
ohne Vermögen: Beide sind eins[,] sie^b werden nur aufgefaßt
von verschiedenen Seiten. Als Anschauung aufgefaßt giebts
die Thätigkeit, als Begriff das Verm[ögen].

a That *könnte auch Kürzel sein für:* Thätigkeit　　　*b* Ms.: wie

3. Der scharfe Unterschied zw[ischen]. ideal[er] und realer Thätigkeit läßt sich leicht angeben. Die ideale Thätigkeit ist eine Thätigkeit in Ruhe[,] ein in die^c Ruhe sezen, ein sich im Objecte verlieren, ein im Objecte fixirtes Anschauen.

Die REALE Thätigkeit ist w‹a›hre Thätigkeit[,] die ein Handeln ist. Die ideale Thätigkeit kann auch in Bewegung sein, kann auch sein ein Uibergehen; und beim Anschauen der Freiheit ist die ideale Thätigkeit wirklich ein solches Uibergehen, nehmlich dieses Uibergehen ist ein Anschauen nicht durch das Anschauen selbst, sondern es folgt aus dem Objecte[,] das angeschaut wird. Hier ists die Freiheit. Es ist im Anschauenden nur ein Abdruk, ein Nachbild. Die ideale Thätigkeit hat den Grund ihres Bestimmtseins nicht in sich selbst, wie die reale; sie ist [/] daher ruhend. Der Grund der idealen Thätigkeit liegt in dem realen, das sie vor sich hat.

Beide Thätigkeiten sind bloß begreiflich durch Gegensatz.

4) Die ideale und REALE Thätigkeit, soll[en] hier gegen einander noch schärfer bestimmt werden.

A) keine reale Thätigkeit des Ich ohne ideale. Denn das Wesen des Ich besteht in dem sich selbst sezen[;] soll die Thätigkeit des Ich real sein so muß sie durch das Ich sein, das aber[,] wodurch sie gesezt wird[,] ist die ideale.

Dem Naturobjecte schreiben wir Kraft zu[,] aber nicht Kraft für sich, weil es kein Bewustsein hat. Nur das Ich hat Kraft für sich[.]

B) umgekehrt keine ideale Thätigkeit des Ich ohne REALE. Eine ideale Thätigkeit ist eine durch das Ich gesezte[,] die wieder Object der Refl[exion]. geworden ist, und wieder durch ideale Thätigkeit vorgestellt wird; sonst wäre das Ich wie ein Spiegel, der wohl vorstellt, aber sich selbst nicht wieder vorstellt. – Dieß wieder Object sein der idealen Thätigkeit ist mit dem Ich postulirt. Aber dieß Objectmachen geschieht durch REALE Thätigkeit. Ist leztere nicht, so ist kein Selbstanschauen der idealen Thätigkeit möglich. Die ideale Thätigkeit hätte nichts ohne die reale, und sie wäre nichts, wenn ihr nicht durch REALE etwas hingestellt würde.

---

c *könnte auch heißen:* der

* c. Unvermerkt haben wir das oben angezeigte, nehmlich das unmittelbare Bewustsein ist gar kein Bewustsein, es ist ein dumpfes sich selbst sezen[,] aus dem nichts herausgeht, eine Anschauung[,] ohne daß angeschaut würde. Die Frage, wie kommt das Ich dazu[,] aus dem unmittelbaren Bewustsein herauszugehen, und in sich das Bewustsein zu bilden, ist hier beantwortet. Soll das Ich sein, so muß das unmittelbare Bewustsein wieder gesezt werden [/] durch absolute Freiheit. Dieses 59 vor sich hinstellen durch absol[ute]. Freiheit ist frei, aber unter der Bedingung, daß das Ich sein soll[,] ists nothwendig[.]

Die ideale Thätigkeit wäre sonach Product des praktischen Vermögens, und das Praktische Vermögen wäre der Existenzialgrund der idealen. Man denke sich aber beide ja nicht abgesondert. Das ideale ist das subjective beim praktischen, das dem praktischen zusehende, und da für das Ich nur etwas ist, in wie fern es zusieht, so ist auch nur durch die ideale Thätigkeit etwas für das Ich da[.]

Ich afficire mich selbst, ich der realiter thätige. Ich bin unbestimmt, ich werde bestimmt, ich werde bestimmt, ich mache mich dazu[,] ich faße und ergreife mich selbst REALITER; dieses afficiren ist[,] weil es ein sich selbst afficirendes Ich ist[,] mit der idealen Thätigkeit[,] mit dem Anschauen, kurz mit dem Bewustsein begleitet[.] Dieses Bewustsein wird eben darum weil es ein Bewustsein wird zu einer Anschauung seiner selbst.

Die Selbstanschauung ist Product des praktischen Vermögens heißt[:] indem ich REALITER afficire[,] sehe ich mir zu, dieses Zusehen ist Selbstanschauung.

5) Es ist als ausgemacht angenommen; es ist nichts, es sei denn im Bewustsein[.] Nun haben wir gesehen, es giebt kein Bewustsein ohne REALE Thätigkeit, ohne absolute Freiheit; nur mit ihr und durch sie ist alles, was sein kann[,] und ohne sie ist nichts[.]

Also Freiheit ist der Grund alles Philosophirens, alles Seins. Stehe auf dir selbst, stehe auf der Freiheit, so stehst du fest.

Unmittelbar mit der Freiheit ist das Bewustsein verknüpft, (46) und es giebt nichts andres, woran das Bewustsein geknüpft werden könnte; die Freiheit [/] ist das erste und unmittelbare 60 Object des Bewustseins. Alles Bewustsein ist etwas in sich zurückgehendes[.] Der gemeine MenschenV[erstand] erkennt dieß an, wenn er sagt: ich bin *mir* etwas bewußt. Würde das Ich nur als Subject gedacht, so würde nichts erklärt, man müste wieder ein neues Subject zu diesem Subject suchen und so in das Unendliche, es muß daher als Subject=Object gedacht werden[.]

Aber ein solches ideales Subject=Object erklärt wieder nichts, es muß noch etwas hinzukommen, welches in Beziehung auf dieses Subject bloß Object sei, deßen ich mir bewust bin. Woher soll dieß kommen? Der Dogm[atiker]. sagt: das Object wird gegeben, oder wenn er den CRITICISMUS mit dem DOGMATISMUS verbinden will, so sagt er, der Stoff wird gegeben, aber dieß erklärt nichts, es ist ein bloßes leeres Wort anstatt des Begriffs.

Der Idealist sagt[:] das Object wird gemacht; diese Antwort aber so aufgestellt, lößt auch nichts; denn wenn auch das Object Product des Ich als realthätigen Wesens ist, so ist das Ich[,] in wiefern es REALthätiges W[esen] ist[,] kein ideales, dies Product, das das wirkende Ich hervorbrächte[,] wäre dem Vorstellenden gegeben, und wir wären wieder bei dem Vorigen. – Die Frage kann nur so beantwortet werden: Das Anschauende und das Machende sind unmittelbar eins und daßelbe. Das Anschauende sieht seinem Machen zu. Es ist kein Object als Object unmittelbar Gegenstand des Bewustseins[,] sondern nur das Machen, die Freiheit. Der Satz: das Ich sezt sich selbst[,] hat 2 [/] unzertrennliche Bedeutungen, eine ideale und eine REALE, welche beide in dem Ich schlechthin vereinigt sind. Kein ideales Sezen ohne REALES Selbstanfangen, und umgekehrt; kein Selbstanschauen ohne Freiheit ET v[ICE]. v[ERSA]. – ohne Selbstanschauung auch kein Bewustsein. –

Vor dem Acte der Freiheit ist nichts, mit ihm wird alles, was da ist; aber diesen Act können wir nicht anders denken, [denn] als ein Uibergehen von einer vorhergehenden Bestimmbarkeit zur Bestimmtheit. – So kommt nun vorwärts und rückwärts daßelbe[,] nur unter 2 Ansichten, und der Act der Freiheit ists, um welchen sich alles herum dreht. Der Act ist nun selbst nicht möglich, wenn ihm nichts zur Rechten liegt, die Bestimmbarkeit, das unmittelbare Bewustsein; [und wenn ihm nicht] auf der Linken liegt das, was hervorgebracht werden soll, das angeschaute ich, beides ist nicht von einander zu trennen, beides hängt ab von der absoluten Freiheit.

Kein Mensch kann den ersten Act seines Bewustseins aufzeigen[,] weil jeder Moment, ein Uibergehen von der Unbestimmtheit zur Bestimmtheit ist, und daher immer wieder
einen anderen voraussezt.

Das eigentlich REALITER erste ist die Freiheit, aber im Denken
kann es nicht zuerst aufgestellt werden, daher mußten [wir]
erst die Untersuchungen aufstellen, wodurch wir draufkom-
men[.]

§. 3.ᵈ

Man werde finden, daß jenes Uibergehen (§. 2.) seinen
Grund habe schlechthin in sich selbst[.] Die Handlung dieses
Uibergehens heißt daher REALE Thätigkeit[,] die der idealen[,]
welche die erste bloß nachbildet, entgegengesezt, und da[/]-
durch das Ich überhaupt in diese beiden Arten derselben ein-   62
getheilt wird. Nach dem Grundsatze der Bestimmbarkeit ist
ein reales Handeln nicht zu sezen, ohne ein reales oder praktisches Vermögen. Reale und ideale Thätigkeit sind durch
einander bedingt und bestimmt, eine ist nicht ohne die andere,
und was die eine sei[,] läßt sich nicht begreifen ohne die andere.
In diesem Acte der Freiheit wird das Ich sich selbst object. Es   (47)
entsteht ein wirkliches Bewustsein, an deßen ersten Punct von
nun an alles angeknüpft werden muß[,] was überhaupt Object
deßelben sein soll. Die Freiheit ist sonach der höchste Grund,
und die erste BEDINGUNG alles Seins und alles Bewustseins.

[§. 4.]

Durch die absolute Freiheit[,] die eben beschrieben worden
ist, bestimme ich mich zu etwas, ich seze, ich habe in der Be-
* stimmtheit einen Begriff. Es wird nur nach einem Begriff gehandelt, ich handle dann frei, wenn ich mir selbstthätig einen
Begriff entwerfe. – Es ist uns hier aber um die klare Einsicht
der Gründe zu thun.

d *aus* 4. *nachträglich verbessert*

1) Das bloße Selbstaffiziren wurde im vorigen § als REALE
Thätigkeit aufgefaßt, sie wurde nun angeschaut, in ihr lag der
eigentliche Act der realen Thätigkeit. Nun soll die ideale
Thätigkeit dem Ich in diesem Selbstafficiren zusehen, aber
dieß kann sie nicht[,] so viel wir sie bisher kennen. Nur als ein
Uibergehen von Bestimmbarkeit zur Bestimmtheit konnte
diese Thätigkeit gesehen werden. Nicht Selbstaffection sondern Bestimmbarkeit und Bestimmtheit, und beide zugleich[./]
63 Das Bestimmte läßt sich nur so erkennen, daß es das Bestimmbare nicht ist. –

Das Bestimmte muß anschaubar sein, denn nur unter Bedingung seiner Anschaubarkeit ist Freiheit möglich, welche
Bed[ingung]. des Bewustseins ist.

Aber die ideale Thätigkeit ist ihrem Char[akter]. zufolge
gebunden*a* und gehalten, nur einer realen nachgehend. Dieser
idealen Thätigkeit muß etwas entgegengesezt sein, von dem
sie gehalten werde, dieß ist ein REELLES und in sofern etwas als
das bestimmte. (wie das Bestimmte zu einem Etwas werde,
gehört noch nicht hieher) Dieses Etwas heiße x, es bedeutet ein
Sein, welches die ideale Thätigkeit bloß nachmacht, etwas was
die eigentliche Thätigkeit vernichtet.

Es wird sich zeigen, daß dieses Sein in einem anderen Sinne
müße genommen werden, als das welches die REELLE Thätigkeit aufhebt. Wir werden 2 Bedeutungen von Sein erhalten,
das wovon wir hier reden, wird sich zeigen als ein Begriff vom
Zwecke[.]

(48)   2) Dieses x ist nun selbst ein Product der absoluten Freiheit,
d.h. *theils* daß überhaupt etwas in dieser Verbindung des Bewustseins da ist, *theils* daß es gerade x und nicht (-x) ist, davon
soll der Grund in der Selbstthätigkeit liegen..

(Das Wort Grund muß hier in sofern erklärt werden, daß
der Sinn deutlich wird, weiter unten wird DEDUCIRT, was
Grund sei)[.]

Die ideale Thätigkeit ist gebunden, theils daß für sie ein x
da ist, theils daß es so bestimmt ist. In sofern ist die ideale
64 Thätigkeit leidend. Es muß etwas hinzu [/] gedacht werden[,]
was sie binde, und gerade an x binde, das ist x nicht selbst[,]

a Ms.: gefunden

sondern die Freiheit, diese hat x selbst hervorgebracht, dieß
heißt nun[:] die Freiheit enthält den Grund von x. Was ists
nun welches macht[,] daß in unsrem Falle das Begründende
gesezt wird als Ich? Das ide[a]le ist [es,] welches sezt und welches
das praktische sezt als sich selbst. Das ideale muß so verfahren[,] da es nur kennt, was in ihm ist. – Es ist bildend, es muß
das praktische sonach auch sezen als bildend. Es sieht gleichsam ein Bilden in das praktische hinein, und dieß Bild ists,
wodurch das praktische dem idealen zu sich selbst wird. Das
Zuschreiben der Anschauung ist der Punct[,] der es vereinigt.
Nun aber ist das praktische als frei anfangend kein Nachbilden,
jenes Bild des praktischen ist daher kein Nachbild[,] sondern
ein Vorbild.

Das Anschauende als solches ist gebunden, es folgt nur einem
anderen nach, das realiter Thätige ist absolut frei, es kann nicht
folgen, es muß mit absoluter Freiheit sich einen Begriff entwerfen, dieß heißt ein Zwekbegriff, ein Ideal[,] von dem man
nicht behauptet, daß ihm etwas entspreche, sondern daß ihm
zu Folge etwas hervorgebracht werden soll.. Wir können ein
freies Handeln denken bloß als ein solches, das[b] zufolge eines
entworfenen Begriffes vom Handeln geschieht., wir schreiben
also dem praktischen Vermögen Intelligenz zu. Freiheit kann
nicht ohne Intelligenz gedacht werden; Freiheit kann ohne [/]
Bewustsein nicht stattfinden. Absprechen des Bewustseins 65
und Absprechen der Freiheit sind eins, eben so Zuschreiben des
Bewustseins und Zuschreiben der Freiheit. Im Bewustsein
liegt der Grund, daß man mit Freiheit handeln kann.

Das Ich bestimmt sich selbst. Das Wörtchen *Selbst* bezieht
sich auf *es*. Es bestimmt sich, aber in dem es sich bestimmt, hat
es sich schon; das sich bestimmen soll, muß sich selbst haben,
und was sich selbst hat[,] ist eine INTELLIGENZ.

Es hat sich; es ist da etwas doppeltes, das aber unzertrennbar
ist. So ein unzertrennbar doppeltes ist aber Subjectobjectivität,
oder das Bewustsein. Dieß ist das einzige, welches ursprünglich synthetisch vereinigt ist. Alles andre wird erst synthetisch
vereinigt. Ein sich bestimmendes ist für sich, und darum
schreibt man der Intelligenz Freiheit zu[.]

b *Ms.:* daß

Die Intelligenz ist unzertrennlich vom praktischen, aber auch die Intelligenz muß praktisch sein. Kein Bewustsein ist ohne reale Freiheit. Die Vereinigung zwischen Intelligenz und praktischem Vermögen ist nothwendiges Bewustsein[.] (§ 1.) * ist ein sich selbst idealiter sezen. Das ideale heiße ‹einmal› ein Sezen. Alles Sezen ist ein sich selbst sezen[,] geht davon aus, und wird dadurch vermittelt.

(49)   Das Ich der bisherigen Philosophien ist ein Spiegel, nun aber sieht der Spiegel nicht, darum wird bei ihnen das Anschauen, das Sehen nicht erklärt, es wird bei ihnen nur der Begriff des Abspiegelns gesezt. Dieser Fehler kann nur gehoben werden durch den richtigen Begriff vom Ich. Das Ich der WißenschaftsLehre ist kein Spiegel, es ist ein Auge. Alles innere geistige hat ein äuseres Bild. Wer das Ich nicht kennt[,] weiß auch nicht[,] was ein Auge ist. In der gewöhnlichen Ansicht 66 soll das Auge nicht sehen, [/] etwas d‹ur›ch das Auge ist ein sich selbst abspiegelnder Spiegel, das Wesen des Auges ist: ein Bild für sich sein, und ein Bild für sich sein ist das Wesen der Intelligenz. Durch sein eignes Sehen wird das erste und das lezte sich zum Bilde. Auf dem Spiegel liegt das Bild[,] aber er sieht es nicht; die Intelligenz wird sich zum Bilde; was in der Intelligenz ist, ist Bild und nichts andres. Aber ein Bild bezieht sich auf ein Object; wo ein Bild ist, muß etwas sein[,] das abgebildet wird. So ist auch die ideale Thätigkeit geschildert worden, als ein Nachmachen, als Nachbilden. Wird ein Bewustsein angenommen[,] so wird auch ein Object deßelben angenommen. Dieß kann nur Handeln des Ich sein, denn alles Handeln des Ich ist nur unmittelbar anschaubar, alles übrige nur mittelbar; wir sehen alles in uns, wir sehen nur uns, nur als handelnd, nur als übergehend vom Bestimmbaren zum bestimmten.

Das Ich ist weder Intelligenz noch praktisches Vermögen, s[on]d[ern] beides zugleich; wollen wir das Ich faßen[,] so müßen wir beides faßen; beide getrennt sind gar nichts[.]

In das praktische Ich ist nun alles hineingelegt; PRAXIS und Anschauung dazu. Wir haben nun ein REELLES Ich und die bloße Idee; wir müßen von Realität ausgehen, wir sehen von nun an wirklichem Handeln zu, eines wirklichen Ich. Es ist ein wirkliches FACTUM da, das Ich bestimmt sich selbst ver-

möge seines Begriffs. Es ist ihm zugeschrieben, praktisches Vermögen und Intelligenz. [/]

§. 4 67.

DIE SELBSTBESTIMMUNG DURCH FREIHEIT ist nur als Bestimmung zu etwas anschaubar, von welchem das sich selbst bestimmende oder praktische einen Begriff habe; der der Begriff vom Zwecke heißt. Sonach werde dem Anschauenden
das Subject des prakt[ischen]. Verm[ögens]. zugleich zu einem
Vermögen der Begriffe, so wie umgekehrt das Subject des
Begriffs oder die Intelligenz nothwendig praktisch sein muß.
Beides[,] praktisches Vermögen und Intelligenz ist unzertrennlich. Eins läßt ohne das andre sich nicht denken. Die
Identität beider ist sonach der Charakter des Ich.

[§. 5.]

Etwas ist, was anschaubar ist. Etwas und Anschauung sind
Wechselbegriffe. Das wozu sich die Selbstthätigkeit bestimmt
ist etwas: was ists denn? Dieß soll unsere Untersuchung sein.
 1) Das bis jezt REFLECTIRTE war ein Zustand der Intelligenz.
Es [. . .]ᵃ war Bestimmbarkeit, Uibergehen und Bestimmtheit,
dieß lag im einfachen FACTUM, wie kommt es nun[,] daßᵇ bestimmbar und bestimmt anschaubar ist? Im vorigen Zustande
k[onnte] diese Frage nicht aufgeworfen werden, es ist da anschaubar. Wenn ich nun nach der Möglichkeit frage[,] so gehe
ich aus diesem FACTUM heraus, erhebe mich über daßelbe und
mache das zum Objecte[,] was vorher REFLEXION war, einer
neuen REFLEXION.
 Hier bleiben noch die Fragen liegen: wie ist es möglich[,]
sich über die erste REFLEXION zu erheben; wir nehmen hier [/]
die REFLEXION mit Freiheit vor; es wird uns dadurch mancher- 68
lei entstehen, wenn nur das, was entsteht[,] nothwendige Be- (50)
stimmungen des Bewustseins sind: wie kommen wir dazu?

ᵃ zwei kurze unleserliche Worte   ᵇ Ms.: das

Zulezt wird also ein Grund der jezt zu beschreibenden REFLE-
XION aufgestellt werden müßen, denn sonst wird uns unser
Verstehen nichts helfen. Es wird uns hier gehen wie oben: da
wurde erst das ursprüngliche Bewustsein beschrieben als
ideales sich selbst sezen. Dann wurde das Ich in diesen Zustand
gesezt, dieß schien Sache der Freiheit zu sein, aber es wurde gezeigt[,] daß wenn ein Ich möglich sein sollte diese Handlungen
vorgenommen werden mußten.

2) Die Frage ist, wie wird doch das durch ABSOLUTE Spontaneität hervorgebrachte anschaubar, oder was ist es eigentlich?

Wir haben schon oben gesehen[,] daß die Frage was [?] einen
Gegensatz bedeutet. Wenn ich frage[:] was ist x, so schwebt
mir eine Sphäre von Mannigfaltigem vor, was x sein könnte;
ich will wißen[,] was x unter dem Mannigfaltigen sei, sonach
müßen wir wißen[,] wem das durch^c Selbstbestimmung hervorgebrachte entgegengesezt werden soll[.]

Bestimmbarkeit und Bestimmtheit ist bezogen auf ideale
Thätigkeit, die gebunden ist, nicht That^d[,] sondern Zustand
des Ich ist; sonach ist der Cha[rak]ter des hier angeschauten ein
haltendes, beziehbar auf die Anschauung; es wird sich viel-
69 leicht zeigen, daß alles Anschaubare [/] ein haltendes ist, weil
die ideale Thätigkeit nur eine solche ist, die bloß folgen kann.

Alle ideale Thätigkeit bezieht sich unmittelbar lediglich auf
reale Thätigkeit; Was also auch das haltende immer ist, so
kann sich die ideale Thätigkeit doch nur mittelbar darauf beziehen; sonach müßte die praktische Thätigkeit gebunden
sein, wenn die ideale erklärt werden sollte, sodaß also alle
Beschrän[k]theit, die im Bewustsein vorkommt[,] ausgehen
müßte von der praktischen Thätigkeit. Um also die Gebundenheit der idealen Thätigkeit zu erklären[,] haben wir der
realen zuzusehen.

A) Wie schon oben erwiesen entwirft sich das praktische Ich,
einen Begriff von seiner Thätigkeit, welcher der Zweckbegriff
heißt.

Die Thätigkeit des Ich ist ein Uibergehen von der bloßen
Bestimmbarkeit zur Bestimmtheit[.] Die leztere wird aus der

c Ms.: durch durch   d That *könnte auch Kürzel sein für:* Thätigkeit

Summe der ersten herausgerißen, und der herausgerißne Theil ist der der begriffen wird.

Das Ich bestimmt sich, heißt, es wählt unter dem Bestimmbaren aus, die Wahl geschieht nach dem Begriffe, sonach war ‹das› Ich als Intelligenz nicht frei.

Man denk‹e› das Bestimmbare als etwas[.] Dieses Prädikat kommt ihm zu; denn es ist anschaubar; unter diesem Etwas, welches in der Sphäre*e* des Bestimmbaren liegt[,] wählt die absolute Freiheit; sie kann in ihrer Wahl nicht gebunden sein[,] denn sonst wäre sie nicht Freiheit. Sie kann ins Unendliche mehr oder weniger wählen, kein Theil ist ihr als der lezte vorgeschrieben. Aus dieser Theilbarkeit ins unendliche wird vieles folgen (der Raum, Zeit und die Dinge)[;] unendlich theilbar ist alles, weil es eine Sphäre für unsre Freiheit ist. [/]

Hier ist die praktische Thätigkeit nicht gebunden[,] weil sie sonst aufhören müßte, Freiheit zu sein, aber *darin* ist sie gebunden[,] daß sie nur aus dem Bestimmbaren wählen muß. Das Bestimmbare erscheint nicht als hervorgebracht, weder durch ideale noch durch reale Thätigkeit; es erscheint als gegeben zur Wahl; es ist gegeben[,] heißt nicht es ist dem Ich überhaupt gegeben, sondern dem wählenden praktischen Ich. Wir haben oben gesehen, daß das Bestimmbare aus den Gesezen der idealen Thätigkeit hervorkommt. Man kann sagen, es ist durch die Natur der Vernunft gegeben.

Die Freiheit besteht darinn[,] daß unter *allem* gewählt werden kann, die Gebundenheit darinn, daß unter dieser Summe gewählt werden muß; wir erhalten hier den Begriff der bestimmten Summe für die Wahl der Freiheit; ein Theil der Summe heißt eine bestimmte Thätigkeit oder eine Handlung.

Anm[erkung] 1) wir erhalten hier eine Summe des Bestimmbaren; dieß kommt daher, weil wir über unsere vorige REFL[EXION]. wieder REFLECTIRTEN, sie wird jezt aufg[efa]ßt als ein bestimmter Zustand des Gemüths, aber dadurch wird alles vollendet und ganz, was drin liegt. Im § 1 war von einer TOTALITAET des Bestimmbaren nicht die Rede, und konnte es nicht sein[,] weil das anschauende selbst in dem Bestimmbaren sich verlor.

---

e Ms.: Spähre

2) Hier haben wir den Begriff einer Handlung erhalten. Die Selbstaffection (§ 3) war nur möglich auf *eine* Art.. Nun aber

71 da sie gesezt wird als Uibergehen von Bestimm[/]barkeit zur Bestimmtheit[,] muß sie möglich sein auf mannigfaltige Art. Die Selbstaffection ist Stoß auf sich selbst, soll Verschiedenheit statt finden, so muß etwas aus ihr folgendes gesezt werden. Die Selbstbest[immung]. soll als ein Mannigfaltiges gesezt werden, sonach muß etwas gesezt werden, wodurch sie als ein Mannigfaltiges erscheint, und dieß ist das Handeln..

b) Die gewählte Handlung heiße x, sie ist Theil der soeben aufgezeigten Summe, und ihr muß das Prädicat zukommen, welches der ganzen Summe zukommt, sie muß theilbar sein können ins Unendliche. Aber noch immer ist dieser gewählte Theil x nur CHARACTERISIRBAR und anschaubar, inwiefern er bestimmt ist. Er muß dem Bestimmbaren entgegengesezt werden, denn nur unter dieser Bedingung ist das ganze bisher geforderte möglich.

Welches ist nun der Charakter des Bestimmten als solchen? wie ist von ihm das Bestimmbare unterschieden? Die reale Thätigkeit bestimmt sich zum Handeln, und diese ist nicht anschaubar, sie ist nicht etwas, nicht theilbar, sie ist absolut einfach. Das sonach, wozu sich das Ich durch die Selbstaffection bestimmt, müßte anschaubar sein, das Handeln. Dieß aber ist nicht möglich, wenn im Handeln der praktischen Thätigkeit die Freiheit nicht gebunden ist. Aber aufgehoben darf sie

(52) nicht werden, Thätigkeit muß sie sein und bleiben, sie müßte gebunden und auch nicht gebunden sein, beides müßte stattfinden[.]

Ein Handeln würde so etwas sein[,] in welchem die REALE

72 Thätigkeit gebunden [/] und auch nicht gebunden wäre. Das gebundene soll die reale Thätigkeit sein; also das Leidende bedeutet etwas aufhaltendes, und nur in wiefern die Freiheit aufgehalten ist, ist Anschauung möglich.   *

Die Handlung mag x heißen, und dieses x muß anschaubar sein[;] nun kommt dem Handeln als einem bestimmbaren durch Freiheit Bestimmbarkeit ins Unendliche zu, man kann   * sonach x theilen in A und B, und diese wieder ins Unendliche. Wenn man ins Unendliche mit der Theilung fortginge, so dürfte man keinen einzigen Punct finden, in welchem nicht

läge Thätigkeit und Hinderniß der Thätigkeit. Dieß ist nun
Stetigkeit, eine stetige Linie des Handelns, und so etwas heißt
Handeln, was in einer steten Linie fortgeht.. (Von der Zeit
ist hier noch nicht die Rede.)

Die Freiheit ist absolute Selbstaffection und weiter nichts, sie
ist ‹aber› kein Mannigfaltiges, also auch nicht anschaubar. Hier
soll aber ein Product derselben anschaubar sein, sie soll also
mittelbar anschaubar sein; dieß ist nur unter der Bedingung
möglich[,] daß mehrere Selbstaffectionen gesezt werden, die
als Mehrere nur unterscheidbar wären, durch das Mannigfaltige des Widerstandes, der*f* ihnen entgegengesezt würde,
aber ein Widerstand ist nichts ohne Thätigkeit, und in wiefern
er überwunden wird[,] kommt er ins ich; das Ich sieht nur sich
selbst, nun sieht es sich aber nur im Handeln, aber im Handeln
ist es frei, also überwindend den Widerstand: die Freiheit wirkt (53)
ununterbrochen fort; der Widerstand giebt ununterbrochen
nach, daß doch noch immer Widerstand bleibt (Ein Bild davon
ist das Fortschieben, eines beweglichen Körpers im Raume)[./]
In jedem Momente liegt Widerstand und Handeln zugleich. 73.

* Dieses Handeln geht nicht rückwärts, sondern in einem fort, es
ist immer ein und dieselbe Selbstaffection, die sich immer weiter ausdehnt durch die Anschauung. Der einfache Punct der
Selbstaffection wird ausgedehnt durch die Anschauung der
Selbstaffection zu einer Linie. In Verfolgung dieser Linie erhalten wir Folge bestimmter Theile; daß es Theile sind, und
als solche aufgefaßt werden[,] davon liegt der Grund in der
REFLEXION, daß nehmlich in diese Linie A, B, C, D pp gesezt
wird, aber daß in dieser Ordnung und nicht umgekehrt aufgefaßt wird, davon liegt der Grund nicht in der REFLEXION,
denn diese kann nur dem REALITER thätigen folgen, auch liegt
der Grund nicht in der realen Thätigkeit; denn dieß Mannigfaltiges ist ja ein die reale Thätigkeit verhinderndes[,] ihr entgegengeseztes, mithin ist die reale Thätigkeit in Rücksicht der
Folgen gebunden, und dieß ist der Unterschied zwischen dem
Charakter des Bestimmbaren und bestimmten. Das praktische
* Ich (denn dadurch erklären wir alle ‹s›) erscheint im Entwerfen
des Begriffs seiner Würksamkeit frei in Absicht des Zusam-

---

f Ms.: d. *könnte auch heißen:* das

menordnens des Mannigfaltigen, darinn besteht die Freiheit
der Wahl; ist aber der Begriff einmal entworfen und wird
nach ihm gehandelt, dann hängt die Folge nicht mehr von ihm
ab, sondern es ist in Rücksicht ders[elben] gebunden. Die Anschauung, die ihrer Natur nach gebunden ist, wird im ersten
Falle, wenn der Begriff entworfen wird, vom praktischen hin-
74 gerißen zwischen Seyn und N[icht]sein, im [/] Schweben zwischen Entgegengesezten, im 2ten Falle, wo gehandelt wird,
wird das Anschauende dadurch, daß das praktische selbst gebunden ist, mitgebunden; der Grund der Bestimmtheit der
Intelligenz hängt ab von der Bestimmtheit des praktischen.
Im ersten Falle, heißt es der Begriff von einer bloß möglichen[,] im 2ten von einer würklichen Handlung. Jezt ist die
Frage, was x sei[,] beantwortet; x ist eine würkliche Handlung,
und einer bloß möglichen entgegengesezt.

COROLLARIA:

1) Diese Begriffe sind besondere Bestimmungen der Intelligenz,
in Beziehung auf das in ihr nothwendig hinzuzudenkende
praktische Vermögen. Wird das praktische Verm[ögen] ge-
(54) sezt als selbst Begriffe erschaffend, so ist ‹dann› die Intelligenz
selbst frei, und dann entsteht der Begriff des möglichen; wird
es gesezt als würklich handelnd, so ist es in Rüksicht der
Folge des Mannigfaltigen gebunden, und die Intelligenz mit
ihm.

2) Alles wirkliche und mögliche ist würklich und möglich
lediglich in Beziehung auf die Handlung des Ich; denn wir
haben es von der Anschauung des Handelns abgeleitet. Die Anschauung des würklichen bedingt alle Anschauung[,] mithin
alles Bewustsein.

Bewustsein des würklichen, ‹oder› Anschauung des würklichen heißt Erfahrung, also geht alles Denken von der Erfahrung aus, und ist durch sie bedingt. Nur durch Erfahrung
werden wir für uns selbst etwas, hinterher können wir von der
Erfahrung abstrahiren. [/]

75 Anschauung des Wirklichen ist nur möglich, durch Anschauung eines würklichen Handelns des Ich, also alle Erfahrung geht aus vom Handeln, es ist nur durch sie möglich. Ist   *
kein Handeln[,] so ist keine Erfahrung und ist diese nicht[,] so
ist kein Bewustsein.

60

Die Frage, wie die Objecte[,] die auser uns sein sollen, zugleich in uns sein sollen, beantwortet die WißenschaftsLehre so: wenn das[,] w[as]. auser uns sein soll, mit dem verknüpft ist[,] was unmittelbares Object des Bewustseins ist; und dieß ist alles thätige und freie in uns. Nur meiner Thätigkeit kann ich mir bewust werden, aber ich kann mir derselben nur bewust werden, als einer beschränkten.

Der kantische Satz: unsere Begriffe beziehen sich nur auf Objecte der Erfahrung, erhält in der WißenschaftsLehre die höhere　× Bestimmung: Die Erfahrung bezieht sich auf Handeln, die Begriffe entstehen durch Handeln, und sind nur um des Handelns willen da, nur das Handeln ist absolut. Kant wird nicht sagen, die Erfahrung sei absolut, er dringt auf den Primat der praktischen Vernunft, nur hat er das praktische nicht entscheidend zur Quelle des theoretischen gemacht. In einem neueren Aufsatze in der Berliner Monatsschrift: über den vornehmen Ton, hat er sich erklärt, daß die Freiheit das höchste sei.　×

Die Philosophie desjenigen, welcher behauptet, daß der Mensch vorstellend ohne Handeln sei[,] ist bodenlos. Im Handeln erst komme ich auf Objecte[.] Hier wird es recht klar, was es heiße: das Ich sieht die Welt in sich; oder: giebt es keine pr[aktische,] so giebts auch keine ideale Thätigkeit; giebt es kein Handeln, so giebts auch kein Vorstellen.

3. In der allein anschaubaren, und in dieser Rücksicht würkli-　(55) chen Handlung, liegt 2erlei[:] Freiheit und Beschränkung, Thätigkeit und [/] Aufgehobenheit der Thätigkeit, und zwar　76 beide sind in jedem Momente des Handelns vereinigt.

Es wird sich finden, daß jene Beschränktheit des Handelns zu einem NichtIch führt, zwar nicht auf ein an sich vorhandenes, sondern auf etwas, das durch die Intelligenz nothwendig gesezt werden muß, um jene Beschränktheit zu erklären. Es dürfte sich auch im einzelnen ergeben, daß alle mögliche Würklichkeit, die es geben kann[,] aus einem würklichen entstehe. Der Urgrund alles würklichen ist demnach die Wechselwürkung, oder Vereinigung des Ich und NichtIch[.] Das NichtIch ist sonach nichts würkliches, wenn es sich nicht auf ein Handeln des Ich bezieht, denn nur durch diese Bedingung und Mittel wird es Object des Bewustseins; dadurch wird nun das Ding an sich auf immer aufgehoben. So ists auch mit dem

Ich; das Ich kommt im Bewustsein nur in Beziehung auf ein NichtIch vor. Das Ich soll sich sezen, es kann dieß aber nur im Handeln; Handeln ist aber eine Beziehung auf ein NichtIch. Das Ich ist nur in sofern etwas, als es mit der Welt in Wechselwürkung steht, in dieser Verbindung kommen beide vor. Hinterher[,] nachdem man sie gefunden hat, kann man sie trennen, aber jedes, wenn es abgesondert betrachtet wird, erhält seinen urspr[ünglichen].Charakter; jedes wird nur in Beziehung auf das andere vorgestellt.

Hierin dient nun die WißenschaftsLehre der Kantischen Philosophie zur Erläuterung und tieferen Begründung. Kant wollte auch nichts wißen, von einem Nichtich ohne ich und
77. umgekehrt; beide sind critischer Idealismus [/] und unterscheiden sich dadurch von aller vorkantischer Philosophie. Der Kritische Idealismus ist kein Materialismus oder Dogmatismus. Kein Materialismus[,] der von Dingen ausgeht, kein Idealismus[,] der von einem Geiste als Substanz ausgeht. Kein Dualismus[,] der vom Geist und von Dingen an sich als abgesonderten Substanzen ausgeht. Der kritische Idealismus geht aus von ihrer Wechselwürkung als solcher, oder als ACCIDENZ beider (SUBST[ANZ]. und ACCIDENZ sind Formen unsres Denkens[)]. Dadurch wird er der Nothwendigkeit überhoben, eines von beiden zu leugnen. Der Materialismus leugnet das Geistige, der Idealismus die Materie. Dieses System hat auch nicht die unauflösliche Aufgabe zu vereinigen, was nicht zu   *
vereinigen ist, nachdem es einmal getrennt worden[,] wie der Dualismus; es findet beide vereinigt.

Auf diese Wechselw[ürkung]. kommt es der Wißenschafts-Lehre vorzüglich an (Am besten verstanden von Herrn Hofrath Schiller in den Briefen über ästhetische Erziehung in den
×   Horen), das ich ist nur anschaubar in der Wechselw[ürkung].
(56) mit dem NichtIch[.] Es kann auser dieser Verbindung gedacht werden, aber dann ists nicht würklich, es ist dann eine nothwendige Idee. Aber das NichtIch kann nicht gedacht werden, auser in der Vernunft. Das Ich ist das erste, das NichtIch das zweite, drum kann man das Ich abgesondert denken[,] aber nicht das NichtIch.

4) Die erste Anschauung war ohne die Bestimmungen[,] die wir jezt hinzugesezt haben[,] nicht möglich, sie war kein

vollendeter Zustand des Gemüths, die erste war ein leerer Gedanke, wir hätten die erste nicht einmal zum Behuf für unsere
Philosophie denken können, wenn wir [/] das, was wir jezt   78.
deutlich einsehen, nicht mit eingemischt hätten[.]

§. 5

DAS BESTIMMBARE WIRD DER ANSCHAUUNG zu einem ins
unendliche theilbaren Mannigfaltigen[,] weil es Object einer
freien Wahl für die absolute Freiheit sein soll; dem Bestimmten als einem Theile deßelben muß daßelbe zukommen und
darin sind sie beide gleich; unterschieden sind sie darin[g], daß in
dem ersten eine bloß als[h] möglich, das i[st]. durch die, zwischen entgegengesetzten schwebende Intelligenz gesezte[,] in
dem 2ten eine durch die an eine bestimmte Folge des Mannigfaltigen geknüpfte Intelligenz gesezte Handlung angeschaut   (57)
wird[.] Handlung ist Thätigkeit[,] der unaufhörlich wider-
standen wird, und nur diese Synthesis des Widerstandes ist es[,]
durch die eine Thätigkeit des Ich anschaubar wird[.]

§ 6[a]

Dieß ist nun, worinn alles Bewustsein enthalten ist und
woraus es deducirt wird[,] ist aufgezeigt[:] das subjective, das
sich selbst sezende, das Objective, die praktische Tätigkeit, und
das eigentliche objective[,] das NichtIch.

Objectiv hat 2 Bedeutungen 1, im Gegensaz mit der idealen
Thätigkeit, ist es die pr[aktische]. Thätigkeit, 2., im Gegensatz
des ganzen Ich, ists das NichtIch.

Von nun an haben wir die Möglichkeit des bisher aufgestellten anzugeben., und die Bedingungen dieser Möglichkeit vollständig aufzuzählen. Wir haben jezt unser bestimmtes Ziel[,]
bei dem wir ankommen müßen, wir haben schon die Vollen-

---

g Ms.: drinnen   *h Ms.:* in dem ersten bloß möglich *(eine und*
als *nachträglich eingefügt)   a § 6 im Ms. nicht auf Mitte, sondern
am Anfang der Zeile im Text*

dung im Auge. Wenn wir dahin kommen, wo wir begreifen[,] daß das Ich sich selbst seze, als durch sich selbst gesezt, so ist unser System geschloßen, und dieß ist der Fall beim Wollen. [/]

79[a]   Weitere Untersuchung:

1) im vorigen § ist erwiesen, daß die Anschauung eines freien Handelns bedingt sei durch die Anschauung eines frei entworfenen B[egriffs] vom Handeln. Für die Entwerfung dieses Begriffs ist nach dem obigen eine Sphäre gegeben, das Bestimmbare[.] Dieses kennen wir als ein unendlich theilbares von möglichen Handlungen[;] in dem Zusammensetzen dieses Mannigfaltigen soll die praktische, in wiefern es diesen Begriff durch ideale Thätigkeit bestimmt, oder die materiale Freiheit (die Freiheit der Wahl) des Ich bestehen.

In wiefern das Ich in dieser FUNCTION des Begrifs ideal ist[,] *
(58) ist es doch gebunden. Die Entwerfung des Begriffs x läßt sich nur so begreifen. Es ist der idealen Thätigkeit ein mannigfaltiges gegeben, aus diesem sezt sie einen Begriff zusammen, sie läßt liegen[,] was sie will, und faßt auf[,] was sie will; darinn besteht ihre Freiheit, aber das gegebene muß sie als gegeben anschauen und darin liegt ihre Gebundenheit. Kurz es ist hier ein Uibergehen von Bestimmtheit zum sich bestimmen oder zur Bestimmbarkeit. Die ideale Thätigkeit ist theils gebunden (bestimmt) theils frei. Die Freiheit ist das bedingte, und die Gebundenheit das Bedingende. Ist nichts gegeben[,] so kann nicht gewählt werden; so allein kann die Entwerfung des Begriffs vom Zwecke gedacht werden.

2) Nun fragt sich: welches ist das Bindende, was ist es, und woher?

Wir kennen die Sphäre[b] des Bestimmbaren noch nicht [anders] als unter dem Prädikate eines ins unendliche theilbaren Mannigfaltigen; aber ein solches ist nichts, ein solches ins unendliche theilbare giebt kein Anhalten, kein Bindendes, mithin keine ideale Thätigkeit und mithin auch keine Theilbarkeit ins Unendliche[;] mithin widerspricht sich der Begriff von et[/]was, welches weiter nichts sein soll als th[eilba]r

79[b]

b Ms.: Spähre

ins Unendliche. Und da dieser Begriff unter den Bedingungen des Bewustseins vorkommt, so käme unter lezterem ein unmögliches vor.

Es müßte sonach etwas positives, das nicht weiter theilbar wäre[,] angenommen werden, um die ideale Thätigkeit des (59) praktischen Vermögens zu erklären; dieß ist aber ein REALES., das Unthei[l]bare müßte also untheilbar sein als REALITAET.; als QUANTITAET aber müßte es wohl theilbar sein; nun soll die ideale Thätigkeit hier so gebunden sein: nicht daß sie als bewegliche fortgerißen werde, sondern daß sie angehalten und fixirt werde.

Das was die ideale Thätigkeit fixirt, soll Stoff einer Wahl sein; aber die Wahl kann nur mit Bewustsein des Gewählten geschehen, aber es giebt kein Bewustsein eines Etwas, ohne Entgegensetzung; sonach müßte es in dieser Ansehung Zustände des Gemüths geben, die nur Einheit und Gleichheit sind, nicht aber Vielheit in eben und demselben Zustande. Es muß Grundeigenschaften geben (die nicht weiter zergliedert werden könnten) des Bestimmbaren, und ein Sein dieses Bestimmbaren.

Alles was auf ideale Thätigkeit sich bezieht[,] ist Sezen, und entweder Thätigkeit des Ich, Gebundenheit der idealen Thätigkeit oder Sein des NichtIch[,] ein Geseztsein[,] durch welches ein Werden und Machen NEGIRT wird. Wenn die Möglichkeit der Entgegensetzung so abgeleitet wird, so wird der oben behaupteten Th[eilbarkeit]. ins Unendliche nicht widersprochen, denn ich kann ja daßelbe Sein vermehren oder vermindern.

Das obengezeigte wird sich unten zeigen, als dasjenige, was durch das unmittelbare Gefühl gegeben ist z.B roth, blau, süß[,] sauer[./] In diesen Gefühlen ist der Zustand des Gemüths 80 nicht Vielheit sondern Einheit; die Theilbarkeit findet aber dabei statt, nehmlich dem Grade nach, ich kann mehr oder minder rothes empfinden, aber ich kann nicht sagen[,] wo es aufhört roth zu sein. Wie ist das Sezen oder das Bewustsein dieses Etwas möglich? wie kommts in das Ich?

[3)] Dieses Etwas und das Bewustsein davon geht allem Handeln voraus; denn das Handeln ist dadurch bedingt. Das Gegebene ist die Sphäre alles möglichen Handelns; das Handeln (60) aber ist absolut nichts einfaches, sondern ein 2faches. Es liegt gleichs[am]. eine Ausdehnung des SichSelbstafficirens, und ein Widerstand deßelben, der es aufhält und zu einem Anschaubaren macht[,] darin. Was in der Sphäre des Bestimmbaren liegt[,] ist das Handeln; jedes mögliche muß etwas dem Ich angehöriges (Thätigkeit[)], und etwas ihm widerstrebendes sein.

Dieses etwas ist als ein würkliches Handeln nicht gesetzt, was also davon dem Ich angehört[,] ist nicht zu erklären, aus einer würklichen Selbstaffection. Das Ich wird hier nur gesezt als ein Vermögen des Handelns in diesem Mannigfaltigen; nun aber kommt dieses Vermögen hier nicht vor als ein bloßes Vermögen, als ein mögliches im Denken[,] sondern als ein anschaubares, welchem in sofern der Charakter des Seins zukommt[.] Der Charakter des Seins ist Bestimmtheit[,] folglich müßte hier liegen ursprüngliche Bestimmtheit zum Handeln überhaupt. – Das Ich[,] sob[a]ld es gesezt ist[,] ist nicht frei, zu handeln überhaupt, sondern nur ob es dieß oder jenes handeln will; wir bekommen hier ein nothwendiges Handeln. Das Wesen des Ich ist Thätigkeit, folglich wäre hier ein Sein der Thätigkeit. Das den Begriff von seinem Willen entwerfende
81 Ich [/] ist gebunden, aber die Gebundenheit deutet auf ein Sein, und zw[ar]. auf ein eigentliches Sein. Das Bindende und in sofern sezende ist dem Ich angehörig, aber das Ich ist hier prak-   *
tisch (Thätigkeit[c])[,] sonach ist hier ein Sein der Thätigkeit[c]. Beide sich widersprechende Begriffe sind hier vereinigt (nehmlich Sein und Thätigkeit[c]), und diese Vereinigung wird hier betrachtet als ein Gefundenes[.] Ich finde etwas, aus welchem ich mein Handeln zusammenseze; in diesem liege ich selbst, also hier wird Thätigkeit gefunden. Diese Thätigkeit ist eine zurückgehaltene Thätigkeit, und davon bekommt sie den Charakter des Seins; so etwas ist aber ein Trieb, ein sich selbst producirendes Streben[,] das im innern deßen[,] dem es zugehört,
× gegr[ün]det ist (VID[E]. COMP[ENDIUM].P. 282.) es ist Thätig-
(61) keit[,] die kein Handeln ist[,] etwas anhaltendes, die ideale Thätigkeit bestimmendes, eine innere fortdauernde Tendenz[,] den Widerstand zu entfernen (Wie die Tendenz einer gedrükten Stahlfeder)[.]

c könnte auch heißen: That

Mit dem Sezen eines Triebes muß nothwendig etwas die
Thätigkeit verhinderndes gesezt werden. Denn im Triebe liegt
die Nothwendigkeit des Handelns; da er aber kein Handeln
wird, sondern ein Trieb bleibt[,] so muß der Grund davon in
einem andren liegen.

Man kann sagen, der Grund des Triebes liegt im Subjecte,
in wiefern der Grund zu einer Thätigkeit im Subjecte liegt;
aber er liegt nicht drinn, in sofern er nicht Thätigkeit sondern
Trieb ist, und dadurch daß etwas verhinderndes da ist, wird
eben die Thätigkeit aufgehoben; wir können sonach aus diesem Wechselverhältniße nicht heraus.

4) Was wird nun aus diesem Triebe des Ich folgen? Man
denke[,] das Ich würde nicht begrenzt[, /] sein Trieb würde 82
Thätigkeit, so wäre das Ich ein sich selbst afficiren und weiter
nichts, das Ich wäre nicht gebunden[,] es wäre sonach keine
ideale Thätigkeit da, ideale und reale Thätigkeit fielen zusammen. So etwas können wir uns nicht denken, es wäre das
Selbstbewustsein des einen gedachten Gottes. (VID[E]. COM-
P[ENDIUM]. P.265 die PARENTHESE.)   ×

Von diesem Zustande wollen wir übergehen zur Beschränktheit, jezt kann das Ich nicht handeln, seine praktische Thätigkeit ist angehalten. Nun ist der Charakter des Ich[,] daß es sich
idealiter seze oder anschaue, dieß ist erst jezt möglich, denn
jezt ist etwas gehaltenes da. Es muß ein Bewustsein des Triebes
oder der Beschränktheit nothwendig geben. Aus dem Triebe
folgt Bewustsein. Wenn das Ich lauter Thätigkeit wäre, und
keine Besch[ränkung] in ihm vorkäme, so könnte es sich nicht
seiner Thätigkeit bewust werden. Es kann im Ich nichts vorkommen ohne Bewustsein, nun kommt hier ein Trieb vor,
folglich muß Bewustsein deßelben dasein.

Anm[erkung:] A) Hier theilen sich ideale und REAL[E]. Thätigkeit, und die oben beschriebene Entgegensetzung beider wird
möglich; wir stehen an der Grenze alles Bewustseins; weil wir   *(62)*
den Ursprung alles Bewustseins sehen.

B) Ideale Thätigkeit ist nur eine gebundene; ihr unmittelbares
Object ist die praktische, ihre Gebundenheit hängt von der
praktischen ab, dieße muß ursprünglich ein Streben sein, und
dieß ist der Ursprung des Bewustseins.

5.) Was ist das nun für ein Bewustsein, das mit dem Triebe ver-

knüpft werden soll[?] Mit dem Bewustsein[,] das wir bis hieher
kennen, mit der Anschauung verhält es sich so: wir erblicken
(63) in ihr REALES und ideales^*c'* getrennt; das erstere hat sein vom
idealen unabhängiges Sein, das lezte sieht nur zu[.] Bei dem
Bewustsein[,] von dem wir hier reden, kann dieß der Fall
83 nicht sein, es giebt hier kein reales Sein, [/] es wird nicht gehandelt, sonach müßte hier ideales und reales zusammenfallen;
das ideale wäre hier sein eigner Gegenstand[,]ein unmittelbares
Bewustsein, und dieses ist ein Gefühl. Man fühlt kein Object,
das Object wird angeschaut. Jedes Object, sogar ein Handeln,
soll etwas sein, ohne daß ich mir eben deßelben bewust würde.
Der transc[endentale]. Philosoph ‹erinnert› freilich, daß etwas
ohne Bewustsein nicht sein könne, aber der gemeine MenschenV[erstand] sieht dieß nicht so an. Man unterscheidet
Handeln und Bewustsein. Ein Gefühl aber ist gar nicht[,] ohne
daß es gefühlt werde, die REFLEXION ist mit dem Gefühl nothwendig und unzertrennlich verbunden. Das Gefühl ist ein
bloßes Sezen der Bestimmtheit des Ich.

Wir haben nun ein mittelbares Bewustsein eines unmittelbaren Materialen, welches wir bedurften. Oben suchten wir
das formale, wir kamen auf ein Subject=object[,] auf ein sich
selbst sezen. In diesem Gefühle, wie sich weiter unten zeigen
wird[,] kommen Ich und NichtIch zusammen vor[,] und
zw[ar] nicht lediglich zu folge einer Selbstbestimmung[,] sondern in einem Gefühle. Im Gefühle ist Thätigkeit und Leiden
vereinigt; in wiefern das erste vorkommt[,] hat es Beziehung
auf das Ich; in wiefern aber das 2te vorkommt[,] auf ein Nicht-
Ich, aber im Ich wird es gefunden, das Gefühl ist factisch das erste
ursprüngliche. – Man sieht hier schon[,] wie alles im Ich vorkommen kann, und daß man nicht aus dem Ich herauszugehen
braucht. Man brauchte nur eine Mannigfaltigkeit von Gefüh-
l[en] anzunehmen, und es würde sich leicht zeigen laßen,
wie man die Vorstellungen von der Welt davon ableiten
könnte.

(64) 6. Wie ist nun möglich, daß das Ich vor allem Handeln voraus
84 eine Erk[enntniß]. der Handlungsmöglichkeiten habe? [/] Es
gehört für diese Handlungsmöglichkeit ein positives des Man-

---

c' Ms.: ideales und REALES

nigfaltigen, wodurch das Mannigfaltige erst würde, und daß
nicht weiter zergliedert werden könnte, und daß es Grund-
* eigenschaften geben müße; das Gefühl ist ‹eins›, es ist Bestimmtheit[,] Beschränktheit des ganzen Ich, über die es nicht hinausgehen kann; es ist die lezte Grenze, es kann sonach nicht weiter
zergliedert und zusammengesezt werden., das Gefühl ist
schlechthin was es ist, und weil es ist. Das durch das Gefühl ge-
* gebene ist die Bedingung alles Handelns des Ich, die Sphäre[a],
aber nicht das Object.

Die Darstellung des Gefühls in der Sinnenwelt ist das fühlbare, und wird gesetzt als Materie. Ich kann keine Materie hervorbringen oder vernichten, ich kann nicht machen[,] daß sie
mich anders afficire[,] als sie ihrer Natur nach thut. Entfernen
oder annähern kann ich sie wohl. Das positive soll Mannigfaltigkeit sein, weil es Gegenstand der Wahl für die Freiheit
sein soll. Es müßte also mannigfaltige Gefühle geben, oder der
Trieb müßte auf mannigfaltige Art afficirbar sein; welches man
auch so ausdrücken könnte: es giebt mehrere Triebe im Ich.

Diese Mannigfaltigkeit der Gefühle ist nicht zu DEDUCIREN,
oder aus einem höheren abzuleiten, denn wir stehen hier an der
Grenze. Dieses Mannigfaltige ist mit dem Postulate der Freiheit postulirt; hinterher wohl wird dieses mannigfaltige im
Triebe sich zeigen als Naturtrieb, und wird aus der Natur erklärt werden[;] aber die Natur wird erst selbst zu folge des Gefühls gesezt..

Diese mannigfaltigen Gefühle sind völlig entgegengesezt;
und haben nichts miteinander gemein. [/] es giebt keinen 85
Uibergang von einem zum anderen. Jedes Gefühl ist ein bestimmter Zustand des Ich. Sonach wäre das Ich selbst ein Mannigfaltiges; aber wo bliebe ‹dann› die Identität des Ich? Das Ich (65)
soll dieses Mannigfaltige auf sich beziehen; es soll es als *sein*
mannigfaltiges ansehen, wie ist dieß möglich[?]

Kant beantwortet die Frage, wie das Mannigfaltige im Bewustsein vereinigt werde, vortrefflich[,] aber nicht wie das
Mannigfaltige der Gefühle, da doch die Beantwortung des
ersten sich auf die Beantwortung des lezten gründet. Er bezieht (VID[E]. CRIT[IK]. D[ER]. URTH[EILSKRAFT].) alle Gefühle
auf Lust und Unlust, nun aber muß [es] zwischen der Bezie- ×
hung der Gefühle auf Lust und Unlust ein mittleres geben, wo-

durch diese Beziehung erst möglich werde. Um zu empfinden[,] ob A oder B mehr Lust gewähre, muß ich sie erst beide
beisammen haben[,] um sie zu vergleichen, wie bekomme ich
nun beide beisammen[?]

    Wenn man z. B. 2 Weine kostet, nicht um zu sehen, welcher
von beiden beßer schmeckt, sondern nur um die Verschiedenheit des Gefühls zu wißen, so scheint eine solche Vergleichung
unmöglich; denn w[enn]. man den einen schmeckt[,] so
schmeckt man den anderen nicht; es ist immer nur ein Geschmack, und zum Vergleichen gehört doch zweierlei? und
jedermann weiß doch, daß er diese Vergleichung anstellen kann.

    Man muß hier auf das Verfahren merken. Bei dem Kosten
ist Thätigkeit. Man faßt seinen ganzen Sinn auf den Gegenstand[,] den man kostet[,] zusammen, und CONCENTRIRT ihn
auf denselben. Man bezieht dieses besondre Gefühl auf die gesammte Sinnlichkeit; so wie dieß beim Kosten des ersten geschieht, so geschieht es auch beim 2ten, dadurch werden beide
mit etwas gemeinschaftlichem zusammengehalten, nehmlich

86. mit [/] der ganzen Sensibilität, welche in beiden Momenten
dieselbe bleibt.

    Es wird bei dieser Erklärung angenommen ein System der
Sensibilität überhaupt, welches schlechthin vor aller Erfahrung
da sein soll, welches System aber nicht als solches unmittelbar
gefühlt wird, sondern vermittelst deßen und in Beziehung auf
daßelbe alles besondere gefühlt wird, was gefühlt werden mag.
Das besondere ist eine Veränderung des gleichmäsigen fort-
dauernden Zustands des ersten.

    Daß dieses System der Sensibil[ität]. [nicht] gefühlt wird,
kommt daher; die Sensibil[ität]. ist nichts bestimmtes, sondern
ein bestimmbares, würde sie also nicht verändert, so würde
nicht gefühlt. Man denke sich das bloße Fühlen als ideale Thätigkeit, dann steht es unter dem Geseze der idealen Thätigkeit,
welche nur im Uibergehen vom Bestimmbaren zum Bestimmten etwas sein könne. So ists hier: das besondere Gefühl
ist ein bestimmtes, als solches kann es nur vorkommen, wenn
es auf ein bestimmbares bezogen wird, und dieß ist das System

(66) der Sensibilität. Sonach geschieht die Vergleichung der Gefühle nur mittelbar, jedes bestimmte Gefühl wird an das ganze
System gehalten.

Dadurch wird nun dem Dogmatismus aller Vorwand be-
nommen. Selbst die Gefühle können nicht von ausen in uns
hereinkommen, sie wären nichts für uns, wenn sie nicht in uns
wären. Soll es Gefühle für uns geben, so wird das System
alle[r] Gefühl[e] A PRIORI vorausgesezt.

7. Das System der Sensibilität als solches wird nicht gefühlt, jedes Gefühl, das bekannt sein soll[,] muß vorkommen als ein
besonderes; für die Möglichkeit des Zw[eck]begr[if]fs müßen
daher schon mehrere Gefühle da sein, es muß schon etwas
würklich gefühlt worden sein z.B. ein besondrer Geruch und
Geschmack, den ich noch nicht hatte, kommt vor als ein besondrer[; /] wenn dieser Geruch oder Geschmack mir nicht 87
vorgekommen wäre, so hätte ich ihn nicht ausdenken können,
indem ich in das System der Gefühle hineingegangen wäre; er
liegt im System, soll er aber für mich vorkommen[,] so muß
er besonders vorkommen.

Wie kann nun das Gefühl Gegenstand eines Begriffs werden?
Bei der Anschauung wird eine REALITAET vorausgesezt, aber
beim Fühlen nicht, das Fühlen ist selbst die Realität, die vorkommt. Ich fühle nicht etwas, sondern ich fühle mich. – Welches ist nun der Uibergang aus dem Gefühl zur Anschauung[?]
Ich kann kein Gefühl anschauen, auser in mir; soll ich ein Gefühl anschauen, so muß ich doch fühlend sein. Es wird schlecht- (67)
* hin REFLECTIRT. Das Ich erhebt durch*d* eine neue REFLE-
XION, die mit absoluter Freiheit geschieht[,] sich über sich
selbst, sich das anschauende über sich, in wiefern es fühlend
wird, es wird dadurch selbstständig.

Woher nun der Stoff für die freie Wahl komme, ist erörtert
worden.

§. 6.

EINE FREIE HANDLUNG IST (§ 4) NUR MÖGLICH, NACH EINEM
FREI ENTWORFENEN BEGRIFF VON IHR, SONACH MÜSTE DIE freie
Intelligenz, vor aller Handlung vorher eine Kenntniß von den
Handlungsmöglichkeiten haben, eine solche Kenntniß läßt sich
nur dadurch erklären, daß dem Ich vor aller Handlung vorher
* ein Trieb beiwohne[,] in welchem eben darum, weil er nur

---

d Ms.: sich durch

Trieb ist, die innere Thätigkeit deßelben beschränkt sei.. Da
dem Ich nichts zukommt[,] als was es sich nicht setze, so muß   *
es diese Beschränkung sezen, und so etwas nennt man ein Gefühl. Da durch die Freiheit gewählt werden soll, muß es ein
Mannigfaltiges von Gefühlen geben, welches nur durch seine
88 Beziehung auf das gleichfalls noth[/]wendige ursprünglich vor-   *
handene System der Gefühle überhaupt unterscheidbar sein
kann.

CONFER COMPENDIUM.

Als das höchste und erste im Menschen wird sowohl in der
alten als neuen Bearbeitung das Streben oder der Trieb angenommen.

Gegenwärtig wird vom unmittelbaren Objecte des Bewustseins, von der Freiheit[,] ausgegangen, und die Bedingungen derselben aufgestellt. Die freie Handlung ist das wesentlichste unsrer Untersuchung. in der ehemaligen Behandlung wurde die freie Handlung[,] das Streben und der Trieb
nur gebraucht als Erklärungsgrund der Vorstellungen und der
Intelligenz, welches dort der Hauptzweck der Untersuchung
war; in der gegenwärtigen Beh[andlung]. ist das praktische
unmittelbar Object, und aus ihm wird das theoretische abgeleitet, so wie ferner in ihr mehr der Gang der Synthesis, in
jener aber mehr der Gang der Analysis herrscht[.]

Ideales und reales liegt neben einander und bleiben immer
abgesondert; im Buche ist zuförderst das erste bestimmt, und
das 2te von ihm abgeleitet. Hier wird umgekehrt mit dem
praktischen angefangen, und dieß wird ab[ge]sondert, so lange
es abgesondert ist und nicht mit dem theoretischen in Beziehung steht; so bald aber beide zusammenfallen, werden sie
beide miteinander abgehandelt; sonach fällt die in dem
B[uche]. in den theoretischen und praktischen Theil gemachte
Eintheilung hier weg; in beiden Darstellungen wird ausgegangen von einer Wechselbestimmung des Ich und NichtIch.

× „Das Ich sowohl als NichtIch" P. 52. es ist da nicht Rücksicht
genommen, ob die Wechselbestimmung ideal oder real sei. Es
89 wird davon [/] jezt nicht Notiz genommen, wie im Buche [.]
× P. 233 „Ein NichtIch sezen" pp Das Ich sezt sich zum Theil

nicht heißt[:] es sezt sich beschränkt, oder das Intelligente muß
sich etwas reales entgegensezen, weil das ideale beschränkt sein
soll, aber der Grund kann nicht im idealen liegen[,] er muß daher auf das reale bezogen werden; so kommen wir dazu[,] dem
Ich etwas [in]dem Ich entgegenzusetzen.

P. 234 „Dieß ist A PRIORI eine bloße Hypothese" in der ge- ×
genwärtigen Behandlung ist es streng erwiesener Satz, darum
weil ideale und reale Thätigkeit getheilt werden^d'.

P. 236. „Das Ich soll Causalität" pp Von dieser CAUSAL[I- ×
TAET]. kann hier noch nicht die Rede sein[,] weil der Begriff der
CAUS[ALITAET]. noch nicht erörtert ist. In der gegenwärtigen
Darstellung wird nicht vom NichtIch auf ein Handeln son-
dern umgekehrt geschloßen.

P.237. „Der Widerstreit ist – – unendliche unbeschr[änkte].
Realität" Die Unendlichkeit ist hier nur angenommen zum ×
Behuf des Vortrags; um das Streben erklären zu können[,]
mußte angenommen werden ein bloßthätiges[.]

IBID[EM]. „insofern" – [„]Schranken" – was dort Schranken ×
heißen[,] ist daßelbe was gegenwärtig gehalten, gebunden sein
heißt; aber wir folgern hier nicht die Schranken aus dem
NichtIch[,] sondern aus der Beschränktheit des Ich wird das
NichtIch gefolgert.

P.246. „Das Resultat" Es muß etwas unmittelbar vor alle[r] ×(68)
Bestimmung zur Freiheit angenommen werden; in welchem
Ich und NichtIch vereinigt sind, Tendenz, Streben, Trieb.

P 260–69 [„]Wir erklären uns" – (wird als ein Hauptpunct ×
zum Lesen empfohlen.) Das Ich sieht alles in sich; sieht es etwas
als auser sich[,] so muß der Grund dazu doch in ihm liegen. [/]
P.269 „ist kein praktisches" verdient auch nachgelesen zu × 90
werden, nur muß auf die gegenwärtige Darstellung Rücksicht
* genommen werden. Was von Anstoß und NichtIch gesagt
wird, ist hier nicht gesagt worden, statt deßen aber Gebundenheit.

P.271. „Nach der so eben" Dieser Punct wurde jezt so vorge- ×
tragen: Das Ich ist ursprünglich sich selbst sezend, wenn aber
seine Thätigkeit nicht beschränkt würde, so könnte es sich
nicht selbst sezen[;] soll Reflexion möglich sein, so muß die

---

d' *könnte auch heißen:* worden

ursprüngliche Thätigkeit beschränkt sein. NichtIch stößt nicht auf das Ich[,] sondern das Ich in seiner Ausbreitung auf Nicht-Ich.

× IBIDEM „Der lezte Grund" es wird in das Ich nichts fremdartiges hineingetragen[.] Von der Welt geschehen keine Eindrücke, es kommen keine Bilder hinein. Im Entgegengesetzten[e] ist keine Kraft, die sich auf das Ich fortpflanzt[,] sondern es ist die Beschränkung im Ich, und der Grund[,] warum es etwas sezt, liegt in ihm. – Kraft kommt ursprünglich dem NichtIch nicht zu, sondern nur Sein. Das NichtIch fängt nicht an, es ist nur verhindernd aufhaltend. Das Ich kann nicht zum Bewustsein kommen, wenn es nicht beschränkt ist; der Grund der Beschränkung liegt auser ihm, aber der Grund der Thätigkeit liegt in ihm.. Ich bin ursprünglich beschränkt, auch ist in mir ursprünglich ein Mannigfaltiges von Gefühlen, dieß kann ich nicht ändern, es ist die Bedingung alles meines Seins, darüber kann ich nicht hinaus[.] Dieß ist der Punkt[,] auf dem ich mich finde. Ich bin nur frei und kann in dieser Sphäre alles machen, was ich will, wenn eine Zeit ohne Ende gegeben ist.

× P.272 „Die WißenschaftsLehre ist demnach – – entgegen[ge]-sezte Kraft an[ni]mmt" Eigentlich wird das entgegengesezte nicht gefühlt, sondern ich fühle mich als beschränkt, auf das Entgegengesezte wird erst als Grund der Beschränkung geschloßen[.] Das Positive in den Dingen ist schlechterdings 91 weiter nichts, als was sich auf unser [/] Gefühl bezieht, daß etwas roth ist[,] kann nicht abgeleitet werden, daß aber die Gegenstände in Raum und Zeit und in gewißen Beziehungen gegeneinander sind, das kann abgeleitet werden.

× IBIDEM. „Ohnerachtet". Ich kann nicht sein, ohne beschr[änkt]. zu sein; aber was sagt dieß? Das[f] beschränkende ist doch also auser mir da, durch mein Setzen. In wiefern ich auf mein Bewustsein REFLECTIRE[,] sehe ich den Grund ein[,] daß ich beschränkt sein muß.

Ich könnte mir nicht bewust sein[,] wenn ich nicht beschr[änkt] wäre, und wenn nicht ein beschränkendes da wäre. Aber ich seze dieß doch nur in wiefern ich mir meiner schon bewust bin[,] also beschränkt bin. Die Möglichkeit des Sezen

e Ms.: Entgegensetzen   f Ms.: Daß

von A ist bedingt durch B, aber ich kann nur B sezen, in wiefern ich Bewustsein habe und beschränkt bin durch C u.s.f.;
auf jedem Puncte des Bewustseins bin ich beschr[änkt]; nun
kann ich darauf REFLECTIREN und kann sagen, meine Beschr[änkung]. ist doch nur da, in wiefern ich sie setze.

p.273–74 „Dieß daß der endliche Geist". Eigentlich ist es nur ×
dieser Zirkel[,] der uns begrenzt. Immerfort, wenn wir etwas
sezen in uns als auser uns; so müßen wir etwas andres dahinter
suchen, als nicht abhängig von uns und s.f. Wer dieses Ge-
setzes sich nicht bewust wird, der sagt: alles was ist[,] stellen
wir uns nur vor; und ist transcendenter Idealist; wer aber
glaubt, daß Dinge ohne unsre Vorstellungen da sein können[,]
ist Dogmatiker..

Ich erkläre etwas (A)[,] wenn ich es an etwas andre[s] (B)
anknüpfe und s.f.[;] ich faße nicht alles auf einmal auf, weil ich
endlich bin. Es ist daßelbe[,] was man discursives [/] Denken 92
nennt. Die Endlichkeit vern[ünftiger].Wesen besteht darin,
daß sie erklären müßen. Das NichtIch ist seinem Sein und der
Bestimmtheit seines Seins nach unabhängig vom praktischen
Ich; aber vom theoretischen Ich ists abhängig, es ist eine Welt
nur da[,] in wiefern wir sie sezen. Im Handeln steht man auf
dem praktischen Gesichtspuncte. Für das Handeln hat das
NichtIch unabhängige Realität; man kann die Gegenstände
verändern[,] zusammensezen[,] aber nicht hervorbringen..

Es wird etwas bezogen auf das praktische heißt: es wird be- ×
trachtet als daßelbe hindernd.

p. 275 [„]Des Ich mit sich selbst["] heißt[:] des Idealen mit ×
dem Realen.

p.276.ff. [„]Auf dieses Verhältniß" pp. Es ist mit dem Auffaßen ×
des Dings an sich wie mit dem Auffaßen des unendlichen
Raums; wenn man ihn auffaßen will[,] wird er endlich. Das
Ding an sich, das eigentlich beschränkende[,] ist eine Idee,
nehmlich daß ich mich in die Unendlichkeit hinaus als beschränkt sezen muß. –

p.280 ET 281 N. 1, 2, 3. „Das Streben des Ich" wenn man auf ×
das Ich [a]llein sieht[,] so liegt in ihm bloß der Grund der
Thätigkeit[,] keine Beschränkung, aber d[a]raus entsteht kein
Streben, sondern es würde Thätigkeit werden. es mußte sonach
etwas beschränkendes angenommen werden, wenn ein Streben

möglich sein soll, also das Streben kann nicht allein aus dem Ich erklärt werden.

× N.4) Das NichtIch kommt nicht zum Ich, sondern umgekehrt. Wir dürfen daher nur ein Sein des NichtIch annehmen. Wenn von einem Gegenstreben des NichtIch die Rede ist, so wird ihm innere Kraft, Tendenz zugeschrieben; (davon weiter unten, hieher gehört es noch nicht)[.] Hier soll das NichtIch vorgestellt werden, als ein bloßes Seiendes, und das Gegenstreben des

93 NichtIch fällt hier weg. Das Ich ist ursprünglich [/] thätig, und äusert seine Thätigkeit[,] soweit es kann[;] wird sie nun in einem Puncte angehalten, so entsteht ein Streben, das NichtIch ist dann ein Hinderndes, ein Damm. Kein Entgegenstreben, sondern ein Entgegenstehen.

× 5 „Das Gleichgewicht halten" Das Ich kann nur so weit gehen[,] als es das NichtIch zuläßt; hinterher wird noch gezeigt werden, wie das Ich in das NichtIch hineindringt.

× p.282 § 7. N.1 Dieß Etwas im Buche heißt in der gegenwärtigen Darstellung ein Haltendes, ein leidendes, worauf sich die ideale Thätigkeit bezieht.

(69)× S.284 et 85 wird zum Nachlesen empfohlen[.] Alles was im Ich vorkommt und durch das Ich geschieht, kann erklärt werden als ein Trieb. Ideale Thätigkeit ist ein Sachtrieb, weil ideale

× Thätigkeit ohne Objecte nichts ist[.] p.316–322 zum Nachlesen[.]

---

§. 7[a]

Die Hauptfrage ist: wie kann das Ich, da alles sein Bewustsein, Bewustsein freier Thätigkeit ist, sich seiner freien Thätigkeit bewust werden. –

Wir wißen, das Ich muß vor allen Dingen sich einen Begriff seiner Thätigkeit entwerfen, einen Zwekbegriff[;] es muß ihm ein mannigfaltiges für[b] die Wahl durch Freiheit gegeben werden, dieß wird ihm gegeben im Gefühl, wir hätten dem-

---

a § 7 *im Ms. nicht auf Mitte, sondern am Anfang der Zeile im Text*
b *Ms.:* durch

nach den materialen Theil der Frage beantw[ortet].[,] nehmlich [wi]r hatten dem Ich einen Stoff gegeben, aus dem es seinen
Begriff entwirft. Aber der formale Theil der Frage ist noch
nicht beantw[ortet.] Wie sezt das Ich aus dem Mannigfaltigen
des Gefühls den Zwekbegriff zusammen[?]

1) Das für die Selbstbestimmung entworfene und zu entwerfende ist ein Begriff, sonach Object der idealen oder anschauenden Thätigkeit, nun ist es der Char[akter]. der idealen
Thätigkeit, daß ihr ein von ihr unabhängiges vorhanden sein
auser ihr gegeben werde, und dadurch unterscheidet sie sich
vom Gefühle[, /] in welchem reales und ideales eins ist. Die 94
ideale Thätigkeit hat nothwendig ein Object auser sich, das sie
fixirt; hier ist die Rede von einem Zweckbegriffe; hier soll das
Object ‹nicht gegenwärtig›[,] in ‹dem› der Begriff entworfen
wird[,] existiren, aber es soll doch sein etwas existiren könnendes und zufolge des Zwekbegriffs auch existiren sollendes.
Man abstrahire auch davon, so bleibt doch immer noch ein
Object der Vorstellung. Wir haben hier die eigentliche Objectivität zu deduciren.

Nach Reinhold kommt im Bewustsein vor, SUBJECT[,] OB-
JECT und Vorstellung. Die leztere kommt erst im Bewustsein ×
vor, wenn von neuem REFLECTIRT wird. Aber Subject und (70)
Object sind ‹nun› verschieden; sowohl beim wirklichen oder
beim erdichteten wird das Object des Denkens vom Subject
des Denkens unterschieden. Dieser allgem[eine] Begriff des
Objects soll hier bemerkt werden. – Dieß ist nun die Anschauung des Satzes, der oben schon da war: der id[ealen].
Thätigkeit muß ‹immer› etwas REALES entgegengesezt werden,
sonst ist die Anschauung nicht möglich.

Dieser soeben geschilderte Cha[ra]kter des Objects muß dem
zu entwerfenden Begriffe zukommen.

2) Der Stoff, aus welchem das ideal thätige seinen Begriff zu-
sammensezt, soll das Man[nig]faltige des Gefühls sein; aber das
Gefühl ist nichts objectives, sondern ein bloß subjectives; es ist
nichts[,] das begriffen wird. Fühlen und Begreifen sind einander
entgegengesezt. Im Begriff oder in der Anschauung muß auser
einander liegen, was im Gefühl *eins* ist.. Unsere Aufgabe ist nun,
wie mag das was Sache des Gefühls ist Object einer Anschauung
oder des Begreifens werden können? [/]

95   (Diese Frage ist sehr wichtig, wir kommen dadurch zum
      eigentlichen Object, zum NichtIch und zur Beschreibung der
      Art und Weise[,] wie das NichtIch entworfen wird.

      Unsere Frage könnte auch so heißen: wie kommt das ich
      dazu[,] aus sich heraus zu gehen? Diese Frage macht eigentlich
      den Charakter der WißenschaftsLehre aus. Die Lehre von der
      productiven Einbildungskraft wird hier eine neue Klarheit und
      Festigkeit erlangen. Die gesamte Sinnenwelt wird durch sie
      hervorgebracht, nach ihren bestimmten Gesetzen).

      Unmittelbar ist das Gefühl Object der Anschauung nicht,
      auch kann das Gefühl nicht willkührlich erneuert werden wie
(71) die Vorstellung eines Objects erneuert werden kann: Ein Ge-
      fühl ist kein Ding, kein zu construirendes, das beschrieben
      werden kann; es ist ein Zustand; es ist kein Substanzielles son-
      dern ein ACCIDENS einer Substanz[.] Aber das Gefühl scheint
      mit dem Objecte ‹ganz›ᶜ verknüpft zu sein, es kann nicht
      gefühlt werden ohne es auf ein Object zu beziehen; dieß muß
      einen Grund haben, und wir [werden] den Zusammenhang
      zwischen Gefühl und Object aufsuchen.

      3. Auf dem Puncte[,] auf welchem wir gestanden haben[,]
      bin ich beschränkt, d.h. es ist keine Anschauung meiner Thä-   *
      tigkeit möglich, mit dieser Beschr[änkung] ist nun Gefühl
      unmittelbar verknüpft. Was ist denn nun beschränkt? Ich bin
      bloß beschränkt, in wiefern ich gehe auf reale Thätigkeit, also
      bloß die reale Thätigkeit ist beschr[änkt], aber nicht die ideale;
      sollte also noch etwas weiteres folgen, so müßte es durch die
      ideale Thätigkeit geschehen.[/]

97.   Hier ist der Punct, wo ideale und reale Thätigkeit sich tren-
      nen, und wo eine nur beschrieben werden kann, indem man
      sie auf die andere bezieht, denn beide stehen im Wechsel. – Im
      Gefühle kommt das ganze unzertheilte Ich vor; sehen können
      wir das Ich nicht[,] aber fühlen.

      Die ideale Thätigkeit kann sich weiter ausdehnen, wurde
      eben gesagt, dieß heißt mit Freiheit und Selbstthätigkeit, wel-
      ches der Charakter des Ich ist. So äusert sich die Thätigkeit des
      Ich im Gefühl nicht, denn das Gefühl soll erst durch die Be-
      schr[änkung]. zum Gefühl geworden sein.

---

c *könnte auch heißen:* grad *oder* genau

Die Intell[igenz]. geht auf etwas von ihr unabhängiges; sie soll sich äusern; wie, und aus welchem Grunde? Aus keinem, sie ist absolute Thätigkeit des Ich[;] sie muß sich äusern[,] sobald die Bedingung ihrer Möglichkeit eintritt, und dieß ist der Fall[,] wo die reale*d* Thätigkeit gehemmt ist.

Die Natur des Ich ist ein Trieb, wir können also die ideale Thätigkeit erklären aus einem Triebe zur REFLEXION, auch Trieb nach einem Objecte, oder Sachtrieb, welcher vorausgesezt werden muß[,] um die ideale Thätigkeit zu erklären. Ein solcher Trieb kann nicht gefühlt werden; denn ein Trieb kann nur gefühlt werden[,] in wiefern er nicht befriedigt wird; aber der Reflexionstrieb wird allenthalben befriedigt. Man muß ihn sorgfältig unterscheiden von dem Tr[iebe]. nach reeller Thätigkeit, welcher ‹oft› nicht befriedigt wird.

Es wird also angeschaut weil angeschaut wird.

4.) Es kommt der idealen Thätigkeit der Charakter der Freiheit der Thätigkeit zu, da das Gefühl im Gegentheil ein Leiden ist. Aber die ideale Thätigkeit ist oben erklärt worden als gebunden, was ist das nur für eine Freiheit[,] die dabei gedacht wird? Es ist ein eigentliches Thun, ein Hervorbringen eines Neuen, das erst durch diese Thätigkeit wird. Die Gebundenheit der idealen Thätigkeit [/] wird darinn bestehen, daß sie nicht unbedingt frei ist[,] sondern sich nach gew[ißen]. Gesetzen richten muß. (72) 98.

Der Char[akter] der Freiheit kann der idealen Thätigkeit nicht zukommen, auser in wiefern das Ich sich diese Thätigkeit zuschreibt. Dieß geschieht durch Gegensatz eines nicht freien Zustandes – des Gefühls.. Wenn daher die ideale Thätigkeit gesezt würde als ein Loßreißen aus dem leidenden Zustande des Gefühls, so wäre der Gegensatz, und das Vereinigungsband zwischen Gefühl und Anschauung da. Anschauung ohne Gefühl wäre nicht da, und aus dem Gefühl müßte nothwendig Anschauung folgen. Wir hätten hier in einer weiteren Bestimmung den Satz wieder: ideale und reale Thätigkeit sind nicht ohne einander. Hier heißt es[:] Gefühl und Anschauung sind nicht ohne einander. Gefühl ist etwas reales. Anschauung etwas Ideales. Wir hätten nun auch den Vortheil, daß das Ge-

d Ms.: ideale

fühl aus dem Systeme des menschlichen Geistes nicht verloren-
gienge, sondern daß es nothwendig mit demselben verknüpft
wäre, und einen nothwendigen Bestandtheil deßelben ausmachte. Jeder Punct[,] der aufgestellt worden ist[,] muß mit
dem Ganzen verflochten sein. Dieß findet sich nun hier bei
der Anschauung[;] sie ist nicht möglich, wenn nicht ein Gefühl mit gesetzt wird. Wir erhielten also das Resultat:
    Keine Anschauung ohne Gefühl und kein Gefühl ohne An-
schauung. Beide waren synthetisch vereinigt und wechselseitig durch einander bestimmbar. Anschauung ist nichts,
auser in wiefern ihr ein Gefühl entgegengesezt wird. Der
Uibergang vom Gefühl zur Anschauung ist der: Sobald die
99 ideale Thätigkeit sich äußern kann, äusert sie sich [/] und sobald ein Gefühl da ist[,] kann sie sich äusern, also äusert sie sich[.]
(73) 5) Daß es so sein müße, wie beschrieben worden ist, ist aus
der Beschreibung selbst hervorgegangen. Soll nehmlich eine
freie Handlung des Ich[,] practische Thätigkeit, gesezt werden,
so muß Gefühl sein; das Gefühl aber hat keinen Einfluß in den
Zusammenhang der übrigen Operationen der Vernunft, wenn
es nicht gesezt wird, aber es kann nicht gesezt werden auser
durch Gegensatz mit der Anschauung; die Hauptfrage ist nun,
wie beide in Gegensatz und Beziehung gesezt werden? in welchem Acte des Gemüths sie verglichen werden (Das Gefühl
sei = A, die Anschauung = B, nun muß es ein drittes = C geben, in welchem Gefühl und Anschauung A und B vereinigt
sind.[)]
    Mit der Anschauung ist selbst ein Gefühl unmittelbar ver-
knüpft, die Beziehung der Anschauung auf mich. Das wodurch sie meine Anschauung wird ist selbst ein Gefühl.
Warum[,] könnte man fragen, erscheinen mir meine Gedanken, Anschauungen ETC. nicht als Bewegung eines fremden
auser mir? warum als meine? Diese Frage ist wichtig. (Die
× Kantische Synthesis der reinen APPERCEPTION erhebt sich dazu
nicht[.])
    Das Sezen meiner selbst liegt gewißen Dingen zu Grunde,
ist mit ihnen vereinigt. Das Sezen meiner selbst bei der Anschauung ist ein Gefühl von mir selbst. Im Gefühl von mir
selbst ist offenbar nichts anderes vorhanden, als auch ein Gefühl, ich fühle mich, und fühle mich als beschränkt.. Ich fühle

mich, und indem ich fühle, schaue ich nicht an, und denke
nicht[,] ich bin dann nur für mich ‹in› und durch das Gefühl.
Aus dieser Beschränktheit des [/] Gefühls reiße ich mich los 100
durch ideale Thätigkeit, aber das losreißende Ich ist das, was
beschränkt ist. Auf die Weise, wie ich beschränkt bin für mich,
* muß ich auch das loßreißende sein für mich. Dieß ist allein Absicht des Gefühls. Also das Selbstgefühl ist das C[,] in welchem
beides aneinander geh[a]lten wird. Nur durch das fortdauernde
Gefühl meiner selbst werden Gefühl und Anschauung synthetisch vereinigt[.]
Das Anschauen als solches wird nicht gefühlt, sondern das
Uibergehen von der Beschrän[k]theit zur Anschauung. Die
Selbstbestimmung zur Anschauung, welche aus der Refl[exion]
des Ich hervorgeht.
6) Was kann nun in der Anschauung vorkommen? Was ist
in der Anschauung Materie? Es ist keine Anschauung möglich,
ohne daß die pr[aktische]. Thätigkeit beschränkt, und von der (74)
idealen getrennt sei. Hier ist die praktische Thätigkeit aufge-
h[o]ben; da aber zu dem Ich die reale Thätigkeit mitgehört, so
muß die ideale Thätigkeit sich auf ein Object beziehen.
Ich fühle in dem Anschauen mich bloß thätig; das dem Anschauen entgegengesezte muß auser mir gesezt werden, und
wird sonach zum NichtIch, zu einem nur begrenzenden. Daß
es ein NichtIch sei[,] sehen wir nur hier von dem philosophischen Gesichtspuncte, es ist bloß ein begrenzendes. Das Ich ist
nicht aus sich selbst herausgegangen. Meine eigene Beschränktheit ist es[,] welche angeschaut wird, aber sie wird nicht angeschaut als die meinige, sie wird nicht auf m[ich] bezogen.. Ich
bin das gefühlte Subject der Anschauung, und Q[UALIS].
T[ALIS] (als solches) thätig[;/]die Beschränktheit ist das, wodurch 101
die ideale Thätigkeit, ideale Thätigkeit wird.
In der Anschauung bin ich nicht das angeschaute[,] nicht das
Object sondern das Subject der Anschauung. Das Anschauen,
im Gegensatze mit dem Gefühle Thätigkeit. Mit dem Anschauen ist Selbstgefühl verknüpft. Im Anschauen fühle ich
m[ich]. als thätig; was ist nun das Object? es ist nichts an-
* d[e]r[e]s als das Gefühl selbst, das Gefühl m[eine]r Beschr[änkt-
heit; aber diese Begrenztheit wird nicht gesezt als die meinige.
Das Object wird gesezt als auser mir. NichtIch., es ist entge-

gengesezt dem Ich, aber auf dieses Entgegengesezte wird nicht gemerkt, es wird nicht auf m[ich] bezogen.

Oben wurde gesagt: gegebensein des Stoffs für das ganze Ich ist Unsinn. Dem Ich kann nichts gegeben werden, es hat kein Glied, an welches das Gegebene angeknüpft werden könnte.

Wenn es nun doch etwas geben sollte für das Ich, so müßte es auser der allgemeinen Sphäre[,] in die es sich verschließt[,] noch eine engere haben. Das Vermögen[,] für welches etwas da ist[,] ist die Intellig[en]z. Diese sezt sich hintennach besonders als Ich. Die ganze Welt ist in unserer allgem[einen]. Sphäre, man muß in diese eine kleinere Sphäre sezen; wenn diese nun für das Ich angesehen wird, so giebt es etwas, was auser dem Ich ist.

Eine solche engere Sphäre wird nun hier nachgewiesen. In (75) der Anschauung fühlt das Ich sich nur als thätig; das Leiden des Ich wird ausgeschloßen und so wird ein Object möglich.

Ich fühle mich beschränkt; von dieser Beschr[änktheit] reiße 102 ich m[ich]. nun loß. Das Fühlen [/] und Loßreißen vom Gefühl geschieht in demselben ungetheilten Moment.. Die ideale Thätigkeit kann nicht beschränkt werden; wenn nun die reale beschr[änkt] wird, so bleibt die ideale allein; dieses isolirt[e] Handeln ist Anschauen.

Durch dieses Loßreißen wird mein Zustand verändert; ich werde frei und thätig, da ich im Gefühle leidend bin; da alles Leiden aber doch bleibt[,] so wird es ein Object. Aenderung in diesem Etwas, muß sich bloß aus meiner Freiheit in der Anschauung erklären laßen[.]

Gefühl und Anschauung sind in demselben Momente und Zustande synthetisch vereinigt; eins ist ohne das andere nicht. Was Object des Gefühls ist, ist daßelbe, was es in der Anschauung ist auf dem phil[osophischen].Gesichtspunct[;] aber für das Ich ist es zweierlei, weil das Ich verschieden betrachtet wird. Einmal ist das Ich leidend, und dann ist es Gefühl der Beschränktheit; einmal ists thätig, dann ist das Gefühlte Object. Kurz[,] die Anschauung ist das Gefühlte, nur bleibt es als Object der Anschauung kein Gefühltes, sondern ein angeschautes, gesehenes, nicht auf das Ich bezogenes., im Bewustsein^e wird *
es erst wieder auf das Ich bezogen.

---

e Ms.: B (= sonst Kürzel für Bewustsein), hier als Kürzel für Begriff? *

So läßt sich auch erklären die synthetische Vereinigung der aus dem Gefühl genommenen Prädicate, mit den Prädicaten[,] die aus der Anschauung genommen sind; welche auserdem sich nicht erklären ließen. Ich schmecke etwas Süße, und seze ein Stück Zucker, nun sage ich[:] der Zucker ist süße. Hier wird ein Gefühl auf einen Gegenstand der Anschauung über- getragen, und beide werden in demselben Momente [/] verei- 103 nigt.

Das Ich wird bloß gefühlt in dieser Lage nicht aber ange- schaut; es kommt also kein Anschauen als solches im Bewust- sein vor. Das Ich verliert sich selbst im Objecte der Anschauung in der Anschauung, Oder, wie Kant sagt: die Anschauung ist blind. Sonach in der Anschauung schwebt mir etwas unmittel- × bar vor; ich frage nicht[,] woher es komme; das Object ist einmal da und ist schlechthin da. Dem Anschauen wird es so, nun kommt das Anschauen nicht zum Bewustsein, mithin ist das Object auf dem gem[einen].Gesichtspuncte unmittelbar da. So kommt das Object ursprünglich im Bewustsein vor. Eine Philosophie, die dieß leugnet, ist grundlos.

Eigentlich kommen wir zum Objecte so: es ist in uns ein Ge- fühl vorhanden, wir sind begrenzt, aus der Begrenztheit schließen wir auf ein Begrenzendes auser uns; aber dieß ganze Verfahren ist unmittelbar.

Ich finde m[ich]. beschränkt im Gefühle[,] aber ich kann nicht fühlen ohne anzuschauen, und unmittelbar für die An- schauung ist das Object da[.] Hinterher kommen dergleichen Bestim[mun]gen vor, daß das Object betrachtet wird, als et- was auf uns einfließendes; aber diese Bestim[mun]gen kommen erst vor, wenn das Object schon da ist. Das etwas, welches dem Anschauenden vorschwebt[,] ist hier weder Bild noch Ding, es ist da ohne alle Beziehung auf uns. Weder Bild noch Ding, sondern beides, es wird nachher in beide geschieden[,] es ist der Urstoff für beide, das unbegreifliche Etwas ohne Bezie- hung [/] auf uns; auch im gem[einen].Bewustsein behaupten 104 wir[,] daß die Dinge unmittelbar da sind.

Wir können hier die Anschauung noch nicht weiter cha- rakterisiren, als daß sie sey etwas dem Ich vorschwebendes, und in sofern NichtIch, wenn es nehmlich auf das Anschauende be- zogen werden könnte, nicht aber auf das ganze Ich, daß sie sei etwas positives haltendes, daß ihr der CHARACTER des Seins zukomme, indem sie die gesamte Thätigkeit des Ich zur idealen macht.

(76)   Das Object wird nicht gefühlt; es ist bloß in wiefern ich anschauend bin, und im Anschauen fühle ich mich.

7) Unsere Aufgabe ist: wie ist der Zweckbegriff möglich, oder eine Anschauung[,] die für den Zweckbegriff wenigstens den Stoff hergebe. Die bisher erklärte Anschauung kann keine andere sein als die eines wirklichen Objects[;] denn sie gründet sich auf das Gefühl der Beschränktheit; wie könnte nun die eines möglichen, der ersteren entgegengesezt sein, mit was im Gefühle könnte eine solche Anschauung zusammenhängen?*ƒ*

Ich kann m[ich]. nicht begrenzt fühlen[,] ohne m[ich]. zugleich strebend zu fühlen, denn das Streben ist ja das begrenzte. Also das Gefühl des Strebens, eines Dranges müßte da sein. Sonach ist das Gefühl der Begrenztheit bedingt durch das Gefühl des Strebens, beides zusammen macht erst ein vollständiges 105 Gefühl aus. Hierdurch erhalten wir ursprünglich eine [/] in der Sache gegründete Verbindung verschiedener im Ich. Woraus leicht aus einem, dem Begrenzten das Theoretische, und aus dem andern dem Streben das praktische hervorginge. Da sie gleich ursprünglich verbunden sind, so werden sie in der Folge nicht zu trennen sein, und so wird der tiefste Grund gelegt: keine Theorie ohne Praxis[.]

Das Object der vorbeschriebnen Anschauung ist ein Begrenzendes, ein Seiendes, aber durch ein Sein wird etwas andres verneint. Ein Begrenzendes nicht ohne Begrenztes, ein Sein nicht ohne etwas[,] das durch das Sein aufgehoben wird.

Der eigentliche Charakter der Anschauung kann nicht aufgehoben werden; wir haben aber einen Hang ihn aufzuheben, weil im gem[einen]. Bewustsein nie Anschauungen, sondern immer Begriffe vorkommen.

Das, was durch das Sein des Objects aufgehoben wird[,] ist nicht Thätigkeit des Ich. In der Anschauung wird kein Ich gesezt; das Ich verschwindet im Objecte. Die Anschauung geht auf das Object, das was durch das Seyende ausgeschloßen

ƒ *Ms.:* zusammenhängen.

wird[,] ist auch ein Object, es ist das Ideal, als solches Object (77)
einer Anschauung*g*.

Das Object der erstbeschriebnen Anschauung ist ein Begrenzendes, Begrenztheit des Ich, aber Q[UALIS]. T[ALIS]. kann
sie nicht gesezt werden, das Ich kommt nicht in der An-
schauung vor; es ist also etwas der Anschauung vorschwebendes, ein bloßes Object ohne Subject. Diesem soll etwas entgegengesezt werden, welches daßelbe NEGIRT, dieß ist also
Object in der höchsten Bedeutung[;] etwas[,] worauf die
ideale Thätigkeit sich bezieht, das aber nicht ist, woraus das
Streben erklärt werden soll[;] dieß ist das Ideal. [/]

8. Welches ist nun der Untersch[ied]. beider Objecte, deßen, 106.
wodurch die Begrenzung und deßen wodurch das Streben
erklärt wird[?] Gleich sind sie darinn, daß beide Objecte der
Anschauung sind; unterschieden sind sie darinn, daß ersteres
ein bestimmtes, daß die ideale Thätigkeit in Verb[indung]. des
Mannigfaltigen darinn gebunden ist, das leztere aber ein bestimmbares, und die ideale Thätigkeit in Verbindung des Man-
* nigfaltigen völlig frei ist.. Das erste ist nur eine Aufgabe, etwas
und zwar ein anderes, dem ersten entgegengeseztes, zu setzen;
weil durch das erste das Ich beschränkt ist. Die Gebundenheit,
in wiefern sie der idealen Thätigkeit zukommt, ist in beiden
gleich..

Man denke, daß, wenn auch unentschieden bleiben muß, ob
das Gefühl der Begrenzung ein einfaches ist, oder ob mehrere
vereinigt sein können, doch aus dem Obigen klar ist, daß jedes
Gefühl der INTENSION nach theilbar ist, daß alles was die Anschauung hineinlegt[,] gleichsam theilbar ist ins unendliche –
daß aber im ersten Falle, bei der Anschauung des bestimmten
die Theilung nicht möglich ist, weil da die Anschauung auf ein
gegebenes geht, im 2*ten* Falle hingegen eine solche Theilung
möglich ist und als solche im Gegensatz der ersten gesezt werden muß. Im 2*ten* Falle ist eine Aufgabe, etwas bloß zu sezen,
denn es ist kein Innhalt des Gefühls gegeben, es wird ein Gefühl gesucht. Wie dieß gefunden werden kann[,] V[IDE]. INFRA.

Dieße Anschauung ist leer[,] sie ist ein freies Schweben über
dem Mannigfaltigen, welches das Ich nicht weiter kennt als

---

g Ms.: anschauung

107. durch sein Schweben, [/] es ist eine Anschauung von einer Auf-   *
(78) gabe ein Object zu setzen.

Der Begriff des Ideals ist eine Idee. Sie ist ein Begriff von etwas, das gar nicht begr[iffen] werden kann z.B. der Begriff von der Unendlichkeit des Raums. Dieß scheint ein Widerspr[uch]. zu sein, welcher so gelößt wird: Vom Objecte ist kein Begriff möglich[,] aber von der Regel, nach welcher es durch ein Fortschreiten ins Unendliche hervorgebracht werden müßte. z.B. der unendliche Raum; jeder Raum[,] der aufgefaßt wird, ist endlich, wir geben daher nur acht, wie wir es machen würden[,] wenn wir den unendlichen Raum auffaßen wollten. Man denke sich die Regel weg, so bleibt das Suchen übrig, und das ist das Object der Anschauung, von dem hier geredet wird.

9.) Wir haben jezt die beiden Anschauungen entgegengesezt, wir die wir philosophiren, aber nun entsteht die Frage, wie das ursprüngliche Ich die Sache denken kann? Wie werden diese beiden Anschauungen durch das Ich entgegengesezt? Im Anschauen fühlt das Ich sich bloß (v[IDE]. SUPRA)[.] Die Anschauung geht aufs bloße Object; in der Anschauung des Beschränkenden fühlt das Ich sich beschränkt, in der Anschauung des Idealen findet es sich frei.

Beschränkt ist die ideale Thätigkeit immer darinn, daß sie ein Object hat, doch ist sie ohngeachtet ihrer Beschränktheit Thätigkeit, inneres Bilden, ein Machen in sich, ein innerliches sichanschauen. Im ersten Falle ist sie beschr[änkt]. in Absicht des zu entwerfenden B[egriffs]., im 2ten Falle ist sie ganz frei, es ist kein Object[,] keine Regel gegeben, sondern nur eine

108 Aufgabe. So fühlt das Ich sich in der Anschauung [/] theils beschränkt theils frei..

Aber das Ich kann sich nicht beschr[änkt]. fühlen, ohne sich auch frei zu fühlen ET v[ICE]. v[ERSA]. Diese beiden Zustände sind bloß wechselseitig durch einander bestimmbar. Beide Gefühle können nicht von einander getrennt sein. Beide Anschauungen, die des best[immten]. Objects, und die des Ideals[,] sind nothwendig mit einander vereinigt; es ist eine ohne die andre nicht möglich.

(79)   Wir haben als Grundzustand abgeleitet ein Gefühl, an welches alles übrige angeknüpft wird. Das Gefühl ist das erste un-

mittelbare Object unsrer Reflexion. Das Ich fühlt sich, und zwar ganz; aber das Ich ist[,] wie wir wißen[,] praktisch und ideal[,] welches beides jezt erst getheilt wird, vermittelst des Gefühls. Das Ich fühlt sich zuförderst praktisch, dieß ist eigentlich das unmittelbare Gefühl, in welchem Gefühl der Beschränktheit und des Strebens vereinigt ist. Aber das Ich fühlt sich ganz, also auch ideal, und in sofern anschauend, in welcher Anschauung nun abermals Beschränktheit und Streben vereinigt sein muß. sonach finden sich da abermals 4 Stücke: Gefühl der Beschränktheit, Gefühl des Strebens, Anschauung des bestimmten Objects, Anschauung des Ideals. Diese 4 Stücke sind nothwendig vereinigt, eins kann ohne das andre nicht sein. In der Zukunft werden wir sehen[,] daß noch mehr hinzu kommen muß.

§ 7.

Mit dem Gefühle ist eine An[/]schauung nothwendig ver- 109 knüpft; denn das Gefühl ist Begrenztheit; aber eine Begrenztheit ist nichts, ohne Gegensatz der Thätigkeit; aber dasjenige im Ich, was nothwendig Thätigkeit bleibt, ist sein ideales Vermögen. Der Vereinigungspunct des Gefühls und der An-
* schauung ist der, daß das Ich sich[,] indem es in realer Rücksicht sich begrenzt fühlt, sich in idealer anschauend fühlt. In wiefern die Anschauung auf die Begrenztheit geht; welche Begrenztheit dadurch, daß die Anschauung auf sie geht, bloßes Object ohne alle Beziehung auf ein Subject wird, wird sie gefühlt als gebunden in der Darstellung des Objects; aber ein solch Gefühl ist nicht möglich ohne ein entgegengeseztes der Freiheit; die Anschauung wird sonach auch in ander[er] Rück- (80) s[icht]. als frei gefühlt, und ist in sofern Anschauung des Ideals[.]

§. 8.

Im vorigen § ist die Anschauung als nothwendig und die Gründe dieser Nothwendigkeit aufgezeigt[.] Aber im Anschauen verliert sich das Ich im Objecte; wie ist also noch ein

Begriff von dem freien Handeln möglich oder wie ist das Ich
für sich selbst möglich? wir müßen also jezt noch das Ich aufsuchen, oder zeigen, wie die Anschauung auf das Ich muß
bezogen werden, wie das Ich für sich da sein müße[.]

1) Es giebt nach dem obigen ein Mannigfaltiges des Gefühls,
aber ein Gefühl ist eine bestimmte Beschränktheit, und es ist
unmöglich[,] daß das Ich sich in derselben Rücksicht als beschränkt fühle und sich auch nicht als auf diese Weise be-
110 schränkt fühle, [/] welches allerdings sein würde, wenn in der-
selben Rücksicht ein Mannigfaltiges des Gefühls sein sollte. Das
Ich wäre auf dieselbe Art beschränkt und nicht beschränkt, das
Ich wäre sich selbst entgegengesezt; es bliebe keine Realität
(Stoffheit); sonach läßt sich ein solches Mannigfaltige nur denken, durch Veränderung des Zustands des Fühlenden (. Das
Mannigfaltige darf kein SIMULTANES[,] sondern es muß ein SUC-
CESSIVES sein, dieß wird erst deutlich[,] wenn die Zeit DEDU-
CIRT ist.[)] Wie soll denn nun eine solche Veränderung des
Zustands des Fühlenden möglich sein? Unsere bisherige Ansicht ist; das Ich ist ursprünglich in gewiße Schranken eingeschloßen, daraus geht für das Ich hervor eine Welt. Das Ich
kann mit absoluter Freiheit diese Schranken erweitern, dadurch
(81) verändert es seinen Zustand und damit auch seine Welt. Aber
die Möglichkeit dieser Selbstbestimmung durch Freiheit ist
noch nicht deducirt; folglich kann hier die Rede davon noch
nicht sein.

Verändert sich etwa der Zustand unserer Beschränktheit,
und die ihm correspondirende Welt von selbst? Dieß ist nicht
zu erwarten; denn es gehört zum Charakter der Welt, daß sie
nur ist, nicht wird, sie fängt keine Handlung an. Die Sache
müßte etwa so sein, daß schon in unserer Natur, in unserer Bestimmtheit ein Prinzip zur Veränderung läge, so wie dieß bei
den Pflanzen und Thieren der Fall ist[.] Tiefer unten wird sich
111 so etwas [/] finden. – Es verhalte sich wie es wolle, so darf ich
hier diesem Postulate der Veränderung nur hypothetische
Gültigkeit zuschreiben; sollte sich aber zeigen[,] daß nur allein
durch eine solche Annahme, und ohne sie nicht das Bewustsein
erklärt werden könnte, dann hätte ich das Recht, sie kategorisch zu postuliren.

2) Es entsteht also eine Veränderung in dem Zustande des Ich.

Es sind sonach vorhanden 2 Gefühle A und B (bloße Gefühle
der Beschränktheit[)]; was nach dem vor[igen] § aus dem Gefühle üb[er]h[au]pt, und hier aus dem Gefühle A erfolgt, das
muß auch in dem Gefühle B erfolgen. Da aber die Gefühle A
und B verschieden sind[,] so muß auch alles, was aus ihnen erfolgt, versch[ieden].sein. Dieß eröfnet uns eine wichtige Aussicht, welche sich uns über das innere des menschlichen Geistes
mehr verbreitet.

Vor der Hand ists uns, um die Vereinigung dieser verschiedenen Gefühle im Bewustsein zu thun.. Dieß wird uns weiter
führen.

Oben § 6 hatten wir eine ähnliche Frage aufgeworfen; wie
das Mannigfaltige des Gefühls auf einander bezogen und unterschieden werden könne. Dieß hat die materiale Schwierigkeit
gelöst, aber nicht die formale: worinn werden denn die 2 Zustände vereinigt? Wenn ich sage[:] das Gefühl A[,] beziehe ich
auf meinen ganzen Zustand, so B. Mein Zust[and]. ist in A und
B ganz, nur daß*a* jezt ein A, dann ein B ‹abgerechnet› ist, dann
habe ich einen Faden, woran ich A und B festhalte; aber woran
halte ich diesen Faden fest[?] wir haben ein *was* aber kein *wie*,
das diesen [/] Zustand fest hält.

3. Man sehe die Vereinigung an als die Vereinigung der entgegengesezten Gefühle A und B, oder als entgegengesezter
Zustände an.. Das ganze System der Sensibil[itaet]. kann
nicht gefühlt werden, denn sie ist nichts positives, sondern
lediglich ein Verhältniß[.] Aber schon oben haben wir gefunden, daß die Thätigkeit des Ich nur angeschaut werden kann
als ein Uibergehen vom Bestimmbaren zum Bestimmten[.]
Man kann daher auch sagen, in Absicht des Ich ist nichts anschaubar, als das Uibergehen[.] Also jenes Uibergehen, das*b*
nicht gefühlt werden kann, da es nichts positives ist, müßte
etwa angeschaut werden; wir wißen aber noch nicht, wie,
oder *ob* eine solche Anschauung möglich sei. Wir wißen nur,
daß sie nicht gefühlt werden könne. Doch aber muß, wenn
ein Uibergang da sein soll, dieser für das Ich dasein. Wir wollen vorläufig die A‹n›gabe genauer bestimmen. Es war oben
und hier wieder die Rede von einem Syst[em] der Sensi-

a Ms.: das   b Ms.: als

BIL[ITAET]. überhaupt; was ist nun dieß? Die Gefühle selbst sind es nicht; denn sie sollen ja von ihm unterschieden und für das Ich erst möglich werden, durch den Unterschied von, und die Beziehung auf dieses System. Dieses System wäre sonach die Veränderlichkeit oder AFFECTIBILITAET des Ich, und zwar als System, als etwas erschöpftes, Ganzes, die ideale Thätigkeit bindendes; die Summe der möglichen Veränderungen der Form nach, abstrahirt von allem Gehalte (das wird werden [/]

113. unser Leib als das System der Affectibilität, und Spontaneität; von der ersteren ist hier nur die Rede)[.]

Das Ganze ist nichts, als Verhältniße, und doch soll es etwas werden; dieß liegt in der Natur der idealen Thätigkeit, und dieser ihr productives Vermögen zu erörtern ist unser vorzüglichstes Geschäfte z. B. daß Materie im Raume ausgedehnt sei, und daß diese nichts sei als das Verhältniß auf unsere Empfindung.

(83) Hier sind wir beim Entstehungsorte des Systems unserer SENSIBILITAET für uns, und unsere gegenwärtige Voraussetzung[,] daß unsere Gefühle angeschaut werden, erklärt dieses Syst[em]. der SENS[IBILITAET]., so wie dieses unsere Voraussetzung unterstüzt.

Eine Veränderung von A zu B wird angeschaut, ist also ein bestimmtes[,] aber dieß ist nichts ohne Bestimmbares; also keine Veränderung läßt sich anschauen ohne Veränderlichkeit; soll aber diese etwas sein für uns, so kann sie nur sein eine Zusammensetzung aus der Anschauung mehrerer Veränderungen.

Diese besondere und von der im vor[igen] § aufgestellten, verschiedene Anschauung heiße X, sie ist nicht Anschauung überhaupt sondern die Anschauung eines Uibergehens.

So gewiß angeschaut wird, schwebt dem Anschauenden ein Object vor, welches sein Objectives davon erhält, daß die Anschauung darauf bezogen wird. Diese Veränderlichkeit, wird also hier schon zu einem etwas, weil eine Anschauung darauf geht (Das System unsrer Veränderlichkeit ist unser Leib. [/]

114. Dieser ist ja etwas, soll ausgedehnt sein im Raume, dieß wird er lediglich durch die Anschauung[.]) Die Anschauung X ist eine Anschauung des Ich selbst. Es wäre nun das fühlende im System der SENSIBIL[ITAET]. erschöpft; das Ich dauert in allen Gefühlen fort. X wäre die Anschauung des Ich, in dieser Anschauung fände es sich selbst als Object.

Wir wollen jezt einmal den Stoff dieser Anschauung liegen laßen, und sie der Form nach bestimmen, und das was mit ihr zusammenhängt.

4. Wir wollen die einzelnen Momente dieser Anschauung X aufzeigen.

Zuförderst: nach dem Obigen fühlt das Ich sich selbst in der Anschauung. Durch dieß Gefühl wird erst eine Anschauung meine Anschauung (vor[iger].§)[.] Dieß gilt von aller Anschauung, also auch von der Anschauung X. Ich fühle mich als das anschauende, nicht ich schaue mich an als anschauend, denn im Ansch[auen]. verliert das Ich sich im Objecte. Das Angeschaute in X ist das Ich selbst, es ist zugleich das Fühlende in dieser Anschauung, beide sind sonach eins und daßelbe. Wo-
* her diese IDENTITAET.. Wie kommt sie vor im Bewustsein? Endlich w⟨ie⟩ ist denn die Anschauung X oder als was wird das Ich angeschaut.. Nach dem vor[igen] § können wir weiter nichts sagen, als das Ich wird angeschaut als anschauend Y. Das Ich fühlt sich als anschauend (vor[iger] §)[.] Hier verwandelt sich das Selbstgefühl in Selbstanschauung. Was kann das Object der Anschauung X sein? Ich bin ⟨in⟩ Y in Beziehung auf (84) ein Ding anschauend, diesem soll ich zusehen, wie ist dieß möglich? Nicht unmittelbar (vor[iger] §)[;] die Anschauung X soll die entgegengesezten Gefühle A und B vereinigen. Ihr Object müßte [/] sonach etwas beiden gemeinschaftliches sein., 115 nur, da von Veränderung des Zustandes die Rede ist, so müßte es etwas in der Veränderung fortdauerndes sein. In den Gefühlen als solchen giebt es so etwas fortdauerndes nicht, denn A und B sind sich entgegengesezt.. Im Gefühl A kommt kein Fühlendes überh[au]pt vor, eben so in B nicht, denn jedes Gefühl ist ein Bestimmtes, aber ein Fühlendes[,] das nur überhaupt fühlt, ist kein bestimmtes[.]

Nach dem Obigen können wir sagen: Das einzige Dauernde ist das^c Handelnde, und zwar das idealiter handelnde, dieß müßte Object der Anschauung X sein, und zwar Q[UALIS]. T[ALIS].; denn anders kennen wir es nicht. Aber wie kann es zum Object der Anschauung werden?

Alle Erfahrung ist ein beständiger Wechsel von Verän-

---

c Ms.: das das

derungen, woher nun das fortdauernde, welches in den Erscheinungen erscheine?

Jenes dauernde ist nichts anderes, als das in allem Wechsel vorstellende Ich als das handelnde, aber es erscheint Q[UALIS]. T[ALIS]. nicht, es erscheint OBJECTIVE, weil es in die Anschauung hereinfällt. So ists in der Anschauung X. Es sind die entgegengesezte Gefühle A und B, diese vereinige ich in mir, mich also müßte ich anschauen, und diese Anschauung würde mir den Boden geben, auf den ich A und B auftragen könnte. Es ist nun die Schwierigkeit[,] wie Thätigkeit Q[UALIS]. T[ALIS]. angeschaut werden könne. In der Anschauung X schaut das Ich sich selbst an, als das in beiden Gefühlen A und B thätige, dieß RESULTAT ist noch Problem.

(85) 5) Uiberhaupt eine bestimmte Thätigkeit ist die dem Ich in X
116. zugeschriebene allerdings, denn [/] es ist die Anschauung Y als eines das Ich überhaupt begrenzenden. Die vorausgesezte Begebenheit kurz ausgedrückt heißt: Ich schaue mich an in X als anschauend Y; ich soll sonach in beiden Anschauungen mich finden als daßelbe Ich, beide müßten sonach in einem dritten vereinigt werden.

Die Anschauung X wird die meinige durch ein unmittelbares Gefühl, so nicht die Anschauung Y, diese geht durch X hindurch, und müßte da an sie geknüpft werden, wenn sie die meine heißen sollte. In der Anschauung X müßte die Anschauung Y nothwendig enthalten sein, als ein nothwendiger Bestandtheil, so daß X und Y nicht getrennt werden könnten. Y müßte durch X hindurch gefühlt werden und dieß könnte nur so geschehen: daß die ideale Thätigkeit in Y beschränkt wäre gerade so zu bilden und nicht anders, dadurch nur allein würde auch das Gefühl deßen[,] was Y anschaut[,] möglich[.] Denn jedes Gefühl ist Begrenztheit, und hier wäre denn Gefühl einer wirklichen Begrenztheit, aber einer idealen, dadurch würde auch die Thätigkeit in X anschaubar, sie würde objectives, daß sie begrenztes QUANTUM ist. –

(86)   Sonach wäre der Zustand des Ich, ich fühle mich begrenzt, aber das[,] in Rücksicht deßen ich mich begrenzt fühle, ist eine wirkliche aber ideale Thätigkeit. In wiefern es Thätigkeit ist, kann ich es nur anschauen, dieß giebt die Anschauung X, in wiefern sie aber beschränkt ist, fühle ich sie, dieß giebt das

Gefühl Y; beide X und Y sind unzertrennlich miteinander verbunden, eins kann ohne das andre nicht sein.

Das Gefühl der idealen Thätigkeit ist nicht möglich, [/] und 117.
die ideale Thätigkeit kann nicht da sein, wenn sie nicht beschränkt ist, diese Beschränktheit ist die Anschauung Y, das was
im Gefühle beschränkt wird, ist das reale ‹des› Ich, aber so bald
das reale beschränkt ist, tritt die ideale Thätigkeit wieder ein,
und dieß ist das in der Anschauung X thätige.. Wir haben hier
wieder eine Synthesis, wie oben bei der Anschauung überhaupt. – Die oben geschilderte Anschauung Y ist hier das be-
grenzende selbst, es ist eine Handlung des Ich, die Anschauung
des Dinges. Aus dieser Begrenzung, bezogen auf das wirkliche
Ich[,] entsteht ein Gefühl, da aber kein Gefühl ohne Anschauung ist, so entsteht zugleich die Anschauung jener begrenzten Anschauung. Die erste Anschauung ist die des Ich,
die leztere die des NichtIch. Hieraus entstehen folgende synthetische Sätze: Keine Anschauung des NichtIch (äussere) ohne
Anschauung des Ich (innere) und v[ICE]. v[ERSA].. keines aber
von beiden ist möglich ohne das Selbstgefühl, in welchem
beide vereinigt sind, und in welchem sich der nothwendige
Zusammenh[an]g von beiden zeigt.

Die Begrenztheit[,] von der hier die Rede ist, ist der Denkzwang; etwas gerade so und nicht anders vorzustellen. Ich
kann kein Ding auser mir bemerken, ohne mich selbst zu bemerken als bemerkend. Aber daß ich mich bemerke[,] hängt
davon ab, daß ich ein Ding auser mir bemerke, weil ich dadurch beschränkt werde. Kein Ich ohne NichtIch und umgekehrt – Die Anschauung beider steht sonach in Wechselwirkung, eine ist nicht möglich ohne die andre; die eben aufgestellte W[echsel]W[irkung] dauert immer fort, wird nur weiter
bestimmt. Hier ist die oben unbeantwortet gebliebene Frage beantwortet: Wie kann [/] das Ich in der Anschauung sich selbst 118
fühlen?: Antwort[d]: in wiefern es gezwungen, beschränkt ist.

Mit diesen Vorkenntnißen können wir tiefer in die Sache
eingehen[.]

[6.] Wird die reale Thätigkeit des Ich beschr[änkt]., so entsteht nothwendig, da die ideale Thätigkeit immer bleibt, eine

d *Ms.:* antwort

Anschauung, vor der Hand nur die des beschränkenden. Dieses ist sonach ein ganz bestimmter Zustand des Ich. Von ihm
(87) aus kann eine genetische Einsicht in das jezt gesagte gegeben werden. An diesem Zustande soll eine Veränderung erfolgen, wie und woher wißen wir nicht, wir haben sie ‹würklich› postulirt. Das Ich wird durch diese Veränderung in seiner Beschränkung beschränkt. Oben war das Ich das beschränkte, hier wird dieses beschränkte beschränkt. Im ersten Zustande (vorige §) *ist* das Ich und es ist [i]rg[e]nd etwas, es ist fixirt[,] gehalten; ein bestimmtes Streben in ihm, weil es beschränkt ist; oder Thätigkeit ist in ihm NEGIRT[,] welches der Charakt[er] des Seins ist. – Das Ich ist aber noch nicht für sich, es ist auf jenem Gesichtspuncte keine Reflexion des Ich auf sich selbst abgeleitet. Es wird sich finden, daß das Ich zu diesem Anschauenden ein Sein für sich haben wird. Dieses Sein ists nun, welches durch diese Veränderung beschränkt wird, durch B im Gegensatze mit A, wo nur sein Streben beschr[änkt] wurde. Das Sein des Ich ist das beschr[än]kte. Das Gefühl B, als Gefühl überhaupt ist auch Beschränkung des Strebens, hat dieß mit A gemein, aber wir abstrahiren hier davon und sehen nur darauf,
119 daß es das Ge[/]fühl B ist, wir sehen nur auf die Veränderung[.] Ein Sein ist nur für die ideale Thätigkeit, nun geht auf alles Sein des Ich noch nicht die ideale Thätigkeit, in sofern kann also das Sein und die ideale Thätigkeit noch nicht beschränkt sein, aber die ideale Thätigkeit geht in der Anschauung Y auf das Sein von Y, wird nun, wie es, dem Erwiesenen nach geschehen muß, das Sein des Ich beschränkt, so würde das Sein im Anschauen, des Y beschränkt, verändert.

Aus der Beschränk[t]heit und Veränderung meines Seins folgt auch die Beschränktheit und Veränderung des Seins auser mir. Zufolge der Beschränkung meiner realen Thätigkeit in A entsteht nothwendig die Anschauung Y eines beschränkten (vor[iger] §)[;] wird diese Beschränktheit A als Gru[n]d der Anschauung Y wieder beschränkt, so folgt eine Beschränkung des Gegründeten, dieß giebt die Anschauung Y. Beschränktheit der realen Thätigkeit giebt Anschauung (vor[iger] §.) [.]

Ein bestimmtes QUANTUM jener Beschr[ä]nktheit giebt ein bestimmtes QUANTUM Anschauung. Wird der Grund be-

schr[änkt]., so wird es auch das Begründete (Ich bin in der Anschauung beschr[än]kt heißt: ich bin in der Vorstellung Y gebunden, das Mannigfaltige darin so zu ordnen und nicht anders; jede Beschr[änktheit] erregt ein Gefühl[,] sonach auch die
Beschr[änktheit] der idealen Thätigkeit in der Anschauung
Y.[)]

Zuförderst ist nur von der Beschränkung des praktischen
Vermögens, als Grund der Beschränkung gesprochen, denn es
scheint sonderbar, daß die als unbeschränkb[a]r aufgestellte
Thätigkeit beschränkt werde, und aus [/] ihr [ein] Gefühl er- 120
folgen solle. Auf die Erfahrung darf man sich nicht berufen.
In der Erfahrung findet Denkzwang statt, die Objecte so auf- (88)
zufaßen. Es müßte etwa so sein[,] daß die ideale Thätigkeit
praktisch würde, und mit Freiheit hervorbrächte und in sofern
beschränkt würde, dieß wird sich weiter unten zeigen, sonst
fiele alles System zusammen. Aus der Besch[ränktheit] der
idealen Thätigkeit wird entstehen ein neues Gefühl, aber aus
dem Gefühl entsteht nothwendig eine Anschauung. Dieß wäre
die Anschauung X, von der wir bisher gesprochen haben.. Das
Object dieser Anschauung X, wäre das in dem oben beschriebenen Gefühle begrenzte, und das ist das Ich selbst, seine ideale
Thätigkeit.

Zuförderst als Object der Anschauung hat das Ich ein Sein, es
ist etwas. Die Begrenztheit des Ich ist im Zustande A[.] Das Ich
ist in ihr sich selbst gegeben, es wird gefunden als Object. Das
anschauende in X ist die ideale Thätigkeit, welche auf dieses
Sein geht.

Uiber die Verbindung des Fühlenden in diesem Gefühle mit
dem Angeschauten oder über den Grund der Identität ist hier
alles klar. Zufolge des bestimmten Gefühls entsteht eine bestimmte Anschauung, und mit der Anschauung entsteht das
Object derselben, und ist nicht von ihr zu trennen, dieß ist das
Band.

Ich fühle und schaue an. Ich bin in beidem daßelbe ich; aber
was ich anschaue[,] soll ich auch sein; mit dieser bestimmten
Anschauung X ist dieß Object ich verbunden, ich fühle mich
beschränkt durch mein eigenes Sein. Nun ist das Y anschauende
[/] allerdings nicht Object der Anschauung X, sondern das 121.
Sein des Ich ist Object dieser Anschauung. Aber das An-

schauen ist damit nothwendig und unzertrennlich verknüpft; und dieß ist das Band[,] woran das Ich weiter fortgeleitet wird.

Da das angeschaute Object Ich sein soll[,] so folgt daraus, daß sein Sein nothwendig bestimmt ist im Sezen, durch ideale Thätigkeit eines Dinges Y, nur unter dieser Bedingung wird es angeschaut.

Das Resultat wäre dieß: Aus der Veränderung erfolgt ein Gefühl derselben, als eine Beschränkung der idealen Thätigkeit des Ich, aus diesem Gefühle erfolgt eine Anschauung des Beschränkten Ich als eines solchen, in welcher das Ich als Object überhaupt, und die Anschauung Y. als ein nothwendig[es] ACCIDENS des Ich vorkommt[.]

Ist kein Ich für das Ich, so ist kein NichtIch und kein Bewustsein. Aber die Anschauung und der Begriff des Ich sind nicht möglich ohne Veränderung seines Gefühls: Wechsel des Gefühls ist sonach Bedingung des Selbstbewustseins, und Q[UALIS]. T[ALIS] schlechthin zu postuliren. Ein solcher Wechsel des Gefühls, den wir oben problematisch annahmen, muß also nothwendig angenommen werden[.]

Anm[erkung]. A) Die Anschauung X ist nichts anderes als die im vor[igen]. § deducirte Reflexion[.] (Der Gang der WißenschaftsLehre ist: das Ich sezt A, aber wenn A gesezt sein soll[,] so muß es darauf reflectiren, darauf wieder REFLECTIREN und s. f.)   *

Uiber die Veränderung im Gefühle. Die erste Beschränkung A (vor[iger] §.) ist eine ursprüngliche Beschränkung meiner Natur. Aus ihr allein folgt gar nichts, denn es folgt [/]
122 nicht einmal die Anschauung des Ich. Ich kann aber meine Natur durch freies Handeln ausdehnen und dann möchte etwas folgen. Aber ich kann nicht frei handeln, ehe ich für mich Ich bin, wenigstens die Möglichkeit da ist[,] Ich sein zu können; zu dieser Möglichkeit gehört, daß in meiner Natur eine Veränderung vorgehe, daß auf mich gewürkt, daß meine Natur afficirt werde; die Anlage kann im Ich liegen, man braucht nicht aus ihm herauszugehen. Im gemeinen Bewustsein muß sichs erklären, durch das Vorhandensein von etwas auser mir.

(89) B. Die Beschränktheit der Anschauung Y [,] auf welche sich

unser bisheriges RAESONNEMENT gestüzt hat, bedeutet den Denkzwang, ein Object gerade so zu denken, in ihm findet Gefühl statt; ich fühle mich innerlich gezwungen[,] die Dinge gerade so zu denken.

Aber bin ich gezwungen[,] die Dinge so zu denken?

Ich kann von ihnen abstrahiren oder ich kann sie auch anders denken, also findet kein Denkzwang statt. Aber dann stelle ich das Ding nicht der Wahrheit gemäß dar, aber soll meine Vorstellung dem Dinge gemäß sein[,] so findet Denkzwang statt. Aber was ist denn das für eine Wahrheit[,] an die meine Vorstellung gehalten werden soll? Es ist die Frage nach der Realität, die wir der Vorstellung zu Gr[u]nde legen; unser eigenes Sein in praktischer Rücksicht ist diese Wahrheit, es ist das unmittelbar bestimmte, wovon sich weiter kein Grund angeben läßt. Dieses unser eigenes Sein deuten wir durch ein Ding auser uns; dieses [/] Ding auser uns ist seiner Wahrheit gemäß 123 dargestellt, wenn es auf ein inneres Sein deutet. Aus einem QUANTUM Beschränktheit *in* mir, folgt dieses oder jenes QUANTUM Beschränktheit auser mir.

c. Noch ist die Schwierigkeit ungelöst geblieben, wie durch die Beschränkung der idealen Thätigkeit ein Gefühl entstehen könne?

Ich muß das Object so oder so vorstellen[,] wenn ich es richtig vorstellen will; indem ich das sage, meine ich, ich könnte es auch nicht richtig vorstellen wollen; und die Nothwendigkeit meines Denkens etwas, ist nur bedingt, und hängt ab von meiner Freiheit; was ist dieß für eine Freiheit und w‹o› kommt sie vor? Ich bin beschränkt in A; die ideale Thätigkeit, die aus dieser Beschränktheit hervorgeht, ist auch beschränkt. Diese beschränkte ideale Thätigkeit ist die Anschauung Y [. Diese ist aber hier] der Strenge nach nichts, als eine durch uns vorausgesezte Idee, denn sie ist ja nicht für das Ich; soll sie für das Ich etwas sein, so muß von neuem darauf REFLECTIRT werden, *(90)* das Ich muß von neuem sie sezen. Man nehme an[,] diese neue REFLEXION soll mit Freiheit geschehen.

Die praktische Thätigkeit läßt sich ganz unterdrücken[,] so daß gar keine mehr übrig sei, sondern nur ein Streben nach ihr. Aber der Charakter der idealen Thätigkeit ist, daß sie mir bleibe und nicht aufg[e]h[o]ben werden könne., sie soll nur in

Y beschränkt sein, aber sie kann nicht aufgehoben werden, sie ist sonach nur zum Theil beschränkt, und kann sich von dieser Beschränktheit loßreisen, in der Anschauung Y ist die ideale Thätigkeit nur zum Theil beschränkt, sie kann sich losreißen
124 mit Freiheit; ob sie sich unbedingt [/] losreißen müße oder nicht, oder falls das lezte statt finden sollte, unter welchen Bedingungen[,] werden wir sehen..

Das Ich soll gesezt werden als d‹as› anschauende, aber das Ich ist nur das Thätige und nichts anderes; sonach muß die Anschauung als Product der freien Thätigkeit ges[ezt]. werden und nur dadurch wird sie es[.] Aber Thätigkeit läßt sich nach den allgem[einen] Gesetzen der Anschauung nur sezen als ein Uibergehen von Bestimmbarkeit zur Bestimmtheit*. Ich soll mich thätig sezen, heißt, ich soll meiner Thätigkeit zusehen; dieß ist aber ein Uibergehen vom Unbestimmten zum Bestimmten. Soll die Anschauung daher als frei gedacht werden, so muß sie auch in dem selben Moment gebunden gesezt werden. Freiheit ist nichts ohne Gebundenheit, ET V[ICE].V[ERSA]. Das Losreisen ist nicht möglich ohne etwas[,] wovon gerißen wird. Nur durch Gegensatz entsteht Bestimmtheit des Gesezten[.]

Wie kann nun Freiheit und Beschr[änktheit]. der idealen Thätigkeit beisammen sein? so: wird auf die Bestimmtheit des praktischen (realen) Ich reflectirt, so muß ‹auch› Y nothwendig so gesezt werden, also nur die Synthesis ist nothwendig[;] oder soll die Vorstellung wahr sein, so muß ich den Gegenstand so vorstellen, ob aber diese Synthesis vorgenommen werde, dieß hängt von der Freiheit des Vorstellenden ab, welches in sofern keinem Zwange unterworfen ist.

Wir haben also jenes obige Resultat hier bestimmter und klärer so:

Ich bin beschränkt, zuförderst praktisch[.] Diese Beschränkung ist wieder beschränkt durch die im Zustande des Gefühls vorgegangene Veränderung; auf diese kann ich REFL[EC-
125 TIREN].[/] oder nicht. Diese REFLEXION ist die bisher genannte Anschauung X, reflectire ich aber einmal, so kann ich mich nicht allein beschränkt sezen, sondern ich muß auch noch ein

e *Ms.*: Freiheit *verbessert aus* Bestimmtheit

beschränkendes hinzusetzen, dieß ist die Anschauung Y. Reflectire ich nicht, so bin ich für mich nicht da, und sonach ist
auch auser mir für mich nichts da. Indem ich nun den geschil-
derten freien Act vollziehe, werde ich mir meiner unmittelbar
bewust. Mit jener Reflexion auf meinen Zustand, und dem
d[a]r[au]s folgenden Schluße auf etwas auser mir, ist eine Reflexion auf mich unmittelbar verknüpft, nicht in 2 besonderen Acten[.]

Auf die Anschauung Y soll ich REFLECTIREN in X; soll diese
Anschauung Y. meine sein, so muß ich darauf REFLECTIREN in
Z, auf diese in einer Anschauung V. Dieß ist nun wichtig, so
gewiß eine freie Anschauung ist, so gewiß ist Anschauung des (91)
Ich mit verknüpft. Ich schaue mich an als anschauend; dadurch
werde ich mir selbst ich; dieß kann nun nicht sein[,] ohne daß
ich mich auch seze als gebunden, denn dadurch [e]rh[a]lte ich
erst Haltbarkeit für mich; und so sieht man die Nothwendigkeit ein[,] mit der Anschauung X die Anschauung Y zu verbinden. So erhält alles bisher gesagte erst durch die Freiheit
Verständlichkeit und Haltbarkeit[:] an die Freiheit nur l[ä]ßt
sich etwas anknüpfen[.]

* Es ist auch gesprochen worden von einem Gefühle. Seine
Beschränktheit wird mit Freiheit gesezt. es wird auf sie RE-
FLECTIRT. Diese Beschränktheit ist das Gefühl. Denn wenn ein
Ich beschränkt wird, so entsteht ein Gefühl[;] so nach hängt
das Gefühl selbst mit ab von der Freiheit; es ist kein Gefühl, wenn nicht mit [/] Freiheit darauf reflectirt wird. Ich 126.
muß dem Gefühle mich hingeben[,] sonst fühle ich nicht[.]
Aus dem Gefühle folgt freilich alles von selbst, aber daß
nur ein Gefühl entstehe[,] dazu gehört[,] daß das Ich sich
gleichsam dem Gefühle entgegenbewegen müße, wenn ein
Gefühl und ein Resultat deßelben für das Ich vorhanden
sein soll.

Eine ideale Thätigkeit, die dem Ich zugeschrieben wird[,]
die mit dem Bewustsein der Freiheit gesezt wird, ist ein Begriff, sonach ist das, was wir bisher bloß als Anschauung cha-
* rakterisirt haben[,] ein Begriff, die Anschauung. Der Charak-
* ter des Begriffs von der Anschauung wäre der: daß in der Anschauung das Ich gesezt werde als gebunden, im Begriff aber als
frei. Daher die Anschauung an sich nichts oder wie Kant sagt

blind ist, der Begriff aber leer an sich, wenn sich das Ich nicht beschränkt findet in der Anschauung.

Uibersicht der bisher dargestellten Momente.

Wir müßen all[e]r Untersuchung voraus im Ich anknüpfen eine unbeschränkbare und eine beschränkbare Thätigkeit (ideal[e] und real[e] Thätigkeit)[.] Die lezte werde auf eine bestimmte Weise beschränkt. Die Bestimmtheit besteht, durch die Veränderung des Zustandes; durch die Veränderung wird der Zustand von allen Seiten geschloßen. Aber sie ist nicht beschränkt, wenn die absolut freie Thätigkeit darauf nicht REFLECTIRT und die Beschränktheit nicht begreift. Aber die ideale Thätigkeit kann diese Beschränktheit nur an sich begreifen, das h[eißt]. sie muß auch selbst beschränkt sein. Da sie aber frei ist, so kann sie nicht durch das Beschränkende aufge-

127.   sucht werden, [/] sondern sie giebt sich derselben mit Freiheit hin. Sie kann aber das Ich nicht begreifen, ohne es beschränkt zu begreifen, dieß giebt den Begriff des Ich, aber sie kann dieß nicht[,] ohne ein beschränkendes zu setzen, dieß giebt den Begriff des NichtIch.

Das Ich ist frei und steht doch unter Gesetzen. Dieß ist nur so möglich, daß es sich mit Freiheit unter diese Gesetze begiebt. Hier ist nur von den Gesetzen der Vorstellung die Rede.

§ 8.

MIT DER ANSCHAUUNG DES NICHTICH IST DIE ANSCHAUUNG DES ICH NOTHWENDIG VERKNÜPFT, UND DIE ERSTERE WIRD NUR DURCH DIE LEZTERE EINE ANSCHAUUNG. UM ABER DIESE LEZTERE ZU ERKLÄREN[,] MUSS EINE VERÄNDERUNG IM ZUSTANDE DES GEFÜHLS, ODER EINE BEGRENZUNG DER BEGRENZTHEIT ANGENOMMEN WERDEN, DURCH WELCHE DAS ICH IN DER ERSTEN ANSCHAUUNG (DES NICHTICH) SELBST BEGRENZT WERDE; AUS IHR DAS GEFÜHL DIESER BESONDERN BESCHRÄNKUNG DER IDEALEN THÄTIGKEIT, UND AUS IHR EINE ANSCHAUUNG DERSELBEN ENTSTEHE; DER VEREINIGUNGSGRUND BEIDER ANSCHAUUNGEN IST DER: DASS KEINE GEBUNDENHEIT IN DER ERSTEN ANSCHAUUNG

127b   [/] GESETZT WERDEN KANN, OHNE DASS IHR FREIHEIT ENTGEGENGESETZT WERDE. ALLE FREIHEIT ABER KOMMT DEM ICH ZU, UND LEDIGLICH DADURCH WIRD DIE LEZTERE ANSCHAUUNG, AN-

SCHAUUNG DES ICH. EINE ANSCHAUUNG ABER MIT BEWUSTSEIN
DES ANSCHAUENDEN HEIST BEGRIF. SONACH ENTSTEHT DURCH
DIE POSTULIRTE VERÄNDERUNG IM SYSTEM DES GEFÜHLS DER
BEGRIFF DES ICH UND DES NICHTICH.

WEIHNACHTSFERIEN

WIEDERHOLUNG DES BISHER VORGETRAGNEN.

Der Inhalt der gesammten Wißenschaftslehre läßt sich kurz
in folgenden Worten vortragen:
Daß ich mir überhaupt etwas bewust werden kann, davon
liegt der Grund in mir[,] nicht in den Dingen. Ich bin mir
Etwas bewußt; das einzige unmittelbare, deßen ich mir bewust bin, bin ich selbst; alles andre macht die Bedingungen
meines Selbstbewustseins aus. Vermittelst des Selbstbewustseins, werde ich mir der Welt bewust. – Ich bin mir Object
[/] des Bewustseins nur im Handeln. Wie ist die Erfahrung 128.
möglich heißt: wie kann ich mir meines Handelns bewust
werden? Auf die Beantwortung dieser Frage geht alles aus, und
wenn sie beantwortet ist[,] so ist unser System geschloßen. Bis
jezt haben wir dieß gefunden; ich muß, wenn ich mich als handelnd sezen soll, mir irgend eines Zwekbegrifs bewust werden. Mit der Beantwortung der Frage[:] wie ist ein Zwekbegriff möglich? beschäftigen wir uns noch.. Bisher haben wir
gesehen, wie ein B[egriff]ᶠ, überhaupt möglich sei. Eigentlich
ist von allem[,] was wir bis hieher aufgestellt haben[,] nichts
ganz möglich[,] bis wir zu Ende sind; denn wir haben noch
immer Bedingungen der Möglichkeit aufzustellen; die Möglichkeit des Einzelnen läßt sich nur aufzeigen, wenn die Möglichkeit des Ganzen dargethan ist.
Die Möglichkeit des Begriffs wurde nur gezeigt unter ge-

ᶠ B *sonst Kürzel für:* Bewustsein

wißen Voraussetzungen, die wir stillschweigend machen mußten und konnten.

Wir sind so verfahren: Ich bin urspr[ünglich]. praktisch beschränkt; daraus entsteht ein Gefühl[;] ich bin aber nicht bloß
praktisch[,] sondern auch ideal[.] Die ideale Thätigkeit^g ist
nicht beschränkt, folglich bleibt Anschauung übrig. Gefühl
und Anschauung sind miteinander verknüpft. Im Gefühl muß
eine Veränderung statt finden, dieß ist Bedingung des Bewustseins. Ich bin in der Beschr[änktheit]. beschränkt, werde
also auch in der Anschauung Y beschränkt; aus jeder Beschränkung entsteht ein Gefühl, mithin müßte auch hier ein
Gefühl entstehen, das Gefühl des Denkzwangs, und mit diesem Anschauung meiner selbst. Eine Anschauung[,] in der
das anschauende selbst gesezt wird, die auf das Anschauende
bezogen wird[,] heißt ein B[egriff]. vom Dinge, hier von Y.

[§ 9.]

Es war schon im vor[igen] § die Frage nach dem Vereini-
gungsgrunde des Begriffs mit dem Ich, oder wie komme ich
dazu zu sagen: alles ist mein Begrif?

Das Ich war bisher das fühlende, es müßte auch das Be-
129 greifende sein; der Begriff müßte [/] mit dem Gefühle^a nothwendig vereinigt sein, so daß eins ohne das andre kein Ganzes
ausmachte. Im Selbstgefühl ist Gefühl und Begriff vereinigt.
Ich bin gezwungen, die Dinge so anzusehen, wie ich sie an-
sehe, wie ich mich selbst fühle[,] so fühle ich diesen Zwang ‹mit.›

So ist bisher das Ich als das begreifende selbst begriffen oder
angeschaut worden, wir wollen jezt weiter gehen: Ich kann
mich als Ich nur sezen[,] in wiefern ich mich thätig seze. – Da
das Gefühl nur Beschränkung sein soll[,] so kann ich mich als
Ich nicht fühlen, wenn nicht noch eine andre Thätigkeit hinzu-
kömmt. Mithin läßt sich aus dem Gefühle allein das Bewust-
(93) sein nicht erklären, also müßte ich mich in dem Begriffe des Y
sezen als thätig. Das ideale giebt sich dem Gefühle hin; wie

g Ms.: Thätigkeit Thätigkeit   a Ms.: Begriffe

dieß zugehe, ist besonders der Gegenstand unserer gegenw[är-
tigen]. Untersuchung[.]

Ich seze mich als Ich heißt[:] ich seze mich als thätig. Das
Materiale der Thätigkeit (was dabei angeschaut wird) ist ein
Uibergehen von der Bestimmb[a]rkeit zur Best[im]mtheit.
(Das Formale ist die Selbstaffection, sie gehört nicht hieher[.])
Das Ich soll hier im Begriffe thätig gesezt werden, als von einer
gewißen Unbestimmtheit zu einer gewißen Bestimmtheit über-
gehend. Beide müßen wir hier kennen lernen.

A) Das Bestimmte, zu welchem übergegangen wird, ist der
Begriff eines bestimmten Dinges, aber ich selbst bin auch bestimmt in diesem Begriffe, weil dieses QUANTUM des Begreifens meinen Zustand ausmacht.

B) Uiber die Entstehung dieses best[im]mt[en] Dinges, dieses
bestimmten Begreifens[,] dieser meiner Best[im]mtheit im
Begreifen haben wir bisher dieses gesehen. Ich bin beschränkt,
und zwar vollständig. Dieses vollständig zeigt eine Beschränktheit [/] der Beschränktheit an. Die praktische Thätigkeit ist 130
ganz aufg[e]h[o]ben, die ideale bleibt, das Wesen lezterer besteht nun darin, daß sie ein Object habe[.] In diesem Zustande ist praktische Beschr[än]ktheit oder Gefühl und mit
diesem Anschauung; denn beide sind nothwendig verbunden.
Nun aber ist diese praktische Beschränktheit eine bestimmte,
mithin auch diese Anschauung.

C[b]. – Das bisher gesagte ist zur Zeit nur für uns da, die wir
philosophiren, und bleibt so lange leer. Soll es etwas sein, so
muß etwas für das Ich werden, worüber wir philosophiren.
Wie wird es nun für das Ich, wir haben gesagt[:] durch ein (94)
neues Gefühl X vom nothwendigen Zusammenhange der An-
* schauung Y mit dem Gefühle X; das Gefühl des Denkzwangs[.]
Aber dieß ist auch nichts, wenns nicht für das Ich da ist; und
der ganze Zustand ist für das Ich nur, in wiefern es sich in demselben das freie Uibergehen versagt.

D[c]. Das Ich giebt nothw[endig] sich frei hin, versteht sich für
sich frei, es findet sich als frei, d.h. sein Hingeben ist mit der
Vorstellung begleitet[,] daß es sich auch nicht hätte hingeben
können. Aber es kann sich in dies[em] Hingeben nicht frei

b Ms.: C   c Ms.: D

setzen, wenn es sich nicht wirklich hin giebt, denn sonst ist für daßelbe nichts vorhanden. Ich bemerke irgend ein Object, daß ich es bemerke[,] geschieht mit Freiheit; denn ich sage[,] daß ich ęs auch nicht hätte bemerken können, aber dieß kann ich nur sagen ‹indem› ich es bemerkt habe.

Dadurch bekommt nun jenes Y eine doppelte Ansicht; einmal wird es betrachtet als eine Anschauung, die nicht Anschauung sein soll, das 2te mal als eine Anschauung, die eine solche sein soll. Das erstemal ist es das Ding, das an sich auch ohne das Ich existiren soll, das zweitemal die Vorstellung davon, die mit Freiheit hervorgebracht sein soll. Das Ding und die Vorstellung davon sind also eins und daßelbe, nur angesehen von 2 Seiten; das erstemal ist es das, wodurch die Vorstellung bedingt wird, das 2te mal ists die Vorstellung selbst[.]

131   Im gem[einen] Bewustsein äusert sich dieß so: wenn [/] auch
(95) Ich nicht wäre, so würde doch eine Welt sein[.(]Dieß ist ein Schluß, und indem ich dieß behaupte[,] seze ich mich unvermerkt hinzu) Dadurch sind wir nun zum eigentlichen Charakter der Objectivität gekommen, wir wißen nun[,] woher es komme, daß wir Dinge auser uns annehmen. Das erste[,] wobei die Freiheit nicht ist[,] haben wir genannt die Anschauung, die als solche blind ist und nicht zum Bewustsein kommt, man nennt sie beßer das Ding, weil man sich bei der Anschauung noch etwas hinzudenkt, welches angeschaut wird. Das 2te [ist] die Vorstellung des Dinges[.]

E) in der beschrieb[en]en Reflexion betrachteten wir das Ich gerade so; wie wir die Sache bisher angesehen haben[,] sieht sie das Ich an.

Das Ich sezt, daß mit dem Gefühle Y (welches auch nur für das Ich da ist, in wiefern es darauf REFLECTIRT) die Anschauung Y nothw[endig]. verbunden sei, die aus der Beschränkung herausspringe. Durch diese Verknüpfung der Anschauung mit dem Gefühle, wird Y dem Ich ein reelles Ding. So ist unsere geschilderte Beschreibung des transzendenten genommen, es wird Bedingung meines Bewustseins, des bestimmten Bewustseins der REALITAET; was aus dem Gefühle erfolgt[,] heißt dem Ich Ding, Realität[.]

Anm[erkung:] Wir haben die Anschauungen X und Y als 2 Bestimmungen des Gemüths aufgestellt, wir mußten dieß

thun, um in das Mannigfaltige, das vor uns lag[,] eine deutliche
Einsicht zu bekommen, weil wir nur discursiv denken können.
Im menschlichen Geiste kommen diese Bestimmungen nicht
so abgesondert vor; erst in der Anschauung X (soweit wir
jezt sind, denn es wird sich zeigen, daß dieß nicht zureicht)
kommt ein Ich vor, also auch in ihr erst kann Y oder das Ding
vorkommen; sonst müßte ein Ding sein[,] ohne daß ich wäre,
oder ich müßte sein[,] ohne daß ein Ding wäre, beides ist
ABSURD; X und Y machen daher nicht 2 Zustände, sondern
2 Bestimmungen, eines und deßelben Zustandes aus. [/]

Die Behauptung, aus dem Gefühle erfolgt, ohne unser Zu- 132.
thun eine Anschauung, wäre transzendent; es wird aber nur
behauptet, das Ich muß nach den Vernunftgesetzen es so ansehen.

F. Das Ich sezt einen nothwendigen Zusammenhang zwischen einem bestimmten Gefühl und einer bestimmten Anschauung; nach welcher Regel verfährt es hiebei? Hierüber
kann es keine Regel geben, dieser Zusammenhang gründet sich
auf das Ich, das Ich muß so verfahren. Dann was [ist] Object? (96)
zuförderst, das Object ist ein solches, welches ein bestimmtes
Gefühl erregt z.b grün, roth. Dieß Prädicat[,] das^d dem Gegenstande beigelegt wird [(]z.B es ist roth) wird nicht angeschaut[,] sondern bloß gefühlt, und die Verknüpfung deßelben
mit dem Gegenstande, geschieht in einem Zustande des Gemüths. Ferner kommt dem Objecte zu der Charakter der Objectivität überhaupt, daß es angeschaut wird, daß es der idealen
Thätigkeit vorschwebt, dieß gilt von allen Objecten, sowohl
eingebildeten als reellen. Dann der eigentliche Charakter des
* Objects, der Realität, daß es gesezt ist, zu folge des Gefühls;
von den übrigen Eigensch[a]ften[,] die ihm etwa noch zukommen können (z. B. Ausdehnung im Raume) in der Zukunft. Daß ein Object im R[aume]. ist und in demselben einen
Ort einnimmt, dieß folgt aus der Anschauung, das Gefühl aber
ist in uns, und wird auf den Gegenstand, der auser uns sein
soll[,] übertragen; der äusere Gegenstand ist Deutung unseres
Gefühls.

Was bedeuten nun die Ausdrücke: Wahrheit, Realität, objective Gültigkeit? Diese Ausdrücke kommen nur denjenigen

_d Ms.:_ daß

Vorstellungen zu, welche aus dem Gefühle, oder aus dem ersten Zustande erfolgen würden, wenn die ideale Thätigkeit nothw[endig]. bestimmt würde; wenn das Gefühl nothwendige Ursache der Vorstellung wäre. Wenn eine Last auf einen Gegenstand drükt, so ist für den Gegenstand ein Druck

133 nothwen[/]dig vorhanden; aber wenn ein Gefühl gesezt ist[,] so erfolgt nicht nothwendig eine Anschauung; denn das Anschauende ist frei; es könnte auch nicht REFLECTIREN, wenn es aber REFLECTIRT[,] so erfolgt die Anschauung nothwendig. In der Wahrheit kommt sonach das Ich ungetheilt vor, gleichsam als ein System, wo aus einem alles andre nothwendig folgt. Aus dem Zustande des Gefühls, folgt eine gewiße Anschauung und dieß ist Wahrheit; wenn ich mir aber etwas erdichte[,] so geht der Zustand des Gefühls und der Anschauung jedes seinen eignen Weg, in sofern ist das ideale und das fühlende gleichsam von einander gerißen, und dann ist in meiner Vorstellung keine Wahrheit, Wahrheit ist Uibereinstimmung mit uns selbst, Harmonie.

Dieser Begriff von Wahrheit möchte noch viel weiter reichen; unseren Vorstellungen von Gott, Sittlichkeit[,] Recht pp kommt eben sow[ohl]. objective Gültigkeit zu, wie unsere[n] Vorstellungen von der Welt. Beiderlei gründet^e sich auf Gefühle[.] Der Unterschied unter denselben besteht darin, daß die Vorstellungen der Welt sich auf ein Gefühl unserer Beschränktheit, die von Gott pp auf ein Gefühl unseres Strebens gründen. Zwischen beiden liegt das Handeln[.]

Die WißenschaftsLehre weicht darin von Kants Buchstaben ab, daß sie den Vorstellungen von Gott pp eben sowohl objective Gültigkeit zugesteht als den Vorstellungen von der

(97) Welt. Kant sagt in seinem Aufsatze üb[er]. den vornehmen

× Ton pp[,] daß man Gott sich mache, allerdings, aber man macht sich auch die Welt[;] beide sind abhängig von der Vernunft. Nur für die Vernunft giebts eine Welt, und einen Gott, doch giebts 2 beträchtliche Unterschiede dieser Vorstellungen.

1.) Auf die Vorstellungen der Welt muß jeder REFLECTIREN, so gewiß er ist, aber die Vorstellungen von Gott sezen schon moralische Bildung voraus[.]

e Ms.: gründen

2) Die Weltvorstellungen werden durch alle Vernunftgeseze bestimmt, aber nicht die von Gott. Gott kann[/] m[an] nicht 134 bestimmt denken, man kann ihn nur annehmen. Von Gott giebts keinen Begriff, sondern nur eine Idee. Kant geht besonders aufs Erkennen aus, und Object ist ihm, was ein Gegenstand des Erkennens. In dieser Rücksicht stimmt die WißenschaftsLehre auch mit Kants Buchstaben überein, und in diesem Sinne sind die Vorstellungen von Gott nicht objectiv[.] *(98)* Realität heißt bei Kant, was im Raume ist; dieß ist aber eigent- ×
lich Materie*ƒ* und in diesem Sinne kommt Gott keine Realität zu[.]

§ 9

DAS BEGREIFEN IST EINE FREIE, UND als frei gesezte REFLEXION auf die vorher abgeleitete Anschauung (Y); aber die Freiheit der REFLEXION auf sie kann nicht gesezt werden, auser in wiefern sie selbst überhaupt gesezt ist. Wir erhalten sonach eine doppelte Ansicht der Reflexion und mit ihr des Gegenstandes (die doppelte Ansicht der Reflexion nämlich ist für den Philos[ophen]. die des Gegenstandes für das Ich)[.] Einmal die Reflexion als solche, ohne daß über sie reflectirt werde, und dieß giebt das ohne Zuthun des Ich vorhandne Ding, einmal die Reflexion als eine Bestimmung der Freiheit, und selbst REFLECTIRT, und dieß giebt die Vorstellung des Dings.

___

§ 10.

* Ohnerachtet das freie Wesen, alles, was für daßelbe da sein soll[,] aus sich hervorbringen muß, so muß ihm doch etwas als nothwendig gegeben erscheinen; woher dieser Schein? Er ergiebt sich aus der Natur des fr[eien]. Wesens; es fängt von einem freien Handeln an, welchem gar kein Bewustsein vorausgeht; dieses freie Handeln wird Gegenstand des Bewustseins und kann hinterher als Product der Freiheit ange-

___

ƒ Ms.: Materielle

sehen werden; aber dadurch daß es Object des Bewustseins wird erscheint es als gegeben, dieß liegt im CHARACTER der idealen Thätigkeit; welche gebunden werden muß durch etwas[,] das sie nicht hervorgebracht hat. Man kann auch sa

134.[b] gen[, /] das freie Wesen kann nicht handeln, ohne auf etwas zu handeln, dieses Etwas kommt auch durch Freiheit, weil aber diese nicht Handeln auf etwas ist, so bleibt sie im Dunkeln, daher kommt es, daß nothwendig ein Object für uns da sein

(99) muß. VID[E]. das eigenthümliche der WißenschaftsLehre.

× § 3. N.VII (Es p[a]ßt aber nicht alles dort gesagte hieher wegen der gegenwärtigen veränderten Darstellung[.]) CONF[ER]. Kants metaphysische Anfangsgr[ünde]. der Rechtslehre. P.XX

× die Note.

Im vor[igen] §. war es uns um die Erkenntniß des Bestimmten, jezt ists aber uns um die Erk[enntniß]. des Bestimmbaren zu thun.

1) Das Ich sezt sich, nach vor[igem] § als vorstellen könnend   *
oder nicht, was soll dieß heißen[?] Wir können uns dieß denken, denn wir haben schon oft und unser ganzes Leben hindurch dergleichen freie Handlungen vorgenommen. Von dem Bestimmten, was wir ‹nun›ᵃ kennen, abstrahiren wir, also dieses Denken ist ein abstractes, und daher ein unbestimmtes Denken. Dieß kann uns bloß auf den Weg führen, worauf es liegt; aber uns nicht auf den Punct stellen, worauf es uns ankommt. Das bloße unbestimmte Denken ist die Quelle vieler Irrthümer in der Philosophie. Wir können oder nicht, das können wir uns wohl denken, aber nicht das ursprüngliche Ich, dem wir zusehen, denn dieses hat noch nichts zu abstrahiren, wir sind hier beim Anfange alles Handelns[.]

1) Das Ich muß hier sein bestimmtes Thunᵇ d. h. dasjenige, was hier allein stattfinden kann, überhaupt anschauen, und zwar, da es ein freies Thun sein soll, als etwas[,] das es vollziehen kann und auch nicht.

Bestimmtheit hat hier 2 Bedeutungen. Das wovon wir hier

135 reden, soll das [/] Bestimmbar[e] sein, von dem soll zum Be-

---

ᵃ *könnte auch heißen:* nur   ᵇ *Ms.:* Bestimmtes thun

stimmten übergegangen werden, doch ist das Bestimmbare in gew[ißer]. Rücksicht bestimmt, es ist ein Anschau[en] und seine Bestimmtheit besteht darin, daß es ein Begreifen ist; zuförderst:

A) hier wird ARGUMENTIRT wie im vor[igen].§[.] Es ist daßelbe *(100)* nur von einer ganz andren Seite. Im vor[igen] § wurde gesagt: das Object ist etwas[,] worauf ich REFLECTIREN könnte oder nicht, aber das hat keinen Sinn[,] wenn ich nicht schon das Object gesezt[,] mithin darauf REFLECTIRT habe. So hier. Das Thun oder Handeln des Ich soll gesezt werden als geschehen könnend oder nicht, aber das ist nicht möglich[,] wenn nicht schon ein Thun überhaupt gesezt ist (NON ENTIS NULLA SUNT PRAEDICATA)[.] Also das Thun des Ich ist nothwendig aller REFLEXION auf daßelbe vorauszusezen, erscheint also als gegeben, wie im vor[igen] § das Ding aus demselben Grunde. oder: dieses Thun ist das bestimmb[a]re, welches Q[UALIS]. T[ALIS]. zu dem Uibergehen zum Bestimmten als einem acte der Freiheit vorausgesezt wird. Aber das bestimmb[a]re ist, in wiefern es anschaub[a]r sein soll, etwas objectives, im weitesten Sinne des Worts, und wird hier ‹bei› der REFLEXION auf das Uibergehen schon gefunden[.]

B. Dieses als gegebenes erscheinende, und in soweit von der Freiheit unabhängige, muß in anderer Rücksicht gesezt werden als abhängig[^c] von ihr. In wiefern es sein kann oder nicht[,] erscheint es als abhängig, in wiefern es aber überhaupt gesezt werden muß[,] als unabhängig; es wird doppelt angesehen. Hier erhalten wir also eine bestimmte Anwendung des oben angegebenen allgem[einen].Satzes: Alles Bewustsein geht von einem Uibergehen vom Best[im]mb[a]ren zum Bestimmten [aus. /]

c) Aber das bestimmbare und das zu bestimmende sind syn- 136 thetisch vereinigt im Bewustsein. Ich seze das Bestimmbare nur[,] in wiefern ich m[ich]. übergehend seze, und dieß kann ich nur, in wiefern ich es als gegeben seze.

Es ist nichts gegeben[,] auser in wiefern ich darauf wirke, denn erst im freien Wirken wird es mir gegeben, aber ich kann auf nichts wirken[,] was ich nicht schon habe.

c Ms.: Abhängig

2) Also der hier zu untersuchende Satz ist der: Ich schaue mein eignes Thun an als etwas, das ich vollziehen könnte oder nicht. Mein Thun ist logisches Subject für das PRAED[ICAT]. der Freiheit. Es ist also mein Thun, Q[UALIS]. T[ALIS], selbst Object der Anschauung, im weitesten Sinn des Worts[,] es erhält den Charakter des Objects als etwas der idealen Thätigkeit vorschwebendes. Wie wird nun mein Thun als Object der Anschauung vorkommen. Kant nennt ein Thun z. B nach dem

× Geseze der CAUSALITAET pp ganz richtig ein SCHEMA, um da-
(101) durch zu bezeichnen, daß es nichts wirkliches sondern etwas durch ideale Thätigkeit, zum Behuf ‹der› Anschauung zu entwerfendes sein soll.

SCHEMA ist ein bloßes Thun, und zwar mein nothwendiges Thun in der Anschauung.

Also unsere Frage ist, welches ist das SCHEMA des Thuns überhaupt, oder wie fällt das Thun dadurch, daß es Object der Anschauung wird, aus. Hier ist das Object aus der Anschauung *
hergeleitet worden und das Beweisen aus Begriffen hat hier ein *
Ende.

Die Aufgabe ist: nicht einem bestimmten Thun z.B. Den-
137 ken, Anschauen pp sondern einem Thun [/] überhaupt zuzusehen.. Die Aufforderung ist: eine AGILITAET zu beschreiben; diese kann man nur anschauen als eine Linie, die ich ziehe. Also innere AGILITAET ist ein Linie ziehen, nun aber ist hier nicht die Rede von einer AGILITAET, die geschieht, sondern von einer AGILITAET überhaupt, von einem bestimmbaren aber nicht bestimmten Vermögen der inneren Selbstthätigkeit und AGILI-TAET. So eine Linie aber ist bestimmt der DIRECTION nach. In dem Vermögen aber müßen alle Linien liegen[,] das Schema des Thuns [muß] ein nach allen möglichen Directionen mögliches Linienziehen sein; dieß ist der Raum[,] und zwar leerer Raum, aber als leerer R[aum] kommt er nie vor, es wird immer etwas hineingesezt.. warum? wird sich zeigen. Hier ist nur vom Thun die Rede, auch das bloße reine Thun ist nichts erscheinendes.

§. 10. A.

DAS BEGREIFEN wird als frei gesezt heißt[:] die Intelligenz sezt als geschehen könnend oder auch nicht, und zwar ein gewißes

Handeln überhaupt (denn auserdem würde gar nichts gesezt)[.] Es wird sonach das Handeln überhaupt gesezt, gesezt,
daß es geschehen könne oder nicht, welches leztere nicht möglich ist ohne daß das erstere überhaupt gesezt sei. Sonach ist
dieses Handeln überhaupt nicht für die Intelligenz auser als ein
freies, aber es ist für sie kein freies ohne daß es überhaupt für
sie sei. Aber das Ich schaut sein bloßes Handeln als ein solches
an als ein Linieziehen, sonach das unbestimmte Vermögen dazu
als den Raum[.]

Anmerkungen. Man hat gesagt: *(102)*
1) Der Raum ist A PRIORI, dieß kann 2erlei bedeuten, theils lediglich durch das Vernunftgesez, in dieser Rücksicht ist alles
A PRIORI auser das Gefühl, und deßen PRAEDICATE[, /] theils ein 138
vor aller Anschauung gegebenes[,] ein bloß bestimmbares, etwas das die Anschauung erst möglich macht.
Beide Bedeutungen sind wohl zu vereinigen[.] Kant steht
auf dem lezten Puncte. Der Raum geht nach ihm vor aller
Erfahrung vorher, er ist die Bedingung derselben. ×
Auf den ersten*d* Punct hat sich neuerlich H[e]rr Prof. Bek
gestellt, er ist ‹der›[,] auf dem die erste Bearbeitung der Wißen- ×
schaftsLehre steht[.]
Es ist sonderbar[,] daß sich über den Raum neuerlich ein solcher Streit erhoben hat wie über das Ding, ob das Ding gegeben oder hervorgebracht sei? Beide Partheien haben recht, es
ist best[im]mbar und in so fern gegeben, es ist durch die Gesetze der Vernunft nothwendig und in sofern hervorgebracht.
2) Der Raum ist die Form der äuseren Anschauung (A ×
PRIORI), wie wir die Sache ansehen, würde das Bestimmbare
bei aller Anschauung Form heißen, das was[,] wenn eine Anschauung gesezt wird[,] construirt[;] sonach wäre das bestimmbare der äuseren Anschauung die Form derselben; wenn
angeschaut [wird,] so wird der Raum angeschaut[;] dieser
wird in der Anschauung gebildet, formirt, er formt nicht.
Das was gesezt wird, als geschehen könnend oder nicht, als
das, was angewandt werden kann oder nicht[,] erscheint, (weil

d Ms.: lezten

es für uns sein muß, um etwas von ihm construiren zu können,)
als ein gegebnes nach A (VID[E]. SUPRA)[;] es ist der Raum, [/]
139 aber nach B, muß es auch erscheinen als ein bestimmbares, von
der Freiheit abhängiges, also der Raum würde erscheinen als
etwas mit dem Objecte [zu] vereinigendes, und auch nicht;
denn nur in sofern erscheint jenes Bestimmb[a]re nur als Bestimmbares, als etwas von der Freiheit abhängiges. Ich kann
das Object in diesen Raum setzen, oder auch nicht, ich kann
dieses Object hineinsezen oder auch ein anderes; darin besteht die Freiheit des Denkens und Begreifens. Jenes etwas ist
bloß etwas bestimmbares[;] also jene Synthesis muß gesezt werden als abhängig von der Freiheit, als geschehen könnend oder
auch nicht.

(103)   Ein Object mit dem Raume vereinigen heißt[:] ein Object
in den Raum sezen, den Raum mit einem Objecte erfüllen.
Nach C ist eins ohne das andre nicht möglich, ich kann mich
[nicht] sezen als den Raum mit Freiheit erfüllend ohne ihn zu
haben, und ich kann ihn nicht haben ohne mich als ihn erfüllend zu sezen. Wir wollen hier die Synthesis des Ganzen vorlegen..

Zuförderst ist die Rede von der Vereinigung des im vor[igen]
§ aufgestellten mit dem gegenwärtigen; es ist nicht möglich,
auf den R[aum]. zu refl[ectiren,] ohne auf das Object[,] das im
Raume ist[, zu reflectiren]; denn der R[aum]. ist die subjective Bedingung des Objects, und der Raum ist bedingt durch
die REFLEXION auf das Object. Es ist nicht möglich[,] auf
das Object zu REFLECTIREN ohne auf den Raum, aber es
giebt auch keinen Raum ohne Object, sonach sind beide
im Bewustsein nothwendig vereinigt; ursprünglich ist kein
Object und kein Raum gegeben allein[,] sondern zugleich.
140 Object im Raume aber heißt Ma[/]terie[;] folglich ist ursprünglich Materie.

Wenn dieß nun so ist, so wird nicht nur, wie im vor[igen] §
das Object und wie im jezigen der Raum, – sondern beide
werden vorausgesezt. Beide sind in demselben Acte das Bestimmbare in aller Vorstellung. Materie ist die Synthesis des
Raums mit dem Objecte – So ists auch im praktischen; ich
kann die Materie theilen, zusammensetzen, aber nicht wegdenken[,] wegschaffen, nicht vermehren[,] nicht vermindern;

112

wo wir hin denken[,] finden wir Raum, weil wir überall Materie denken.

Auf diesen Satz kommt es vorzüglich an. Wir sehen hier die Entstehung der ganzen Körperwelt, ja unserer gesammten[,] auch der Geisterwelt, denn es wird sich zeigen[,] daß unsere Geisterwelt nichts ist als eine ABSTRACTION von der Körperwelt.

Wir haben jezt die Einsicht erhalten, wie uns die Welt entstehen müße; wir brauchen keinen gegebenen Stoff vorauszusetzen[.] Alles Objective, und das Objective hebt von der Materie an, entsteht in uns[;] ich bin ursprünglich beschränkt, und diese Beschränktheit, wenn ich darauf REFLECTIRE[,] ist das Gefühl. Das Gefühl liese sich *allenfalls* für das Gegebne halten, *Allenfals*[,] denn es ist auch nur ein Gefühl[,] in wiefern ich darauf REFLECTIRE[.]

Dieser Punct ist in der Kantischen Darstellung nicht ganz *(104)* richtig behandelt und hat Veranl[a]ßung zu einem System gegeben, wo zwar der R[aum] A PRIORI sein soll[,] in welchen aber die Objecte A POSTERIORI hineinkommen sollen. [/]

Kant behauptet auch, daß die Objecte A PRIORI im Raum 142 sein sollen; er schließt aber INDIRECT. Der Raum ist ihm A PRIORI, er ist ideal, sonach müßen auch die Objecte ideal sein: Kant wollte alles aus Begr[iffen] darthun, drum wird auch seine transc[endentale]. Aesthetik so kurz; das geht aber nicht, das Vernunftw[esen]. ist nicht nur begreifend sondern auch anschauend. Er bewieß seine Darstellung vom Raume durch INDUCTION. K[ant] sagt nicht[,] daß der Raum gegeben werde; er sagt[,] daß unseren sinnlichen Vorstellung[en] etwas zu Grunde liege, daß es NOUMENE gäbe; er hat sich nicht deutlich drüber erklärt; er nennt es *etwas*, es ist aber nicht etwas, das Sein hat, sondern Handeln.

Er hat sich nicht auf das SCHEMA für übersinnliche Gedanken eingelaßen. Man kann das übersinnliche nicht erkennen, aber da sie doch für uns da sind[,] so müßen sie sich doch erklären laßen; das SCHEMA fürs Uibersinnliche ist das Handeln.

Der Raum ist die Form der äuseren Anschauung. – Form ist das Bestimmbare bei einer Handlung des Ich, man könnte also auch die Materie Form der äuseren Anschauung nennen. Die Materie ist es[,] welche in der äuseren Anschauung construirt und begr[en]zt wird. Der Raum ist die Sphäre für die Freiheit, das was im Raume uns beschränkt[,] ist das Materiale, was immer bleibt. Zum Unterschied wäre der Raum die Subjective, die Materie die objective Form.

Der Raum wird vorausgesezt[,] wenn ich mich in ihm als frei sezen soll. Die Sache der Freiheit ist, daß das durchs Gefühl bestimmte gesezt wird in jedem Ort[,] in welchem man will, wenn es vereinigt gesezt wird; daß man es in mehreren Orten seiend z[e]rlegt, wenn es getheilt gesezt wird. Die Syn-
143 thesis des [/] bestimmten Orts mit der bestimmten Anschauung ist Sache der Freiheit, ihre Sache ist: das bestimmte Object d.h. durch das Präd[icat]. des Gefühls best[im]mte, zu sezen[,] in welchen Ort des R[aumes]. sie will.

Der R[aum]. ist leer, indem ich ihn durchgehe[,] ihn leere und etwas anderes hinein denke; die Dinge werden beweglich[,] weil ich sie an diesen oder jenen Ort setzen kann..

Man kann den Raum eintheilen in den ABSOLUTEN und RE-LATIVEN; der absolute ist unbeweglich; der relative ist der bestimmte Ort, den ein Object einnimmt, dieser ist beweglich durch Freiheit; daraus wird folgen[,] daß die Freiheit des Handelns aus der Freiheit des Denkens hervorgehe[.]

(105) Aus der Freiheit der Intelligenz folgt[,] daß die Materie und mit ihr der Raum theilbar sein muß ins unendliche, weil sonst die absolute Freiheit gehemmt wäre, indem sie wenigstens so weit beschränkt wäre, einen bestimmten Theil der Materie in einen bestimmten Theil des R[aumes]. zu denken. Eben so muß der Raum Stetigkeit haben ins Unendliche, ich mag theilen[,] so weit ich will, so finde ich immer noch zu theilen, wenn dieß nicht wäre, so hörte der Raum irgendwo auf und dieß wäre die Grenze meiner Freiheit. Ich kann die Freiheit des Handelns nicht denken[,] ohne die Objecte schon zu haben. Ich bekomme den Raum mit den Objecten. Um die Handlung der Freiheit zu sezen, ein Object in einen beliebigen R[aum]. zu sezen, muß das Object schon einen Raum haben, es erfüllt schon einen Raum, aber keinen Plaz (keinen bestimmten Ort)
144. im Raume. Es schwebt der Einbildungskraft nur vor[. /] Ich habe beides schon[,] es ist das Best[im]mbare[.] Ich setze das Object in einen bestimmten Platz, dieß ist das bestimmte, und denke mir, daß ich es auch anderswohin setzen könnte, wenn

ich es aber der Wahrheit nach bestimmen wolle, so müße ich
es an diesen bestimmten Platz setzen[.] Dieß ist das Uibergehen; (alle Ortbestimmung ist mittelbar, und relativ[.])

Ich kann kein Object haben auser durch Freiheit[;] das Object ist mir so geworden[,] weil ich es so gesezt habe.

Ich seze das Object in einen bestimmten Ort; welcher Ort
ist dieß? wodurch ist [e]r bestimmt[?] Alle Ortsbestimmung
geschieht nur mittelbar und ist relativ. Ich seze das Object, A
ist neben B, B ist neben C und s. f. Wie ist denn nun eine relative Ortbestimmung möglich[?] Ich begreife wohl[,] wie ein
zweites Object durch ein erstes, ein drittes durch ein zweites bestimmt sein könne, aber im Ganzen sehe ich es doch auch nicht *(106)*
ein! Denn wo liegt das Ganze? Alle Ortsbestimmung ist subjectiv. Ich habe irgend einmal im Raume angefangen, diese
Bestimmung ist absolut. Ich bin es, der diesen Ort zu diesem
macht[;] auserdem hat er keine Bestimmung[.] Der erste Ort
im Raume ist durch nichts best[immt]. als durch mein Thun[.]
(Dieß dürfte wohl das leichteste Argument für die Idealität des
R[aumes]. sein, tiefer unten wird sichs zeigen[,] daß dieser
Ort bestimmt sei durch den Ort, den ich einnehme, und ich
bin[,] wo ich bin.[)]

§ 10. B

Da das Setzen des Objects und das Setzen des Handeln im *(107)*
Ich nothwendig vereinigt sind, so muß auch das erstere (Object,) und das Schema des lezteren nothw[endig]. [/] vereinigt 145.
sein. Aber Vereinigung des Objects mit dem R[aume]. ist Er-
füllung deßelben, alles Object wird sonach nothw[endig]. raum-
erfüllend, materiell. Die Freiheit der Intelligenz besteht (äusert
sich) in der Synthesis eines durch Gefühlsprädicate bestimmten
Objects, mit einem durch absolute Spontaneität bestimmten
Orte im R[aume], und dadurch wird der R[aum]. ein stetiger,
und er sowohl als die Materie theilbar ins unendliche; die
Bestimmtheit derselben (Intelligenz)[,] ohne welche die erstere
(Freiheit) und welche ohne die erstere nicht möglich ist, [be-
steht] darin, daß das Object in einen R[aum]. überhaupt gesetzt, und der Raum mit Materie überhaupt angefüllt sein
muß. Kein Raum ohne Materie et v[ice]. v[ersa.] Dadurch
ist Nothwendigk[eit]. aber daß dieses Object nicht gerade ‹in›

115

diesem R[aume]. sei und dieser Raum nicht gerade zu diesem
Object gehöre, ist Freiheit..

---

v[IDE]. das eigenthümliche der WißenschaftsLehre in Rück-
× s[icht]. auf das theoretische Verm[ögen]. § 4

N[OTA]B[ENE] es kommt aber in dem Buche vieles vor[,]
wovon nach der gegenwärtigen Darstellung noch nicht die
Rede sein kann, und dieser § muß daher mit Rücksicht auf die
gegenw[ärtige]. Darstellung gelesen werden[.]

*(105,
Z.21)*
P. 93.ff. AD 1) Der eigentliche Act des Vorstellenden besteht
× in dem Hereinsetzen in den Raum, dieser ist aber immer erfüllt,
und ist kein leerer Raum auser im H‹erü›bergehen durch die
Einbildungskraft[.]

× AD.2 Anstatt Kraft[,] die sich äusert, würde jezt gesagt werden müßen Materie, die aber nicht gesezt werden kann auser
in dem Raume. Die Materie ist theilbar ins unendliche[,] also
auch der R[aum].

146 AD 3) Die INTENSITAET kommt dem [/] Gefühle zu, EXTEN-
× SITAET dem Raume[.] Durch jedes Gefühl werde ich geführt auf
Materie, die ein QUANTUM ist und einen Raum erfüllt. (Gefühl
drückt eine Beziehung auf uns aus, Beziehung auf unsere Begr‹iffe›[;] denn nur in wiefern Gefühl gesezt ist[,] ist eine Anschauung vorhanden). Nur in wiefern Materie ein QUANTUM
ist, ist sie anschaubar; sie ist nicht mathematischer Punct, denn
sie kann getheilt werden[:] die CONTINUITAET des Raums; [und]
die unendliche Theilbarkeit der Materie müßen darum angenommen werden, weil sie Bedingungen der Freiheit sind.

× AD. 4. Die Gefühle sind bloß subjectiv[;] was roth, süß[,]
bitter ETC ist[,] kann man nicht durch Begriffe mittheilen;
‹denn› Objecten kommt auser den Gefühlsprädicaten weiter
nichts zu als daß sie Materie im R[aume]. sind[.]

*(106,
Z.8)*
AD. 5 Man nehme ein Object und setze es in den R[aum] und
× frage: wo ist es? darauf giebt es keine Antwort, denn man hat
keinen Punct[,] wodurch man es bestimmen könnte, und doch
giebt es eine solche Bestimmung, sie gründet sich darauf: das
erste Object wird gesezt in dem absoluten R[aum]. durch absolute Spontaneität; das erste[,] was wir in den Raum sezen[,]
ist durch nichts bestimmt als durch unser Denken[.]

AD.6. Man stelle sich vor einen Beobachter. Wo ich mein ×
Auge hinrichte, da setze ich Raum voraus; wenn ich hinsehe,
daß im Raume dort Object ist, ich nehme Object mit in den
Raum hinein. Alles objective Vorstellen besteht in Raumer-
füllung.

——————— [/]

[§. 11.]

Alle Ortsbestimmung ist nach dem vor[igen] § bloß relativ, 147
oder nur bestimmt durch den Ort eines and[er]en Objects, *(108)*
woher nun die erste Bestimmung[?] Die Bestimmung des ersten Objects ist absolut[.] Das erste Ding[,] wodurch ich die
andren bestimme[,] ist in dem Ort, worinn ich es gesezt
habe[.]

Diese Behauptung ist noch unbest[im]mt, und daher widersprechend, wir können sie aber nicht aufgeben, weil sie aus der
vorhergegangen[en] hervorgegangen ist, und wenn sie nicht
stattfindet[,] auch alles vorhergehende nicht statt findet, sie
muß daher statt finden, und wir müßen die Bedingungen ihrer
Möglichkeit aufstellen; dieß ist bestimmt die Aufgabe dieses §.

1) Das geforderte ist aufgestelltermasen unmöglich; der
Ort[,] in dem das Object A ist[,] soll bestimmt sein durch mein
Handeln, aber das einzige Handeln[,] was hier vorkommt,
oder das einzige PRAEDIC[AT,] welches bisher dem Ich zukommt[,] ist das ideale Handeln, Anschauen, das Setzen eines
Objects in den R[aum]. Weil dieß das bestimmte sein soll, so
kann es nicht das bestimmende sein. Das bestimmende[,] das
wodurch das Anschauende gesezt wird als bestimmt[,] A anzuschauen[,] muß auser dem anschauenden liegen, es muß
das sein[,] worauf das anschauende sich richtet[.]

Das sich selbst bestimmende und bestimmte ist das Ich. Das
anschauende soll Ich sein; aber im Anschauen kann es nicht das
bestimmende und bestimmte sein; denn *theils* reden wir hier
von der Anschauung, es ist aber der Charakter der Anschauung[,] daß sie etwas gebundenes sei, (daß sie ein Object habe)
daß sie den Grund ihres Best[im]mtseins in einem andren habe;

117

bei dem Anschauen kann von Absolutsein, von den Grund in sich selbst haben nicht die Rede sein, *theils* ist hier nicht die (109) Rede von der Anschauung überhaupt, sondern von der bestimmten Anschauung[,] die objectiv sein [(] ie. die der Wahr- 148 heit [/] entsprechen) soll, eine solche aber ist in jeder Rücks[icht] gebunden. Woher kommts nun[,] daß wir genöthigt sind, wenn wir ein Object der Wahrheit gemäß vorstellen wollen, es in diesen und keinen andren Ort im Raume zu stellen? (Es kann hier unentschieden bleiben[,] ob es ein Object ist[,] das durch andre bestimmt wird, oder ob es das erste sei[,] das wir sezen[.])

2. Wie wir in einem der vorigen §§ gesehen haben, so ist Grund alles Objectiven Denkens, mein eigner Zustand; nun soll das Denken eines Objects objectiv sein, es muß sich daher auf meinen Zust[and]. beziehen. (Der Wahrheit gemäß vorstellen heißt so vorstellen, daß mein eigner Zustand daraus erklärt werde[.]) Die Ortsbestimmung ist ein objectives Denken, sie muß daher einen Zustand von mir erklären, und alle Ortsbestimmung muß von mir ausgehen.

Die Erfahrung sagt hierüber: Man ordnet die Dinge im R[aume] nach der geringe[r]n oder größern Entfernung und Lage von sich selbst d.h. nach der geringern oder größern Kraftäuserung, deren man bed[ü]rfte[,] um sich selbst in den Ort zu versetzen[,] in dem das Object sich befindet (Der Raum läßt sich nur durch die Zeit meßen und umgekehrt.) und dann, ob es uns rechts oder links vor oder seitwärts liege.. Diese Aussage der Erfahrung soll uns aber nicht als ein Beweiß gelten.

(110)   Wenn alle Ortsbestimmung von mir ausgehen, alle Objecte im R[aume]. durch mich bestimmt werden sollen; so muß ich selbst, aller Vorstellung vorher, als ein alle Vorstellungen im Raume bestimmendes im R[aume]. sein; ich müßte mir im Raume gegeben sein[.]

3. Diejenige Vorstellung hat Realität, welche aus dem Gefühl nothwendig erfolgte, wenn dieß CAUSALITAET hätte (nach dem Obigen.) Nun soll hier eine Ortsbestimmung im Raume 149 objective Gültigkeit haben, (sie soll so [/] bestimmt sein, weil ich so bestimmt bin) ich müßte sonach mich im Raume fühlen, aber der Raum ist nicht gefühlt, er ist Form der Anschauung; und doch soll es so sein; demnach müßte beides vereinigt sein,

es müßte ein 3tes geben, welches zwischen beiden in der Mitte
läge[.] So etwas kennen wir schon. In dem besondren Gefühle wird nach dem Obigen, ein System der Sensibilität überhaupt vorausges[e]zt, durch die Beziehung auf welches, das
besondre Gefühl erst ein besonderes wird. Das System ist das
Bestimmbare zum Besondren, welches in dieser Rücksicht das
bestimmte ist. Aber ein solches Gefühl ist das Gefühl der Begrenztheit, und jenes System, das System der Begrenzbarkeit[.] Begrenztheit aber ist nichts ohne das Streben, und das
Gefühl der Begrenztheit nichts ohne das Gefühl des Strebens.
Gefühl der Begrenzbarkeit ist sonach auch nichts ohne Gefühl
des Strebens überhaupt[;] so etwas muß gesezt werden,
wenn[a] ein objectives Vorstellen zu Stande kommen soll, alles
dieß aber ist nur fürs Gefühl. So gewiß Anschauung sein soll[,]
muß Gefühl sein[.]

Das Fühlende und das anschauende Ich ist *eins* und daßelbe,
beide Zustände sind nothwendig vereinigt; aber in wiefern
das Ich sich als anschauend sezt, sezt es sich ganz als anschauend, und wiefern es sich [als] fühlend sezt, sezt es sich
ganz als fühlend[.] Der untheilbare Zustand des Ich ist zweierlei, und darum kommt er in d[o]ppelter Rücksicht vor. Fühlen
des Fühlens und Anschauen des Anschauens sind vereinigt.
Darauf kommt alles an; der Vereinigungspunct liegt im Wesen
der Thätigkeit des Ich. [/]

Das Ich kann nicht ideal sein ohne praktisch zu sein und um- 150.
gekehrt; dadurch entsteht ein doppeltes; nun ist die Rede, vom
Ich, also es giebt ein Gefühl des Gefühls, und ein Anschauen des
Anschauens; und dadurch bekämen wir ein vierfaches[b]. Wir
haben es zugleich mit dem Ich als Object der Anschauung zu
thun. Die Form der Anschauung ist Raum und Materie. Das
Ich wird sonach zur Materie im Raume, sofern es begrenzt und
strebend ist.

Das Streben überhaupt als solches ist unendlich[,] es geht auf *(111)*
eine CAUSALITAET ins Unendliche aus. Sonach muß der Raum
unendlich sein. Dieses Streben ist absolut frei, es giebt gar keine
mögliche Rücksicht, wo es sich nicht weiter bestimmen oder
aufhalten könnte; dadurch wird der Raum und die Materie

---

a Ms.: indem   *b Ms.:* vielfaches

theilbar bis unendlich. Dieß wurde im vorigen § nur aufgestellt als Resultat der Freiheit des Denkens[;] hier wird es
höher auf die Freiheit des Strebens zurückgeführt.

Ist nun von meinem Streben[,] in wiefern es nicht Kausalität hat, mithin von Begrenztheit die Rede, so ist es ein ge-
schloßnes begrenztes QUANTUM. Aber auf diesem Puncte bin
ich frei, es hängt von meiner Selbstbest[immung]. ab, meine
Grenzen auszudehnen und meinem Streben CAUSALITAET zu
verschaffen. Der Raum[,] in dem ich sein soll[,] steht unter
meiner Herrschaft; die Materie im R[aume].[,] die ich sein
soll, und ihre Theile hängt von mir ab; Es ist mein Leib, in
wiefern er artikulirt ist.

Ich muß allerdings annehmen, daß ich die Materie im Raume
auser mir nicht nur theilbar denken, sondern auch wirklich
theilen könne. Aber ich kann dieß nicht unmittelbar durch den
Willen, sondern ich muß erst durch Mittelzustände hindurch[/]-
151 gehen. Aber die Materie, worin durch den bloßen Willen etwas
geschieht[,] ist mein Leib[,] in wiefern er artikulirt, nicht in
wiefern er organisirt ist[.] (Es ist hier vom Leib die Rede, in
wiefern ich durch ihn wahrnehme und wirke, in wiefern[c] er
Sinn ist und Organ[;] er ist das System, meiner Gefühle[,] das
MEDIUM[,] durch welches Anschauung und Gefühl vereinigt
wird. Zum Verdauen und Blutumlauf thut mein Wille nichts,
aber mein Hand oder Fußbewegen hängt von mir ab.[)]

Also das System meiner Begrenzbarkeit und meines Strebens
in der synthetischen Vereinigung gedacht, wird mir zum artikulirten Leibe, dadurch wird Anschauung und Gefühl vereinigt, ich schaue mich an als fühlend, indem ich mich fühle als
anschauend ein Object im Raume.

4. Nun aber geht hier die Anschauung auf ein Object im
Raume, und dadurch werden wir ein wichtiges Resultat finden,
nehmlich: erst die Anschauung eines Objects auser mir und
eines bestimmten Objects ist eine bestimmte Anschauung, und
sie ist nach unsrer Erörterung die erste bestimmte; (die Anschauung meiner als Objects ist später und gründet sich auf
eine Reflexion mit Freiheit;) Das wirkliche Bewustsein geht
nicht von uns aus[,] sondern von den Objecten. Das Anschauen

c Ms.: welchem

und Bewustsein meiner selbst geschieht erst später, durch die Abstraction von den Dingen und die Reflexion auf mich.

Die Anschauung des unendlichen mit Materie erfüllten Raums ist der unbestimmte und bestimmbare Zustand der In- *(112)* telligenz, von dem sie ausgeht[.] (Diese Anschauung ist im Grunde Anschauung eines unendlichen Strebens, diese An- schauung wird nur von dem Philosophen gesezt, als der Zeit nach vorausgehend[, /] in der That aber und im Bewustsein 152
* kommt sie vor, im Bewustsein[d] aller der Momente, die wir bisher aufgezeigt haben und noch aufzeigen werden[.]) In die- sem Zustande werde ich beschränkt, dadurch wird mir jene Sphäre in 2 Theile getheilt, ich werde mir selbst etwas, und es entsteht mir ein andres etwas auser mir (die übrige Materie)[.] Da ich selbst beschränkt bin, so wird auch die Anschauung meiner selbst beschränkt. – Leztere ist bestimmender Theil des Ganzen, (die Anschauung des Objects im R[aume]. und der Plaz deßelben ist das bestimmte) und so geht alle Raumbestim- mung aus von der Bestimmung meiner selbst im Raume. Ich bin im absoluten Orte, der Raum den ich einnehme ist unmit- telbar, alles übrige ist mittelbar. Ich schaue mich nicht an als Object der Anschauung[,] sondern als fühlend und so gewiß ich mich anschaue, falle ich in den Raum[,] aber unvermerkt. Alles mein Anschauen des Objects richtet sich und wird be- stimmt durch mein Sein im R[aume].[,] welches mir erscheint als ein gefühltes[.]

Man bestimmt ursprünglich den Ort eines Dings im Raume nach Gutdünken, oder w[ie] man sich ausdr[üc]kt nach dem Augenmaße. Der M⟨e⟩ßstab[e] liegt unmittelbar im Auge, ich faße einen größern und kleinern Raum auf und meße den erstern durch den lezten, ich berechne[,] was für ein QUANTUM Sehens es bedürfte bis da oder dort hin.

Aber hat das Sehen QUANTITAET; es ist doch wohl etwas absolutes, wenn es als äuseres SCHEMA der inneren IDEALITAET betrachtet wird? Aber beim Raumbestimmen, ist auch nicht das bloße Sehen, sondern das Anschauen einer Linie, die ich ziehen müßte[,] um an den Ort zu kommen. Diese Linie [/] beschreibe ich nun so: Ich schätze mein Streben, wie viel Kraft- 153

---

* d im Bewustsein *irrtümlich für* in Vereinigung? e oder: Maßstab?

aufwand ich anwenden müßte, wie oft ich mich aus meiner
Stelle bewegen müßte, um in dem Orte zu sein[,] in dem sich
das Object befindet. (Der erste Masstab ist ohnstreitig der
Schritt, vorausgesezt, daß ich mich mit jedem Schritte ganz
von der Stelle bewege, und in eine neue Stelle eintrete). Hier
bekommen wir den ersten merklichen Punct, wo die noth-
w[endige]. Beziehung der Vorstellungen auf unser practisches
Verm[ögen]. dargestellt wird..

5. Das bestimmende und bestimmte sind synthetisch vereinigt. Ich kann nichts in den Raum setzen[,] ohne mich drein
zu sezen, und ich kann mich nicht drein sezen[,] ohne andre
Dinge hinein zu sezen; indem ich mich nur seze in wiefern ich
Dinge setze.

§ 11.

Jedes Object erhaelt seinen Ort im Raume in Beziehung
auf das vorstellende, und auser dieser Beziehung ist keine Ortsbestimmung möglich. Aber das, wodurch ein andres im Raume
bestimmt werden soll, muß selbst in ihm sein. Das Vernunftwesen sezt sonach sich selbst in den Raum als praktisch streben-
des Wesen. Dieses neuerlich gefühlte, und bei dem nothwendig   *
mit dem Gefühle vereinigten Anschauen des Objects in die
Form der Anschauung aufgenommene Streben ist der ursprüngliche und unmittelbare Messtab für alle Ortsbestimmung. Es ist nicht möglich[,] etwas in den Raum zu setzen[,]
ohne sich selbst darinnen zu finden, aber es ist nicht möglich,
sich selbst darin zu finden, auser indem man ein Object darin
sezt.

_____

§ 12.

Nach dem vorigen § (§ 11) soll*a'* ich die Entfernung eines Ge-
154 genstands von mir, meßen können [/] nach dem Kraftauf-
wande, deßen ich bedürfe ‹um› mich in die Stelle zu sezen[,]
in der sich das Object befindet. (aber wie ists möglich[,] dieses

a' Ms.: Soll

QUANTUM, dieses unterdrückten Strebens zu meßen, um etwas
andres danach zu meßen?) Dieß wird wohl jeder durch die Erfahrung bestätigt finden, allein philosophisch ists nicht, denn
man kann weiter fragen, wie ists möglich, diesen Kraftauf-
wand selbst zu meßen, um etwas andres danach meßen zu
können. Mit der Beantwortung dieser Frage beschäftigen wir
uns in diesem §[.] Sie hängt davon ab, daß wir die Vorstellung
von Kraft völlig kennen; und wir kennen diese nur, wenn wir
sie [a]bleiten, wenn wir zeigen[,] wie sie in die Intelligenz
kommt.

1) Diese Vorstellung von Kraft läßt sich nur ableiten vom
Bewustsein des Wollens, und der mit dem Wollen vereinigten
Causalität; es ist also zuerst die Frage zu beantworten: wie
finden wir uns denn, indem wir uns wollend finden, und die-
sem Wollen eine Causalität in der Sinnenwelt zuschreiben?
Dieser Punkt kann nicht aus Begriffen abgeleitet werden; er
ist ein nicht weiter abzuleitendes unmittelbares, erstes. – Man
muß sich das Wollen überhaupt und die Form des Wollens
REPRODUCIREN, und sich bei diesem Verfahren beobachten.
Zuförderst:

Man denke sich DELIBERIREND. Soll ich dieses oder jenes thun,
oder ein 3tes? In der DELIBERATIONE erscheinen diese gedachten
Handlungen als in der Vorstellung ganz bestimmt. Ich denke
mir diese Handlungen als möglich, vom Entschluße abhängig,
aber nur als möglich. Der Begriff der Handlung ist im^a DELIBERI-
REN, noch über mehreren Handlungen schwebend; er ist noch
auf keine bestimmte fixirt. [/]

Man deliberire nun nicht mehr, sondern faße einen Ent-   155
schluß; so erscheint das Gewollte als etwas, das sich allein zu-   (114)
tragen soll; das Wollen erscheint als eine kategorische Foderung, als ein absolutes Postulat an die Wirklichkeit; im DELI-
BERIREN ist nur von der Möglichkeit die Rede; durch das Wollen soll etwas neues, erstes, vorher noch nicht vorhandenes entstehen. Dieses ist aber doch schon idealiter dagewesen, denn
im DELIB[ERIREN] habe ich die möglichen Begebenheiten[,] die
erfolgen konnten[,] an mein Wollen geh[a]lten, aber nur problematisch. Also läßt sich jenes neue beschreiben, als jezt erst

a Ms.: ein

loßgelaßen[,] indem es in der DELIBERATION noch zurückgehalten[^b] war; das Wollen erscheint also als ein Hervorgehen[,]
als eine freiwillige Beschränkung, indem man den Willen auf
ein neues Object hinleitet. Im DELIBERIREN ist das Streben zerstreut und in sofern kein Wollen. Die CONCENTRATION dieses
zerstreuten Strebens in *einem* Punct heißt erst Wollen. Dieß ist
eine Folge aus dem oben aufgestellten Satz: das Ich findet sich
im Uibergehen von der Unbestimmtheit zur Bestimmtheit;
nur in diesem Uibergehen kann man sich sein[es] Wollens bewust werden.

DELIBERIREN und Wollen ist bloß ein Denken[,] das erste
ein problematisches, das 2te ein categorisches. Aber alles im
Ich, also auch das Wollen, muß durch daßelbe gesezt sein. Das
bestimmte Denken, das wir ein Wollen nennen[,] ist sonach ein
unmittelbares Bewustsein. Ich will, in wiefern ich mich als
Wollend denke, und ich denke mich als wollend, in wiefern
ich will. Bei[/]des ist unzertrennlich. Der Wille ist ein absolutes erstes, seiner Form nach durch nichts bedingtes. Es ist
eben so wie mit dem Gefühle, dem ebenfalls, weil es ein
unmittelbares ist[,] nichts vorschwebt, was man wegdenken
könnte.

Dieser unmittelbare Begriff vom Wollen ist die Grundlage
des Systems der Begriffe, die Kant NOUMENE nennt und durch
welche er ein System der intelligiblen Welt begründet[.] Sie
h[a]ben zu vielen Misverständnißen Anl[a]ß gegeben, und stehen in dem Kantschen Systeme abgerißen und getrennt von
dem übrigen da[.]

Kant sagt zwar, daß man sie denken müße, aber nicht wie,
und warum? sie sind bei ihm QUALIT[A]T[ES] OCCULTAE; er behauptet[:] es giebt keine Brücke von der sinnlichen zur übersinnlichen Welt. Dieß kam daher, weil er in der Kritik der
reinen Vernunft das Ich einseitig und nur als das mannigfaltige
ordnend, nicht aber als producirend dachte.

Die WißenschaftsLehre schlägt diese Brücke leicht. Nach
ihr ist die intelligible Welt die Bedingung der Welt der Erscheinungen; die leztere wird auf die erstere gebaut; die erstere
beruht auf ihrem eigentlichen Mittelpuncte, dem Ich, das nur

[^b]: *Ms.:* zurückgelaßen

im Wollen ganz ist. Alle Vorstellungen gehen aus vom Denken des Wollens.

Dieser Begriff vom Wollen ist es, worauf alles geistige (das was im bloßen Denken bestehen soll) beruht, wodurch das Ich selbst geistig wird. Nach der vorigen Ansicht war das Ich kör- *(116)* perlich, beide Ansichten müßen vereinigt werden.

Ein Begriff, der uns in die intelligible Welt führt (ein NOU- MEN) wäre also so etwas[,] das durch bloßes Denken hervorge- bracht würde, so w[ie]. die Begriffe der äuseren Gegenstände, von denen wir behaupten[,] daß sie nicht durch bl[o]ßes Den- ken hervorgebr[acht] werden, sinnliche heißen. [/] Daher daß 157. Kant unterließ[,] die Frage zu beantworten, woher kommt das NOUMEN? kam es auch, daß er die intelligible Anschauung leugnete (VID[E]. Hülsen über die Preisaufgabe was hat die ✗ Metaph[ysik] seit Leibnitz und Wolf für Progreßen gemacht.)[.] ✗

Solche Begriffe könnte man auch reine Begriffe und das Vermögen d[a]zu reine Vernunft nennen. Da die Wißen- schaftsLehre es mit dem ganzen Umfange des Bewustseins zu thun hat, so muß sie nicht nur die Begriffe der NOUMENEN, sondern auch der PHAENOMENE darstellen.

2) Um den Begriff des Wollens noch kl[a]rer zu machen, wollen wir ihn mit dem Begriffe des Wunsches vergleichen, und den Unterschied aufzeigen. Zuförderst: durch den Willen soll etwas REALISIRT werden können, durch den Wunsch aber nicht. Nun kann das Gewünschte und das Wünschen von *(117)* 2erlei Art sein[:] Entweder man sieht ein, daß das Gewünschte nicht von uns abhänge, wenn man es auch wollte, oder daß es von uns abhange, man wolle sich aber nicht die Mühe geben es zu REALISIREN. Diese leztere Art von Wünschen ist die Stim- mung so vieler Menschen, die nie im Ernste wollen, sondern es nur beim Wünschen bewenden laßen; dieses ohnmächtige Wünschen wird oft mit dem Wollen verwechselt, und daher verkennt man die hohe Macht des Wollens erst ganz.

Mit dieser lezten Art des Wunsches haben wir es allein hier zu thun. Es ist etwas bestimmtes, von allem entgegengesezten verschiedenes. Mein Wollen schwebt nicht mehr wie beim DELIBERIREN über entgegengesezten[;] der Wunsch hält sein Object fest, es fehlt ihm bloß die Form des Wollens. Die Ma- terie ist da, man will sich aber nur nicht dazu entschließen.

Auch wird beim Wunsch^c das Object gefordert, nur wird es
nicht unbedingt gefordert. Der Wunsch geht nicht bloß auf
158. das Object des [/] Wollens, das realisirt werden soll, sondern
auch auf etwas andres, das wegfallen soll. –

Beim Wollen abstrahire ich schlechthin von allem auser dem
gewollten, alle[s] andre gebe ich auf, beim Wünschen ist noch
immer etwas[,] was mich zurücke hält, Furcht vor Anstrengung, Folgen ETC. Das Wollen ist CONCENTRATION des ganzen
Menschen mit seinem ganzen Vermögen auf einen Punct; das
richtige Bild davon ist der Act der angestrengten Aufmerksamkeit. (Es giebt viele, die mit offnen Augen träumen, mit ihren
Gedanken regellos herumschweifen, von einem aufs andre
kommen. Soll etwas gutes und rechtes werden, so muß man
bestimmt eins nach dem andren denken, und alles miteinander
verknüpfen.[)]

Das Object des Wollens ist eine bestimmte Reihe des Handelns und Empfindens. Ich will etwas heißt: der Zustand des
Gefühls[,] das gegenwärtig vorhanden ist, oder das Obj[ect,]
(118) das gegenwärtig so ist[,] soll anders werden.

Nun aber giebt es zwischen den Momenten A und B keinen
Sprung; es muß ein allm[ä]hliger Uibergang sein, weil sonst
die Einheit des Bewustseins aufhören, und ich nicht derselbe
sein würde.

Im Wollen wird eine bestimmte Richtung ged[ac]ht, und
auf diese Richtung wird alles Denken geworfen; und es wird
der Einbildungskraft nicht erlaubt abzuschweifen; beim Wünschen wird zwar auch die Richtung ged[a]cht, aber der Einbildungskraft wird erlaubt abzuschweifen.

Daher nun, von diesem Nöthigen und Zwingen der Einbildungskraft[,] sich nur hierauf zu r[i]chten, kommt der Begriff
von Kraft, der mit dem Willen vereinigt ist. Es ist nicht möglich[,] sich einen Willen zu denken, ohne sich zugleich einen
Anstoß, eine Anwendung von Gewalt zu denken. Das Wollen
ist wahres inneres Wirken, Wirken auf sich selbst; das herum-
159 schwei[/]fende Denken wird ergriffen, und auf einen Punct
beschränkt.

Diese Vorstellung vom inneren Wirken, kommt im Bewust-

c Ms.: Wollen

sein vor, als etwas zwischen Gefühl und Gedanken schweben-
des, man könnte es nennen, ein intelligibles Gefühl. Wenn die
Einbildungskraft sich selbst überl[a]ßen bleibt, so schweift sie
herum, und es kostet innere Anstrengung[,] sie zu binden. Dieses Actes, des Bindens, werde[d] ich mir unmittelb[ar] bewust[,]
indem ich ihn vollziehe, und *hierdurch* läßt sich die intelligible
Welt an die Welt der Erscheinungen anknüpfen; was in diesem
Gefühle vorkommt, ist die erste innere Kraft, man könnte sie
reine Kraft, Kraft auf sich selbst nennen; sie ist Wirkung des
Vernunftwesens auf sich selbst[.]

Anm[erkung]. über theoretischen und praktischen Gesichtspunct. Der erste besteht in der Freiheit des Denkens, die aber
darum nicht gesetzlos ist, sondern sich nach Regeln richtet;
beim Handeln hingegen fällt diese Freiheit weg, der Wille
wird auf einen einzigen Gegenstand gerichtet. Das beste Mittel
beide Gesichtspuncte nicht zu verwechseln ist: Man stelle sich
auf dem praktischen Gesichtspunct recht fest, man lerne recht
wollen; ist man speculativer Denker[,] so wird man auch auf
dem theoretischen recht fest;

Anm[erkung] 2[:] Kant sagt einmal, es würde sonderbar
scheinen, daß das Vernunftwesen sich selbst afficiren solle; aber ×
wenn man daßelbe genau kennt[,] so fällt diese Sonderbarkeit
weg, denn das Wesen der Vernunft besteht darinn[,] daß es
auf sich selbst handle. Eher könnte man fragen: wie diese Selbstaffection im Bewustsein vorkommen solle; gegen sie findet
sich ein Widerstand[,] der überwunden werden soll; diese
A[e]ußerung heißt Gefühl.

3.) Man nehme an[,] daß dieser Wille CAUSALITAET habe,
daß unmittelbar in der [/] Erfahrung eintreten solle, was ich 160.
will (Wir nehmen hier noch nicht Rücksicht darauf[,] woher
die Harmonie komme, daß durch das Wollen etwas ihm ent-
sprechendes in die Erfahrung eintrete; sondern wir betrachten
nur die Vorstellung der CAUSALITAET und die in ihr vorkom-
mende Man[nig]faltigkeit)[.]

Der Zustand meines Gefühls verändert sich, wenn ich eine
CAUSALITAET wahrnehme; es ist eine stete Fortbewegung von
A zu B[,] in der kein Sprung kein HIATUS ist. Wenn ich die ge- *(119)*

---

d Ms.: wurde

sammte Maße des Gefühls als eine Linie denke, so werde ich keine 2 zunächst liegende Puncte finden, die ganz entgegengesezt wären. Nehme ich aber Theile heraus, so sind diese im ganzen immer entgegengesezt. z. B. der Zustand des Gefühls, zu folge deßen ich annehmen muß, A sei roher Marmor, verändere sich so, daß ich sonach zu Folge des Gefühls, A als eine Bildsäule annehmen muß. Dieß ist ziemlich unbegreiflich; allein es ist auch nicht Sache des Begreifens (des Denkens) sondern des Anschauens; und wurde nur durch die Einbildungskraft so, wie sich dieß bei der Deduct[ion] der Zeit ergeben wird. Der Fortgang soll stetig sein, weil sonst die Einheit des Bewustseins aufgehoben würde, und sonach bliebe ‹das› Bewustsein[,] weil das Bewustsein Einheit ist. Nun aber sind die Gefühle als solche entgegengesezt, und können im Fühlen in derselben Rücksicht nicht stattfinden. Wie soll nun dieß Mannigfaltige in der Causalitaet vereinigt werden? Schon oben wurde gesagt[:] Die Gefühle müßen auf ein in beiden Zuständen fortdauerndes Gefühlsvermögen bezogen werden; diese Antwort bekommen wir hier wieder und bestimmter als oben; es liegt darin, wie wir unsre mannigfaltigen Vorstellungen *in der Zeit*, in Eins faßen, und uns bei allem Wechsel der Empfindungen für daßelbe Empfindende halten. [/] Das Mannigfaltige soll aber nicht nur überhaupt im Bewustsein vereinigt werden, sondern es soll auch als Würkung einer einzigen ungetheilten Willensbestimmung gedacht werden, denn nur so wird Causalitaet des Willens gedacht.

161ᵉ

Diese geforderte Vereinigung ist nur dadurch möglich, daß jedes einzelne in der ganzen Maße betrachtet werde, als bedingt durch ein gewißes andere, und bedingend ein gewißes drittes. Jedes mögliche B, das man auffaßt, muß angesehen werden als bedingt durch A (umgekehrt könnte wohl A sein[,] wenn B nicht wäre, B bedingt nicht umgekehrt A, so wie sich A verhält zu B, so B zu C und s. f.) und bedingend ein gewißes C,ᶠ B muß so angesehen werden, daß es nicht sein könnte[,] wenn nicht ein gew[ißes] A vorausgegangen wäre. und s.f. Dieß Verhältniß ist das der Dependenz. Also das Mannigfaltige steht im Verhältniße der Dependenz und kommt nur dadurch in eine

e Ms.: § 161   *f Ms.:* c, /

Reihe. Das beste Beispiel dazu ist Fortbewegung eines K[ö]r-
pers im Raume.

Der Körper stehe in A[;] ich bewege ihn fort bis in B, in B
würde er nicht sein, wenn er nicht in A war, aber es wird nicht
ges[a]gt, daß er nothwendig aus A in B fortbewegt werden
müßte. Jedes vorhergehende Glied verhält sich zu dem folgenden, wie das best[i]mmbare zum bedingten(, oder bestimmten)
nicht aber wie das bestimmende *zum Bestimmten.* N[a]ch A ist
eine beträchtliche Menge von Bewegungen möglich, und dieß
ganze Mannigfaltige ist bedingt durch A. Ich habe das Object
im Puncte A, aus diesem kann ich es in alle möglichen Puncte
schieben, aber wenn es nicht in A steht, so kann ich es nach
keiner von allen den möglichen Richtungen [/] bewegen. Von 162
jedem Gliede ist das folgende nur möglich, wirklich wird es
nur dadurch, daß der Wille gerade diese Richtung wählt[.]

Durch dieses Verhältniß der DEPENDENZ ist das Mannigfal- (120)
tige des Gefühls überhaupt vereinigt; aber wie wird es nun mit
* dem Ich im Begrif des Willens vereinigt. Wo das Ich erscheint, ist allenthalben ein Uibergehen, wo das folgende nicht
zum Vorhergehenden paßt; da ist das Ich das best[im]m[en]de[,]
I[D]. E[ST] das was den Grund des Uibergehens von der [Be-
stimmbarkeit zur] Bestimmtheit [enthält]*. In der Wirksamkeit
erscheint die Richtung, wo die Wirksamkeit aufhört[,] da hört
die Richtung auf; dadurch erscheine ich mir in der ganzen
Reihe als Ich, daß ich durch die ganze Reihe das bestimmbare
bin. Hier bekommen wir den Begriff; denn zuförderst sieht
jeder ein[,] daß hier nicht die Rede ist von Vereinigung des
Mann[i]gf[altigen]. der Gefühle, denn in den Gefühlen ist das
Man[ni]gf[altige]. stets DISCRET; sondern es ist die Rede von der
idealen Thätigkeit. Dieses Verfahren der idealen Thätigkeit in
Vereinigung des Man[ni]gfaltigen, ist ein solches, daß aus den
Gefühlen ein *objectives* erfolgt; das erfolgende ist nicht unmittelbar mein, wie im Willen, es ist etwas vorschwebendes, im
Bilde zu REALISIRENDES, etwas zu schematisirendes. Nun aber
ist das hier zu REALISIRENDE nicht das Gefühl selbst der Materie
nach, dieß ist im Raume als Object realisirt, sondern es ist das
* Gefühl des Mannigfaltigen, im Gefühle des Man[ni]gfaltigen

g Worte in eckigen Klammern im Ms. nachträglich eingesetzt.

der DEPENDENZ; welches ist nun das SCHEMA davon? *Die Zeit-*
folge[.] ‹Nur› so entsteht uns eine Zeit, in der wir das Man[nig]-
faltige, in wiefern es im Verhältniße der DEPEND[ENZ] steht,
anschauen; und lediglich in wie fern das Man[ni]gfaltige so
angeschaut wird[,] ist eine[h] Zeit. Sie ist also die Form des ✱
163. Man[ni]gfaltigen [/] der Anschauung; die sinnliche Anschauung des oben gezeigten Verhältnißes des Mannigfaltigen.

Das Ich ist das bestimmende deßen, was in der Zeit ist, und
fällt sonach selbst in die Zeit. Sein bestimmen fällt mit dem bestimmten in die Zeit. Denn das Ich fällt mit in diese Synthesis,
und diese Synthesis ist nicht ohne das Ich möglich. Nun ist
diese Synthesis für die objectiv vorschwebende Thätigkeit des
Ich, mithin wird das Ich in dieser Synthesis etwas objectives[.]

Das, wodurch das Ich sich bestimmt, heißt Kraft, und zwar
reine Kraft, in wiefern intelligibles Bewustsein statt findet.
Hier aber in wiefern das Bestimmen, als etwas sinnliches objectives betrachtet wird, muß die Kraft des Ich, ebenfalls den
Charakter des sinnlichen, objectiven bekommen.

Die unter N. 1 ET 2 geschilderte Selbstbestimmung, welche
in keiner Zeit ist[,] wird hier ausgedehnt zu einer Zeitlinie. Bei
jedem unterschiednen Man[ni]gfaltigen wird diese Selbstbestimmung wieder gesezt und abermal gesezt, doch über[all] als
die Eine Selbstbestimmung, und daher die CONTINUITAET der
Zeitreihe. Ich bestimme mich von A zu B, dieß ist ein ACT, der
in keine Zeit fällt; zu folge dieser Selbstbestimmung tritt ‹eine›[h]
Erfahrung ein; mein Uibergehen von A zu B fällt in die Zeit.
Das Uibergehen ist bedingt durch die CAUSALITAET meines
Willens. Jedes Glied in der Reihe wird bet[ra]chtet als bedingt
durch die CAUS[ALITAET]. meines Willens. Ich dehne meinen
Willen über die Zeit aus, daher wird auch meine Kraft ausge-
(121) dehnt, sie handelt gleichsam *ruckweise*; sie thut eins nach dem
164 andern[, /] sie geht durch Mittelzustände hindurch, und wird
dadurch etwas beschränktes in der Anschauung; Etwas das
unter Gesetzen steht, die nicht von mir abhängen; sie erscheint
mir als abhängig von der Naturkraft.. Meine Wirksamkeit
dehnt sich nur durch einen Widerstand in der Natur durch die
Zeit aus. Ich trage in die Natur gleichsam hinein, weil sie sich

h könnte auch heißen: die

mir ‹immer› entgegenstemmt, welches entgegenstemmen ich
nur allm[ä]hlig entfernen kann.

Mein Wille Q[UALIS]. T[ALIS]. ist frei; ich gebe mir ihn selbst;
meine Kraft aber in der Sinnenwelt, wodurch ich z.B. einen
Körper fortbewegen soll, soll etwas gegebenes sein; weil sie
als Object erscheint, und zwar nicht bloß als Object, sondern
als SUBJECTOBJECT.

Die sinnliche Kraft in Beziehung auf unser Denken ist zuförderst ein Begriff, der aber nicht entsteht durch Anschauung
eines Objects, sondern durch das Denken des Man[ni]gfaltigen
in einer gewißen Verbindung. Kraft ist daher ein synthetischer
Begrif, sie wird nicht angeschaut sondern gedacht. Wenn ich
das Mannigfaltige des Gefühls, das zu folge des Wollens entstehen sollte, zusammenfaße[,] so bekomme ich den Begriff
von Kraft.

Er ist kein bloß sinnlicher, und kein bloß intelligibler Begriff,
sondern beides zum Theil[.] Der Stoff, die Willensbestimmung
ist intelligibel[,] die Form aber, in welche meine Willensbestimmung fällt, die Zeit, ist sinnlich. Er ist die Brücke zwischen der
intelligiblen und sinnlichen Welt[,] das wodurch das Ich aus
sich heraus und zu einer Sinnenwelt übergeht. Durch ihn stellt
sich das Ich vor sich selbst als Object hin und knüpft sein Bewustsein an eine objective Welt; so werde ich mir zu einem
Objecte, zu einem Gegenstande der Wahrnehmung, und an
dieß objective knüpft sich mir eine Sinnenwelt an; von da geht
alle Ansicht der Welt aus. Darin lag der Fehler aller bisherigen
Philosophen[, /] daß man diese[i] Erkenntniß als übersinnlich   165
ansah; da doch unser Bewustsein von der Wirklichkeit anhebt.

Nach Kant gehört dieser Begriff unter die NOUMENE, diese
Stelle gebührt ihm völlig[,] in wiefern er nicht ein Object der
äuseren Anschauung bedeutet, in wiefern er ein Begriff d. i.
lediglich durchs Denken hervorgebracht ist. In der intelligiblen
Welt liegt er nach Kant nicht[;] darin liegt nur die Freiheit;   (122)
das ist richtig, nur ist Kant über diesen Punct nicht bestimmt
genug.

Nach Fichte giebts Begriffe 3 fach[er] Art:

A) Begriffe von sinnlichen Anschauungen

i Ms.: das

131

b) intelligible Begriffe (der Wille allein)

c) solche die zwischen beiden in der Mitte liegen (Begriff der Kraft.)

Bei K[ant]. fallen b und c zusammen, weil er den Unterschied zwischen der sinnlichen und intelligiblen Welt nicht genau angab[.][k]

4. Nun soll durch die Anschauung eines QUANTUMS von Kraft der Ort des Objects im Raume bestimmt werden (vor[iger]. §).

166. Zuförderst wird für die Möglichkeit eines solchen Meßens vorausgesezt, der Gedanke [/] der Fortbewegung im Raume, durch absolute Selbstthätigkeit, also der Begriff der phys[ischen]. Kraft. Ohne ihn ist nichts bewegliches, denn dadurch entsteht erst das Man[nig]faltige[,] das in der Linie liegen soll[.]

Wir sehen hier noch bestimmter, was für ein Thun des Ich es ist, deßen SCHEMA nach dem Obigen beschrieben wurde als eine Linie, es ist ein sinnliches Thun, denn das übersinnliche Thun bedarf keines SCHEMA. Das bloße Handeln ist eine absolute Selbstbesti[mmu]ng, aber wenn man ihm eine bestimmte Richtung giebt, versinnlicht man es..

Zwischen sinnlichem Thun und SCHEMATISIREN ist Wechselwürkung, weil das thun SCHEMATISIRT wird, drum ist es sinnlich, und weil es sinnlich ist, drum wird es schematisirt; der Hauptpunct, wovon diese W[echsel]W[irkung] ausgeht[,] ist die Vereinigung der idealen und realen Thätigkeit durch das Gefühl in einem endlichen Wesen. Durch das Gefühl kündigt sich unsre Endlichkeit an. Die ideale Thätigkeit der Einbildungskraft ist es[,] durch welches das Intelligible die Ansicht für uns erhält, die es hat.[l]

---

k folgt: § 12 UNSER STREBEN (KRAFTANSTRENGEN) § 11) IST DER MAASSTAB FÜR ALLE RAUMBESTIMMUNG. Innere oder reine Kraft ist die unmittelbare, also intellectuel angeschaute Würksamkeit des Willens, wodurch sich das ganze freie Vermögen des Ich auf einen Punct richtet; äusere oder physische Kraft ist eben diese Energie, in der sinnlichen Anschauung durch eine Zeitreihe ausgedehnt, in welcher das Mannigfaltige, das durch die CAUSAL[ITAET]. des Willens bestimmt gesezten Vermögens, in dem Verhältniße der DEPENDENZ gedacht wird, durch welches Verhältniß allein es zur Einheit des Bewustseins aufgenommen werden kann.

l Der letzte Satz am Rande ohne Vermerk

Beim Meßen bin ich der Voraussetzung nach selbst im
Raume (ich fühle mich selbst als in den Raum hineinschauend,)
breite mich im R[aum]e aus, kann gewißermasen sagen: ich
fühle den Raum[,] in dem ich bin[,] unmittelbar, ich habe also
das ursprüngliche Maaß im Selbstgefühle. Denke ich mich nun
nach einer bestimmten Richtung in den Raum hinein, so seze
ich mich zum 2ten, 3ten male und s. f. in den R[aum]; ich ver-
doppele, verdreifache und s.f. in den R[aum] mich selbst; und
so kommt nach und nach die Linie zu Stande von mir aus zum
* Objecte, deßen Entfernung von mir ich wißen will. Dazu gehört nun, daß Succession möglich sei, und daß das succedirende
Mannigfaltige eins sei; auserdem würde ich mich nicht ver-
doppeln[,] sondern würde, wenn ich mich in die 2te Stelle
sezte[,] die erste verlieren. Dieß ist nur möglich dadurch[,] daß
das Mannigfaltige in das Verhältniß der Dependenz [/] gesezt 167
werde. Unser Verfahren beim Zählen kann die Sache deut- (123)
licher machen; z.B wenn ich 3 zähle, so seze ich 1 und 1 und 1,
indem ich nun die 2te 1 seze[,] nehme ich die erste mit
hinzu⌐ pp[.]
Die natürliche Art[,] im Raume sich fortzubewegen[,] ist
das Fortschreiten; durch einen jeden natürlichen Schritt werfe
ich meinen ganzen Leib in den zunächstliegenden Raum; durch
halbe Schritte, (Schleichen) komme ich nur zum Theil in den
nächstliegenden Raum; durch größere (Sprünge) überspringe
ich den zunächstliegenden Raum, daher das Verfahren in der
Philosophie[,] wo man die Mittelglieder ausläßt, Sprünge,
hiatos genannt werden. Allein diese beiden lezten Schritte,
sind keine natürlichen. Daher das ursprüngliche Maas bei den
Völkern, die Schritte. Durch die ungleiche Größe der Menschen wurde man genöthigt[,] künstlich objective Maaße zu
erfinden.
Dieses Successive fällt in die Zeit, und jedes neue Sezen
meiner selbst fällt auch^m abermals in die Zeit, das Successive
und die Zeit[,] in der es folgen würde, *werden* zusammengefaßt,
und nur das formelle[,] nicht das Materielle aufgefaßt, und dadurch wird es möglich[,] eine Zeit zu denken. Zeit und Moment verhalten sich wie bestimmbares zu bestimmtem.

m Ms.: fällt. auch

5) Wir haben gesehen, daß physische Kraft, und alles was durch sie, und wodurch sie bedingt wird, nur gesezt wird zu folge eines Gefühls, also[n] nur im wirklichen Handeln ‹was› uns erscheint.

Bei dieser Schätzung wird immer vorausgesezt der Begriff der physischen Kraft und diesen bekommen wir nur[,] in wiefern unser Wille Causalität haben soll, in wiefern man wirklich handelt. [/]

168 Der Fortgang zum Ziele heißt Handeln, das Handeln erscheint nur, das ist, es ist nur wie es ist, in der aufgezeigten Form der Anschauung[.]

Wenn man das Intelligible (das einige Intelligible ist unsre Selbstbestimmung[,] die keine Zeitfolge kennt, weil sie kein mannigfaltiges ist[,] das succediren kann.) das an sich nennen wollte, so ist es nicht so. An sich handeln und sind wir nicht in der Zeit, denn der Wille ist kein Mannigfaltiges. Aber ich bin sinnlich, ich muß durch die Gesetze der Anschauung hindurchgehen und sonach läßt sich aus dem intelligiblen allein nicht viel machen[.]

Die physische Kraft ist für uns nur zu Folge eines physischen Handelns da, nun sollen die Dinge im Raume geordnet werden zu Folge des Begriffs unserer physischen Kraft; sonach ist das Ordnen der Dinge im Raume, und da wir dieß als Bedingung des Bewustseins aufgezeigt haben[,] alles Bewustsein nur möglich im Bewustsein der wirklichen Erfahrung des wirklichen Handelns – (Alle Abstraction bezieht sich auf Erfahrung und ist ohne sie gar nichts)[.]

§. 12.

UNSER STREBEN, ODER UNSER PRACTISCHES Handeln ist nach dem vor[igen] § der Masstab aller Raumbestimmung. Innere oder reine Kraft ist die unmittelbar und also intellectuel angeschaute Wirksamkeit des Wollens, durch welches das ganze freie Verm[ögen]. des Ich sich auf einen Punct richtet. Aeußere oder physische Kraft ist eben diese Energie, von der sinnlichen Anschauung durch eine Zeitreihe ausgedehnt, in welcher das Mannigfaltige des durch die CAUS[ALITAET]. des

n Ms.: allso

Wollens bestimmten Gefühlsvermögens in das Verhältniß der
DEPENDENZ gebracht wird, durch welches Verhältniß allein es
zur Einheit des Bewustseins [/] aufgenommen werden kann,　169
* aber eine solche physische Kraft kann nur in einer reelen Wirksamkeit gesezt werden, folglich ist die Ortsbestimmung der
Dinge, und daher das Bewustsein selbst nur zu folge einer
reellen Wirksamkeit möglich.

---

§. 13.　　　　　　　　　　　　　　　(124)

Im vorigen § ist vom Begriffe der Zeit geredet worden,
dieser soll hier erklärt werden.

Die Aufgabe[, die] bei der Auflösung der Zeit entsteht[,] ist
die: das Mannigfaltige des Gefühls zu vereinigen. Diese Vereinigung geschieht so[,] daß das Mannigfalt[ige]. abgeleitet
werde von der Willensbestimmung und auf sie bezogen werde.
* Aber die Gefühle erscheinen doch als etwas Mannigfaltiges,
DISCRETES, welches in eine Zeit oder in eine Zeitreihe fällt, in
welcher das Gefühl und das Gefühlte folgen sollen; und so ent-
* stünden 2 Zeiten; eine Zeit an sich, und eine Zeit[,] in welcher
das Man[nig]faltige folgen sollte. Die Gefühle fallen schon an
sich in die Zeit, und hernach [n]im[m]t man sie in die Zeit auf. –
Wir müßen die Sache scharf nehmen[,] um diese 2 Zeiten zu
vermeiden.

Ich bin überhaupt beschränkt, diese Beschränktheit macht
mein Wesen aus (meinen Einen und untheilbaren Zustand in
alle Ewigkeit, wenn Ewigkeit heißt NEGATION der Zeit) und
über diese darf nicht weiter gefr[a]gt werden, dieß ist meine
* erste Beschränktheit. Nun wird aber von einer Veränderung
der Beschränktheit geredet. Ich bin beschränkt im Auffaßen
meines Zustandes, daß ich nur DISCRETE QUANTA auffaßen
kann, über diese Beschränktheit kann ebenfalls nicht weiter
gefragt werden z. B. ich kann nur durch die 5 Sinne auffaßen,
und mit jedem Sinn nur das was ihm zukommt. Dieß ist die
Beschränktheit im Auffaßen meines Zustandes (Mein ganzes [/]
Bewustsein ist nur ein Nach und Nachentstehen, und An-　170

135

bauen[,] es ist nur eine Analyse deßen das schon da ist[,] so gewiß ich da bin). (Ist einmal das Auffaßen nicht möglich; so entsteht ein Staunen, welches der Grund des Erhabenen ist)[.]

Der Grund, daß ich nur discrete Größen auffaßen kann, liegt ganz in mir; es läßt sich nicht darüber hinausgehen; es läßt sich (125) nur sagen: so ist es, so finden wir uns, A PRIORI kann der Philosoph hierüber nichts ausmachen; er kann bloß sagen, wenns nicht so wäre, so ‹könnte› ich kein Bewustsein setzen.

Von den DISCRETEN auseinanderliegenden hängt der Begriff der Zeit ab. Wenn ich aber ein einzelnes, wieder eins u. s. f. auffaße[,] so entsteht für mich noch kein Mannigfaltiges; denn ich bin für mich nicht eins; ich denke x, y, z. Dann bin [ich] erst x dann y dann z. So wenig nun x, y, z ein gemeinschaftliches haben; so wenig hat das Bewustsein von x, y, z Gemeinschaft.

Soll das Mannigfaltige [dem] Denken erscheinen als eine Reihe, so muß ganz daßelbe mit allem mannigfaltigen Denken *
vereinigt sein durch alles Denken. In allem Denken muß das eine vorkommen, ohne daßelbe muß kein Denken möglich (126) sein; dieß ist nun die im vor[igen] § beschriebene intellectuelle Anschauung des Wollens. Diese wird durch das ganze discursive Denken hindurch wiederholt, diese ists die in allen Momenten hindurchgedacht wird; hierauf gründet sich die Lehre vom Gedächtniße. Ich sehe mich selbst in die Zeit hinein, ich bin nicht in der Zeit, in wiefern ich mich INTELLECTUALITER anschaue, als mich selbst bestimmend.

Eigentlich ist die intellectuelle Anschauung nur Eine, und in keiner Zeit, nur durchs DISCURSIVE Denken wird sie getheilt, und fällt in die Zeit. Ich schaue mich an als wollend, da ist [/] 171. keine Zeit, kein vor oder nach; nur das Bedingte fällt in die Zeit; mein Wollen aber ist durch nichts bedingt.

Alles Denken ist in der Zeit; bei allem Denken dauert die Anschauung des Willens fort. Dieser Ausdruck ist nicht adäquat, aber er würde ‹so›: Indem ich die Anschauung auf das Mannigfaltige des Wollens beziehe, wird sie dauernd. Nur in dieser Rücksicht kann die Zeit Form der Anschauung heißen[;] sie ist Form der intellectuellen Anschauung, die aber dadurch daß sie in diese Form aufgenommen wird, versinnlicht wird. Die Zeit ist also das Mittelglied zwischen dem Intelli-

giblen und sinnlichen; wir bekommen sonach 3[er]lei Anschauungen

A) sinnliche im Raume.

B) Intelligible unseres Wollens

C) solche in welchen beides vereinigt ist, die Anschauung
unseres Wollens in der Zeit[.]

Wir sehen jetzt klarer ein, was durch die Behauptung der
intellectuellen Anschauung eigentlich behauptet wird; es wird
nicht behauptet[,] es könne ein Mensch bloß in der intellectuellen Anschauung sein. Der Mensch und jedes andere endliche Vernunftwesen ist sinnlich und in der Zeit. Die intellectuelle Anschauung ist das in allem Denken bestimmbare; und
muß gedacht werden, als Grundlage alles Denkens; sie läßt *(127)*
sich nur durch den Philosophen absondern, nicht aber im
gem[einen]. Bewustsein.

Was heißt sich denken, sich etwas denken? Die Art, wodurch
die NOUMENE zu Stande kommen, ist das sich denken? Das intelligible in das sinnliche hineinsetzen als Vereinigungsgrund
* heißt: sich etwas Denken. Das bloß gedachte ist nicht in der
Erfahrung, sondern wird erst durch das Erfahrende hineingetragen; daher heißt es A PRIORI in der [/] Bedeutung, wie Kant 172.
dieß Wort nimmt. ×

* A PRIORI und A POSTERIORI kann zweierlei heißen. A) entweder es ist vom ganzen System des Bewustseins die Rede,
dieß kann betrachtet werden, als gegeben, wie es im gemeinen
Bewustsein vorkommt und dann heißt es A POST[ER]IORI; wird
es vom Philosophen abgeleitet, heißt es A PRIORI in der weitesten Bedeutung[.]

B) oder A POSTERIORI heißt was zu folge eines Gefühls der
‹reinen›ᵃ Anschauung vorkommt; und dann heißt A PRIORI
das, was durch Denken in das Mannigfaltige der Gefühle hineingetragen wird, um das Mannigfaltige zu vereinigen. Kant
hat die Form des Denkens in diesem Verfahren richtig geschildert[,] aber das Materiale woher es kommt, fehlt. ×

Uiber das Verhältniß der verschiedenen Zeitmomente zu
einander VID[E]. Eigenth. d.WL. P.105 ETC[.] ×

---

a könnte auch heißen: innern

Wie ist das Bewustsein möglich? ist unsere Hauptfrage. Alles Bewustsein ist unmittelbar Bewustsein unseres Handelns, und alles mittelbare Bewustsein ist Bedingung dieses Handelns. Dieß ist die vorläufige Antwort, die wir bisher gegeben, aber noch nicht bestimmt haben; das bisher gesagte ist bloß Vorbereitung gewesen.

(128)   Durch unsere bisherige Untersuchung haben wir gefunden: Bewustsein des Handelns ist nur unter Bedingung[b] der Freiheit möglich, dieß unter Bedingung eines Zwekbegriffs, dieser nur unter der Bedingung des Erkenntnißes vom Objecte, diese[s] aber nur unter Bedingung des Handelns. Also

1. der Umfang unserer Untersuchung, von der äusersten Grenze des gesamten Bewustseins aus, hat sich mir verengert, wir sind dem Mittelpuncte näher gekommen; wir sehen jezt ein[,] in welchen Zirkel wir uns verwickelt haben, und durch das Aufzeigen dieses Zirkels werden wir weiter kommen[.]

(129)   Handeln ist nur unter Bedingung des Erkenntnißes vom Objecte möglich, lezteres aber ist nur möglich unter Bedingung des Handelns; von der Einsicht in diesen Zirkel hängt die Einsicht in den kritischen Idealismus ab. [/]

173   Es ist also nichts erklärt; die Schwierigkeit, die Schwierigkeit dieses Erklärens kann nur durch die[c] synthetische Vereinigung beider gehoben werden, und dadurch kommen wir auf den Punct, aus dem sich das Bewustsein erklären läßt.

[(] Zum Vortheil der Methode wollen wir diesen Zirkel in einfacher Form aufstellen, ein Verfahren das dem des Mathematikers ähnlich ist.)

Erkenntniß des Objects bezieht sich auf ein Gefühl, und wird gesezt nothw[endig] zu Folge des Gefühls; statt Erkenntniß des Objects können wir sonach Gefühl setzen. Zweckbegriff bezieht sich auf ein Handeln, und wird hier betrachtet als Bed[ing]ung der Möglichkeit des Handelns, statt Zweckbegriff können wir also Handeln setzen, und unser Zirkel hieße: Kein Gefühl ohne Handeln, kein Handeln ohne Gefühl, und zwischen

(130)   beiden ist eine nothwendige Dependenz.

[2.] Dieser Zirkel ließe sich nur so entfernen: daß das Verhältniß der DEPENDENZ dazugedacht würde, so daß Gefühl und ∗

---

b *Ms.*: Bew. (= *sonst Kürzel für*: Bewustsein)   c *Ms.*: sie

Handeln in demselben Zustande vereinigt gedacht würden [und] daß beide integrirende Theile deßelben Ganzen ausmachen.

Gefühl ist Beschränktheit, Handeln ist Freiheit, sonach müßten Beschränktheit und Freiheit vereinigt werden: eins dürfte nicht ohne das andre möglich sein. Wir müßten eine Freiheit aufzeigen die nicht Freiheit wäre, wenn sie nicht beschränkt wäre, und eine Beschränkung die nicht beschränkt würde, wenn sie nicht frei wäre. Es müßte ein X geben, in welchem beide vereinigt wären[.]

Wie soll nun Freiheit und Beschränktheit vereinigt werden? Die Freiheit darf nicht aufgehoben werden, die Freiheit ist absolutes Uibergehen vom Bestimmbaren zur Bestimmtheit, darin darf ihre Beschränktheit nicht liegen; sie müßte darin liegen, daß die Bestimmbarkeit *selbst ein endli[/]ches*[d] QUANTUM wäre, und zwar daß es keine Aeußerung der Freiheit gäbe, ohne daß auf dieses QUANTUM reflectirt würde. **174**

In dem unbekannten X liegt, daß die Freiheit beschränkt sein soll. Man denke sich ein auf irgendeine Art thätiges Wesen z. B eine Stahlfeder die gedrückt ist, sträubt sich gegen den Druck, dieß ist Thätigkeit[,] aber nicht freie Thätigkeit, es ist in ihrer Natur, sie ist so bestimmt. Aber von einer solchen Bestimmtheit des Vernunftwesens kann nicht die Rede sein. Es muß übergegangen werden, durch Wahl. Das Uibergehen von der Unbestimmtheit zur Bestimmtheit müßte ein QUANTUM sein für die Wahl durch Freiheit. Auch müßte ohne refl[ektieren]. auf dieses QUANTUM keine Freiheit möglich sein. Wenn dieß so wäre, so würde[,] da alle Beschränktheit sich durch ein Gefühl äussert, keine Wahl durch Freiheit möglich sein ohne Gefühl der Beschränktheit[.]

Es ist oben die Rede gewesen von der Beschränktheit über- **(131)** haupt, die sich durch das Urgefühl (das Gefühl des ganzen Zustands) äusert, das System der Sensibilität[.] Dieses System würde selbst ein Gefühl, und lediglich in wiefern ich frei wäre.

Wir haben auch gesehen, daß dieß Gefühl gesezt wird, als etwas im Raume, als unser Leib. Dieß dürfte auch hier so sein; die Summe unserer Bestimmbarkeit wäre unser Leib. (Diese bestimmte Summe der Bestimmbarkeit wird sich sinnlich be-

---

[d] ches *nicht mehr unterstrichen*

trachtet zeigen als INDIVIDUALITÄT, und übersinnlich gedacht
als Sittengesez!)

Daß es so sein müße, geht aus unserer Synthesis hervor; denn
nur so ist Bewustsein möglich.

Eine Beschränktheit, die nicht ohne Freiheit möglich ist, ist
Beschränktheit der Freiheit selbst[.] Richtung und zwar urspr[üngliche]. Richtung derselben ist ein Punct. Dieß paßt aber   *
175 nicht zu dem Begriff[,] den [/] wir gegenwärtig, von der Freiheit aufgestellt haben. Wir müßen den Begriff der Freiheit   *
schärfer faßen als bisher nöthig war. Bisher haben wir gesagt:
Freiheit sei ein absolutes Uibergehen von Bestimmbarkeit
zur Bestimmtheit. Aber schon im § 1 haben wir gesehen,
daß dieß Bedingung der Anschauung durch ideale Thätigkeit
sei. Sonach liegt in unserem Begriffe noch etwas fremdartiges,
die Form der Anschauung. Da wir nun hier die Freiheit vor
aller Anschauung, und als Bedingung aller Möglichkeit des
Bewustseins und der Anschauung aufstellen wollen, so müßen
wir dieß, erst durch das Bewustsein hinzugekommene fremd-
artige absondern; und sonach bleibt nichts übrig als Absolutheit. Aber Absolutheit läßt sich nicht einmal denken, wenn
wir nicht etwas empirisches hinzuthun, das aber der Reinheit
keinen Abbruch thut, nehmlich die Reihe der Dependenz in
der Zeit, und Freiheit wäre das Vermögen absolut anzufangen.

Wir dürfen nicht die Freiheit an die Reihe, sondern die Reihe
an die Freiheit knüpfen; so haben wir ein absolutes erstes[,] ein
(132) Vermögen absolut anzufangen.

(Die DEFIN[ITION]. der Freiheit zwischen dem eigennützigen
und uneigennützigen Triebe zu wählen, ist falsch, wenn Freiheit rein gedacht werden soll. VID[E]. K[A]NTS METAPH.ANF.D.
× RECHTSLEHRE[.])

Diese Freiheit soll bestimmt sein, eine Richtung haben,
würde heißen: das Vermögen, absolut anzufangen hat seine
bestimmte Richtung. Die Freiheit kann gerade dieß (ein bestimmtes Y) als erstes Glied setzen; so bleibt es Vermögen des
absoluten Anfangs, und die Beschränktheit.

Die Beschränktheit ist, daß nur Y erstes Glied sein kann,
aber sie kann sich nur richten an das Vermögen absol[ut]. frei
anzufangen[.] Es muß also eine Bestimmtheit sein, die nur zur
176. Freiheit paßt.. Oben wurde gesagt,[/] soll Freiheit, Freiheit

bleiben[,] so kann die Bestimmtheit nicht vorgeschrieben
sein; aber hier ist ja die Beschränktheit selbst als Resultat der
* Beschränktheit angegeben worden. Dieß scheint sich zu widersprechen, aber es widerspricht sich nicht, denn die Bestimmbarkeit ist gesezt als ein QUANTUM, nun läßt sich aber ein QUAN-
TUM nicht denken, ohne daß etwas über ihm hinausliegendes
noch angenommen würde, und in dieser Rücksicht wäre das
bestimmbare bestimmt. Das was gegenwärtig das Bestimmte
genannt wird[,] kann in anderer Rücksicht ja auch das bestimmbare sein.

Sonach wären die Glieder der Synthesis vereinigt[,] nehmlich
Bestimmbarkeit und Bestimmtheit, und das aufzuzeigende und
zu erörternde Glied wäre beiderlei, in wiefern man es ansähe.
Bestimmtheit, in wiefern man es bezöge auf das auser ihm
* liegende; Bestimmbarkeit, in wiefern ihm eine Wahl durch
Freiheit möglich sein soll.

Unser synthetischer Begriff ist Freiheit und Bestimmtheit
in Einem, Freiheit in wiefern angefangen wird, Bestimmtheit
in wiefern nur so angefangen werden kann.

3. Das eben aufgezeigte, soll an das, wovon wir im vorigen
§ gesprochen haben, angeknüpft werden. Es war da die Rede *(133)*
von dem Mannigfaltigen des Gefühls, in wiefern wir Causalität haben; oder wie wir Einheit in das Mannigfaltige bringen
dadurch, daß wir es auf unser Wollen beziehen, und davon
ableiten. Da ist der Anfang alles Bewustseins. Diesen Zustand
wollen wir näher betrachten: In ihm liegt zweierlei ganz verschiedenes. Es sind gleichsam 2 Seiten, auf der einen etwas sinnliches, das Mannigfaltige des Gefühls; auf der anderen Seite das
intelligible Ich[,] das wollende. In der Mitte als [/] Vereinigung^e   177
von beiden: das Denken meiner selbst als enthaltend den Grund
der SUCCESSION des Mannigfaltigen. Wie ist nun *dieses* Denken
meiner selbst möglich?

Dieß untersuchen wir jezt. Wie finde ich mich, wie werde
ich mir gegeben? Denn das Denken ist ein idealer ACT, welcher
sein Object als gegeben voraussezt[.]

Im vor[igen]. § haben wir vorläufig geantwortet: Dieses Denken bezieht sich auf eine intellectuelle Anschauung;

e Ms.: Vereinigungs

und dieß muß hier näher bestimmt werden. Was ist denn nun die intellectuelle Anschauung selbst, und wie entsteht sie?

Entstehen ist ein Zeitbegriff, ein sinnliches, aber die intellectuelle Anschauung ist nicht sinnlich, sie entsteht also nicht, sie ist; und es kann nur von ihr gesprochen werden im Gegensatz der sinnlichen.

Zuförderst kommt die intellectuelle Anschauung nicht unmittelbar vor, sondern sie wird in jedem Denkacte nur gedacht, sie ist das höchste im endlichen Wesen. Auch der Philosoph kann sie nur durch Abstraction und REFLEXION zu Stande bringen. *

(134) NEGATIV angesehen ist sie keine sinnliche, die Form der sinnlichen Anschauung ist Uibergehen von Bestimmbarkeit zur Bestimmtheit; dieß muß in jenem Wollen, insofern es intellectuel angeschaut wird, ganz und gar wegfallen, und es bleibt nur übrig ein bloßes Anschauen unserer Bestimmtheit, die da ist aber nicht wird. (Die Anschauung der Form nach versteht sich von selbst, denn das Ich muß beibehalten werden[)]; es wäre sonach ein bloßes Anschauen meiner selbst als eines bestimmten. Wie wird nun diese Bestimmtheit erscheinen? Erscheinung paßt nur auf sinnliche Wahrnehmung, wie kommt sie also in der sinnlichen Wahrnehmung vor? Als ein Wollen, aber der Charakter des Wollens ist nach dem obigen ein Sollen, 178. ein Fordern. Sonach müßte diese [/] Bestimmtheit erscheinen als bestimmtes, absolutes Sollen, als kategorische Forderung. Diese bloße Form des Wollens, dieses absolute Fordern ist noch nicht das Sittengesez; dieses wird es erst[,] in wiefern es auf eine sinnliche Willkühr bezogen wird, und davon ist hier noch nicht die Rede.

Man könnte es nennen, reinen Willen abgesondert von aller Beding[ung] der Anschauung. Dieser müßte es sein, welchen wir in jenem Denken, das wir beschrieben[,] zum Grunde legen.. Aber nun weiß ich wohl das was? auf welches jenes Denken geht, aber nicht das wie? Das vermittelnde Glied zwischen diesem Denken und Wollen müßte ein Gefühl sein, denn es ist ein nothwendiges Denken. Was könnte dieß nun für ein Gefühl sein? Gefühl ist Beschränkung des Strebens, sonach müßte das Streben, über jene durch das reine Wollen ursprünglich bestimmte Streben[-]Sphäre hinausgehen; ‹und› aus der Beschränktheit dieses Strebens durch das reine Wollen, würde das Gefühl des Nichtdürfens über jene Sphäre des Sollens innerhalb dieser Sphäre, entstehen.

(Das Herausgehen über jene, durch den reinen Willen bestimmte Sphäre ist selbst etwas sinnliches[,] weil es dem reinen Wollen, dem eigentlichen wahren Ich entgegengesezt ist.)

Wir finden also Freiheit und Beschränktheit ursprünglich vereinigt, in der kategorischen Forderung; die nothwendig angenommen werden muß[,] wenn Bewustsein erklärt werden soll: Freiheit indem angefangen werden soll, Beschränktheit in wiefern über die bestimmte Sphäre nicht hinausgegangen werden soll.

4) Die Schwierigkeit war eigentlich, ein Wollen zu erklären ohne Erkenntniß des Objects. Der Grund der Schwierigkeit lag darin, daß das Wollen nur betrachtet wurde als ein empirisches, als ein Uibergehen vom Bestimmbaren zum bestimmten. Diese Behauptung ist nun geleugnet [/] worden; es ist ein Wollen postulirt worden, das die Erkenntniß des Objects nicht voraussezt, sondern schon bei sich führet, das sich nicht auf Berathschlagung gründet; und dadurch ist nun die Schwierigkeit völlig gehoben.

Das reine Wollen ist der kategor[ische]. IMPERATIV; es wird aber hier nicht so gebraucht, sondern nur zur Erklärung des Bewustseins überhaupt. Kant braucht den kategorischen IMPERATIV nur zur Erklärung des Bewustseins der Pflicht.

Aus dem reinen Wollen wird das empirische, und aus dem Objecte des reinen Wollens werden alle andere Objecte abgeleitet..

Allenthalben mußten wir, um das Bewustsein zu erklären, etwas erstes, ursprüngliches annehmen, oben beim Gefühl, hier beim Wollen. Alles Denken alles Vorstellen liegt zwischen dem ursprünglichen Wollen und der Beschränktheit durchs Gefühl in der Mitte. Der idealen Thätigkeit können wir zusehen[,] weil wir nur ideale Thätigkeit anschauen und auffaßen können.

5) Es ist hier nicht darum zu thun, eine Moral aufzustellen, sondern das Bewustsein überhaupt soll erklärt werden; und dieß ist nur möglich unter Voraussetzung des oben geschilder-

ten reinen Willens. Es soll gezeigt werden, wie hieraus sich das Bewustsein die*f* Objecte erklären werde.

Dieß reine Wollen soll hier noch nichts anderes bedeuten, als einen Erklärungsgrund des Bewustseins, als eine Hypothese, noch nicht als ein Object des Bewustseins; tiefer unten wird gezeigt werden, wie es in das Bewustsein hinein komme; es *(136)* ist hier um die Folgen zu thun, die es haben wird[,] wenn es als Erklärungsgr[und]. des Bewustseins vorausgesetzt wird.

Alles Bewustsein ist sinnlich, es drückt aus, den Act der Intelligenz, der idealen Thätigkeit, und steht unter Gesetzen, we- 180 nigstens [/] unter dem Gesetze des Uibergehens von der Bestimmbarkeit zur Bestimmtheit. Durch diese Affection, wird alles was gedacht wird nothwendig sinnlich. Der aufgezeigte reine Wille soll etwas übersinnliches sein; doch soll aus ihm etwas sinnliches folgen, wie wird er nun mit dem sinnlichen Bewustsein vermittelt? Oben wurde gesagt, dieß geschähe durch ein Gefühl, weil das Gefühl das erste ist, von dem alle Handlungen des Bewustseins ausgehen (Oben wurde gesagt, es sei ein Gefühl des Strebens, des Sollens, des Forderns, der Begrenztheit, und in sofern des Nichtdürfens)[.]

Gefühl überhaupt ist Äuserung der Begrenztheit im Ich, diese aber ist nicht möglich ohne Äuserung des Strebens, indem eben das Streben das begrenzte ist, beides ist nothwendig vereinigt. Dieser allgem[eine]. Satz muß auch hier gelten. Hier aber ist nicht von Beschränktheit überhaupt sondern von der Beschränktheit durch das absolute reine Wollen, das nicht von der Willkühr abhängt, die Rede. Dieß wäre ein Streben, eine Tendenz zum Wollen, welche kein Wollen werden kann, vermöge der Beschränktheit[,] eine Begierde, und das Gefühl dieser Beschränktheit wäre, da der reine Wille kategorisch ist, das Gefühl des Nichtdürfens.

Anm[erkung]. Kant hat sich oft, und auch in der Einleitung*g* × zum N[atur]R[echt]. insbesondere so erklärt: als ob die gegen das reine Wollen strebende Begierde unerklärlich sei. Sie ist aber allerdings erklärbar, sie ist Bedingung des Selbstbewustseins, denn sie ist Bedingung des Gefühls des reinen Wollens, welches erst dadurch ein reines Wollen[,] ein Gesez wird; und

---

f d. *kann auch heißen*: der *g Ms.*: Anleitung

ohne Voraussetzung des reinen Wollens ist kein Bewustsein möglich.

Die Begierde gilt für alle ‹endliche› Vernunft; wer der Begierde entledigt sein will, der will des [/] Bewustseins entledigt sein. 181

Heilig ist für uns kein endliches Vernunftwesen, das Bewustsein hat. Das Bewustsein Gottes ist unerklärbar.

Aus der Vereinigung des reinen Wollens mit der Begierde entsteht das Gefühl eines Sollens, eines inneren, kategorischen Treibens zum Handeln, (worauf dieses Handeln sich bezieht, davon v[IDE]. INFRA)[.]

Aus der Vereinigung des Nichtdürfens und der Begierde, *(137)* entsteht ein Erlaubtsein der Befriedigung der Begierde. Dasjenige was innerhalb des Umkreises deßen liegt, was ich darf, ist erlaubt.

Jenes reine Wollen hat Einfluß auf das Gefühlsvermögen. Dieß kommt daher, weil eine Begierde da ist, die eingeschränkt werden soll.

Im Naturrecht ist die Rede nicht von Sollen, sondern von Erlaubtsein. Das NaturR[echt]. bezieht sich lediglich auf den empirischen Willen. Das was vor dem FORUM des N[atur]-R[echts] ein Erlaubtsein ist, ist vor dem FORUM der Moral ein Sollen[.]

In diesem Gefühle des Sollens, ist ganz eng zusammengedrängt, was wir oben zur Auflösung des Widerspruchs forderten. Begrenztheit unserer Begierde, und Freiheit absolut anzufangen.

Dieses Gefühl ist kategorisch nicht nur der Materie nach absolut fordernd ohne weiteren Grund, sondern auch der Form nach, es ist so gewiß als ein VernunftW[esen] da ist; aus ihm folgt nothwen[dig]. Bewustsein; es ist daher nothw[endig]. ein bestimmtes Bewustsein und kommt im Bewustsein des VernunftW[esens] vor.

6) Wie aus allem Gefühle so folgt auch aus diesem Anschauung und Begriff.

Jenes Gefühl muß also gedacht werden; wir wollen es erst als reines Wollen betrachten. [/]

Alles Denken ist Uibergehen von Bestimmbarkeit zur Be- 182. stimmtheit. Alles Denken ist bestimmte Thätigkeit, die etwas *(138)* aus der Maße herausreißt und bestimmt. So wie etwas in die Form des Denkens aufgenommen wird, wird es selbst bestimmt[.] (Dieses ist die erste Hauptbemerkung, die man sich klar machen muß, um einzusehen, wie aus dem Uibersinnlichen ein Sinnliches wird.)

Wenn wir nun das Wollen denken, so wird es gerade so gedacht, wie wir es oben gedacht und beschrieben haben.

(Die 2te Hauptbemerkung ist[,] daß allem Bestimmen ein bestimmbares vorausgesezt werden muß, dieß liegt in der Form unsres sinnlichen Denkens [.])

Das intelligible wird sinnlich, in wiefern es mit einem bestimmbaren zusammen gedacht wird.

Vor der Hand wollen wir das Bestimmbare ansehen. – Das Denken des Sollens sezt sonach ein System des Bestimmbaren voraus. Dieses bestimmbare würde nicht sein ohne die Aufgabe das Sollen^h zu denken, und diese würde nicht sein ohne das Sollen selbst. (Lediglich durch das Denken wird das Bestimmbare herbeigeführt.[)]

Aus diesem notwendig zu setzenden Bestimmbaren werden wir alle Objecte des Bewustseins ableiten, als Mittelbares, herbeigebracht durch das unmittelbare Bewustsein des Sollens.

(Dieser Gedanke ist in der critischen Philosophie nicht neu; es ist der Gedanke von Kants practischen Postulate. „ich soll[;]
× drum muß das was ich soll möglich sein." Dieser Gedanke ist mit dem Fichtischen: „ich denke mein Sollen, und so gewiß ich es denke[,] denke ich mein Uibergehen von Bestimmbarkeit zur Bestimmtheit, ich muß also zum Sollen das Bestimm-
(139) bare hinzudenken" einerlei. Aber wie aus dem Sollen das Können folgt, hat K[ant]. nur analytisch gezeigt. Das Object der
183. Philosophie [/] aber ist ein synthetisches Denken; ich muß mich als sollend denken, aber so gewiß ich das muß, muß ich auch das Bestimmbare hinzudenken. Dieß ist synthetisch[.] Dann ist der Umfang von Kants practischen Postul[aten]. zu enge, indem er ihn bloß auf den Glauben an Gott und Unsterblichkeit beschränkt; es wird sich aber zeigen, daß das ganze Bewustsein drinnen liegt.

h *Ms.:* des Sollens

146

Kant war bei[m] Entwerfen der Kritik der r[einen] Vernunft
nicht ganz im reinen; es ist darin nur vom sinnlich objectiven
Denken die Rede und das Ich erscheint daselbst nicht für sich[,]
sondern nur als ACCIDENZ, in der Kr[itik]. der Urtheilskraft aber
und der pract[ischen]. Vernunft ist das Ich für sich aufgestellt[.])
Man sieht hier[,] wie aus der intelligiblen Welt eine sinnliche
entstehen kann dadurch:
1) Wir müßen discursiv denken
2) Wir müßen allen Bestimmten ein Bestimmbares voraussezen
3. Das vorauszusetzende Bestimmbare bekommt den Charakter der Objectivität. [(]Es erscheint als ein Gefundenes, Gegebenes[,] ohne unser Zuthun vorhandenes).
Des Uibergehen[s,] es mag nun sein ein Uibergehen des
Denkens oder des Wollen[s] werde ich mir bewust als meines
eignen Wirkens; es sezt aber allemal ein bestimmbares voraus,
von dem übergegangen wird, und in sofern ist das Bestimmbare gegeben[.] Es kommt nicht vor auser in wiefern ich es
denke, aber *wenn* ich denke und will, so kommt es vor als mein
Denken und Wollen bedingend als ein Gefundenes..
Durch diese Bemerkung wird unser Idealismus vernunftmäsig, und erklärt das Bewustsein. Der transcendente Idealismus behauptet, das Dasein der Dinge sei nur Einbildung (Schon
die Kantische Philosophie sagt: die Erfahrung ist Erscheinung
aber nicht Schein..[)]
7.) Das Sollen oder das bestimmte reine Wollen, ist nach
obigem selbst etwas objectives[. /] Das Bewustsein, als etwas 184
fließendes hebt nur an mit dem Gefühle der Veränderung in
unserem Zustande; die Veränderung aber wird auf das Wollende bezogen, welches gleichsam als schon bekannt vorausgesezt wird, da es schlechthin da ist.
Das Mannigfaltige des Gefühls ist eins, in wiefern unsere
eigene Selbstbestimmung in dem Mannigfaltigen hin[ein]ge-
sezt wird. Wir haben hier 2 Hälften
α) die des Mannigfaltigen
β die unserer Selbstbestimmung; die leztere sezen wir in die
erstere[i] hinein; und so ist Selbstbewustsein möglich.[k]

i Ms.: leztere   *k Der ganze Absatz ab* Das Mannigfaltige des Gefühls *ohne Vermerk am Rand*

Das im vor[igen] § aufgestellte ist der Punct des empirischen Denkens; alles emp[irische]. D[enken]. geht aus von der
Wahrnehmung der Veränderung des Zustandes, aber es wird
nur wahrgenommen[,] in wiefern die Veränderung verknüpft
wird mit dem Wollen. Ich verhalte mich dazu als das für das
Denken vorausgesezte und dieses Ich ist das wollende, und hat
(140) sonach den Charakter des Objectiven. Sonach entsteht das
reine Wollen nicht durch das Denken, sondern jenes wird diesem schon vorausgesezt.

Wenn ich würke, so bringe ich mich eigentlich aus einem
Zustande des Gefühls in einen anderen, hier ist ein Uibergehen
durch meinen freien Willen; so wenn ich mir einen freien Begriff
entwerfe z.B wenn ich mir an die Stelle eines Objects im
Raume irgendein andres denke; diese Veränderung soll geschehen sein durch meinen Willen zu folge eines Begriffs[.]

Aber anders verhält es sich, wenn ich einer Veränderung in
der Welt der Objecte zusehe z. B. dem Wachsthum der Pflanzen[.] Dieß ist auch eine Veränderung, die aber nicht von mir
abhängt, ich finde mich dann nur als dem Uibergehen zusehend.

Wie verhält sich nun das Uibergehen meines reinen Wollens
von seinem Bestimmbaren zum Bestimmten [zum Bewustsein]?
Es ist ohne unser Zuthun; denn wir selbst werden erst durch
unser Uibergehen. (Ich erscheine mir als bestimmt mich so oder
so zu bestimmen). Hier liegt die Idee unseres Entstehens in der
Zeit. Das Ich erscheint sich hier bestimmt[,] sich so zu bestim-
185 men, wie es sich bestimmt, und das Uibergehen [/] wird hier
nicht als frei sondern als nothwendig gedacht. Es ist etwas
gefundenes. Diese Bestimmtheit[,] die meinen Hauptcharakter
ausmacht, besteht darin, daß ich bestimmt bin, mich auf eine
gew[isse]. Weise zu bestimmen; sie besteht daher lediglich in
einer Aufgabe zu einem Handeln, zu einem Sollen. Die Bestimmung des Menschen ist nicht etwas, das der Mensch sich
giebt, sondern das[,] wodurch der Mensch Mensch ist.

Alles Denken ist Uibergehen vom Bestimmbaren zum Bestimmten. Nun kann es sich mit dem Objecte des Denkens auf
2erlei Art verhalten:

A) ich bekomme das Object als ein bestimmbares[;] dann bestimme ich es durch mein Denken; z. E. wenn ich ein Object
im Raume in eine andere Stelle versetze; oder

148

B) das Object wird gefunden als ein durchgängig bestimmtes,
so kann ich es nicht denken als durch mein Denken bestimmt;
* nun kann ich mich aber nur denken, als bestimmend; mein
* Denken müßte daher erscheinen als dem Bestimmten zusehend
als leidend.

z.b. ich finde mich ursprünglich bestimmt, ich soll, oder ich
finde meinen reinen Willen. Dieser wird meinem Denken als
einem solchen schon gegeben, aber er kann nur gedacht werden, als ein Uibergehen vom Best[imm]b[aren]. zum Bestimmten.

Das Ich ist, wie es hier, in dem Hauptbegriffe der ursprüng- *(141)*
lichen Bestimmtheit, angesehen wird, etwas intelligibles, ein
geistiges, es läßt sich bloß NEGATIV bestimmen durch ABSTRAC-
TION von der äuseren Anschauung. Die Form der äuseren An-
* schauung Raum und Zeit paßt darauf gar nicht. Das Ich als ein
geistiges ist ein bestimmtes, das Bestimmbare dazu muß auch
rein geistig sein, eine Maße des rein geistigen (SIT VENIA VERBO,
es wird sich unten zeigen als Reich vernünftiger Wesen, [/] das   186.
Ich ist ein bestimmter Theil dieser Maße; es wird sich unten
zeigen[,] daß das Geistige sich theilen laße.) Das Ich ist Vernunft und bestimmte Vernunft.

Das bestimmbare dazu ist alle Vernunft (Wesen meiner Gat-
tung)[,] das bestimmte bin ich (und da ich mir eine Sphäre des
Vernünftigen entgegensetze) Ich als INDIVIDUUM[.]

Wir müßen hier das bestimmbare und bestimmte gegen einander halten; entgegengesezt sind sie sich darin: das bestimmte
bin ich, das bestimmbare bin ich nicht, ist *Nichtich*, gleich sind
sie darin daß beide gleich geistig sind (lediglich denkbar,
NOUMENE)[.]

Wie wird nun das bestimmte Ich, in welchem Sinn bin ich
Ich, im Gegensatze gegen andere Wesen meines Gleichen?

Ich hat uns bisher bedeutet in sich zurückgehende Thätigkeit,
aber damit können wir jezt nicht weiter auskommen: dieses
charakterisirt nur vernünftige Wesen vor anderen vernunft-
losen Objecten, auch wird sich in Zukunft zeigen, daß in sich
zurückgehende Thätigkeit auch den organischen Naturproduc-
ten zukomme. Wir müßen daher noch dieses hinzusetzen: daß
mit der in sich zurückgehenden Thätigkeit der Gedanke derselben verbunden sei.

Es entsteht aus der Bestimmtheit durch mich selbst ein Gefühl, und aus diesem der Gedanke meiner selbst. Also ich finde
mich als Object und bin mir selbst Object; aber ich kann mich
unter keiner anderen Bedingung finden, als daß ich mich finde
als INDIVIDUUM unter mehr[er]en geistigen Wesen[.]

Es ist ein Hauptsatz des kritischen Idealismus[,] daß von
einem Intelligiblen ausgegangen wird. Dieß hat uns getrieben
biß zu einem reinen Wollen, das empirische langt nicht zu.
Jede meiner empirischen Bestimmungen bezieht sich auf meine
ursprüngliche Bestimmtheit, und ist nur unter ihrer Voraussetzung gedenkbar; dieses Vermögen könnte ich mir nicht zu-
187. schreiben, wenn ich [/] es nicht fände[;] aber ich kann es nur
finden als die Bestimmtheit und das reine Wollen[.]

Anmerkung.

1.) Ich finde mich also als Object, bin mir gegeben

2) Das bestimmbare ist ein Reich vernünftiger Wesen auser mir.
Aber vernünftige Wesen auser mir werden nur gedacht um
das Mannigfaltige zu erklären. Die Vernunft und den freien
Willen anderer auser mir nehme ich nicht wahr, ich schließe
nur darauf aus einer Erscheinung in der Sinnenwelt[;] sie gehören daher nicht in die Sinnen- sondern in die intelligible
Welt, in die der NOUMENE.

(142)   (Der auffallendste Beweiß daß der Kantische Kriticism nicht
vollendet ist, ist daß Kant sich über diesen Punct nicht erklärt
hat[.] Kant war der Sache äuserst nahe in der Kritik der Urtheilskraft. Das Princip der REFLECTIRENDEN Urtheilskraft wäre
es, woraus sich diese Annahme erklären ließe. Die Urtheilskraft
ist bloß SUBSUMIREND, wenn sie nach den allgem[einen]. Gesetzen des Denkens, nach den Kategorien verfährt.[1] Nun aber
kann der Fall eintreten, wo dieß nicht angeht, wo aber doch
geurtheilt werden muß, es muß daher auf die entgegengesetzte
Weise verfahren werden. Kant zeigt dieß nur bei der Beur-
×   theilung der organisirten Naturproducte[.]

Bei K[ant]. kommt das Prinzip der Annahme vernünftiger
Wesen auser uns nicht vor als ein Erkenntnißgrund, sondern
als ein praktisches Prinzip, wie er es in der Formel seines Moral-

1 Ms.: verfährt.)

keit unter dem Geseze steht nur theilweise aufzufaßen, oder
weil die endliche INTELL[IGENZ]. nur DISCURSIV ist. Das aufge[/]zeigte ist nun mein ganzer Zustand, dieser kann also auch 193
nur theilweise aufgefaßt werden. Das fühlen, Anschauen, Denken der Intell[igenz]. ist nur ein Uibergehen von einem zum
anderen; nun aber ist ein Uibergehen nicht möglich[,] wenn
es nicht in dem Entstehenden Mannigfaltigen Glieder giebt
(die ‹o›ben aufgezeigten Gefühle) die nur auf einmal aufgefaßt
werden können. – Wenn unser Zustand auf einmal aufgefaßt
würde[,] so würde nicht übergegangen, und so würde nichts
Ganze[s] aufgefaßt. Was ist nun das Ganze dieses Zustandes[?]
Nach dem soeben gesagten ist es Synthesis des Wollens und
des Seins, Beziehung beider auf einander, welches beides nicht
zu trennen ist.

Ein einzelner Theil aufgefaßt und auf den Willen bezogen,
bedeutet Befriedigung, aber da es nur ein einzelner Theil ist,
auch Beschränktheit[.] Also CAUSALITAET und Beschränktheit
werden unzertrennlich sein. Dadurch, daß es CAUSALITAET ist,
ist es etwas für uns, denn wir können uns nur im Würken anschauen, dadurch daß es begrenzt ist, wird es ein fühlbares, anschaubares, denkbares, ein QUANTUM[.] Mein wahres Sein ist
Bestimmtheit meines Wollens; dadurch ist nun auch mein
ganzer Zustand bestimmt; denn Zeit, Fortgehen in der Zeit
ist nur zu Folge unseres Denkens. Ich werde nicht in der Zeit,
ich bin auf einmal fertig für immer. Dieses^a ganze Sein wird
aufgefaßt in^b der Zeit, und dadurch wird erst für das Denken
ein werden in der Zeit.

Das Gefühl ist AFFECTION unserer selbst[,] es wird im Gefühle (149)
uns etwas angethan, es muß also etwas in uns sein, dem es angethan wird, und dieß ist unser Handeln, aber es ist für uns
nichts ohne Beschränktheit und Beschr[änktheit] nicht ohne
Handeln, daraus besteht nun das Fühlbare; durch das Handeln
ist es für uns, [dadurch] daß es beschränkt ist[,] ist es Gegenstand des Gefühls. [/] Alles unser Bewustsein geht aus von 194
einer Wechselw[irkung]. des Handelns und der Beschränktheit, beides ist beisammen, und dieß ist das Object des Gefühls[.]

a Ms.: Dieser   *b Ms.:* ist

Bei dieser Affection, darf man nicht denken an Zeit[,] sondern es ist unser Zustand. Ich bin best[immt,] ursprünglich. Es ist Sein, und zwar beschränktes Sein, dieß faße ich auch nur auf eine beschränkte Weise auf. Uiberall ist Thun und Beschränktheit. – Das Gefühlvermögen ist ideal[,] es ist der Ursprung alles Ansch[auens]. und Denkens, von ihm kommt erst alles unser Denken in der Zeit.

Anm[erkung:]^c Von einer urspr[ünglichen] Beschränktheit, aus welcher die besonderen Gefühle hervorgingen, war schon oben die Rede; wir nannten es unseren Zustand überhaupt, wir redeten auch von einer Veränderung in diesem Zustande. Dieß sehen wir hier weit bestimmter ein.

Die^c reale Thätigkeit ist beschränkt durch unser Wollen[,] durch die INDIVIDUALITAET[,] darüber können wir hinausdenken und denken vernünftige Wesen auser uns hinzu. Die ideale Thätigkeit ist beschränkt, und unser Zustand kann nur allmählig und zwar in bestimmten Massen aufgefaßt werden. Durch die lezte werden wir etwas für uns, durch die erste bestimmen wir uns durch Vernunftwesen auser mir. Dieses in die äußere Anschauung aufgenommen gibt uns die Sinnenwelt. Das Mannigfaltige in mir und das Mannigfaltige auser mir stehen in Wechselwirkung[.]

Jedes einzelne in mir wird bestimmt durch das übrige in mir, und umgekehrt. Alles aber kommt her aus dem absoluten Sein, und aus dem absoluten Beschränktsein im Auffaßen dieses Seins[.] In realer Rücksicht bin ich nicht alles, in idealer kann ich was ich bin nicht auf einmal auffaßen[.]

2. Jezt da das eigentlich reale in Absonderung aufgestellt worden ist, soll gesprochen werden von dem Idealen in Rücksicht auf daßelbe, nehmlich auf unseren Zustand.[/]

(150)

195   Eine solche ideale Thätigkeit, die auf etwas schon vorausgeseztes geht, heißt REFLEXION.

A) Die REFLEXION ist schlechthin frei, in der Wahl des Mannigfaltigen, auf welches sie geht, es ist kein absoluter Grund da, warum sie dieß oder jenes wähle.

(Ich^d bin da nach m⟨einem⟩ ursprüngl[ichen]. Sein, darauf soll REFL[ECTIRT]. werden, durch die REFLEXION und die Ge-

---

c Im Ms. kein Absatz   d Ms.: In

seze*[,] an welche die REFLEXION gebunden ist, wird mein Sein ein Mannigfaltiges.[)]

Das REFLECTIRENDE ist Ich und zwar ‹I›deales Vermögen, welches durch die oben aufgezeigte Bestimmung des REALEN Ich nicht bestimmt ist. Aber es ist Charakter der Ichheit[,] sich schlechthin selbst zu bestimmen, absolut erstes nie zweites zu sein; die REFLEXION ist also absolut frei. Diese absolute Freiheit der REFLEXION ist selbst etwas übersinnliches; in der Gebundenheit nur auf Theile und nur auf solche Theile REFL[ECTIREN]. zu können, tritt erst das Sinnliche ein. Hier ist der Vereinigungspunct der übersinnlichen und sinnlichen Welt angegeben.

Die in dieser REFLEXION entstehende Bestimmtheit ist Abbildung meiner selbst im Kleinen, aber kein Ich ohne absolute Freiheit, sonach muß diese auch darin vorkommen.

Diese Freiheit der REFLEXION ist auch auf der anderen Seite empirisch; und ein empirisches Ich ist nur möglich durch diese Freiheit, das Wesen der Empirie besteht in diesem allmähligen Auffaßen und Hinzusetzen, (dieß ist sinnlich)[.] Aber in diesem Auffaßen und Hinzusetzen besteht die Freiheit, (dieß ist übersinnlich)[.] Wir haben hier die Synthesis der Freiheit und der Empirie der Reihenfolge; eins kann ohne das andere nicht sein. *(151)* Das Intelligible ist nur, in wiefern es zur Reihenfolge hinzugedacht wird, um das Mannigfaltige in ihr zu vereinigen, die Reihenfolge ist nicht möglich [/] ohne die Freiheit, da sie erst 196 durch die Freiheit der REFLEXION zu Stande kommt[.]

Hier haben wir den wahren Entstehungspunct des Bewustseins, die Freiheit der REFLEXION[.]

b) In dieser freien und absolut höchsten REFLEXION erscheine ich mir als wollend; diese REFLEXION erscheint mir nicht als solche, sondern als Wille.

Oben wurde gesagt: das Object der sinnlichen Wahrnehmung, müßte uns vorkommen als etwas unabhängig von unserer REFLEXION vorhandenes[.] Hier ists grade umgekehrt. Hier wird die REFLEXION als solche nicht gesetzt, noch von ihrem Objecte abgesondert gedacht, sonach erscheint hier nur das Object und zwar als Theil meines Zustands also als Theil meines reinen Wollens. Es kommt sonach vor ein Wille und nichts

f Ms.: Geseze die Geseze

157

anderes[,] also ich finde ein reines Wollen; dieß ist nun völlig das oben beschriebene empirische Wollen selbst. *Resultat*: An sich, das heißt, wenn das Bewustsein vom transc[endentalen] Gesichtspunct völlig erklärt wird, will ich nicht in der Zeit, und mein Wille ist nichts empirisches, wohl aber REFL[ECTIRE]. ich in der Zeit auf meinen reinen Willen, und zw[ar]. mit absoluter Freiheit, in Absicht auf die Folge in diesem reinen Willen; und diese REFLEXION selbst wird mir zum empirischen Wollen in der Zeit. Jene freie REFLEXION ist bestimmt das, was man Freiheit der Willkühr, auch Freiheit der Wahl nennt. Sie ist selbst etwas durch das Denken hervorgebrachtes, aber ein nothwendiger Gedanke[;] man muß sie daher nicht für eine Täuschung erklären, oder darüber hinausgehen wollen, weil man über die Geseze des Denkens nicht hinausgehen kann.

(152) C*g*. Dieß alles ist nun wahr, lediglich in wiefern die ganze ideale Thätigkeit auf *einen* ursprünglichen REFLEXIONSgegenstand CONTRAHIRT wird, und nur durch eine solche CONTRACTION ist Bewustsein möglich. [/]

197.   Also ist es auch möglich, daß die ideale Thätigkeit nicht auf einen Punct gerichtet sei? O ja[.] Die REFLEXION ist frei in der Wahl deßen worauf sie geht, und ist überhaupt frei zu REFLECTIREN oder nicht; aber dieß ist erst möglich, wenn schon REFL[ECTIRT]. worden ist in*h* der Zeit. Wunsch und DELIBERIREN sind nur möglich[,] in wiefern gewollt worden ist; das Bewustsein hebt mit dem Wollen an.

Unsere Frage war: wie ist empirisches Wollen möglich? Auf das Wollen wird einzeln oder Theilweise REFLECTIRT; dadurch ist nun erst ein Theil unserer Frage beantwortet. Unsere ganze Frage war, nach der emp[irischen]. Bestimmtheit des Willens durch ein Object[;] sonach ist die Frage noch nicht ganz beantwortet.

3. Das REFLECTIRTE Wollen, oder die REFLEXION die nach dem Obigen als ein Wollen erscheint, soll nur ein Theil des reinen Wollens sein. Der Theil soll sonach von allem anderen mög-
(153) lichen Wollen unterschieden sein; und nur durch diesen Unterschied wird das Wollen ein bestimmtes Wollen für die REFLEXION[.]

g *Ms.:* C   h *Ms.:* ist. in

Ein Wollen unterscheidet sich von einem anderen Wollen
durch das Object worauf es geht, denn der Form nach, (das
Wollen als Wollen) ist alles Wollen gleich. Mithin ist die
POSTULIRTE REFLEXION auf den reinen Willen nicht möglich
ohne Kenntniß der Objecte. Woher nun diese Erkenntniß? Dieß
ist nun wieder die alte Frage nach dem Zweckbegriffe.. Ich
kann nicht wollen, ohne ein Object zu wollen.

(Wir die wir schon Bewustsein haben, können ein versch[ie-
denes]. Wollen unterscheiden, weil wir schon Kenntniß der
versch[iedenen]. Objecte haben, hier sind wir aber beim Anfange alles Bewustseins (VID[E]. NAT[UR]R[ECHT].)[).] ×

Lösung der hier sich aufdrängenden Schwierigkeiten. [/]
A) Nach N.1 dieses § ist mit dem Willen, als solchen schon ein 198.
Sein verknüpft, sonach ist mit der REFLEXION auf den Willen
auch die REFLEXION auf ein Sein (d.h. auf ein Object) verknüpft.
Beides Sein und Wille ist eins[,] nur angesehen von v[erschie- (154)
denen]. Seiten, bezogen auf die verschiedenen Gemüthskräfte.
(Ich will X, in so fern geht mein Gedanke auf etwas auser mir.
Ich will, in sofern geht er auf mich.)

Auf das erste[,] das Wollen (das unter B beschriebene emp[i-
rische]. Wollen) geht ein bloßes reine[s] Denken, und dieß ist
das einzige reine Denken[,] was im würklichen Bewustsein
vorkommt, und[i] dieß einzige reine Denken ist das empirische
Wollen selbst. Auf das 2[te][,] das Sein geht ⟨eine⟩ Anschauung,
und mit dieser auch das Denken, denn keine Anschauung ist
ohne Begriff, dieß ist aber kein reines sondern obj[ectives]
Denken. Denken und Anschauung sind nothwendig vereinigt,
und[k] in dieser Vereinigung entsteht die Vereinigung des Denkens und Wollens selbst im Ich. Sonach sind Sein und Wollen
nothw[endig] verknüpft..

Aus der Anschauung entsteht das Sein unsrer selbst und der
Welt[.] Dieses Sein auf welches die REFLEXION geht, ist das
reine Wollen selbst, und hier insbes[ondere]. das reine Wollen
in wiefern es angeschaut wird. Hier ist aber offenbar die Rede
von einer äuseren Anschauung; denn die Form der inneren
Anschauung, die Zeit, ist nur Form des INTELLIGIBL[E]N. Die (155)

i *Ms.:* vorkommt. und k *Ms.:* vereinigt. und

Form der äuseren Anschauung ist der Raum, und das Object
deßelben ist nothwendig Materie im Raume, mithin würde
dieses Sein Materie im Raume, und mit der REFLEXION auf den
Willen wäre eine Anschauung des materiellen Seins im R[aume]
nothwendig verknüpft[.]

Das reine Wollen ist vor allem empirischen da, und was wir
anschauen, ist das reine Wollen selbst[,] unter der Form der
sinnlichen Anschauung erblickt[.] Ein Sein[,] das durch das
reine W[ollen] bestimmt ist, und Materie im Raume ist, das
199 die ur[/]sprüngliche Kraft unseres Wollens selbst ausdrückt[,]
ist unser Leib, in wiefern er Werkzeug ist. Unser Wollen in
der Zeit ist schon aufge‹nom›men in die Form des Denkens.
Nun ist unser empirisches Wollen von der Art, daß durch
daßelbe etwas unmittelbar da sein soll [(] z B. ich kann durch
bloßen Willen unmittelbar meine Hand oder [meinen] Fuß
bewegen)[.] Aber mein empirischer Wille ist nichts, als ein,
Denken meines reinen Willens, sonach müßte durch meinen
reinen Willen meine Hand oder mein Fuß in meine Gewalt
gekommen sein., es ist also mein reiner Wille selbst in der Form
der äuseren Anschauung, als Materie im Raume. Der scharf-
(156) bestimmte empirische Begriff des Leibes ist: Mein Leib ist das
was in der bloßen Gewalt der Will‹kühr› steht (in wiefern er
artikulirt ist)[.] Der transc[endentale] Begriff des Leibes ist: er
ist mein ursprüngliches Wollen, aufgenommen in die Form
der äuseren Anschauung.

Ich und mein Leib; ich und mein Geist heißt daßelbe. Ich bin
mein Leib, in wiefern ich mich anschaue, ich bin mein Geist
in wiefern ich mich denke[.] Eins aber kann ohne das andere
nicht sein und dieß ist die Vereinigung des Geistes mit dem
Leibe[.]

Resultat[:] Mit der REFLEXION auf das reine Wollen ist Anschauung eines Objects (meines Leibes) verbunden, von der
Wahrnehmung deßelben (des Leibes) geht alle sinnliche Wahrnehmung aus[.]

B. Wenn wir zu unsrer Hauptaufgabe zurückgehen, so werden wir sehen[,] daß noch nichts gewonnen ist[.] Unser Leib
ist die ursprüngliche Darstellung unsres ganzen urspr[üng-
lichen]. Wollens; aber es kann nur theilweise darauf REFLECTIRT
werden[,] wie ist das möglich? Durch meinen reinen Willen

ist mein Sein auf eins gegeben, aber ich kann nur theilweise
darauf REFLECTIREN[. /] Wenn ich auf meinen ganzen Willen 200
auf einmal REFLECTIREN könnte, so würde die REFLEXION auf
meinen ganzen Leib damit verknüpft; aber ich kann das erste
nicht[,] sonach kann ich auch das 2ᵗᵉ nicht. Die Schwierigkeit
mit der wir hier zu kämpfen haben ist die: ich bin im REFLEC-
TIREN frei; aber mein Reflectiren ist ein Herausgreifen aus der
Masse, sonach ein Begrenzen; aber ein Begrenzen mit Bewust-
* sein ist nicht möglich, ohne daß ich etwas über die Grenze hinausliegendes angenommen[es] ‹k›enne, dieß ist aber nicht möglich[,] mithin auch die REFLEXION nicht; die Schwierigkeit ließe
sich nur so heben: die Begrenztheit müßte sein, ohne daß ich
sie durch REFLEXION hervorbrächte, sie müßte ein ursprüngliches Gefundenes sein, ein ursprüngliches Gefühl.

Anm[erkung]. Bis in den vor[igen] § stiegen wir von unten (157)
herauf zum intelligiblen, jezt ist der Weg umgekehrt[.]

Wir haben gesehen[:] Denken ist nicht ohne Anschauung,
nun müßte bewiesen werden, daß Anschauung nicht ohne Gefühl sei; wir haben allenthalben etwas ursprüngliches gefunden,
beim Denken, das reine Wollen; beim Anschauen das materielle, beim Gefühl dürfte nun wohl auch etwas ursprüngliches
sein?

Schon oben wurde gesagt: Ich bin urspr[ünglich]. bestimmt,
im System der SENSIB[ILITAET]. muß eine Veränderung hervorgehen. Hier ist die Frage, wo kommt diese Veränderung
her?

Diese Veränderung kann ich nicht hervorbringen[;] denn
ich könnte sie nur hervorbringen nach einem Begriffe von ihr,
den habe ich aber nicht, sie müßte sonach von ausen hervorgebracht worden sein, aber dann wäre sie nicht für mich, sie wäre
Ding an sich. Es müßte daher so sein[,] daß ich sie hervorbrächte und auch nicht, beides müßte zus[ammen]. sein. Daß
sie von ausen hervorgebracht würde [/] wäre Beschränktheit, 201
daß ich sie hervorbrächte wäre Thätigkeit; die Aufgabe wäre
sonach[,] Beschränktheit und Thätigkeit zu vereinigen.

Veränderung an sich ist nichts, sondern sie entsteht nur für
das discursive Denken. Mein reines Sein verändert sich gar
nicht, und doch ‹kommt› der Begriff der Veränderung im Be- (158)
wustsein vor, und in sofern entsteht eine Zeit.

161

Es ist also die Frage, wie entsteht der Begriff der Veränderung vor aller Freiheit der Abstraction[?]

α) ich nehme einen bestimmten Zustand meiner selbst wahr, heißt offenbar, ich beziehe diesen bestimmten Zustand, auf meinen ganzen Zustand, auf das ganze mögliche System meines Seins. Also allem Mannigfaltigen in mehreren Zeitmomenten liegt ein Entgegengeseztes in *einem* Momente zum Grunde[.]

β.) Nun liegt in jenem Systeme meines Seins, das Substrat desjenigen, das jezt insbesondre auf eine bestimmte Weise wahrgenommen wird[,] mit darin, und wird mit dem Ganzen zugleich gesezt. Das selbe Substrat X wird sich also entgegengesezt und auf sich bezogen, sonach gesezt in verschiedener Rücksicht.

Das paßendeste Beisp[iel] dazu ist mein Leib; ich habe kein Totalgefühl deßelben (hier ist nur von dem artikulirten Theile deßelben die Rede;) ich fühle nur einzelne Glieder, und durch Beziehung derselben auf einander, bekomme ich erst einen Begriff vom Ganzen; ich nehme nur wahr[,] in wiefern Veränderung da ist; ich fühle nur, in wiefern ich einen Theil im Verhältniße zum Ganzen verändere..

Ich kann meine Hand nur wahrnehmen, in wiefern ich sie in eine gegen das Ganze verschiedene Lage bringe. Aber Bewegung ist nur in Beziehung auf Ruhe möglich. – Ruhe ist

202 der [/] TERMINUS A QUO; wenn ich die Hand bewege, so muß ich [sie] denken als stille gelegen habend.; die Hand wäre hier das SUBSTRAT[,] Ruhe und Bewegung die beiden Rücksichten[,] die unzertrennlich sind.

γ. Woher nun die verschiedenen Rücksichten deßelben SUB-

(159) STRATS X? Sie müßen aus Gesetzen des Denkens hervorgehen, wenn die Philosophie transcendental sein soll. Mithin bleibt die Frage: woher die doppelte Ansicht von X aus den Gesetzen des Denkens.

δ. sie ist eine ursprüngliche, keine erworbene; aber das einzige ursprüngliche ist der reine Wille. Es müßte sonach eine doppelte Ansicht des reinen Willens selbst geben; eine solche ist oben aufgezeigt worden. Im reinen Willen liegt Wollen[,] Kraft und Beschränktheit, wenn es nun diese doppelte Ansicht wäre, worauf sich die REFLEXION auf den bestimmten Zustand gründete, so müßte in dieser Reflexion das Wollen und die Beschränktheit vereinigt sein. Es müste möglich sein, daßelbe X meines[1] Zustandes in demselben Momente als seiend und nicht seiend, als völlig entgegengesezt an[zu]schauen, doch so, daß eins ohne das andre nicht möglich wäre.

[ε.] Die Frage mit der wir uns gegenwärtig beschäftigen ist: die Möglichkeit des Objects der REFLEXION der Form nach (als REFLEXION überhaupt)[.]

Es kann nur auf ein Begrenztes REFLECTIRT werden, wo soll
* dieß herkommen? Die Schwierigkeit ist die: wo im ursprünglichen Objecte der REFLEXION, im reinen Willen ein Mannigfaltiges sein könne. Wir haben die bestimmte Antwort: Es ist ursprünglich auch Begrenztheit, so ursprünglich als der reine Wille selbst, auf diese Begrenztheit [/] wird der Wille auf   203
mannigfaltige Weise bezogen und in dieser Beziehung wird er selbst ein Mannigfaltiges[.]
* Die Sache der REFLEXION ist lediglich diese Beziehung auf diese Synthesis. Sie kann nun geschehen oder nicht, so oder anders, und so ist der oben aufgestellte Satz: ich bin frei[,] in dem Mannigfaltigen zu REFLECTIREN auf welches ich will, verständlich. Durch diese REFLEXION wird der Wille auf die Begrenztheit bezogen, auf mannigfaltige Weise, und ihr entstehen die mannigfaltigen Objecte[.] Die REFLEXION ist lediglich ein synthetisches Vermögen[.]

Dieß ist ein wichtiger Satz für das Ganze[.] Alles empirische   (160)
Wollen, Denken ETC. beruht auf dieser Synthesis des reinen Wollens und der ursprünglichen Beschränktheit. Beides ist dem empirischen Bewustsein gegeben, vor allem Bewustsein da[;] aber die Synthesis ist nicht ursprünglich sondern hängt von der REFLEXION ab[.]

ζ.) Nur in wiefern es möglich ist, mich in verschiedener Rücksicht anzusehen[,] ist Bewustsein möglich. Das unter δ aufgestellte: ich muß mich in derselben Rücksicht setzen als seiend und nicht seiend, muß wahr sein, denn es ist Bedingung des Bewustseins.

Mein reines Wollen ist anschaulich dargestellt in meinem Leibe, dieser ist die sinnliche Kraft, und diese müßte es sein,
* die sich anschauen ließ[e] in verschiedener Rücksicht. Ich müßte

---

1 könnte auch heißen eines

daßelbe X wollen, oder (synthetisch betrachtet) thun können,
was ich in andrer Rücksicht nicht wollen[,] nicht (synth[etisch].
betr[achtet]) thun könnte. Also meine ganze sinnliche Kraft
müßte angesehen werden können in doppelter Rücksicht. Dieß
gäbe ein inneres und äuseres Organ und beide müßten in dem
Verhältniß stehen, daß mit dem einen geschähe, was mit dem
anderen nicht geschehen könnte.

Alles was ich wahrnehme[,] alle Objecte sind nichts anderes,
als etwas meine Wirksamkeit hinderndes, aber daß meine
204.   Wirksamkeit [/] gehindert sei, weiß ich nur, in wiefern sie für
mich vorhanden ist. Durch das äusere Organ ist sie nicht da[,]
aber durch das innere wird sie nachgeahmt (Ich kann nicht
hören[,] auser in wiefern ich den Ton innerlich nachahme)[.]

Hierauf gründet sich alle Wahrnehmung.

Wie verhält es sich nun mit der ursprünglichen Reflexion[,]
(161)   die aller anderen vorauszusetzen ist. *Antw*[ort:] ich REFLECTIRE
auf mein Wollen; dieß erscheint mir als Thun; und dieß mein
Wollen ist möglich und nicht möglich. Möglich innerlich,
nicht möglich äuserlich. Innerlich und äuserlich heißt das innere
und äuse Organ, welches selbst nichts anderes ist als meine
Kraft[,] angesehen in doppelter Rücksicht. Wollen und Thun
ist einerlei. Wollen ist es, wenn es bloß gedacht wird, thun ists
wenn es nur angeschaut wird. Hier erhalten wir die Auflösung
der Frage: wie ist unsere Causalität[,] unsere Wirksamkeit in
der Sinnenwelt möglich? Wollen und Wirken ist nichts als
Wollen. Die Wahrnehmung unserer Würksamkeit ist nichts
als die Wahrnehmung unseres gedachten reinen Willens.

Alles unser Wirken ist nichts als Denken, das einzige, was
wir mit Freiheit vermögen, ist das Denken, denn wir sind nichts
anderes als INTELLIGENZEN.

Ich kann nicht wollen, was nicht wird; alles was ich kann[m]
und nicht wirklich thue[,] will ich nicht, sondern es ist ein
bloßer ohnmächtiger Wunsch..

Kant hat die Frage, wie unsre Würksamkeit möglich [sei],
auch beantwortet: „Das Begehrungsvermögen ist das Vermö-
×   gen, durch einen Begriff Ursache von einem Objecte zu werden[.]" Er hat aber nicht gesagt, woher es komme[.]

---

m Ms.: ich nicht kann

Docent nimmt Begehren in einem andren Sinne, und sezt
es dem Wollen entgegen, als das bloße ideale Denken des Wollens. Bei Kant aber ist das Begehrungsvermögen der genetische
Begriff des Wollens und der Willkühr.

4) Ich das reflectirende beschreibe innerlich, was ich äuserlich
nicht kann, und dadurch wird erst für mich Wahrnehmung.
Wie erhalte ich nun diese Erkenntniß des Nichtkönnens? Dieß
weiß ich durchs Gefühl. Aber woher kommt denn das Gefühl?
Gefühl ist affection meiner selbst, [/] aber" nicht in der Zeit. 205
Es sind nicht Dinge, die in diesem Momente so und in einem
anderen wieder anders einwürken; dieß wäre transcendent.
Das Gefühl überhaupt, oder das Gefühlvermögen ist die unmittelbare Beziehung der Beschränktheit unseres Willens auf
die Reflexion. Der Wille ist ursprünglich beschränkt, und da- (162)
durch wird er ein Wille[.] Diese Beschränktheit aber ist nicht
für das Ich, und das Ich ist nicht für sich, das ganze Idee. Jetzt
aber tritt die Reflexion ein, und zwar die absolut freie Reflexion, diese strebt[,] auf den Willen, in der Totalitaet in beiden oben angegebenen Rücksichten zu reflectiren. Dieß kann
sie aber nur in der einen Rücksicht, im inneren Organ beschreiben. Die Reflexion ist das in der Zeit beschränkte, und die
unmittelbare Aeuserung dieser Beschränktheit ist das Gefühl. Ich fühle[,] in wiefern ich empirisch bin; das was nur
empirisch sein kann ist das reflexionsvermögen, das in
der Zeit beschränkt ist; das ursprünglich beschränkte ist der
Wille, folglich müßte die Reflexion auf den Willen beschränkt sein.

Keine reflexion ohne Gefühl et. v[ice]. v[ersa]., denn
* durch das Gefühl giebt das Ich der Beschränktheit Etwas hin[.]

Der Satz war schon oben da in einem anderen Sinne[,] im
Verhältniß der Dependenz, hier im Verhältniß der Wechselwirkung[.]

Wir haben jezt das Gefühl selbst erklärt und abgeleitet, haben
wieder das Gefühl postulirt als Bedingung des Bewustseins. Es
wäre ein unerklärliches erstes[;] aber dadurch könnte ein Dogmatismus veranlasst werden, denn man könnte über diese
Grenze doch denken, und dann würde man das Gefühl erklären

n Ms.: selbst. aber

wollen durch Dinge[,] die das Gefühl afficiren sollen, und dadurch würde das Ich selbst Ding.   *

§. 14.

DER REINE WILLE IST UNMITTELBARES OBJECT alles Bewustseins und aller Reflexion (§ 13)[;] aber die Reflexion ist discur-
(163) siv: er, der reine Wille müßte sonach ein Mannigfaltiges sein;
dieß ist er ursprünglich nicht, sondern wird es erst, durch Beziehung auf seine Beschränktheit, wodurch er Wille wird, in
206. der Reflexion selbst, welche ABSOLUT frei ist, und [/] deren[o]
Freiheit und ganzes Wesen eben in dieser Beziehung besteht,
theils daß sie überhaupt geschehe, theils daß sie so oder anders
geschehe; diese REFLEXION erscheint als ein Wollen[,] in wiefern sie selbst bloß gedacht, und als ein Thun[,] in wiefern sie
angeschaut wird. Und[p] sie ist der Grund alles empirischen
Bewustseins.

Im einzelnen Acte derselben erblickt das Vernunftwesen sich
in doppelter Rücksicht, theils als beschränkt, theils als handelnd
in Beschreibung der Beschränkung, das erste äuserlich[,] das
lezte innerlich, und dadurch schreibt es sich zu ein Organ überhaupt, und dieses als innerliches und äuserliches. Die Beziehung
der Beschränktheit auf die REFLEXION ist das Gefühl. Das beschränkende ist nur für die ideale Thätigkeit im Denken der
REALEN, und so ist die unmittelbare Vereinigung der Erkenntniß des Objects mit dem Willen erklärt.

§ 15. Uibersicht des Vorhergehenden.

Der Geist unserer Philosophie ist: Kein vorgebliches Ding
an sich, kann Object des Bewustseins sein; Nur ich selbst bin
mir Object, wie läßt sich unter dieser Voraussetzung das Bewustsein erklären[?]
Wir können nur nach unseren Denkgesetzen erklären, und
nach diesen muß die Antwort auf unsere Frage ausfallen. Unsere

o *Ms. ursprünglich:* deßen, *nachträglich verbessert in:* deren
p *Ms.:* und

Erklärung ist demnach auch nicht an sich gültig; denn die
Frage ist, wie kann ein Vernunftwesen sein Bewustsein erklären[.]

Nun müßen wir zu folge der Reflexionsgeseze, zu allem be- (164)
stimmten ein bestimmbares voraussezen. Dies Gesez haben wir
bisher angewandt auf das Ich, welches Object der Philosophie
ist. Nun aber ist der Philosoph auch ein Ich[,] folglich auch an
dieses Gesez gebunden[.] Das Ich ist sich selbst Object des Bewustseins, s‹ona›ch Subject und Object; wir wollen beides
auf einander beziehen; zu diesem Behufe müßen wir beide auf
einander beziehen als bestimmbar, so nach wird uns nach den
Denkgesetzen das ideale und reale geschieden. Das reale bedeutet nur das Objective, das Ideale nur das Subjective[a] im Bewustsein. Beides wird nun besonders betrachtet als bestimmbar,
und dieses Denken giebt das bloß intelligible. Das Intelligible
ist sonach nichts an sich, sondern etwas für die Möglichkeit
unserer Erklärung nach den Denkgesezen vorauszusetzendes. (165)
So behandelt es auch Kant, und jede andere Ansicht wäre tran- ×
scendent. [/] Gleich vom Anfange haben wir die ideale und 207.
reale Thätigkeit geschieden. Das ursprüngliche REALE ist der
reine Wille, das Bestimmbare in unseren Bestimmungen; das
Ideale ist ein Reflexionsvermögen, gebunden an verschiedene
Gesetze, unter anderem auch an das Gesetz, daß nur SUCCES-
SIVES aufgefaßt und nur DISCURSIV gedacht werden kann. Das
erste ist ein Vermögen Object zu sein, das leztere ein Vermö-
* gen Subject zu sein; das erste ist das Vermögen rein, das zweite
empirisch zu sein[.]

Zu einer solchen Voraussetzung kommen wir durch die
Denkgesetze. Nun fand sich die Schwierigkeit, wie soll der (166)
reine Wille ein Mannigfaltiges für eine mögliche REFLEXION
werden? Es war die Antwort: Es wird dieß lediglich durch seine
Beziehung[b] auf die Beschränktheit, welche gleichfalls ursprünglich ist. So ists auch im empirischen Bewustsein. Der Wille für
sich betrachtet ist nur eins. Man unterscheidet den Willen nur
durch die Objecte worauf er geht, dieß ist nun hier die Beschränktheit. Die ganze REFLEXION besteht in der Vereinigung
des Mannigfaltigen der Beschränktheit. Ihre Freiheit besteht

a Ms.: Objective *mit übergeschriebenen* ???   *b Ms.:* Beziehungen darinn, daß der Wille darauf bezogen werden kann oder nicht, daß er auf dieses oder jenes bezogen werden kann.

Aber in wiefern ich beschränkt bin, bin ich irgend etwas nicht, was ich aber nicht bin, das ist für mich nicht da; nun aber liegt die Beschränktheit auser mir; wie werde ich nun mir ihrer bewust? *Antw[ort:]* sie liegt nur zum Theil auser mir. Aeuserlich bin ich beschränkt, aber nicht innerlich, meine äusere Beschränktheit ahme ich innerlich nach.

Aber hiermit ist die Frage noch nicht ganz beantwortet, und wir haben zunächst zu zeigen, was von unserer Schwierigkeit noch nicht gehoben sei, und in wiefern sie zu heben sei[. /]

208. Ich ahme die Beschränktheit meines äusern Organs innerlich nach; ich sehe ein Object = ich kann in einen gewißen Raum nicht eindringen und beschreibe eben die Fläche, die erfüllt ist; das innere Organ ist in dieser Theorie nie beschränkt. *Schwierigkeit[:]* ich soll äusere Beschränktheit nachahmen, also ein äuseres Handeln, ich kann mir aber nichts einbilden was ich nicht kenne, den Willen kenne ich[,] aber nicht das äusere Organ. Sonach bleibt ein Zirkel, man bezieht sich auf Beschränkung des äuseren Organs; woher dieses selbst? –

Es steht so: das w[as] ich wahrnehme, wird innerlich vollzogen, die Gestalt im Raume wird abgerißen durch die Einbildung[s]kraft pp, nun begreift sich, wie d[urch] mein O[r-
(167) gan]. eine solche Gestalt hervorgebracht werden kann, aber nicht, wie sie abgerißen werden kann als durch das äusere Organ nicht zu bestimmen; und wie dem zu folge Objectivität angenommen werden könne. Es scheint wir nehmen nur Einbildungen an. So ist – nichts erklärt. *Lösung[:]* Wir können nicht in der Versinnlichung bleiben, wir müßen auf den tr[anscendentalen]. Ges[ichtspunkt]. zurückgehen[.]

1.

Es wurde geredet von ursprünglicher Beschränktheit unseres Wesens, wodurch der Wille erst zum Willen wurde; was sollte beschr[änkt] werden[?] ein absolut Selbstthätiges, was nur selbstthätig ist, dieß kann nicht wie ein Seyn beschränkt werden, dem wohl eine innere Kraft angestam[m]t sein mag[,] die aber an die Quantität des Dinges geknüpft ist.. v[IDE]. Beispiel einer immer mehr zu ver[r]ingernden Kugel[.] So nicht

mit der Intell[igenz], ihre Beschränk[t]heit soll stattfinden ohne
daß das Bewustsein der aufgehobenen [/] Realität aufgehoben   209
wird; welche könnte das sein? – (Beschränktheit[,] die bloß
an die Thätigkeit als s[olche] sich wendet[,] nicht aber an ein
Sein.) nichts als Beschränktheit durch die Thätigkeit selbst =
die Aufgabe sich selbst zu beschränken, nicht*c* eine sich aufdringende Beschr[änkung], sondern die nur stattfindet[,] in so
fern sie mit Freiheit aufgenommen wird. – *Folgerungen daraus.*

A) was jene Begrenzung eines ursprünglichen Willen bedeuten
soll[,] ist klar; es ist das Ganze der Beschränk[t]heit als das bestimmbare zu allen in der Zeit erscheinenden Bestimmungen,
die ich mir auf legen*d* soll, der Grund liegt in meinem endlichen
* Wesen, daß ich diese oder eine andere aufnehmen soll[,] beruht auf meiner INDIVIDUALITÄT, alles andere ist transcendent.
Der reine Wille ist nur der[,] den ich in der Zeit haben soll.
* VID[E]. SITTENLEHRE CIRC[A]. 200. Antwort auf die Frage, wer   (168)
bin ich. Aber wer soll ich sein? Die INDIVIDUALITAET ist be-   ×
stimmt nicht durch ein Sein, sondern durch ein Gesetz, es ist
vorgeschrieben für alle Zeit was ich werden soll. Der reine
Wille ist beschränkt, dieß ist kein Menschenverstand; denn er
ist ja nicht im Raume ausgedehnt[,] er ist Spontaneität, und
kann nur durch sich selbst beschränkt werden; es heißt also[:]
es liegt in meinem ganzen Sein, ein Gesetz des Wollens (Sitten-
gesetz) es ist nicht QUAL[ITAS]. OCCULTA wie bey Kant, es ist
ein Gesetz[,] das*e* ich selbst ‹mir› mache. – Die Beschr[änktheit]
der Selbstthätigkeit ist nicht Beschränktheit durch ein wahr-
nehmbar objectives; sondern durch einen Begriff; die eigentliche Aufgabe wäre: wie wird dieser Begriff aufge[/]faßt und   210
wie kommen wir zu der Vorstellung gewiße Vorstellungen zu
haben.

Uibersicht*f*

Beim Dogmatiker ist das Ding das erste[,] der Begriff das
zweite; der Idealist kehrt es um[,] er kommt von dem Begriffe
zum Sein. Zwischen diesen beiden Verhältnissen liegt ein drittes: daß sogar ein Begriff, (‹nicht› als Zweckbegriff angesehen)

---

c Ms.: beschränken. nicht   *d Ms.:* auf legenden   *e Ms.:* daß
f Ms.: (Uibersicht

sey[,] aus dem das Sein folgen soll. Bey diesem Satze stehen wir bestimmt jetzt.

Sinnlich:[g] ich reflectire, und dadurch erhalte ich einen Begriff, mit diesem Begriff zugleich als Bedingung deßelben erhalte ich auch die Aufgabe meine äusere Freiheit zu beschränken; nur in wie fern ich REFLECTIRE erhalte ich diesen Begriff.

Das zu beschränkende zu folge eines Begriffs ist mein äuseres Organ – mein äuseres Organ wird gesetzt als durch mich zurückgehalten, und was es nicht bewerkstelligt, wird durch das (169) innere nachgeahmt. – Beantwortung jenes Zirkels; daß auch jenes Nichtkönnen nur durch dich vorhanden ist, das du dir selbst zufügst und so denken must zu folge der nothwendigen Beschränkung deiner selbst. Schon in der Aufgabe liegts drinn. Der Dogmatiker geht nach innen, der tr[anscendentale]. Ideal[ist] beschreibt seine Radien nach der Peripherie[;] jedes kommt von innen, alle Voraussetzung des äuseren taugt nichts, dieß war der Fall im vorigen §.

Beispiel im Allgemeinen
(nur um deutlich zu werden. [/]

211 Wenn ich jemanden hören will[,] *mus* ich nicht reden, nicht physisch bin ich gezwungen sondern nur HYPOTHETISCH, nach einer selbst angefügten Aufgabe als Zweck; die Beschränkung ist die des äusern Sprachorgans; sie ist physisch nicht zu erklären[.)]

RESULTATE

1.

Alle Einwürkung von ausen fällt gänzlich weg; denn wenn dieß nicht ist sind wir Dogmatiker. – Es ist in mir die Aufgabe mich so und so zu begrenzen; ich beschreibe diese Begrenzung durch Freiheit[;] daß ich es weiß ist Ansicht[h] meines äusern, in so fern ich sie nachahme Ansicht meines Vermögens innerlich[.]

2.

Durch diese Aufgabe ist mir das äusere Organ gegeben, denn dieß ist die ideale Ansicht der Beschränkung; es liegt in jener

---

g *Ms.: Sinnlich.*   h *Ms.: ansicht*

unserer Aufgabe der Begrenzung mit drinn, und muß ihr zu folge gesetzt werden. Darauf kommts an[,] alles aus dem CENTRO zu erklären; wir müßen zeigen, daß es der Ansicht des DOGMATIKERS nicht bedarf.

Wir können nie erfahren[,] daß wir einen Leib haben, dieß und daß er unser ist müßen wir voraus wißen, als Bedingung alles Erfahrens alles zulernens. Durchs bloße Denken wird dieß hervorgebracht und erst später wirds Gegenstand der Wahr- *(170)* nehmung[.]

_____

2

Die Schwierigkeit ist gelöst; das äuserliche [/] Organ muß da 212 sein, die Möglichkeit ^{i} ist erklärt[;] nehmlich es ist da nur in so fern ich selbst es hemme, in wiefern vor aller Hemmung ein Begriff deßelben da ist, dieser wird durch die Aufgabe es zu hemmen gegeben, welche aus meinem reinen Willen hervorgeht. N[OTA]B[ENE] es ist nur die Rede von Würkung des Freien auf das Freie. (Daß man das äusere Organ auch von einem *äusern* abhängend ansehen muß, ist wieder nur eine andere Ansicht des äusern Organs[,] VID[E] INFRA) Das innere Organ ist Seele[,] das äusere Leib; beides ist ich nur in verschiedner Ansicht, Seele entsteht wenn ich mich durch [die] Form der inneren Anschauung versinnliche, der Leib durch Versinnlichung der äusern und innern Anschauung zugleich. Das höchste beschränkende ist der Begriff, durch ihn kommt Anschauung in meine ganze Welt. Auf dem praktischen Gesichtspuncte ist das erste der ursprüngliche reine Wille[.] Dieser äusert sich durch Zweckbegriffe[,] nicht durch die die wir oben gar nicht erklären konnten, sondern durch Zweckbegriffe, die schlechthin sind, als erstes absolut aufgedrungenes, dieser Begriff (ein νουμενον) wird sinnlich REAL[ISIRT]. als inneres und äuseres Organ und als Sinnenwelt, und so kommt der tr[anscendentale]. Philosoph auf den Boden, er muß aus *absoluten* Begriffen erklärt werden[,] die keinen anderen erklärenden voraussetzen. *(171)* Diese sind Zweckbegriffe, die aber doch als objectiv ^{k} erscheinen müßen. D[enn]. [/] daß ich diesen Begriff faßen soll, das 213

_____

i Ms.: möglichkeit   *k Ms.:* Objectiv

liegt in meinem Wesen; dieß zu sagen ist klarer Unsinn, wenigstens ‹erbaul›[ich]. aufgestellt; dieser Begriff entsteht bloß in
sofern ich ihn mache, er dringt sich mir auf heißt[:] mein Wesen ist Aufgabe ihn zu machen[,] so bald ich REFLECTIRE, dieß
aber muß ich thun, wenn ich Bewustsein haben soll! – Die
Beschränktheit von der geredet worden[,] ist also eine die ich
mir selbst zufüge zufolge eines ursprünglich in mir vorhan-
denen Begriffs, es wäre demnach ein Anfang zu machen die
Geschichte des entstehenden Bewußtseins zu beschreiben:

Ich REFLECTIRE (auf mich), nach dem BestimmungsGrunde[;]
der Form nach ist nicht zu fragen[,] weil sie mit Freiheit geschieht oder: über den Anfangspunct können wir nicht Re-
chenschaft geben; ich muß aber eine Beschränktheit meiner
selbst auffaßen[,] in der die Aufgabe liegt mich selbst zu beschränken, dieser Begriff ist die innere Bedingung der REFLE-
XION, warum aber eben y und nicht –y gefaßt wird[,] darüber
kann nicht die Frage entstehen, weil dieß seinen Grund in der
Freiheit hat, der ursprüngliche Zustand des beschränkten empirischen Ichs ist[,] daß sein Wille nachgebildet werde.

§. 15.

ABER DIE BESCHRÄNKTHEIT, [/] IST NICHT BESCHRÄNKTHEIT DES
ICH, UND IST NICHT FÜR DAS ICH, WENN NICHT DAS ICH SICH
SELBST SIE ZUFÜGT, SONACH KANN DIE URSPRÜNGLICHE BE-
SCHRÄNKTHEIT DES WILLENS NICHTS ANDERES BEDEUTEN, ALS
EINE AUFGABE FÜR DAS ICH, SEINEN WILLEN SELBST ZU BE-
SCHRÄNKEN, UND DIE BESONDERE ANKÜNDIGUNG DIESER AUF-
GABE IM EMPIRISCHEN BEWUSTSEIN KANN NICHTS ANDERES SEIN
ALS EIN BEGRIFF[,] DURCH WELCHEN EINE BESTIMMTE SELBSTBE-
SCHRÄNKUNG GEFODERT WIRD, DURCH DESSEN AUFFASSUNG
ERST GEFÜHL UND ANSCHAUUNG ENTSTEHT, ALLES BEWUSTSEIN
GEHT SONACH VOM DENKEN EINES LEDIGLICH INTELLIGIBLEN AUS[.]

[§. 16.]

Nun bieten sich zwei Fragen dar die nur durcheinander beantwortet werden können, aber da hier lieber dem System als der

Verständlichkeit Abbruch gethan wird, so werden die Untersuchungen getheilt; die Resultate werden zusammenfallen[.]

Es ist geredet worden von einem ursprünglichen Begriffe[,]
in dem die Aufgabe der Selbstbeschränkung*a* liegt[,] und von
einer solchen Beschränkung, daran soll alles im Bewustsein
sich knüpfen; – was ists also eigentlich was in diesem Begriffe
begriffen wird, [/] wovon geht alles Bewustsein aus.   215
    Es wäre die Frage nach dem *materialen*, es ist ein vernünftiges
Wesen auser uns, welches noch bewiesen werden wird, denn
alles äusere Bewustsein geht von einem vernünftigen Wesen
aus, sowie auch das innere nur von dem intelligiblen von der
Ichheit ausgeht. Die Sinnlichkeit ist nur Versinnlichung, nichts
ursprüngliches; die Behauptung einer Vernunft auser uns ist
bloßer reiner Gedanke in die Erscheinung gelegt; dieser reine
Gedanke ists von dem die Erfahrung ausgeht. Diese Frage laßen
wir liegen. Knüpft sich aber ein fortlaufendes Bewustsein an
den ersten Punct an, wie kommt die Reihe der SUCCESSIVEN
Vorstellungen zu Stande: sie fragt nach dem FORMALEN. Diese
behandeln wir hier.

Erklärung der Frage.

    Was entsteht denn nach unseren Voraussetzungen für ein
Selbstbewustsein? Bewustsein*b* einer Bestimmtheit[,] eines
* Nichtkönnens, Denkens, Wollens – ? – kann denn der Anfang
des Bewustseins NEGATION und kann irgendein Bewustsein   (173)
NEGATION sein; also haben wir nur durch Erschleichung und
SUPPLIREN etwas anderen deutlich werden können; ein positi-
* ves Bewustsein haben wir nicht abge[/]leitet[;] die NEGATION ist   216.
nicht das OBJECT selbst; es wurde gesagt[,] unser ursprüngliches
Bewustsein se‹i eine› Aufgabe einer uns selbst zuzufügenden
Beschränkung, wo soll aber das MATERIALE das wir nicht thun
sollen her kommen? – es beantwortet nicht, wenn man sagt[,]
die innerliche Nachahmung sei das POSITIVE[;] denn dieses
innere Thun kommt nicht zum Bewustsein[,] es ist nicht Object
sondern bloß Instrument zu einem Object zu gelangen, sonach

---

a Ms.: selbstbeschränkung   *b Ms.:* bewustsein

müste mit dem Gefühle der Begrenztheit doch ein würkliches positives Wollen vereinigt sein, und diese Vereinigung des POSITIVEN mit der Negation müßte nothwendig sein; es müste doch ein empirisches Wollen in jenem Begriffe der Aufgabe schon drinne liegen, dieß ist aber ein Wollen nach einem Zweckbegriffe. Also kommen wir wieder darauf zurück: Wie ist ein Zweckbegriff möglich? hier wird es beantwortet.

1.

Durch den beschriebenen Act wenn er allein möglich wäre könnte bloß objective Erkenntniß entstehen[,] Bestimmung eines Seins im Gegensatze des Thuns[,] da bloß Beschränktheit da ist, Sein aber ist die Versinnlichung der Beschränktheit[.]

2

Aber alle Erkenntniß des freien Wesens bezieht sich noth-
217 wendig auf sein Wollen und Handeln, es kann also [/] ursprüng-
lich nicht bloßes Bewustsein eines Seins statt finden. Es wird nicht erkannt ohne daß man sich im Handeln darnach richte, alle Erkenntniß ist praktisch nicht nur in Rücksicht der Veranlaßung sondern auch in Absicht des nachmaligen Handelns.
(174) Sein und Handeln steht in ununterbrochener Wechselwürkung, da ja beides nur eins ist nur angesehen von verschiednen Seiten.
– Das bloße objective Denken[,] die bloße sinnliche Erkenntniß ist nur synthetisch mit dem Bewustsein des ersten verknüpft. *
Der synthetische Vereinigungspunct ist: Das bloß erkannte (das Sein) ist immer das bestimmbare, das Wollen immer das bestimmte[;] bestimmbares und bestimmtes ist unzertrennlich vereinigt, alle Erkenntniß wäre also eine Erk[enntniß]. eines durch meinen Willen bestimmbaren. Das Resultat ist: das in dem ersten Momente alles Bewustseins Erkannte, wird nothwendig angesehen für ein Object der Wahl durch freien Willen (Oben wurde das Object vorgestellt als das beschränkende hin-
dernde; alle Ansichten werden sich vereinigen)[.] So etwas nun[,] ein in der Wahl und für die Wahl bestimmbares ist für den Zweckbegriff no[t]hwendig, denn er ist die Bestimmtheit
[218] die aus dem Bestimmbaren her[/]vorgeht. Schon lange kannten wir den Zweckbegriff der Form nach, es ließ sich nur nicht einsehen woher das mannigfaltige für die Wahl ohne empi-

rische Erkenntniß kommen konnte: darauf wird geantwortet, diese Erkenntniß ist ursprünglich gegeben.

3.

Ein Bestimmbares durch meinen Willen giebts nur[,] in so fern würklich im Bewustsein ein bestimmter Wille da ist, denn das bestimmbare ist nurᶜ durch das bestimmte möglich und lezteres ist bloß RESULT[AT] eines übergehens aus der bloßen Bestimmbarkeit, und bestimmbares ist eben das wodurch übergegangen wird. Diese beiden müßen schlechthin beisammen sein; hier ist leicht Irrthum möglich, nehmlich im Fortgange eines schon angeknüpften Bewustseins läßt sich ein Bestimmbares denken ohne daraus zu wählen, aber beim Anfange des Bewustseins ist eine solche ABSTRACTION nicht möglich. – Bestimmbares und bestimmtes müßen also nothwendig eins sein. Folglich müste mit jener Erkenntniß vom Objecte (dem bestimmbaren für ein mögliches Wollen) ein empirisches Wollen unmittelbar in demselben Momente vereinigt sein. Uns im wirklichen Bewustsein scheint Wahl und DECRET des Willens so, daß die Wahl dem Wollen vorhergeht. – Hier geht das Bestimmbare dem Bestimmten voraus, aber indem ich wähle weiß ich doch daß ich wähle, dieß heißt [/] nichts anderes als 219 daß ich meine DELIBERATION auf ein Wollen beziehe[;] aber woher weiß ich denn was Wollen heißt; nur in wiefern ich schon gewollt habe; diese Form des Wollens beziehe ich dem- (175) nach auf die Wahl; das mögliche Wollen kann ich nur durchs würkliche Wollen kennen; hier stehen wir aber am Anfange des Bewustseins, wo die Form des Wollens nicht übergetragen werden kann; hier müste also Wollen und DELIBERIREN zusammenfallen. Ein empirisches Wollen erscheint als Uibergehen von der Bestimmbarkeit zur Bestimmtheit, charakterisirt wird es durch die völlige CONTRACTION meines ganzen Wesens auf einen einzigen Punkt, da dieß beim Denken nicht ist, da man zwischen Entgegengesezten schwebt. (Alles empirische Bewustsein ist etwas bestimmtes, aber es giebt 2[e]rlei Bestimmtheit[,] unvollendete und vollendete, erstere erscheint als Denken, leztere als Wollen; in dem Denken ist noch ein Blick aufs

---

ᶜ Ms.: nur nur

Entgegengesezte, aber wenn ich will[,] will ich dieß und nichts
anderes, das andere durchs Denken angeschaute liegt nicht im
Wollen.) Nun erscheint alle Bestimmtheit als übergehen pp –
[220] es giebt also auch 2erlei Bestimmbarkeit[: /] eine fürs Denken
und eine fürs Wollen, das Denken selbst ist Bestimmbarkeit
des Wollens; Wollen ist QUASI die zweite Potenz unseres empirischen Vermögens, Denken ist die erste.) Uns ist insbesondere
um die Unterscheidung des empirischen Wollens vom reinen
zu thun, alles worauf die Thätigkeit je REFLECTIREN kann[,] das
höchste bestimmbare[,] ist das reine Wollen; dieses Ganze
wird vor allem bestimmt durch das Denken eines mich beschränkenden Begriffs (Individualität,). Es sind 3 Grade[:] 1)
(176) reiner Wille, Absolutheit der gesamten Vernunft, des Vernunftreichs, diese ist das höchste bestimmbare, wird weiter bestimmt
[dadurch] daß etwas aufgefaßt wird durch 2[)] Individualität.
Dieß ist Bestimmbares 3) für ein einzeln[es] Moment des Bewustseins, für einen bestimmten Willen. Das emp[irische]
Wollen ist bloß REFLEXION auf das reine Wollen überhaupt[.]

4

Wie wird beschriebene REFLEXION möglich sein? nur so daß
die Erkenntniß, in Beziehung auf eine Beschränkung durch
einen Begriff nicht möglich sei ohne ein Wollen und umgekehrt. Dieß leztere ist deutlich, es gilt durchs ganze Bewustsein,
aber die erste Hälfte[,] daß[d] Erkenntniß nicht ohne ein Wollen
möglich sey[,] läßt sich nur so denken; in der Erkenntniß
müste das Wollen drinn liegen, es würde nur Bestimmbarkeit
221 des Wollens begriffen; anders könnte [/] es nicht verstanden
werden; dieß ist der Begriff der Aufforderung zur freien Thätigkeit.

(Das Intelligible ist das einzige ursprüngliche[,] die Sinnenwelt ist eine gewiße Ansicht des erstern, mit lezterer haben
wir es hier nicht zu thun, wie sich ersteres in lezteres verwan-
dele v[IDE].INFRA. Aber in wie weit ist das Intelligible bestimmt?
– Es soll ein reiner Wille zu Grunde liegen, nicht ein empirisches Wollen, oder Vernunft überhaupt, oder Absolutheit des
Vernunftreichs, welches bis jezt noch unverständlich ist; dieses

d Ms.: das

176

ist das Bestimmbare zu einem Bestimmten, lezteres bin ich als
INDIVIDUUM, ich erkenne mich als INDIVIDUUM, diese Erkenntniß
ist oben ein Fortgehen vom best[immbaren]. zum Bestimmten,
ich bin – ein durch sich selbst herausgegriffener Theil aus den
Vernunftwesen; jezt wird stille gestanden beim Hervorgehen
der INDIVIDUALITAET aus der Vernunft, welche so hervorgeht,
daß ich mich finde als etwas nicht könnend oder dürfend, was (177)
doch eigentlich ursprünglich für mich sein muß. Der bestimmte Act hiebey ist Aufforderung zur freien Thätigkeit[,]
diese kommt her und wird so beurtheilt von einem andern
vernünftigen Wesen meinesgleichen. Das Selbstbewustsein hebt
also an von meinem herausgreifen aus einer Maße vernünftiger
Wesen überhaupt. – [/] Dieser Begriff der Selbstheit als Person [222]
ist nicht möglich ohne Begriff von einer Vernunft auser uns;
dieser Begriff wird also auch CONSTRUIRT durch Herausgrei-
fung aus einer höheren weiten Sphäre. Die erste Vorstellung
die ich haben kann ist die Aufforderung meiner als INDIVIDUUM
zu einem freien Wollen.)
  Dieß ist eine Erkenntniß wie wir sie suchten[,] in welcher
das Wollen gleich drinnen läge[;] mit ihrer Erkenntniß ist ein
Wille begleitet. Sinnlich betrachtet ist es so, entweder ich
* handele nach dem Willen oder nicht, habe ich die Aufforderung
verstanden so entschließe ich mich doch durch Selbstbestimmung nicht zu handeln, der Aufforderung zu widerstreben, und
handele durch nicht handeln. Freilich muß die Auffoderung
verstanden sein[,] dann muß man aber handeln[,] auch wenn
man ihr nicht gehorchet, in jedem Falle äusere ich meine Freiheit. So müßen wirs uns jezt denken[;] aber man kann höher
fragen[:] welches ist der transcend[ent]ale Grund dieser Behauptung? Der Zweck wird uns in der Aufforderung gegeben,
also die Individuelle Vernunft läßt sich aus sich selbst nicht erklären ist das wichtigste RESULTAT, es bestehet nur im Ganzen
durchs Ganze und als Theil des Ganzen; denn wie soll sonst
Kenntniß eines Vernunftwesens auser [/] ihm zu erklären 223
[sein,] wenn in ihm kein Mangel ist; dieß ist so dargethan worden[:] Wir haben uns Mühe gegeben den Zweckbegriff zu erklären[,] da kamen wir in einen Zirkel; nun aber ist sie beantwortet, denn im Fortlaufe der Vernunft ists damit nicht
schwer, es ist nur darum zu thun den ersten Zweckbegriff dar-

zulegen: den ersten aber bekommen wir, doch wird uns der
Zweck nicht als Bestimmtes sondern überhaupt der Form nach
gegeben, etwas woraus wir wählen können. (v[IDE]. in der
(178)   Rechtslehre Folgerungen daraus) Kein Individuum kann sich
×   aus sich selbst erklären[;] wenn man also auf ein erstes INDIVI-
DUUM kommt[,] worauf man kommen muß[,] so muß man
auch ein noch höheres unbegreifliches Wesen annehmen[.]

§. 16.

DIESE AUFGABE SICH SELBST ZU BESCHRÄNKEN IST VON EINER
ANDERN SEITE ANGESEHEN AUFFODERUNG ZU EINER FREIEN
THAETIGKEIT (DA SIE NICHT ERSCHEINT ALS HERVORGEHEND AUS
DEM INDIVIDUO SONDERN EINER VERNUNFT AUSER UNS)[;] ABER
ES IST KEINE BESTIMMUNG DURCH UNS SELBST, WENN SIE NICHT
DURCH EIN WÜRKLICHES WOLLEN BEGLEITET IST, ES SCHLIESST
224.   SONACH DAS [/] BEWUSTSEIN EINES WÜRKLICHEN WOLLENS AN
JENE WAHRNEHMUNG EINER AUFFORDERUNG ZUR FREIHEIT SICH
UNABTRENNLICH AN[.]

ANM[ERKUNG:] Die Hauptschwierigkeit war[:] das Bewustsein kann weder durch Wollen noch Erkennen allein angeknüpft
werden sondern von beiden[,] aber diese sind von einander
unabhängig? – allerdings hebt es von beiden an[,] nur ist die
Erkenntniß von der es anhebt Aufforderung zur freien Thätigkeit, Kenntniß davon daß uns ein Zweck gegeben wird, an
diese schließt sich in demselben Momente ein Wollen an. In
diesem X ist Wollen und Erkennen vereint. –

[§. 17.]

Unsere Aufgabe ist längst die: die Bedingungen des Bewustseins nach den schon bekannten Regeln zusammen zu setzen,
und das Bewustsein vor unseren Augen gleichsam zu CON-
STRUIREN, nur nicht wie der Geometer thut[,] der sich um die
Frage[,] woher die Fähigkeit Linien zu ziehen und Raum her-
komme, nicht bekümmert, dieser sezt schon Wißenschafts-
Lehre voraus; denn die WißenschaftsLehre muß das womit sie

verfährt sich selbst erkämpfen und in dieser Rücksicht hat das
System bestimmt 2 Theile, bis dahin wo gezeigt wurde[,] reiner
Wille ist das ‹wa›hre Object des Bewustseins, wurde ausge[/]-
mittelt womit verfahren werden sollte[.] Von da gieng der 225
andere Theil an[;] wir construiren nun würklich. – wir haben
nun Feld und Boden gewonnen und nun ein Verfahren zu
schildern und anzuwenden. Wir sezten so zusammen:
    Anfangs hatten wir bloße Erkenntniß als Anfangspunct des
Bewustseins, dann sezten wir hinzu daß diese nicht ohne ein
Wollen möglich sei, I.E nicht ohne etwas das [von] dem Vernunftwesen als Wollen gesezt wird, das nur Erscheinung sei, *(179)*
so ist demnach an das erstgeschilderte etwas angeknüpft; wir
müßen auch eine immer fortfließende Reihe des Bewustseins
beschreiben. Was ist denn nun eigentlich das Object das auser
uns angenommen werden soll; hier ist zuerst die Rede von
einem Herausgehen aus uns selbst; hier muß streng DEDUCIRT
werden; den schon aufgestellten Punct müßen wir da näher
bestimmen, was in der beschriebenen Erkenntniß für ein Object auser uns enthalten ist?

1)

    ich fand in dieser Erkenntniß unter anderm mich selbst als
bestimmbar durch Freiheit. Diese Bestimmbarkeit meiner
selbst oder Aufforderung zum freien[a] Wollen ist genommen
für [/] ganz einerlei. Meine INDIVID[UALITÄT]. geht heraus aus 226
der Maße der ganzen Vernunft[;] daraus geht wieder hervor
* eine Thätigkeit in einem Momente, diese INDIVID[UALITÄT].
erscheint als Aufforderung zum freien Handeln, die INDIV[I-
DUALITÄT]. wird mir gegeben eben durch diese Aufforderung.
INDIV[IDUALITÄT] = der Aufforderung zum freien Handeln.
Ist dieß wahr? was heißt Aufforderung zur Freiheit? es ist ein
Begriff[,] der wenn er Causalität hätte eine Handlung des freien
* W[ollens]. hervorbrächte; es wird in Verhältniß gesezt Begriff
und Handlung des freien Wesens, in das Verhältniß der DEPEN-
DENZ so daß ersterer die Handlung veranlaßen soll; dieß ist
aber möglich, daher haben wir es nur HYPOTHETISCH gestellt.
Sieht man darauf daß es ein anderes INDIVIDUUM sey so ist dieß

a Ms.: reinen

ein Begriff jenes INDIVIDUUMS gehend auf das aufgeforderte;
es ist ein Begriff in welchem dieses leztere mit liegt; dieser Begriff soll nicht CAUSALITAET haben, denn sonst wäre es mechanische Bestimmung; aber hypothetisch wird es gedacht[.]

(Dergleichen Begriffe in den[en] eine Kategorie angewendet
wird und auch nicht werden wir mehrere bekommen. Die
Kate*[/]gorie wird bloß angewendet, um die Sache denken zu
können; so hier: die Regel ‹mit einem› gesetzten etwas entgegengeseztes zu denken ist CAUSAL, aber das hier[b] entgegengesezte ist frey, und in sofern findet hier der Begriff der Causalität nicht statt, aber könnte er statt finden so würde es so
oder so sein; die Regel eines solchen Denkens wird bloß angegeben.)

Die Aufforderung würde der Realgrund einer freien Ent-
schließung sein, sie würde zwischen dem Bestimmbaren und
dem Bestimmten, das zwischeninnenliegende Bestimmende
sein. Aufforderung und Bestimmbarkeit sollen zugleich sein; *
leztere heißt bloße Möglichkeit eines Bestimmens, nicht der
Grund daß sie erfolge oder nicht; sie ist bloß die allgem[eine].
Sphäre aus der die Bestimmtheit hervorgehen kann – in der
Aufforderung soll nicht der entscheidende Grund sondern
bloß der Erklärungsgrund sein. – in der Aufforderung wird
etwas gesetzt, was in der bloßen Bestimmbarkeit nicht gesetzt
wird; sonach bestätigt es sich nicht, daß die Aufforderung und
die Bestimmbarkeit eins sey; aber wir setzten hinzu jene Bestimmbarkeit solle auch nur als Bestimmbarkeit gesetzt werden, und als nichts ander[e]s: bloß unter der Bedingung sey der
Satz wahr; und nur unter dieser Bedingung sey es möglich,
daß im Bewustsein weiter gar nichts vorkomme als dieses[,]
daß dadurch das ganze Bewustsein gefüllt sey; daß nur unter
dieser Bedingung [/] die Bestimmbarkeit mit der Aufforderung
eins sey, ergiebt sich[.]

227.
Am
25ten
August
1799

(180)

228

---

* Die hier fehlende Stunde ist nicht geschwänzt, sondern aus Versehen auf einen anderen Bogen geschrieben, und wird noch beige-
bracht werden.[c]

b *Ms.:* hier hier   c *Die Anmerkung ist mit Bleistift geschrieben.*

2

Denn so gewiß dieses X Bestimmbarkeit oder Aufforderung nur begriffen wird, so gewiß wird frei gehandelt; selbst durchs Widerstehen äusert sich die Freiheit; ich finde mich hier nothwendig als etwas bestimmbares, zum Handeln zu bringendes. (Bestimmbarkeit QUA FORMA[d]) – Bestimmbarkeit ist nicht zu denken ohne Bestimmtheit, beide, voneinander getrennt, sagen nichts. Dieß ist verständlich, aber nicht einleuchtend, jezt wollen wir es deutlicher auseinandersetzen.

Ich begreife die Aufforderung, was heist das, was liegt in der Aufforderung? – folgendes! ich faße den Begriff, habe die Erkenntniß, daß in einem Begriffe eines andern Vernunftwesens gerechnet ist auf mein Handeln, und daß wenn dieser Begriff CAUSALITAET hätte, ein bestimmtes Handeln durch mich erfolgen würde. Der andere hat einen Begriff, der mein Handeln beabsichtiget; aber doch kann er mich nicht als Sache gebrauchen; Es enthält dieser Begriff:

A) ich selbst werde darinne gedacht

B) ein ACCIDENS von mir, mein freies Handeln; sonach finde ich durch den bloßen Begriff dieser Aufforderung sowohl mich selbst als mein freies Handeln; letzteres als ein bloß mögliches und gedachtes; ich finde mich durch den andern gedacht als handelnd; deswegen handle ich noch nicht wirklich. [/]

Du *fragst* mich heist: du willst von mir eine Antwort, ich 229
* verstehe diese Frage heist: ich weiß was für eine Handlung die ist, die du willst, daß ich sie vollziehen soll; hierdurch bin ich noch nicht zu Ende, denn hier erscheine ich mir immer noch als ein Bestimmbares, noch nicht als ein Bestimmtes. Dieß hat keinen Sinn; so gewiß also noch etwas gedacht wird, ist dieß das bestimmte zu diesem bestimmbaren. Aber warum soll etwas dazugedacht werden, warum soll das Bewustsein nicht (181) geschloßen sein? Es soll gezeigt werden, warum an ein Bewustsein ein anderes angeknüpft werde, und wie eine laufende Reihe entstehe; dieß haben wir ganz bestimmt und scharf hier[.]

d Ms.: FORMAM

3.

So gewiß ich die Aufforderung begreife, finde ich mich als Subject, mit dem Prädicate der zu findenden Freiheit. Was heist das, ich finde mich? (Durch bloße Analyse muß die Nothwendigkeit des Anknüpfens gezeigt werden) was müste ich denn erkennen, um das sagen zu können? Ichheit besteht in der absoluten Identität des idealen und realen, sie ist eine Intell[igenz]. *
auser dem entstehenden Bewustsein nur für den Philosophen,
(182) aber wie wird sie für das Ich, das wir construiren? Wie^e kom-
230 men wir dazu, den absolut unmittel[/]baren[,] den ersten Punct deßelben aufzuzeigen? Jezt ist die Rede vom formalen; – ich finde mich, heist[:] das ideale und reale wird gefunden als identisch; oder: es erscheint mir im Denken ein Sein durchs *
Denken, und durchs Sein ein Denken; durchs Denken entsteht ein Sein heist: ich denke, und es wird; dadurch wird also der Wille ausgedrückt, der denn doch ein bloßes Denken ist, und in dem sich durch diese Synthesis des Denkens mit dem Sein das Denken in die Erscheinung des Wollens verwandelt; aus diesem hervorgebrachten Sein erfolgt ein anderes Denken; ich nehme das Sein unmittelbar wahr. z.B meine Hand bewegt sich, heißt: ich denke meine Hand als bewegt und sie bewegt sich. – Ich will meine Hand bewegen: heißt ich denke meine Hand als durch unmittelbare Wahrnehmung und Willkühr bewegbar. Den Unterschied dieser 2 Denkungsarten aufzuzeigen ist hier unser Zweck. Worterkl[ä]rungen des Willens sind bekannt genug z B. das Wollen ist Denken eines Zweckbegriffs; Denken eines objectiven Begriffs; das erste ist ideales das leztere reales Denken. Das Denken des Zwecks ist Denken
231 des Uibergangs der Bestimmbarkeit zur Bestimmtheit; [/] das Denken der Bestimmbarkeit ist ein Schweben zwischen mannigfaltigen entgegengesezten REFLEXIONSMOMENTEN. Im Denken des Zwecks gehet man eben zum Denken des Bestimmten aus diesem Bestimmbaren über; es ist also das Denken des Zwecks ein freies Denken; die Bestimmbarkeit ist lediglich für mein Denken, und ihre Form ist ein unfixtes Schweben zwischen mannigfaltigen entgegengesezten Reflexionsmomenten; das Wollende ist auch das Denkende, durch welches zu-

e *Ms.:* construiren. Wie

erst dieses Schweben fixirt und in einen einzigen Punct contrahirt wird. Es wird zu einem bestimmten Denken übergegangen; wird auf die Bestimmtheit gesehen, so ist das Ich ge- *(183)*
bunden, und es ist ein objectives Denken, mit dem ein Gefühl
verbunden ist; wird hingegen auf die Freiheit im Bestimmen
gesehen so erscheint es als ein Wollen. Das Denken eines
Zwecks und das eines Objects sind eigentlich daßelbe, nur sind
sie es von verschiedenen Seiten angesehen. Wie sind denn *(184)*
diese beiden Ansichten verschieden? 1) in Rücksicht auf dich
selbst und deine Freiheit 2) auf die Bestimmt[/]heit im Denken 232
(die auch von deiner Freiheit herkommt, ohne daß du darauf
reflectirst). So ist es für uns die wir philosophiren, wir sehen
die Identität des Seins und Denkens ein; aber das hilft uns noch
nichts; wir müßen die selbe Ansicht dem untersuchten Ich un-
terlegen, als eine ihm nothwendige. Das Ich sieht sich an in
dieser doppelten Rüksicht; es verknüpft mit der Vorstellung,
daß die Hand sich bewegen solle, die *f* daß sie sich bewege; –
aber draus entsteht nicht die Vorstellung daß in meinem Willen
der Grund liege daß die Hand sich bewege; es liegt nicht darinnen die Vorstellung des Causalverhältnißes zwischen dem
Willen und der Wahrnehmung.

Für uns liegt wohl diese Vorstellung drin, da wir wißen, daß *(185)*
beide im Grunde nur ein und dieselbe Vorstellung sind; aber
wir müßen dieß auch für das wirkliche Ich beweisen.

(Hier hängt das Manuscript unmittelbar mit p. 234 zusammen; es fehlt nichts.) [/]

VACAT [/] 233

Mit dem Denken ist unmittelbar Bewustsein deßelben ver- 234
knüpft; also das Denken des Zweks von einer Seite, des Objects von der andern ist beides ein Denken mit Bewustsein,
welches leztere daßelbe ist und in demselben Momente, denn
ein Zwek ist nicht zu denken ohne REALES Object und umgekehrt, in dem Bewustsein des Denkens von beiden sind offenbar
beide verknüpft, denn sie können nicht discret gedacht werden,
denn dann wird keines gedacht. Von diesem vereinigten Denken geht das andere Denken aus, wir wollen es das synthetische
Denken nennen, in diesem Denken denkt sich das Ich als sich

f Ms.: mit der

183

selbst bestimmend, welches auch nicht getrennt werden kann;
es ist – ich für sich selbst. – Es ist hier ein Denken des Objects,
und des Zwecks, beides ist verschieden liegt aber nothwendig
zusammen in Einem Bewustsein, dieses leztere heist das synthetische Denken.

Anm[erkung]. A

Alles Denken als ideale Thätigkeit geht auf ein Object des
(186) Denkens überhaupt, welches ist denn nun das Object dieses
synthetischen Denkens; nichts anderes als ich selbst, in meinem
Denken, ich denke 1[,] ich sehe mir selbst hierbey zu 2. lezteres
ist das synthetische Denken[;] in diesem lezten wird das beide
erste [denkende] Denken in einem Moment des Bewustseins
zusammengegriffen. Dieses Denken ist so nach eine intellectuelle Anschauung und das gedachte etwas intelligibles, das
durch das Denken selbst ist, es gehört sonach unter das reine
Denken, wovon wir sagten, sich etwas denken; dahingegen
das Denken[,] das Object dieses Denkens ist[,] das ideale und
reale, etwas durch Sinnlichkeit vermitteltes ist[. /]

235
Anm[erkung]. B

Das Ich ist nicht[s] aus einem Mannigfaltigen der Vorstellung zusammengestoppeltes, aber doch von einer Seite ist es
wahr, der Fehler dieser Behauptung liegt lediglich in^g der
Einseitigkeit. Denn das ideale und Reale Denken wird im
synthetischen Denken vereinigt, also muß es doch ein solches
verschiedenes Denken geben, (darauf stüzt sich jene Behauptung) aber beides ist ‹einerlei› Denken; dieser scheinbare Widerspruch führt uns auf ein wichtiges Resultat: beides[,] das
verschiedene und vereinigende Denken sind selbst eins und
voneinander unzertrennlich, das verschiedene wird durchs synthetische nicht bloß vereinigt sondern erst getrennt ohne ver-   *
einigt werden zu können. Aber wie soll es getrennt sein? 2erlei
Denken an sich kanns nicht geben! in der Vereinigung wird es
getrennt, und durch die Trennung vereinigt, beides ist nicht
zu trennen. Es ist ‹in mir› ein erstes ursprüngliches Bewustsein
= A, dieses wird zufolge der DUPLICITAET des Geistes doppelt

g Ms.: aus

184

angesehen = B + C, aber C wird selbst wieder doppelt ange-
sehen; A wäre die Maße des Denkens, die Synthesis (denn die
WißenschaftsLehre stellt immer lautere Maßen auf[,] in jedem
Momente ist ein Mannigfaltiges) B soll sein das Denken meines (187)
Denkens, das mittelbare Bewustsein meines Denkens[;] C soll
sein das deßen ich mir bewust bin; beide sind A[;] die Theilung
kommt bloß von der ursprünglichen DUPLICITAET, der SUB-
JECTOBJECTIVITAET[h][. /] C erscheint selbst doppelt als ideales 236
Denken eines Zwecks, reales Denken[i] eines Objects =
x + y. B ist in Beziehung auf C trennend, vereinigend beides –
A ist in Beziehung auf B und C auch trennend und vereinigend;
wir haben also eine ganze Maße von Mannigfaltigem. Deßwegen haben wir dieses Denken synthetisch genannt, das Ich
wird zwischen beides hineingesezt als vereinigend[;] allein
dieses Denken muß sie erst verschieden darstellen, und also
auch ANALYTISCH sein. Die ANALYSE geschieht durch den Denkact der HYPOTHETISCH nothwendig ist, selbst aber auf der Freiheit beruht. Wie verhält sich nun das entgegengesezte Denken:
Als bestimmbares und bestimmtes, aber dieß giebt SUCCESSIVE
Zeitreihe, also durch dieses Denken der Analysis in einem
Momente entsteht erst die Zeit; wir sehen also genetisch mit an,
wie die Zeit entsteht, und daß sie ideal ist. Dieß gehet freilich
schwer ein, daß wir uns erst in die Zeit hineindenken, deßwegen: ich soll mich in die Zeit denken, dieß kann ich ja nicht
ohne selbst in der Zeit zu sein, allein wenn man so sagt hat man
gar nicht von der Zeit abstrahirt, man denkt das oberste Denken in die Zeit, welches nicht recht ist, denn das übersinnliche
ist nicht in der Zeit und eben deßwegen können wir es nicht
denken sondern bloß d‹a›r ‹au›s erklären; hier kanns aber jedem
überraschend klar werden.

Alles mein Denken durch das ich mich eigentlich CONSTRUIRE
ist das Denken eines Ichs[, /] in dem[k] ein Mannigfaltiges liegt, 237.
nehmlich Zweckbegriff und Handeln. Dieses wird 1 durch
mein Denken unterschieden also 2 dadurch in ein Verhältniß (188)
gesezt, in welches? in das der Bestimmbarkeit und Bestimmtheit oder DEPENDENZ I[D]. E[ST]. das Verhältniß in der Zeit[:]
das Bestimmbare geht dem Bestimmten voraus, der Zweck-

*

h Ms.: SUBJECTOBJECTIVITAET i Ms.: Denkens k Ms.: indem

begriff geht dem Wollen voraus – Ist würklich erst Entschluß   *
als Wille? bedeutet würklich Wahrheit vor der reinen Vernunft[,] so ist [die] Antwort: nein, Wollen[,] DELIBERIREN und
das Verhältniß in das ich sie setze ist alles bloß Erscheinung;
mein Bewustsein geht nicht aus von Wollen, Zweckbegriff und
Wahrnehmung eines Objects, sondern es geht von allen aus,
ist alles, in der Erfahrung erst trenne ich es. Der einfache Licht-
strahl fällt durch ein PRISMA und liefert verschiedene Farben,
niemand sagt der Lichtstral sei diese Farben sondern er sei
einfach und durchs Prisma zerstreut, so läßt man sich wohl
auch gefallen wenn man von der Idealität des Raums redet;
aber wenn man in die Zeit hereinkommt und einsehen soll,
auch da ist ein einfacher Stral der in keiner Zeit ist, ist auch nur
so ein Prisma nehmlich unser sinnliches Vorstellungsvermögen
durch das die Ausdehnung in der Zeit entsteht. Allein dieß
muß man begreifen. z. B. die Begebenheiten in der Welt hängen zusammen wie Ursache und Würkung, zugegeben! in
dem Begriffe der Causal[ität]. liegt schlechthin keine Zeit[;]
denn das Bewürkte ist ABSOLUT mit der Ursache zugleich; auch
238 MECHANISCH [/] gedacht; denn entsteht denn eine Verknüpfung
erst hinterher nach der Ursache? nein, wenn der Finger ein-
drückt entsteht die Grube[.] Alles was ist ist Bewürktes der
Ursache und gleichzeitig mit ihr, was ist diese Ursache[?] wieder bewürktes, und so fort in Ewigkeit; so entsteht keine Zeit;
alles ist ein Schlag. Woher kommt denn also die Zeit die wir
denn doch haben, daher, wir können das Bewürkte und be-
würkende nicht auf einmal denken, man geht von einem zum
andern fort, hier giebt das Denken die Zeit; auch dieß nicht
einmal, sondern das ursprüngliche Anschauen des Denkens,
eine Analyse der gemachten Begriffe liefert die Zeitverhält-
niße.

    Der Anfang alles Bewustseins ist Synthesis und Analyse zu-
gleich und durch leztere entsteht ein Mannigfaltiges. Ein erster
Moment des Bewustseins der daf‹ür› erkannt wird kann nicht
(189) sein; denn alles ist immer ein Stück. Ein Kind komme in dem
Momente x zum Bewustsein, das wäre der erste Moment, es
findet sich wollend, es kann dieß nicht erklären ohne ein Moment y vorauszusetzen; für Gott ists der erste[,] aber nicht für
das Kind. Dieses müste wieder z voraussetzen und so fort. Kein

Mensch weiß wann er stirbt. Dieß ist klar, wir denken immer
mehr Zweckbegriffe; aber kein Mensch hat auch gewust wann
er anfange; – das Bewustsein ist überhaupt in keiner Zeit, nur
sie hat Anfang und Ende; die ganze Zeit ist bloß Ansicht[,] die
[dadurch] entsteht daß wir an das erste angenommene Wollen
ein anderes [/] als erklärendes anknüpfen, und auch vorwärts 239
etwas anknüpfen was daraus folgen soll[.]

Anm[erkung] C.

Das beschriebene ist nur ein Wollen, und eben in der Synthesis durch die Beziehung des Seins aufs Denken und umgekehrt wird es ein Wollen; das will dem Menschen auch nicht
ein; wenn man ihn fragen würde[:] willst du oder kannst du
wollen; jeder wird sich alles entreißen laßen[,] nur seine Per-
sönlichkeit nicht. Aber das Wollen ist doch nur Erscheinung;
es ist genau das was oben geschildert worden ist, die Identität
von Sein und Denken, diese ganze Wechselwürkung dieß und
nichts anderes ist das Wollen. Der Anfang des Bewustseins ‹und›
der eigentliche Mittelpunct an den das übrige angeknüpft
wird ist wollen; – Aber haben wir uns nicht verirrt? Der Begriff der Aufforderung ist ANALYSIRT worden; wir sind aber
aufs 2te gekommen, wir haben geredet von etwas anderm;
aber wir haben gefunden[:] der Begriff der Auffoderung ist
nicht der erste sondern das Wollen. Das Bewustsein hebt von
keinem Momente an, es ist Wollen; an diesen Moment des
* Willens wird durch die bloße Erscheinung das übrige angeknüpft. Das DELIBERIREN[,] herausgreif‹en› kommt vor, aber
es ist etwas zur wirklichen Bestimmung meiner selbst hinzu-
geseztes[,] wobei[1] das leztere dem Wollen vorausgegangen
sein soll. (Man könnte den Transcend[entalen] Ideal[ismus] eintheilen in Idealismus des äusern und innern Sinnes oder des
Raums und der Zeit) Kurz in dem Fortgange des Bewustseins (190)
scheint uns das das den Willen bedingt in uns selbst zu liegen;
bei [/] dem Anfange der Individualität scheint dieses auser uns 240
in einer fremden Vernunft zu liegen.

1 Ms.: das das

4.

In der Aufforderung nun soll ich mich finden so gewiß ich aufgefordert bin, aber unter welcher Gestalt finde ich mich? in dem beschriebenen synthetischen Denken finde ich mich denkend einen Zweck, denkend ein^m durchs Denken deßelben bewürktes Object, beides in demselben Momente, oder richtiger in keinem Momente, auser aller Zeit. Wir haben also 2 äusere Glieder in deren Mitte das synthetische Denken liegt und das innere derselben ausmacht, es wird sich finden daß jedes von beiden wieder an ein äuseres geknüpft wird, und wir ein 5faches erhalten im Bewustsein, also einen *synthetischen* PERIODUM, der immer 5fach ist; wir haben hier den Vortheil von den inneren heraus[,] nicht wie in der gedruckten WißenschaftsLehre von ausen hinein. In dieser Synthesis liegt alles Denken darinn, denn alles ist ein bestimmtes Selbstbewustsein.

(191) Jedes synthetische Denken ist auch Analyse wodurch es in die Zeit verstreut wird, und durch die Beziehung dieser Verhältniße erhalte^n ich ein mannigfaltiges Denken und nur dadurch auch ein Mannigfaltiges fürs Denken. Die gemeine Ansicht widerspricht zwar dieser Ansicht weil man um in der Zeit zu denken schon selbst in der Zeit sein müße? Dieß sagt aber ein REFLECTIRENDER, wenn er anders denken könnte[,] so wären unsere Sätze unrichtig[. /]

241 Wir können doch aus der Form des Bewustseins in der Erfahrung nicht herausgehen? Wir erhalten sonach eigentlich 2 Reihen neben einander

1) Reihe des Idealen Denken[s] ausgehend vom Denken des Zwecks
2) des Realen ausgehend vom Denken des Objects unsers Willen[s.]

Eine nicht ohne die andere, eins nur [durch] das andre möglich; aber hier im philosoph[ir]en müßen wir sie einzeln denken.

I Uiber die Reihe des idealen.

Ich setze mich in jenem Denken des synthetis[chen] als entwerfend einen Zweckbegriff, dieses ist ein Denken[,] ich denke *

---

m Ms.: Zweck denkend, ein *oder:* Zweck-denkend, ein   *n Ms.:* erhaltige

mich also als denkend, wer denkt mich? ich selbst im synthetischen Denken, deßen Gegenstand ein Wollen ist, wie verhält
sich zu leztem das Denken eines Zweckbegriffs? offenbar wie
Bedingendes zu seinem Bedingten, also es geht der Zeit nach
vorher, das leztere steht zu erstem im Verhältniß der DEPEN-
DENZ. Ferner in diesem Entwerfen des Zweckbegriffs wird das *(192)*
ich als denkend gedacht, was also dem Willen vorhergehen
soll ist ein Denken, also doch das Denken meiner als Wollend
und es zu erklären wird ein anderes Denken gesezt, producirt;
es wird als vorhergegangenes gedacht heißt[:] es wird nicht identisch mit ihm sondern abgesondert gedacht, als auser ihm liegend. – weitere Erläuterung! [/] durch analytische Methode, 242
indem wir auf das Denken als das subjective und dann auf das
Denken als Objectives sehen.

AD 1[.][o] es ist ein synthetisches Denken das sich selbst ein anderes en[t]gegensezt, ‹wie› das Denken des Zwecks allein (bey
Kant giebt der Begriff ‹die›[o'] Synthesis[,] es sei als wenn schon 2
zu vereinigende da lägen[p][;] so hier nicht, sondern C ist und in
diesem C ist wieder A und B in der Vereinigung[,] welches wie-
derum erst durch Setzen des C entsteht, welches also offenbar
Duplicität ist, theils eines ist theils 2erley ist.) Hier ist ein Bewustsein = C (das synthetische Denken das bestimmte in diesem Falle, das empirische Wollen.[q]), darinnen liegt das Entwerfen des Zweckbegrifs, es liegt drinnen ein Object das durch
mein Wollen bewerkstelligt werden soll, durch beider Vereinigung wird C ein Wollen, aber in der Vereinigung werden sie
auch getrennt[;] also A wird auch besonders gesezt, nun ist A
ein Denken, ist dieß vorhergegangen in irgendeinem Momente[?], es wird also nur gesezt als vorhergegangen, es ist
bloße Production. – es giebt ein Denken das nicht gedacht wird *(193)*
sondern bloß gedacht daß[q'] es gedacht wird, so hier[:] der Zweck
wird nicht entworfen sondern gesezt daß er entworfen sei,
also dieser erste Moment wird beim Kn[ü]pfen des Vernunft-
systems vorausgesetzt. Niemand wird sich des Sterbens noch
des Geborenwerdens bewust; es giebt also keinen Moment des

o Im Ms. kein Absatz *o' Ms.:* der *p Ms.:* zu vereinigendes da läge *q* das bestimmte in diesem Falle, das empirische Wollen. *mit Vermerk am Rande* *q' Ms.:* das

243 Anfangens; dieß synthetische [/] Denken hat 2 Theile[;] welches ist nun das Verhältniß beider[?] ersteres ist das bestimmte, lezteres das bestimmende. z. B. wie ist denn das Denken einer gegenwärtigen und einer abwesenden Sinnenvorstellung unterschieden, oder wie ist der gegenwärtige Moment von allen vorhergehenden verschieden; er ist bloß das bestimmte, und der Vergangene als bestimmend gedacht; das gegenwärtige wird bestimmend werden wenns einmal das Vergangene sein wird, aber von einer Zukunft weiß ich noch gar nichts, das vorausgesetzte ist bestimmend und bestimmt; so ist klar[:] der Zweckbegriff soll sein ein bestimmendes[r] zum würklichen Wollen, lezteres soll ein bestimmtes sein, aber wohl kann es ein bestimmendes werden, davon reden wir aber nicht. – also der Zweckbegriff ist nichts würkliches[,] sondern bloß gesezt das Wollen zu erklären. Das Auswählen des Zweckbegriffs aus dem Mannigfaltigen möglichen wird als das bestimmende gedacht.

Wir[s] wollen 2[tens] auf das gedachte Denken sehen; das ich soll wählen wie gesezt wird, oder (das ich denkt,) unter dem Mannigfaltigen[,] um sich selbst zu bestimmen[,] so daß das[t] Object seines Willens in der Sinnenwelt würklich werde, also das Wählen sezt sich selbst voraus, es weiß es schon[,] daß es *
wählen kann und CAUSALITAET hat, das ich ist also mit sich

244 selbst [/] schon ‹voll›ständig bekannt, es setzt sich in der Entwerfung des Zweckbegriffs voraus, dieß ist hier ein Hauptpunct!

(194) Zuförderst, wie? sezt sich das Ich voraus[,] nothwendig voraus in jenem Wählen? (Der Form nach nicht, was ist es MATERIALITER[?]) Das Ich selbst in diesem ACTE ist bloß bestimmbares nicht Bestimmtheit, es schreibt sich nicht eine bestimmte [Causalität] zu dem oder jenem Erfolge [zu,] sondern [setzt] eine CAUSALITAET überhaupt voraus.

Man wolle doch ja ABSTRACTIONEN und CONCRETE Wahr- *
heiten bemerken, zu erstern gehört der Moment wo ein Zweckbegriff gefaßt wird; es ist der Begriff von meiner Würksamkeit überhaupt[,] nicht Wahrnehmung einer bestimmten Würksamkeit[;] es ist eine solche Gestalt in der ich mich selbst in Entwerfung des Zweckbegriffs finde. Das ich wird nur *über-*

---

r *Ms.:* bestimmenden   s *Im Ms. kein Absatz*   t *Ms.:* so daß daß das

haupt hingedacht, es ist ein abstraktes Denken[,] es ist Schweben
über entgegen[ge]sezten[,] doch mit dem Bewustsein daß es
entgegengesezte sind: so ist im Entw[erfen] des Zweckbegriffs
meiner selbst, das Denken; aber wies Denken ist[,] fällt auch
sein Object aus, denn beides ist ja nur ein aus verschiedenen
Ansichten verschiedenes. Nun wird ja jeder, selbst nach ge-
meinem Verstande ohne philosophische Principien behaupten,
daß ein abstraktes Denken nicht möglich ist ohne ein CONCRE-
TES[,] so daß ᵘ die ABSTRACTION etwas voraussezt[,] wo das zu
ABSTRAHIRENDE vorkommt. [/] So kann ich hier auf Voraus-   245
setzung des Wollens nur in soweit schließen, als ich sie schon
in CONCRETO gefunden habe ᵛ, sonach verhält sich das AB-
* STR[ACTE]. Denken zum CONCRETEN wie Bedingung zum Bedingten. – Das Wollen sezt [einen] Zweckbegriff voraus, dieser
wieder ein Wollen[,] dieses wieder einen Zweckbegriff und so
ins unendliche[;] so giebts also keinen Anfang[,] eines treibt
uns aufs andere, wie schon oben mit dem Erkenntnißbegriffe
und Zweckbegriffe, dieser Zirkel ist noch tiefer als obiger. –
Es ist schon gezeigt worden daß nicht von einer Reihe der Ge-   (195)
danken und ihrer SUCCESSION an sich geredet werden kann[,]
sondern von einer Erscheinung einer SUCCESSION für uns; so
daß wir uns nur denken als denkend in der Zeit[,] nicht aber
würklich in der Zeit sind. Im synthetischen Denken = C setze
ich mich[,] finde ich mich selbst, als wollend[;] diesem setze ich
A voraus, und nun ists kein Wunder daß ich das was in C liegt
in A setze; dieß thue ich weil A bloß Denken vom Entwerfen
des Zweckbegriffs ist[;] ich setze es bloß in die Form der Causalität ohne ihm doch eine bestimmte beimeßen zu wollen.
(Der Zweckbegriff geht auf eine schon daliegende concrete
Erkenntniß, von da wird [/] durchgegangen zu einem bestimm-   246
ten CONCRETEN Wollen)[.] Nur in so fern kann man sagen[:]   (196)
* das Ich findet sich[,] anstatt es denkt sich als sich findend; denkt
man das synthetische Denken allein so macht sich das ich ohne
Bewustsein[,] nach Vereinigung aber beider Denken findet es
sich[,] wenn es sich selbst vorher schon gemacht hat.

Anm[erkung] A. Dieß ist die charakteristische Auszeichnung
der WißenschaftsLehre; ich denke nur mein Denken in die Zeit

---

u Ms.: das   *v Ms.:* haben

hinein, nur dadurch daß mein^w Denken Gegenstand des Bewustseins wird fällt es mir in die Zeit; dieß wird bei Kant vernachläßigt da der Begriff der Ichheit vernachläßigt wurde. Das
Denken hat die Zeit schon bei sich[;] wer also vom bloßen
Denken redet[,] der kann gar nicht darauf kommen die Zeit
abzuleiten, in die Zeit fällt aber nicht das ich, und wenn man
weiß daß^u dem Denken Bewustsein^x beiwohnt kann man darauf kommen die Zeit abzuleiten.

(197)   Die WißenschaftsLehre ist nicht etwa selbst Erzeugerin einer
Erkenntniß, sie ist bloß Beobachtung des menschlichen Geistes
im ursprünglichen Erzeugen aller Erkenntniß, aber das Kantische System geht in der Beobachtung nicht zu Ende wie die
WißenschaftsLehre. Der gemeine Verstand thut aber und beobachtet nur das Product seines Thuns; merkt aber nicht daß
er beim Thun die Zeit u s. w erzeugt; die WißenschaftsLehre
247 giebt aufs Thun selbst [/] acht, welches erwähnte Synthesis ist
und sie muß diese Synthesis unabhängig von der Analyse
aufstellen[;] so nur entsteht ihre genetische Einsicht in den
Ursprung unserer Vorstellungen[.] Zeit ist nur Verhältniß in
welches wir unsere Vorstellungen zu setzen genöthigt sind;
das Gesetz dazu sehen wir entstehen[,] mit ihm die Zeit, aus
diesem Verhältniße in der Zeit entsteht alles übrige; dieses ist
der Hauptpunct der transcendentalen Philosophie[.]

   Anm[erkung] B. Demnach wie das Ich sich denkt in dem be-
schriebnen synthetischen Denken, so denkt es sein ganzes Bewußtsein[,] seine ganze Erfahrung mit, also das intelligible und
das empirische oder A PRIORI im Kantischen Sinn des Wortes
× und A POSTERIORI, beides sind ganz daßelbe bloß angesehen von
verschiedenen Seiten.

Zweite Haupthälfte dieses §

Wir stehen bei der Darstellung des Hauptgedankens: alles
Bewustsein ist nur Selbstbewustsein, dazu ist genetisch nachzu-
weisen daß und wie aus dem Bewustsein unserer selbst alles
Bewustsein auf dem gewöhnlichen Gesichtspuncte fließe. Wir

---

w Ms.: Kürzel für man   *x Ms.: bewustsein*

haben vorgearbeitet: Das Ich wird gedacht dadurch daß Seyn *(198)*
und Denken als absolut identisch gedacht oder vereinigt werden (idealität und Realität [/] sind eins[)]; nicht ein Sein und 248
Denken des Ich werden als eins gedacht, sondern durch diese
Vereinigung des Seyns und Denkens kommt das Ich selbst zu
Stande; denn das Ich ist ja noch nicht vorausgesetzt, sondern
wir wollen erst seiner Entstehung zusehen; dieses ganze Bewustsein und ich, dieses beides sind ganz daßelbe nur angesehen
von 2 Seiten, im gem[einen]. Bewustsein ist es *ich*[,] in der
transc[endentalen]. Philosophie Identität des Seins und des
Denkens.. „Diese Synthesis nun ist das ganze Bewustsein";
dieß wollen wir beweisen. Dafür ist schon folgendes geschehen:
jenes synthesiren des Seins und Denkens ist zugleich ein Analysiren und dadurch wird das synthesiren erst möglich; das Mannigfaltige Sein und Denken und die Vereinigung wird in
einem und demselben Act gesetzt, sehen wir nur auf die Analyse so bekommen wir gleichsam 2 Reihen; jed_s Einzelne ist
ein Ich auch nur in wiefern es gedacht wird, und nicht angesehen wird als gedacht und erzeugt in demselben Momente sondern als discret in einer Zeitreihe[.] Dieses zerstreute Denken
ist in der höchsten Synthesis eins; mein unmittelbares Denken
ist nicht in der Zeit sondern dadurch wird mein vermitteltes
Denken in die Zeit hineingesetzt.

Vorerinnerung. *(199)*

Im synthet[ischen]. D[enken]. wird ein mannigfaltiges discretes gedacht; als man das sagte[, / schwebte] man über dem 249
synthetischen Denken selbst[;] es war das Object; jezt stellen
wir uns tiefer in den Standpunct des synthetischen Denkens
selbst, es soll das Subjective sein das wir nachahmen; das Mannigfaltige soll jezt als solches betrachtet werden, die charak[te-
* ris]tischen Unterschiede sollen beobachtet werden, nur haben
wir immerfort auf die Vereinigungspuncte jedes Denkens mit
dem andern [zu] sehen und so werden wir das synthetische
Denken wieder bekommen und werden das was wir bloß
analytisch durchgingen aus den Theilen wieder zusammensetzen[.]

I

Allgemeiner regulativer Satz. Wir prüfen ein discretes zerstreutes Denken[;] wir haben mehre[re] besondere Denkacte aufzustellen, nun sollen diese doch synthetisch vereinigt sein[,] einer nur durch den andern möglich sein. Bei jedem besondern Denken wollen wir prüfen, wodurch daßelbe an den synthetischen PERIODEN angeknüpft sei, und auf welchem Wege zu einem anderen Denken übergegangen werde. Das unmittelbare Object ist das discrete[a], das besondere das vermittelnde für die Synthesis. Diese Bestandtheile müßen jezt charakterisirt werden. Alles Denken ist ein thätiges Bestimmen, also ein Uibergehen von Bestimmbarkeit zu Bestimmtheit, nur in wie fern
250 wir irgendeinen Zustand des [/] Ich so denken werden[,] werden wir ein Denken des Ich denken; es ist also ein sich selbst Bestimmen[,] da es Denken des Ichs ist, das objective Denken wo mit wir es zu thun haben. Das Wesen des Discreten als solchen ist daher, in welchem das Ich als durchgängig bestimmt erscheine;[b] das Vermittelnde[,] das sich zu diesem verhält wie
(200) das bedingende, welches sonach in den vorhergehenden Zeitmoment fallen würde. Ich habe daliegen A, dieses ist nicht etwa was besonderes[,] sondern bloß synthetische Vereinigung von einem discreten Denken A B ETC[;] wir wollen jezt nicht sehen auf A, sondern einzeln auf A B C nach der bequemsten Ordnung; ich soll nun z B. A betrachten, ich muß also anzeigen, was es für ein Denken ist, das hilft aber nichts, da A nicht an und für sich betrachtet wird, sondern als Punkt einer ganzen Synthesis, es muß also gezeigt werden[,] wie es sich an B α β u s. w anschließt und dadurch muß ich das A herausbekommen; also ich habe 2erlei zu sehen, wie ist A für sich und was ists in Beziehung auf α β u s.w.; es ist nothwendig[,] daß wir dieß unterscheiden, der eigentliche Bestandtheil von A ist das zulezt bestimmte[;] das unmittelbargegenwärtige, das wodurch es sich anschliest an B C[,] wodurch es zum Theil d‹e›s
251 syn[/]thetisch‹en›[b'] wird[,] verhält sich zu ersterm als bedingendes in der Zeit vorhergehendes[;] so ist der Zweckbegriff und die Unvollständigkeit des Willens[,] ‹nach› der er nicht aus sich selbst erklärt werden kann[,] ist das bedingende zum Willen[.]

---

a folgt: sein   b Ms.: erscheine:,   b' könnte auch heißen: das synthetische

II

Wir machen hier mit der realen Reihe den Anfang; zur Er-
leichterung des Gedächtniß wollen wir die Synthesis in der Mitte
A nennen; das zunächst liegende reale heiße B[,] das daran sich
schließende äusere REALE G[,] von der anderen Seite wollen wir
das zunächstliegende β und das äusere γ nennen. Jezt reflectiren
wir auf B als ein besonderes Denken, es ist das Denken eines
durch die CAUSAL[ITAET] des Willens hervorgebracht sein sol-
lenden REALEN Objects, versteht sich eines REALEN Denkens,
hier ist zu unterscheiden a) der eigentliche Denkact. b) wo- *(201)*
durch er zusammenhängt mit etwas anderm, der erstere ist
leicht zu beschreiben, das Denken findet sich gebunden, es ist
mit B ein Gefühl und in Beziehung aufs Denken ein Gefühl
der Denknothwendigkeit verknüpft[.] Es soll ein aus dem Gefühle folgendes Denken sein, daß das Gefühl nicht statt finde
bei dem Denken selbst ETC VID[E] SUPRA. [/]

Welches ist nun das damit verknüpfte bedingende Denken[,] 252
womit sichs an den Perioden anknüpft?

Daß das Ich das bestimmende dieses Objects sein soll durch
den Zweckbegriff. Diese Vermittelung überhaupt ist das ME-
DIUM wodurch das Ich das Object sieht, gleichsam das Auge;
ich sehe durch mein Machen hindurch das gemachte, ich weiß
unmittelbar nur von meinem Machen. So wie in der Mathe-
matik mit der CONSTRUCTION bewiesen wird. Das Ich als bestimmendes ist das vermittelnde in der Vorstellung des durch
mich bewürkten; wie wird es gedacht als bestimmend? wir
wollen nehmlich genetisch beschreiben wie für uns ein Bewußtsein des Gemachten entsteht. Das ich sieht unmittelbar
auf sein Bestimmen und sieht ihm zu, an dieses Bestimmen und *(202)*
MODIFICIREN knüpft in seinem Bewustsein sich ein bestimmtes.

* Alle Ansicht ist subjectiv oder objectiv; ich sehe mein Bestimmen und zugleich muß ich auch ein Bestimmtes erblicken,
nach dem Bestimmen wird das bestimmte gedacht: ersteres ist
das obenliegende unmittelbare. Dieses Verhältniß heißt: das
Bestimmen oder der Zweckbegriff des Ich soll den Grund enthalten von der Beschaffenheit des Objects[.] So kommt der
Satz des *Grundes* in das Gemüth, er bedeutet eben dieß [/] Ver- 253
hältniß, in welchem wenn es bloß analysirt wird ein verschiedenes durcheinander hindurch gedacht [wird]. In dieser Kate-

195

gorie ist ein vermitteltes Denken wie in allem. Es kann zwar   *
aller dings im discursiven Denken hinauf oder herunter ge-
stiegen werden, aber das ursprüngliche Denken nimmt es so
an[,] daß die Ursache die Würkung mache wie sie ist, daß das
Sein von der Ursache ausgehe und weiter fortgehe. Dieses
Denken geht aus von dem Denken meiner selbst, ich finde
mich ursprünglich als wollend, aus diesem folgt ein Würken,
an dieses in mir liegendes Würken knüpft sich nothwendig an
ein bewürktes, da^c es kein Bestimmen ohne ein bestimmtes
giebt, das Verhältniß ist[,] daß das Bestimmte durchs Bestimmende hindurch gesehen wird. –

Man könnte sagen wollen[:] der Grund ist das bestimmende
des Begründeten ‹oder› das ihm die QUANTITAET geben[de],
aber die WißenschaftsLehre weiß bloß von einem Denken,
nicht von Bestimmenden und Bestimmten als Objecten; warum dieß geschehen muß ist schon erörtert[:] da es Bedingung
des Selbstbewustseins ist welches ein Subjectobject ist. Alles
hier aufgestellte ist ein Theil der Synthesis durch das allein ein
254 Ich für mich zu Stande [/] kommen kann. So viel über die
(203) Form[,] *wie* das Denken eines Bestimmten ans^d Denken eines
Bestimmenden sich anschließt. jezt zur *Materie*; der Unterschied des Zweckbegriffs und des reellen Objects^e deßen Ansicht
durchs erstere vermittelt wird ist bekannt, das erstere ist etwas
durch bloßes Denken hervorgebrachtes[,] lezteres soll das entgegengesetzte sein; dieß hat wichtige Folgen. Zuförderst dieses
Objective und reelle, auser dem Denken[,] wo^f ist es denn
auser dem Denken? im Gefühl und fürs Gefühl, das REELLE
Denken soll Denken eines Gefühls sein[,] da das ideale sich nur
selbst denkt und darstellt. Hier sonach ist der Platz[,] wo das
Denken aus sich selbst herausgeht[,] sich bezieht auf etwas auser
ihm und objectives Denken oder eigentlich Anschauung ist.   *
Man kann die gesamte Aufgabe der WißenschaftsLehre so
ausdrücken: Wie kommt das Ich dazu aus sich selbst herauszugehen[?] Dieses geschieht auch durch Vermittelung, die, daß
das ich nun zuförderst herausgehe aus seinem ursprünglich
reinsten[,] aus dem Denken, daraus geht es fort zu dem Gefühl,

c *Ms.*: bewürktes. da   d *Ms.*: sich ans   e *Ms.*: dem reellen
Object   *f könnte auch heißen:* wie

dieß vermittelt das Herausgehen aus sich selbst, die Annahme einer Außenwelt; der Platz nun wo an das bloße Denken etwas sich anknüpft[,] was kein Denken ist[,] ist hier[. /] Hier wird 255 vom Denken fortgegangen zum Gefühl; aber wenn wir dieß noch näher ansehen[,] so scheint es doch nicht Stich halten zu wollen[;] es ist nehmlich sonderbar daß ein bloßes Denken den Grund zu einem Gefühle haben soll. –

* Das Bestimmen des Ich wird nun selbst in und durch das
* beschriebene Denken = B zu etwas anderem, dadurch jedenfalls versinnlicht und wird zur sinnlichen Kraft; durch Bestimmtheit dieser sinnlichen Kraft soll nun ein Zweckbegriff Ursache sein. Wie es mit dieser Ver[wa]ndlung zugeht wird erst unten (204) genetisch geschildert werden. Aber daß es so sein müße[,] ist gleich nachzuweisen[,] nehmlich der Zustand des Denkenden in diesem Momente ist doch wohl der eines reellen sinnlichen
* Denkens, nun wird in demselben Acte das Entwerfen des Zweckbegriffs mitgedacht und erst durch diesen hindurch die Beschaffenheit des Objects gesehen, also muß auch das erste sinnlich werden und sonach entsteht hier abermals ein Spalten und es kommt in doppelter Ansicht das Ich vor; theils als Zweckbegriff und als sinnliche Kraft[,] beides vereinigt und zersplittert dadurch daß 2 verschiedene Denken statt finden*g*[:] reines Denken und sinn[/]liches Denken, historisch bekannt sind 256 diese Sätze genug und derselbe Satz ist schon oben da gewesen, der: was ist mein Leib, nichts als gewiße Ansicht meiner Causalität als Intelligenz, mein Leib wäre sonach ein Hervorbringen von Begriffen, weil ich als Leib durch ein sinnliches *Denken* Verbreiten im Raume und Verwandeln in Stoff gedacht werde.

Noch ist das Verhältniß zwischen dem Bestimmenden und Bestimmten zu ‹klären›[.] Ich selbst als Intelligenz soll das bestimmende sein; ich sehe durch meine Begriffe hindurch das Object, es ist das Verhältniß der Dependenz[,] daß nun das Object von meinem Zweckbegriffe dependire; dieß kommt bestimmt in der Erfahrung vor[.] Der gegenwärtig abgeleite[te] Begriff ist der des *Real*grundes, weil die Verwandlung im sinnlichen Denken vorgeht, und das angezeigte Verhältniß ist das

g Ms.: verschiedenes Denken statt findet

(205) der CAUSALITAET: – was ist eine Kategorie[?] Kant sagt er sei
im Besitz der Definition der Kategorie und wolle sie nicht
geben[,] um sich gewißen Einwendungen nicht auszusetzen[,]

× deren er sich überheben könnte; dieß ist Kant als ehrlichem
Manne zu glauben, jene Schwierigkeiten laßen sich auch wohl

257 einsehen[; /] er war nehmlich ängstlich[,] seinen Idealismus un-
verdächtig darzustellen; dieß wird völlig klar, denn wenn man
die verschiedenen Ausgaben der Critiken vergleicht[,] so findet *

× man[,] daß *h* Kant in der zweiten zurückgegangen ist; er würde
diese Zurückhaltung nicht gebraucht haben, wenn er sich Ge-
wandheit der Sprache zugetraut hätte. Hätte er die Definition
gegeben so wäre sein System ganz anders erschienen. Die Kategorien sind die Weisen[,] wie das unmittelbare Bewustsein zu
einem mittelbaren wird, die Weisen wie das Ich aus dem bloßen
Denken seiner selbst herausgeht zu dem Denken eines anderen;
sie sind nicht etwan etwas bloß verknüpfende[s] sondern sie
sind die Weisen ein Einfaches zu einem Mannigfaltigen zu
machen, das Einfache doppelt anzusehen; die Kategorie der
Causal[ität] ist; da an den Zweckbegriff eine Reelle Beschaffenheit als etwas bestimmtes geknüpft wird. Es giebt 3 Grund-
kategorien[:] Subst[antialität,] Causalität und Wechselwürkung; übrige gehören nicht hieher; bloß die Kategorie der *
Relation.

(206) Ich finde mich als wollend (Grundgesetz) so nur in wiefern
258 durch [/] meinen Begriff etwas würklich werden soll[.] Dieß
ist Gesetz meiner sinnlichen Erkenntniß, nun ist diese Würklichkeit nicht[,] auser in wie fern sie durch meinen Begriff sein
soll[,] sie wird also nicht erblickt als insofern mein Begriff als
CAUSALITAET haben[d] angeschaut wird; nur ⟨insofern wie⟩ die
Kategorie etwas hinsetzt, producirend ist; an einen Begriff als
einen würkenden wird die Würkung erst hinzugedacht; durch
die Kategorie wird etwas[.]

β erhält selbst besondere Ansicht als bestimmend durch sinnliche Kraft und durch bloßes Denken, daß es aus dem durch
bloßes Denken eins durch sinnliche Kraft werden muß[,] ist
gezeigt.

h Ms.: das

198

3.

Der Zweckbegriff oder das Bestimmen des Ich kommt [vor] in doppelter Ansicht[:] theils ^{i} als bloßes Ideales theils als etwas REALES durch physische Kraft, der Grund ist angezeigt[:] ersteres ists vom Ich aus als Intelligenz angesehen, lezteres ist es wenn es bezogen wird auf den Effect in der Sinnenwelt; wir hätten also in der REALEN Reihe schon zweierlei; die physische Kraft und das Gefühl das ^{k} dadurch im Ich selbst hervorgebracht wird. –

Die Hauptsynthesis A bestand in der Vereinigung des idealen und realen; das nächste REALE wäre jezt die physische Kraft des Ichs selbst; die gegenwärtige Aufgabe wäre: den bloßen [/] Zweckbegriff und die REALE Kraft zu vereinigen. Wir sagten[:] 259 Du siehst das durch dich hervorgebrachte in der Sinnenwelt zu folge eines anderen; ich kann in gewißer Rücksicht sagen[:] es
* giebt kein Bewustsein einer Sinnlichkeit[,] eines sinnlichen PRODUCTS sondern ein höheres Bewustsein, welches sich nur darein verwandelt. Giebts denn ein Bewustsein z. B meines Schreibens, Arbeitens an einem Block? Auch nicht, keinesweges, dieß ist durch ein höheres Bewustsein[,] das Entwerfen (207) eines Zweckbegriffs bedingt[.] Also hier ist ein Mittelglied eingeschoben worden, nehmlich zwischen den Zweckbegriff und
* [das] dadurch bewürkte[:] die durchs reine Denken bestimmte ^{l} sinnliche Kraft; aber wir gehen nicht unmittelbar darauf; das Resultat des vorigen ist: ich schaue das Bestimmen ^{m} meiner physischen Kraft im Denken des Objects unmittelbar an, aber diese physische K[raft] ist die meinige lediglich in wiefern auch sie durch den Zweckbegriff erb[l]ickt wird. Es ist demnach die Hauptfr[age], wie wird das bloß[e] reine Denken versinnlicht zur Ansicht einer sinnlichen Kraft, dieß ist die erste Versinnlichung. Es folgt also

DIE LEHRE VON DER PRODUCTIVEN EINBILDUNGSKRAFT. [/]

Um uns den Weg zu bahnen[,] untersuchen wir erst etwas 260 anderes. Wir orientiren uns eigentlich. Das gegenwärtig überlegte Denken war das REALE Denken[,] es ist vermittelt durch das Denken der Bestimmtheit, einer verursachenden sinnlichen

i Ms.: bloß   *k Ms.:* das das   *l Ms.:* bestimmten   *m Ms.:* d. Best.

Kraft. Diese ist in gewißer Beziehung auch Ideal. es ist demnach hier Synthesis des idealen und realen.

(208) (Die Begriffe Ideales und Reales gelten nur relativ, in den Zwischenräumen liegen Mittelglieder die ideal und REAL sind je nachdem man sie vorwärts oder rückwärts bezieht[.])

Diese Synthes[is] und ihre Bestimmtheit ist wieder durch eine andere Synthesis vermittelt[,] in welcher das bloße Denken eines Zweckbegriffs vermittelt ist; wir sehen[,] daß wir anstatt *
des obigen Plans[,] ein einzelnes Denken an einander zu knüpfen[,] lauter Synthesen aufstellen. Die vermittelnde Synthesis nun, durch welche hindurch die Bestimmtheit der physischen Kraft be‹stimmt› würde[,] wäre das Entwerfen des Zweckbegriffs[,] in der folgendes liegt: das entwerfende, thätige[,] dem in wiefern es Intelligenz ist gegenübersteht die thätig sinnliche
(209) Kraft[;] 2$^{ten[s]}$ das Bestimmte was den würklichen Zweckbegriff hat, beides ist nur durch einander möglich, dieß ist nun selbst in gewißer Rücksicht im Verhältniße der Idealität und
261 Realität[; /] nur betrachte man diese Objectivität noch nicht sinnlich, es ist bloß von Anhalten und Bestehen des Denkens die Rede, beides ist offenbar beieinander[.] Im Entwerfen ist die *
Aussicht auf den künftigen Zweckbegriff; im Realen ist der aufgefaßte bestimmte Begriff vom Zwecke; (Wir können sagen[:] das ich entsteht für sich durch eine Synthesis seiner selbst als ideal und REAL, als bloß denkend und fühlend)[.]

(210) Bestimmtere Erörterung.

Was auf der einen Seite liegt[:] β und γ[,] nennen wir das ideale Ich, und untersuchen diese Synthesis. Die Hauptsache beruht darauf zu lernen wie das ich sich bestimmend als zu *
einem Zweckbegriff finde. – Zuförderst ist bekannt daß auf diesem alles übrige Bewustsein beruhe; wie setze ich also den *
Zweckbegriff selbst; nur in wiefern ich ihn entwerfe[n] und mir dabey zusehe; ich bin nur thätig und bin mir nur meiner als Thätigkeit bewust; Wie kannst du wißen daß du denkst? ich weiß nur von meinem Thun, nur vom Denken in wie fern ich mein Thun erblicke. Der Zweckbegriff ist nichts gegebenes sondern er ist mit meinem Wißen durch mich selbst hervorge-

---

n Ms.: entferne *nachträglich verbessert in:* entwerfe

bracht[;] dieses mein Hervorbringen ist das eigentliche Object meines Bewustseins. So gehen wir abermals höher. Ich sehe meinen Zweckbegriff nur insofern ich meine [/] Thätigkeit in 262 Entwerfung deßelben erblicke[.] Wie ist denn also nur dieß möglich? wie ists möglich[,] dieses Fließen Bewegen in der Thätigkeit aufzufaßen? Das sinnliche von dem wir der Bequemlichkeit wegen aufsteigen wollen muß etwas abgeleitetes sein das selbst noch nicht abgeleitet ist aber wohl im gemeinen Bewustsein vorkommt. Wie ist denn nun Bewegung in der Körperwelt möglich? Diese zu denken ist unmöglich. Zwischen (211) jeden möglichen 2 Puncten in der Linie[,] zwischen den[en] sich ein Körper bewegen soll[,] zwischen x und y liegen ja doch unendlich viele Puncte[,] denn die Linie zwischen x und y ist zu theilen bis ins unendliche, die Kugel muß daher ehe sie aus x und y kommt durch unendlich [viele] Punkte hindurch gehen, so eine Bewegung ist nie vollendet[,] mithin kommt der Körper nie an seine Stelle! so nahe man die Puncte sich auch denke. Dieser Beweiß ist streng richtig, und Bewegung ist etwas schlechthin undenkbares; aber jedes Kind bringt uns Bewegung hervor; das kann sein und ersteres kann doch bestehen, wir mögen wohl zum Begriff der Bew[egung] auf einem andern Wege kommen als durchs Denken; denn man denkt darin nicht Puncte sondern Linie, woher entsteht nun eine Möglichkeit die Puncte nicht sondern gleich eine Linie zu denken.. Der ganze Grund worauf sich die Behauptung der (212)
* Möglichkeit stüzt fällt weg; [/]

  Hinterher kann nun wohl die Linie ins Unendliche getheilt 263 werden. Die ganze Sache ist daß wir die unendlichen Puncte in einem einzigen Synthetischen Acte gefaßt haben. Alle unsere Vorstellungen sind Vorstellungen von Verhältnißen, aber zulezt müßen wir doch auf etwas zu Grunde liegendes[o] kom-
* men[;] dieß ist aber nicht ‹an dem›, wir kommen auf etwas ursprüngliches was ‹unendlich› auffaßt. Also die Intelligenz hat das Vermögen entgegengesezte Dinge in einem Acte zu faßen oder sie[p] hat Einbildungskraft, ursprüngliche Synthesis des Mannigfaltigen. Das aufgefaßte ist nur entgegengesezt, man kann mit dem Verstande unendlich theilen aber es wird

---

o *Ms.:* liegenden   p *Ms.:* er

doch aufgefaßt; in sofern ist die Einbildungskraft productiv. Aber hauptsächlich[:] wie wird durch dieses Auffaßen der Einbildungskraft Bewegung möglich; der Act der Einb[ildungskraft]. ist Zusammenfaßen des Mannigf[altigen,] hier, ein succeßives Anreihen unendlicher Punkte die erst hinterher durch Analyse unterschieden werden; damit wird ein einfaches, eine Kraft vereinigt[,] die eben deswegen bloß gedacht wird[,] bloßes νουμενον ist, diese Kraft wird durch die ganze Reihe hindurchgeschoben als Bewegung und diese Bewegung ist stetig. Bewegung ist That, Lebendigkeit[;] um diese ist uns hier zu thun, Bewegung in diesem Falle entstand dadurch daß*p' das einfache durch ein fortschreitendes hin[/]durchgesehen wurde. Wie bemerke ich mich denn als das im Bestimmen thätige; keine Bestimmtheit ohne Bestimmbarkeit; was ist denn nun das bloß bestimmbare, das erste Bestimmbare, von welchem erst das Bewustsein meines Bestimmens ausgeht; es ist ein unendlich theilbares der Handelsmöglichkeit, so gewiß es die Handlungsweise eines freien Wesens enthalten soll; dieses wird aufgefaßt durch die so eben beschriebene Einbildungskraft[,] durch das Vermögen nur entgegengesetztes aufzufaßen; hier ist nicht die Rede von einem entgegengesetzten im Raume und der Zeitmomente sondern dem entgegengesezten des reinen Denkens[,] der reinen Handlungsweisen; die Synthesis im Raum ist bloß versinnlichtes reines Denken: hier vereinigt die Einbildungskraft absolut das ins unendliche theilbare der Handlungsmöglichkeiten, sie ist das Vermögen das Bestimmbare zu faßen welches das Denken nicht kann da es bloß DISCURSIV ist; aber es giebt ein besonderes Vermögen das entgegengesezte zu faßen, die Einbildungskraft. Die Vermögen des ich müßen selbst DEDUCIRET werden, so muß hier bewiesen werden daß Einbildungskraft ist; dieß ist hier DEDUCIRT, weil kein Bewustsein und kein Ich wenn nicht ein Uibergehen vom Bestimmbaren aus ist, wenn nicht ein Bestimmbares für uns ist; daß es eine Einbildungskraft gebe ist dadurch nothwendig[. /]
Ihr entgegengesezt ist das Faßen des bestimmten, das Denken q, beides ist nicht ohne ein anderes und beides nur verschiedene Ansicht meines ganzen Vermögens; dieß ist daßelbe viel

(213)

264

(214)

265

p' *Ms.:* das   q *Ms.:* des Denkens

tiefer gefaßt als: keine Anschauung ohne Begriff und kein Begriff ohne Anschauung. Dann ist anzumerken: das Bestimm-　×
bare wovon hier die Rede ist ist nicht etwa vor der Einbildungskraft voraus, sondern das Bestimmbare entsteht eben durch die
Einbildungskraft und bloß durch sie, von der höchsten Synthesis aus ist zu sagen: ich schaue mich an als einbildend, und dahindurch schaue ich ein Bestimmbares. In sofern ist die Einbildungskraft absolut PRODUCIREND in Rücksicht des Stoffs, so
wie überhaupt das Ich producirend ist, und endlich: das Object　(215)
der Einb[ildungskraft] ist das Bestimmbare[,] dasjenige was alle
Thätigkeit im Best‹imm›en die doch dem Ich allein zugeschrieben wird bedingt.

　(Wo gehe ich an, und wo mein Machen; ich finde mich nur
* als das Bestimm‹te›[.] Dieses sezt ein Bestimmbares voraus das
uns die Einbildungskraft liefert; mein Machen sezt immer
diese und ihr Product ‹vorher›aus, und daher kommts daß uns
immer etwas als gegeben erscheint, daher eine Objectivität
der Welt;) so erscheint uns die Einbildungskraft nothwendig
als [/] ein gegebnes. Das Object der Einb[ildungskraft] ist　266
theilbar ins unendliche; diese Theilbarkeit ruht nicht als imma
* nente Eigenschaft in dem Bestimmbaren als an sich; denn dieses
ist meine Einbildungskraft selbst welche bloß zusammenfaßt,
es heißt also bloß[:] das durch die Einb[ildungskraft]. gelieferte
wird hinterher getheilt durch die Urtheilskraft; wenigstens
wird sie gesezt als vorzunehmend. Eigentlich ist also eine
Wechselwürkung zwischen Einb[ildungskraft]. und Urtheilskraft; beide sind nur durch einander zu beschreiben. Man
könnte daher [sagen:] die Einbildungskraft ist das Vermögen
absoluter Ganzen, die Urtheilskraft das Vermögen des Einfachen, beides steht in Wechselw[ürkung].; kein Einfaches ohne
Ganze, kein Ganzes ohne unendliches einfache. Man erinnere
sich an den alten Sorites. Wenn man sagte[:] die Einbildungskraft faßt zusammen etwas unendlich theilbares so heißt das
theilbar für die Urtheilskraft[;] es heißt also: für den gesamm-　(216)
ten Geist ist daßelbe ein Ganzes, Eins, was für denselben Geist
auch bloße Sammlung des Theilbaren ins Unendliche ist. [(]Der
Theilung der Urtheilskraft wird man sich nie bewußt muß
also nicht urtheilen wenn sich eine Eigenschaft findet[,] die
nicht von einer bewusten That abhängt[,] so muß man nicht

sagen daß es an sich selbst sei, und von mir unabhängig. [(]Der Haupteinwurf ist der: wenn die Natur [euer] eigen Product
267 ist[,] wie könnt [/] ihr noch von der Natur lernen; wenn es euer Product ist, wie ist Naturforschung möglich; aber dieses Lernen ist nichts anderes als lernen unserer selbst, Analysiren durch die Urtheilskraft was durch die Einbildungskraft gesezt ist.)

Wie ist Bewegung möglich? ‹nur› daß die Linie construirt wird, so Bewustsein der Thätigkeit daß das Bestimmbare aufgefaßt wird als Maße als Ganzes; Bewegung ist dadurch noch nicht erklärt, ich sehe noch nicht[,] was durch die Linie sich durch schiebt, so auch nicht das Bewustsein, da man das selbstthätige agile noch nicht sieht. Mit diesem Bestimmbaren wird das Ich vereinigt und angesehen als sein Vermittelndes, das bestimmende ich. Das best[immende] ich ist etwas einfaches absolutes, durchs bloße Denken producirtes, ein Noumen, darin wird ja nicht gedacht ein sich würklich bestimmendes *ich*, da bloß die Form gedacht wird, das bloße Vermögen. Dieß ist ein sonderbarer Begriff[,] da sich nicht verstehen läßt was ein bloßes Vermögen sein könne und doch ists im Bewustsein gedacht; wenn ein Vermögen gedacht wird, wird die bloße Form gedacht, nicht aber ein bestimmtes Handeln dieser Art; es ist wie mit dem Denken des unendlichen Raumes. Hiebey ist die
268 Schwierigkeit die[:] wie soll ich zur Er[/]kenntniß der Form kommen wenn ich sie nicht in etwas bestimmten schon realisirt gefunden habe; (gewöhnlich hebt man von bloßer ABSTRACTION an in der gewöhnlichen Formularphilosophie[.]) Wie ist Ab-
(217) straction möglich ohne vorausgegangenes CONCRETE[?] Dieß wird angewand[t] aufs Selbstbestimmen, – gerade dadurch ists möglich; daß die Selbstbest[immung] durch die das Unendliche Mannigfaltige auffaßende^r Einbildungskraft hindurch erblickt wird, welche hier die Vermittelnde ist; so *werfe* ich
(218) beim Linieziehen d‹ie› Linie durch die unendlichen Puncte hindurch. Wies uns zu muthe ist[,] wenn wir zweifeln oder wählen[,] ist jedem bekannt; also der Begriff von dem Verm[ögen] zu wollen liegt drinn, es wird aber nicht gewollt[;] aber wie wird denn nun ein Begriff der Art möglich? dadurch daß man

r auffaßende *nachträglich eingefügt*

sich in der DELIBERATION nicht auf eins einschränkt; dieß muß
man nur transcendental verstehen, die Vorstellung soll nicht
als vorausgesetzt angenommen werden[.] Es ist allenthalben in
der ganzen Sphäre in der die Einbildungskr[aft] läuft ein QUASI
Bestimmen[,] das immer von einem zum anderen übergehet;
es ist eine bestimmtheit und unbestimmtheit vereinigt. Hier
sehen wir wie der Begriff der Bestimmbarkeit überhaupt erst
entsteht.

Anm[erkung]. Nur durch dieses gegenwärtig geschilderte
Denken, durch das sich das Ich ein Vermögen zuschreibt, findet
es sich als würkliches ich, abgesondert von der Welt. Auf das
Bestimmtsein wird das im ersten entstandene Ich übertragen. *(219)*
Es ist alles Erscheinung[,] auch ich mir selbst; welches schon
Kant gesagt hat; aber woher diese Erscheinung, diese mache ×
ich; was bin ich? ein Geist, – Seele d[er]gl[eichen] m[ehr]. –
Aber ist [/] leztere Ansicht erstes, auch Erscheinung?ˢ auch 269
dieß ist Erscheinung, nehmlich die eines Vermögens[;] ⟨VIDE⟩
Reinholds Vorstellungsvermögen pp[;] aber hier sehen wir ×
wie ein Vermögen überhaupt entsteht, es ist ein sinnlicher Begriff, erzeugt durch Versinnlichung. Im ganzen Bewustsein
komme ich nur immer vor als Vermögen. Wir wollten das
Bewustsein der Agilität des Ich ableiten, nicht als etwas das geschehen ist, sondern als etwas unmittelbar geschehendes. Oben
argumentirten wir so: ich finde meine eigne physische Kraft
als bewegt[;] durch sie hindurch erblicke ich ein Object als *(220)*
Resultat meiner Causalität, aber wie wird die physische Kraft
die meinige? ich beziehe diese Bestimmtheit derselben auf mein
Selbstbestimmen, welches ich voraussetze als Erklärungsgrund;
demnach entsteht die höhere Frage wie werde ich mir dieses
mein[es] Bestimmen[s] bewust? Dieß haben wir zulezt erörtert[.]

Anm[erkung] (zur Deutlichkeit) Schon oben wurde gesagt,
es sei in der gewöhnlichen critischen Philosophie eine gewaltige
Lücke, daß man zeigte[,] wie die Zeitmomente aneinanderge-
reiht würden und dadurch eine Dauer entstünde, welches doch
nicht sein kann, wenn im einzelnen Momente keine Füllung ist,
ist im Ganzen auch keine[.] Es muß also bewiesen werden[,] daß

ˢ auch Erscheinung? *nachträglich eingefügt*

jeder einzelne Moment eine Dauer hat, diese entsteht aus dem
Schweben der Einbildungskraft zwischen Entgegengesezten.
Darin besteht die Einbildungskraft, daß ich unendlich theilbares faße, erst in diesem Zusammenfaßen entsteht der Moment.
Nach dem obigen wird nach der Kateg[orie]. der CAUSALI-
T[AET]. durch den Zweckbegriff hindurch ein Object erblickt,
270 dieß Ver[/]hältniß ist ganz gleichzeitig, da es unmittelbar verknüpft ist, zwischen Ursache und Bewürkten liegt keine Zeit
(221) dazwischen; woher nun Zeitdauer? oder entsteht sie etwa dadurch daß mehrere Würkungen sich an einander anschließen?
aus nichts wird nichts und wenn eine Würkung keine einnimmt
nehmen 1000 auch keine ein? Sie kommt bloß daher; der
Zweckbegriff selbst und sein Entwerfen hat eine Dauer, und
erst durch diese entsteht durch sinnliche Vermittelung ein succeßives Handeln, al[l]mähliges Entstehen des Products unseres
Handelns. Bei Kant ist dieß nicht klar, VID[E]. JACOBI ÜBER
× IDEALISMUS und Realismus, welches fleißig nachzulesen ist[.]

Dieser Act ist das Denken einer *Substanz*: (nicht SUBSTAN-
TIALITAET:) es gehört dazu theils ein NOUMEN[,] das lediglich
gedachte, (das man sich denkt) wo das Denken nicht auf ein
Gegebenes geht; dieses ist hier das sich bestimmende ich der
bloßen Form nach; theils eine Versinnlichung deßelben durch
Vereinigung des lediglich Bestimmbaren mit ihm durch die
Einbildungskraft. In der SUBST[ANZ]. liegt der Charakter des
Bestehen[den,] festen, FIXIRTEN, diese ABSOLUTHEIT kommt von
dem dießfalsigen NOUMEN, theils liegt auch drinn bloße Bestimmbarkeit alles zu werden was in ihrem Begriffe liegt, (das
Bestimmte was sie ist, ist ACCIDENS)[;] endlich liegt drin etwas
(222) die Zeit füllendes[,] eine Zeitdauer, welche aus der Vereinigung
des Einfachen mit dem mannigfaltigen[,] welches durch die
Einbildungskraft nur in einer gewißen SUCCESSION aufgefaßt
werden kann[, entsteht]. Dieses mannigfaltige Bestimmbare
giebt, wenn eins allein gedacht wird, die ACCIDENS[. /]   *

271   4.)
Man versetze sich auf den Standpunct dieser Untersuchung:
wir schw‹ebte›n erst über der SYNTHESIS A ließen uns herunter

ins einzelne discrete Denken das in der SYNTHESIS liegt, und
erst in ein gew[ißes] Verhältnis gesezt wird, der Standpunct wird
geändert, wir sezen uns wieder *über* die Synthesis. In A sezt das
Ich sich selbst als denkend auf die beschrieben[e] Weise, wir haben
immer nur auf das Vermittelnde gedacht; nur sagten wir voraus durch dieses letztere wird das Denken meiner als Bestimmten objectiv[,] als Bestimmenden ‹wieder› SUBJECTIV vereinigt
mit der Hauptsynthesis; das abgesonderte wollen wir wieder in
seiner Vereinigung ansehen, wir REFLECTIREN auf die Synthesis
und es erscheint ein bloß gedachtes. [(]Es geht den Menschen
schwer ein die Idealität der Zeit zu begreifen, in der zu ‹erst›
ABSOLVIRTEN Betrachtung sind wir bloß auf dem gemeinen Ge-
* sichtspuncte bestanden; da haben wir von der Bestimmtheit
* die Kraft als etwas ABSOLUTES betrachtet, jezt solls nicht mehr
so sein, wir erinnern uns daran daß das erst vermittelte Bestimmung unseres selbst ist, durch die Grundsynthesis, über die
wir uns stellen.) – Durch das Mannigfaltige in der Einbildungskraft sehe ich mein Bestimmen (das NOUMEN,); woher nun dieses Bestimmen? das ich da hindurchsehen soll? Gegeben kanns
nicht sein, ich selbst bestimme mich ja selbst und bin mir desselben als mein bestimmen unmittelbar bewust[.] Dieses Be-
* wustsein ist ja aber die Hauptsynthesis, der Hauptged[anke].
ist: das ist das Gesez unseres Denkens daß wir dem Mittel- *(223)*
punct[/] manches anknüpfen, das jezt angeknüpfte ist ja nicht 272
der Mittelpunct, sondern etwas durch die Kategorien der SUB-
STANTIALITAET und Kausalität angeknüpftes. Man beschreibe
erst den Mittelpunct; dieser ist das sich selbst bestimmende unmittelbare nicht durch etwas anderes hindurch gesehene. Das
Bewustsein ist gleichsam der Zirkel, das INTELLIGIBLE der Mittelpunct; die Peripherie ist nach nothwendigen Gesetzen des
Denkens an den Mittelpunct angeknüpft, sie enthält alles empirische, sinnliche. Wir haben uns jezt in die Peripherie verloh-
ren; nun kehren wir wieder in das Centrum zurück, und zeigen, wie eben solche und keine andere Radien beschrieben werden müßen. In diesem Mittelpuncte ist das Bestimmen durch
bloßes Denken mit dem Auffaßen des Unendlichen durch die
Einbildungskraft unzertrennlich vereinigt, und fällt in *einen*
Act des Bewustseins.

1.

Was ist dieses Bestimmte selbst? willkührlich als bloßer Act   *
angesehen. Hier mangelt die Sprache. Sagt man: es ist ein Beschränken unserer selbst. I[D] E[ST] unserer REFLEXION von dem
Mannigfaltigen auf ein einzelnes bestimmte; so habe ich ja das
273 Product der Einbildungskraft mit in der Definition. [/] Welches auch nicht wegzuschaffen ist. Wir können unser Bestimmen nur denken als ein Uibergehen oder ein Schweben zwischen mehreren Entgegengesetzten. Nun sollen wir aber diese
Thätigkeit ohne Rücksicht auf das beide entgegengesetzte zwischen dem sie schwebt, beschreiben, um dieß zu thun müßten
wir ganz andere Denkgesetze haben oder unser Satz müßte
falsch sein. Es ist also dieses nicht zu leisten; wir müßen hier
verfahren wie wir mit jeder Idee verfahren, wir beschreiben
nehmlich bloß das Gesetz nach dem dieser Begriff zu Stande
kommen müßte; wir sagen: Sollte die bloße Bestimmung gedacht werden, so müßte das Bestimmbare weggedacht werden;
dieß ist nicht möglich, denn dann müßte die bloße Ichheit oder
das sich selbst Faßen und Ergreifen gedacht werden und schon
in den letzteren Ausdrücken ist schon sinnliche Unterscheidung
des Ergreifenden von dem Ergriffenen. So spricht man z. B
oft von einem unendlichen Raume, da dieser doch undenkbar
ist, und man sich bloß die Regel denkt, nach der er beschrieben
werden müste, nehmlich das beständigwährende Fortziehen[. /]
274
(224)   Dieses sich bestimmen ist der absolute Anfang alles Lebens
und Bewustsein[s], eben deshalb ists unbegreiflich, weil unser
Bewustsein immer etwas voraussezt. – Dieß erhebt uns auf den
Gesichtspunct A, den Grund des Zusammenhanges haben wir
schon eingesehen; aber zu einem Fortfließen wird es bloß durch
die Einbildungskraft[,] eben indem diese jenes NOUMEN vereinigt
mit dem und nicht mit dem, durch das beständige Hindurch-
schieben. Man erinnere sich an den B[egriff].[t] des Bewegens,   *
es ist das entfernteste der lezte Ausdruck alles Producire[ns.]
Die Einb[ildungskraft]. und ihre ganze Function ist bloß die
Möglichkeit das Handeln des Ich in seinem Bestimmen anzusehen.. Im Denken ist kein Fließen[,] da ist lauter Stehen, bloß
in der Einbildungskraft ist die Basis alles Bewustseins[,] soll das

---

t *Ms.:* d.B. *(= sonst Kürzel für:* Bewustsein*)*

Bewustsein dieses Fließens sein. Der Anfang des Bewustseins
muß also bloß durch Einbildungskraft geschehen. Man kann
jezt sagen[:] das sich Sezen des Ich besteht in Vereinigung eines
Denkens und 1 Anschauens. (Die Synthesis A ist bloß Erzeuger *(225)*
des Selbstbewustsein[s]) Diese entsteht dadurch daß Einbildungskraft und Denken vereinigt werden, so daß das REALE
und IDEALE Vereinigt werden; lediglich in dieser Vereinigung
* wird das ich erzeugt; Denken und Einbildung kann nicht abgesondert sein, weil sonst kein Ich wäre. [/]

[2.] *Form des Synthetischen Denkens A.* 275
Das Mannigfaltige wurde von uns angesehen als im Verhältniße der DEPENDENZ; erst durch den Zweckbegriff hindurch sahen wir das Object, bloß dadurch daß der Zweckbe-
* griff gleichsam ein gefärbtes gespaltenes Glas ist. So bei der
KATEGORIE der SUBSTANZ. In Rücksicht des leztern bloß mit
dem Unterschiede daß das Bestimmte durch diese Synthesis
* nicht erst wurde, wie bei der CAUS[ALITAET]. sondern daß ein
reines Denken[,] wodurch das Bestimmen erst entstanden
wäre[,] vorausgesezt wurde. – Bisher war nur etwas das Vermittelnde[,] ein anderes in derselben Rücksicht das Vermittelte. Hier ists anders, das Mannigfaltige wird gedacht neben
einander, ohne Dependenz in Wechselwürkung, aber es liegt
nicht zerstückt, als etwas das einander fremd sei, sondern beide
* greifen ineinander ein und sind gleichsam vermittelt[,] aber
nur so daß beide PRAEDICATE beiden zukommen [und] daß
beide durch einander hindurch gesehen werden. Der ursprüngliche Act der gegenw[ärtigen] Synthesis ist gl[eichsam] ein doppelter, wie es mit dem ursprünglichen Act des Ich[,] das immer
ein doppeltes ist, sich nicht anders verhalten konnte. [/]
Erläuterung. Ich stehe bei einer Best[immung]. des Gemüths[,] in welcher das ganze Bewustsein seinen Grundfaden *(226)*
und Grundmomenten nach enthalten ist; dieß ist der Wißen- 276
schaftsLehre eigenthümlich[,] in anderen Philosophieen liegt
ein einfaches Denken in bloßer mechanischer Reihe nicht aber
in organischer Reihe; ebenso verhält sich F[ichtes]. Physik zu
den gewöhnlichen; in lezteren herrscht überall Mechanismus,
in F[ichte]'s liegt keine einfache Kraft A, sondern jedes A ist eine
Sammlung mehrerer Kräfte in Wechselwürkung. So ist die

WißenschaftsLehre organisch und discursiv. Sie enthält lauter
Synthesen. Gegenwärtige ist die Grundsynthesis in der erst das
discursive Denken entsteht. Der Baum besteht z B in einer
organischen Kraft[,] nicht in Blüte, Rinde, Stamm pp[;] so
hier mit dem Bewustsein; das Denken in der Zeit, die Ursache
und Würkung ins unendliche ist nicht das innere des Bewustseins[;] es sind gleichsam Blätter Blüten, Früchte; das innere
ist ursprünglich eins. In dieser Synthesis sind zu f‹ınden› 2 Reihen[;] von A[,] Bestimmen meiner selbst geht sie aus, von einer
Seite entsteht Bestimmtsein, dadurch wird ein Product in der
Sinnenwelt erblickt, von der anderen Seite ist es auch ein
277 Selbstbest[immen], welches als Agi[/]lität erblickt [wird], hin-
durchgeblickt durch die Mannigfaltigkeit deßen, zu dem ich
mich bestimmen könnte. Beide Ansichten vereinigen sich in
einem Moment: hier ist keine Dependenz; Vermittelung
wohl[,] aber nicht so daß nur eins durchs andere erblickt würde
und das erste nicht durch das 2te[,] sondern durch Wechselwürkung. Hier ist ein A wodurch B und B auch in derselben Rücksicht auch wieder A ist und durch einander hindurchgesehen
wird. So verhält sichs, ‹es› ist zuförderst ein reines Denken das
sich bestimmt[;] dieses^u wird in der Synthesis durch die Einbildungskraft hindurchgesehen und selbst versinnlicht; in dieser Versinnlichung wird der bloße reine Zweckbegriff Bestimmtheit einer sinnlichen Kraft, das dadurch hervorge-
(227) brachte selbst ein sinnliches Object:, hier müßen wir im allgemeinen zuförderst ansehen wie die Intelligenz dazu kommt[,]
sich sinnliche Kraft I[D] E[ST]. einen Leib zuzuschreiben und
eine Kraftäuserung deßelben, leztere ist gar nichts anderes als
das reine Denken lediglich durch die Einbildungskraft hindurch
erblickt. Mein Denken[,] daß die Hand sich bewege[,] und die
Bewegung derselben ist eins, aber Denken ists wenn ich mir
deßelben unmittelbar bewust werde[,] Bewegung wenn ichs
278 durch die Ein[/]bildungskraft hindurchgesehen betrachte. An
diese Versinnlichung schließt sich die ganze Welt an, hier geht
die Versinnlichung bloß bis^v zum Bestimmten.

Dogmatiker[,] die doch moralische und religiöse Gesinnung
haben[,] sind genöthigt zu sagen: Gott habe die Welt erschaf-

---

u *Ms.:* bestimmen diesen v *Ms.:* biß

fen. Gott ist bei ihnen reine Intelligenz. Deßen Bestimmungen
können doch nur in Begriffen bestehen. So verhält sichs hier
mit dem Ich, es ist Intelligenz, und seine Bestimmungen sind
bloße reine Begriffe, fürs ich ist auch eine materielle Welt da[,]
es müßten sonach diese reinen Begriffe sich verwandeln in eine
materielle Welt; aber nur in eine m[aterielle]. W[elt] nur für
sie, bei Gott aber auch für eine andere, in eine selbstständige
m[aterielle]. W[elt]. Ersteres muß der TRANSC[ENDENTALE].
IDEAL[IST] erklären, er muß daher zeigen wie die reinen Begriffe
sich in einer Ansicht in materielle Substanzen verwandeln.
Dieß ist hier gezeigt bis ^{v} zur Versinnlichung unserer Selbst:
Dieß war das erste in der Synthesis daß der bloße reine Begriff
versinnlicht wurde, das zweite ist: daß die Einbildungskraft
hindurch erblickt wird durchs reine Denken und dadurch bestimmt wird, nun entsteht die Wechselw[irkung: /] das erste
bestimmbare wird selbst zu einem ganzen Systeme^w, wird zu
einem Leibe; aber in Beziehung auf das Bestimmte, ohne unser
Zuthun vorhandene [wird es] die ganze Welt. Auf das Bestimmen und Bestimmte gründet sich die ganze Eintheilung des
Ich. Das erste bestimmbare[,] das in der Substanz liegt[,] wird
in sofern es durchs reine Denken aufgefaßt wird als ein Ganzes
[aufgefaßt,] denn das Denken ist stets ein Ganzes[,] und erhält
bezogen auf die Dupl[icität] des Bestimmens und Bestimmtseins als Ganzes doppelte Ansicht[; es] ist in Beziehung auf das
Bestimmende mein Leib, in Beziehung auf das Bestimmtsein
die ganze Welt. Also – ich = x, ich Seele[,] ich Leib ist ganz
einerlei, es sind bloß doppelte Ansichten, weiter ich Leib und
Sinnenwelt auser mir ist wieder einerlei und eine besondere
Ansicht. Alles in der WißenschaftsLehre besteht auf Duplicität
der Ansicht. Zwischen dem höchsten ich = x und dem niedrig-
sten der formlosen Subst[anz] liegen verschiedene Glieder die
in der doppelten Beziehung auf obiges bald subject[iv]. bald
object[iv]. sind^x; aber ich bin immer^y selbst der Gegenstand;
ich selbst bin mir unbegreiflich, Subjectobject, in der Erfahrung
trenne ich mich mir in Subject und Object^z, welches doch ursprünglich als eins$^{a'}$ [/] gedacht werden soll. Dieses Ich des

279

(228)

280

---

w Ms.: systeme *x Ms.:* ist *y Ms.:* in mir *z Ms.:* subjec-
tobj. *a' Ms.:* rein

empirischen Bewustseins kann gesezt werden lediglich in der
Zeit[,] dann ists Seele, oder versinnlicht im Raume ists Leib,
und derselbe ist wieder nichts anderes als die Welt, alles ist eins
und daßelbe nur immer in verschiedenen Ansichten. Das reine
Denken wird hindurch gesehen durch die Einbildungskraft in
der Synth[esis] A und die Einbildungskraft umgekehrt. Dadurch entsteht Duplicität und der Begriff der Substantial[ität].
wird vollendet, sie wird erst ein geschloßenes QUANTUM und
ein ACCIDENS wird auf die SUBST[ANZ]. bezogen, durch sie hin-
(229)   durch erblickt. Es wird ein ACCIDENS darauf bezogen in Beziehung auf das Bestimmende – der unter allen möglichen ACTEN
ausgewählte einzige Act. – in Beziehung aufs Bestimmte die
unter allen übr[igen]. ausgewählte Materie. Die Subst[anz]. bin
wenn das Bestimmende erbl[ickt]. wird *ich*, wie ich mir auf
dem Ge‹sichtspun›cte des gemeinen Bewustseins erscheine, da
bin ich Leib; die Subst[anz]. ist wenn das Bestimmte erblickt
wird die Welt; das Bestimmte in ersterer Rücksicht ist mein
Act, das Bewegen meiner Hand z. B, daßelbe ACCIDENS ist auf
die Welt bezogen das in der Sinnenwelt durchs bestimmende
bewürkte z. B der geschriebene Buchstabe. – [/]

281   *Anm[erkung]*. Substantialität wird nicht ohne CAUSALITAET
gedacht, und CAUSALITAET nicht ohne SUBSTANZ. Das ACCI-
DENS ist nie etwas anderes als bestimmte Äuserung der inneren
Kraft, also eine Würksamkeit der inneren Kraft, und die Substanz wäre das Würkende Vermögen das immer angesehen
wird als würken könnend auf verschiedene Weise. Und umgekehrt, Würksamkeit läßt sich nicht denken ohne Beziehung
auf eine Kraft, und diese ist gleich dem CENTRUM des Innern
der SUBSTANZ selbst. Die Synthesis beider CATEGORIEN ist die
CATEGORIE der Wechselwürkung die sich auf die Nothwendigkeit gründet das äusere vom reinen[b'] Vermögen abzuleiten und
umgekehrt. Sie ist CATEGORIE der CATEGORIEN, SUBST[ANTIA-
LITAET] und CAUSALITAET[b''] sind COORDINIRT aber beide der
Wechselwürkung SUBORDINIRT. – Alles was wir denken sind
Verhältniße. Das sagt gewißermasen auch Kant doch ohne
weitere Anwendung, die dritte Kategorie sei immer die Vereinigung der beiden ersten der SUBST[ANTIALITAET]. und CAU-

---

b' kann auch heißen: innern   *b'' Ms.:* CATEGORIE

SALITAET. Dieß ist richtig und vortrefflich. Kant wollte aller-   ×
dings einen [/] reinen Idealismus aufstellen. Aber von dem   282
bloß philosophischen Gesichtspunkt aus[,] da man über der
SYNTHES[IS]. schwebt[,] findet man Wechselwürk[samkei]t,   *(230)*
und SUBSTANT[IALITAET] mit CAUSALITAET selbst COORDINIRT.

§. 17

* DAS ICH IST, WIE BEKANNT DAS DURCH SICH SELBST THÄTIGE
UND DURCH DIESE THAETIGKEIT AUF SICH WOLLENDE. DAS ICH
FINDET SICH HEIST OFFENBAR ES FINDET SICH THAETIG AUF SICH
SELBST; DASS DAS ICH SICH WOLLEND FINDET^{c'} IN DIESER THAE-
* TIGKEIT AUF SICH SELBST KOMMT DAHER WEIL SEIN URSPRÜNGLICH
NICHT WEITER ABZULEITENDES SONDERN FÜR ALLE ERKLÄRUNG
VORAUS ZUSETZENDES WESEN EIN WOLLEN IST, JEDES OBJECT
DER FREIEN REFLEXION AUF SICH SELBST SONACH^{d'} SEIN WOLLEN
WERDEN MUSS. –

Anm[erkung] A. Wollen ist zufördest ein selbstthätig bestimmen, alles Bestimmen ist durch die Einbildungskraft ver-
mittelt, es ist ein thätiges Bestimmen zu einem Zweckbegriffe.
Sonach ist der ganze Begriff des Wollens sinnlich, alles Wollen
ist Erscheinung, das reine Wollen wird bloß als Erklärungsgrund vorausgesezt^{e'}[,] es ist in unserer Vorstellung und
Sprache nicht zu faßen. = absolute Selbstheit[,] Autonomie,
Freiheit, alles ist gleich unbegreiflich. Die Freiheit läßt sich nur
NEGATIV beschreiben, durch: nicht bestimmt zu werden. –   *(231)*
Abermals sinnlich. Kurz es ist das ‹was› möglich macht daß
ich mich als selbstthätig als ich denken kann. Dieses ist das
Materiale in allem Bewustsein; um das [/] Formale zu erklären,   283
muß man die REFLEXION voraussezen. Dieß ist = x das absolute
das nur Grund ist, es liegt in demselben absolutes subject[ives]
und abs[olutes] objectives.)

Jede^{f'} REFLEXION ist ein sich bestimmen, und dieses schaut das
REFLECTIRENDE unmittelbar an; aber es schaut dasselbe an durch
die Einbildungskraft hindurch[,] SONACH ALS EIN BLOSSES VER-
MÖGEN DER SELBSTBESTIMMUNG, UND DURCH DIESES ABSTRACTE
DENKEN (ALS VERMOEGEN) ENTSTEHT DAS ICH FÜR SICH SELBST

ALS ETWAS[,] EIN REIN GEISTIGES, LEDIGLICH IDEALES UND WIRD
SEINER THAETIGKEIT DES BLOSEN DENKENS UND WOLLENS ALS
EINER SOLCHEN SICH BEWUST. NUN IST ABER DIESE REFLEXION
EIN SICH BESTIMMEN, ABER DER OBEN BESCHRIEBENE ACT DER
EINBILDUNGSKR[AFT] IST EIN ACT DES ICH, UND WIRD SONACH
BESTIMMT; DEMNACH WIRD IN DEMSELBEN UNGETHEILTEN ACTE
DAS REINE DENKEN DURCH DIE EINBILDUNGSKRAFT VERSINN-
LICHT, UND DAS DURCH DIE EINBILDUNGSKRAFT VERSINNLICHTE
DURCH DAS REINE DENKEN BESTIMMT (WECHSELWÜRKUNG DES
284 ANSCHAUENS UND DENKENS). [/] DURCH DIESE BESTIMMUNG
ENTSTEHT EIN GESCHLOSSNES VERMOEGEN DES ICH ALS SINNLICHE
KRAFT, UND EINE BESTIMMTHEIT DESSELBEN (BEGRIFF DER SUB- *
STANTIALITAET) ZU DER BESTIMMTHEIT DIESER SINNLICHEN KRAFT
WIRD EIN OBJECT HINZUGEDACHT UND DURCH SIE IM DENKEN
BESTIMMT (BEGRIFF DER CAUSALITAET)[.]

Populäre Wi[e]derholung. ·

Das sich bestimmende, sich selbst zu etwas bestimmten machende ist das Ich; das Ich findet sich heißt daher[:] es findet
dieses sich selbst bestimmen, denn es ist nicht wie der Dogmatiker sagt, so daß Begriffe in mir als etwas fertiges erstes$^{g'}$ lägen.
(232) Und dieß ist der erste Begriff heißt selbst er wird erzeugt aus
einem Mannigfaltigen welches dargelegt ist. Daß dieß sich
machen zu einem bestimmten gefunden werde, [dazu] gehört
Vergleichung meines Seins (des Bestimmten) und meines
Thuns, (des Machens zu diesem Bestimmten.)

Aber wie weiß ich daß *ich* es thue, dieß dadurch daß ich unmittelbar von dem Thun weiß, und daß ich ich selbst das sei,
weis ich daß ich unmittelbar von diesem Sein weiß. Darauf
bedarfs keiner weiteren Antwort; also bloß darauf, wie ich
wiße daß aus jenem meinem Thun dieses Sein folge; und die
Lösung dieser Aufgabe wäre die Deduction des Selbstbewustseins und mit ihm alles anderen Bewustseins. – Thun und Sein
sind ganz daßelbe nur von verschiedenen Seiten angesehen,
diese doppelte Ansicht muß sein, wenn ein Ich sein soll, aus
285 ihr geht erst das ich hervor[. /] Sieht das ich sein reines Denken
durch die Einbildungskraft hindurch, so entsteht ihm ein

---

g' *Ms.: wohl irrtümlich:* in mir als etwas fertiges erstes in mir

Thun[.] Denkt es das wieder was durch die Einbildungskraft dargestellt ist, so wird es zum Sein. Das reine Denken und Wollen macht also nothwendig das ich aus. Wie ein Ich gesezt ist ist dieses gesezt, ferner Bewustsein dieses Charakters, wie lezteres gesezt ist ist diese doppelte Ansicht gesezt; wie ein Ich gesezt ist ist ein Bewustsein gesezt wie das beschriebene. *(233)*

– Das ich ist kein einfacher Begriff, da es überhaupt keinen einfachen Begriff giebt[;] es ist zusammengesezt auf die beschriebene Weise.

[§. 18.]

Wir haben nun diese ursprüngliche Synthesis zum festen Standpuncte[,] in dem wir entweder die Synthesis selbst zum Gegenstande der Untersuchung machen können, oder in der Synthesis selbst die Aussicht nehmen; das mannigfaltige Denken einzeln untersuchen. Lezteres erfordert das systematische Bedürfnis.

Jezt wollen wir uns in den Standpunct der Synthesis selbst versetzen[a] und ein in derselben gedachtes discretes Denken untersuchen, wir werden dadurch wieder in die Hauptsynthesis zurückkommen. Unsre Absicht ist die: wir haben vom Anfange der Synthesis ein Sein und Denken als nothwendig vereinigt aufgezeigt[.] Dieß ist näher bestimmt als entgegengesezte Art des Denkens, als ideales und reales; der ganze Unterschied liegt [/] bloß in der verschiedenen Bestimmung[b] der 286 INTELLIGENZ dabei. Beides ist eben daßelbe pp beides haben

* wir erblickt als nothwendig vereinigt mit der Kategorie der Wechselw[ürkung]. beide sind erschöpfende Theile der Synthesis, wir können also sicher sein mit ihnen alles was im Bewustsein vorhanden ist zu haben. Wir können daher von ihnen

* in der REFLEXION ausgehen. Wir werden sodann jedes als besonderes Denken betrachten. Aber vor der Hand: alles Denken geschieht nach den Regeln des Denkens[,] hat seinen Umfang und ist wieder ein synthetischer Periodus. Unsere nächste Aufgabe wäre also dieß (denn in der WißenschaftsLehre herrscht

---

a Ms.: versezten   *b Ms.:* Stimmung

immer ein organisches Denken v[IDE]. SUPRA)[.] Nun steht es
(234) uns allerdings frei[,] für das Bedürfniß der Speculation das
mannigfaltige der klaren Einsicht wegen zu trennen, aber wir
müßen uns immer erinnern daß alles ein Bestandtheil der Syn-   *
thesis sei, unser jeziges Geschäft wird ein Verbreiten dieser
Synthesis gleichsam ‹E› CENTRO sein. Wir kamen in dem vor[i-
gen]. § nur bis zur Annahme eines Products unserer CAUSALI-
TAET in der Sinnenwelt, nur daß aber die eigentlich gegebene
Welt[,] die ohne unser Zuthun bestehende Sinnenwelt noch
nicht DEDUCIRT ist. Dieß ist noch zu leisten. Wir haben erst ein
dreifaches aufgewiesen[:] von einer Seite den idealen: den
Zweckbegriff[,] von der realen Reihe: die CAUSALITAET, in der
Mitte das des bloß selbst[t]hätig[en] Ich; es muß 5fach oder sich
287 an beiden Seiten [/] ein Glied anschließen. Bestimmtere Cha-
rakteristik des idealen und realen Denkens: (bestimmter darum
daß hier die Resultate gezogen werden, oben aber bloß die
Prämißen durcheinander liefen) (Diese muß vorausgeschickt
werden, weil das ideale und REALE Denken hier weiter durcheinander bestimmt werden soll). Ideales Denken ist es wenn
das Bestimmen oder = Denken durch die Einbildungskraft
hindurch erblickt und dadurch zur bloßen Beweg[ung], zum
bloßen Thun wird ohne *daß ein* Product deßelben erscheine
(235) (Unsere Thätigkeit erscheint immer als ein Fließen welches
oben erklärt ist, nun erscheint dieses Fließen in gewißer Rücksicht als ein würkliches bestimmtsein[,] nun entsteht auch ein
Product, davon abstrahiren wir jezt, es ist ein Thun überhaupt
wie oben im reinen Zweckbegriff)[.] Darin ist ein bloßes
Ideales Denken.

– Ein REALES Denken ist das[,] wenn das nun versinnlichte Bestimmen, das daliegende abermals bestimmt wird durch das
reine Denken. Im ersten erscheint das Denken als ganz frei, im
zweiten erblickt es sich als gebunden, daher entsteht das Gefühl und insbesondre das Gefühl des Denkzwanges[.]

1.ᶜ

wenn ich einen Zweckbegriff entwerfe, bin ich frei und
selbstbestimmend; soll ich ferner das thun oder das? Hier wird

c Ms.: A) *in der Zeile, möglicherweise verbessert in* 1)

meine Kraft an alle diese mögliche Fälle gehalten[,] die mir
einfallen, aber woher weiß man daß man eine selbstbestim-
mende Kraft hat! Dieß liegt in [/] uns, in dem eignen freien   288
Denken; wir kommen uns hier schon vor als bloßes NOUMEN.
Jezt sagen wir: das will ich, nun ist jenes Schweben aufgehoben; unser Denken ist auf einen einzigen Punct geworfen;
dieser kommt wieder von einem freien Denken her pp. Ich
als NOUMEN erscheine mir hier doppelt 1) überhaupt als so
vorausgesezt, daß ich diese Bestimmtheit halte an das Mannigfaltige der Wahl. 2) als ein empirisches Bewustsein, gemacht, hervorgebracht, bestimmt[.]

(Es giebt hier einen Widerstreit des Ausdr[ucks]. und der   (236)
nothwendigen Ansicht, und ‹von› der anderen Seite ‹der›
Sache, ‹die wir› denken wollen; nehmlich bey aller Bemü-
hung können wir die Untersuchung über die Hauptsynthesis
niemals erschöpfen; wir könnten sonach nimmermehr das
Bestimmte und Bestimmende als eins anschauen, weil beides
in der Synthesis auseinander liegt. Beides als eins zu denken ist
bloße Aufgabe. Dieses Bestimmen und Bestimmtsein ist in
der Hauptsynthesis eins, diese aber können wir nicht faßen. Die
Philosophie hebt nothwendig an mit einem unbegr[eiflichen],
mit der urspr[ünglichen] Synth[esis]. der Einbildungskraft,
eben so mit einem unanschaubaren, mit der urspr[ünglichen]
Synthesis des Denkens, dieser Act ist nicht [zu denken] noch
an[zu]schauen; es läßt sich auch also noch bloß die Aufgabe
aufstellen, alles übrige ist erreichbar, da es in der Erfahrung vollzogen wird.[)] Kurz[,] ich denke reell[,] wenn ich mich gezwungen fühle[.] Dieß kommt daher, weil ich mich selbst bestimm-
* te[.] Denke ich dieses bestimmte so denke ich IDEALITER, mit   (237)
lezterem ist kein Gefühl vereinigt, wie mit dem ersten. – [/]

Dieses Denken haben wir schon genetisch zusammenge-   289
sezt[;] hier finden wir beides als ein Ganze, und wir wollen
beide nun auf einander beziehen. Wie wird also eins durch das
andere bestimmt; wir wollen bei der Beziehung des realen
Denkens auf das Ideale anfangen, also

2.

in der urspr[ünglichen] Synthesis ist mein Zustand von einer
Seite betrachtet ein REELLES Denken, nun ists unmöglich daß

ders[elbe]. Zustand auch ein unbestimmtes sei, demnach muß das ideale Denken[,] da es in demselben Zustande vorkommt[,] selbst mit bestimmt werden. –

Das heißt nicht das ideale verliert seinen Charakter als ideales, beides muß beisammen bestehen[,] weil sonst kein Ich bestehen könnte; die Freiheit als solche[,] das Bestimmen[d][,] das bloße Vermögen wird selbst gesetz als ein bloßes Vermögen, * das Ich wird als Seele zur Substanz mit dem und dem bestimmten Vermögen, weder mit mehr oder weniger (von Gemüthsvermögen ist nicht die Rede)[.] Substanz ist ein bloßes Vermögen, das selbst in Schranken eingeschloßen wird, aber Vermögen ist es nur in wie fern es durch die Einbildungskraft hindurch geschaut wird; ein begrenztes Verm[ögen] ist es in wie fern jenes construiren der Einbildungskraft durchs reine Denken bestimmt wird. Wir hatten also hier QU[ASI]. 3 Acte 1) ich denke mich als absolute selbstthätige Kraft, wo ich die bewegende Kraft der Substanz denke; dieß ist Resultat des absolut reinen Denkens. 2[)] diese reine Kraft sehe [ich] durch die Einbild[ungskraft]. hindurch durch ein unendliches [/] Mannigfaltiges der Handlungsmöglichkeiten, dadurch entsteht mir nun, eine zu einem unendlichen Mannigfaltigen Vermögen habende Kraft. 3) Diese Kraft denke ich nun abermals, dieß ist nicht das reine Denken SUB N.1, eben so wenig der ACT der Einbildungskraft SUB N.2, sondern auf beides in seiner Vereinigung gehendes empirisches Denken. Die Beschränkung des Geistigen kommt von diesem Denken; das Ideale oder reine Denken allein ist producirend, wodurch NOUMENE hervorgebracht werden; alles REELLE Denken ist nur begrenzend und theilend das Gemachte; dieß ist das leichteste worauf weiter gebaut wird.

3.

Dadurch wird nun das Ich als Geist etwas bestimmtes, denn von phys[ischer] Kraft ist noch nicht die Rede; aber es giebt kein Bestimmtes Denken und keines eines Bestimmten ohne Denken eines Bestimmbaren; das best[immte]. Denken ist überall nichts anderes als Uibergehen aus der Bestimmbarkeit

d Ms.: bestimmen

218

zur Bestimmtheit. VID[E]. COLL[EGIUM]. LOG[ICA] ET MET[A-
* PHYSICA], das empirische Denken ist immer ein Herausgehen ×
aus einem Bestimmbaren, folglich: zu diesem Bestimmten
meiner selbst als Geist, tritt mir nothwendig ein bestimmbares
hinzu, und so verbreitet sich unsere Synthesis. *Im Vorbeige-
hen*[:] Eine vollendete Synthesis hat 5 Glieder[,] wir haben
aber nur 3. A, und von einer Seite β reines Denken und B reales
Denken[;] es muß nun noch von beiden Seiten 2 Enden geben,
die finden sich hier; jezt bin ich im Gebiete des β[;] da wird
nothwendig ausgegangen von einem Bestimmbaren, da wird
dann das äuserste Glied angeschloßen. Aber dieß Bestimmbare
werden wir nicht kennen[/]lernen, wenn wir nicht die aufge- 291
stellte Bestimmtheit als Begrenzung eines Vermögens noch
näher kennen lernen. – Wir kommen jezt auf einen wichtigen
und leichtverst[ändlichen]. Punct, der aber schwer darzustellen
ist; wir wollen erst die Bestimmtheit unserer selbst als Geist
näher untersuchen, das zu bestimmende ist Freiheit, reine
Thätigkeit als solche, durch ihre Bestimmung entsteht uns fol-
gender Begriff: das freie bin ich selbst[,] die Bestimmtheit ist
Begr[enzung] meiner selbst, sie ist also auser mir und erscheint
als auser mir, ohne mein freies Zuthun, denn es ist eben Beschränktheit meiner Freiheit, sonach wäre diese Bestimmtheit *(239)*
etwas an sich, ein gegebenes; – ferner sollte sie sein Beschränktheit der Freiheit als solcher und indem sie das ist, muß die Freiheit bleiben; die Freiheit wird begrenzt heißt nimmermehr, sie
kann so weit gehen, sonst wäre sie nicht begrenzt als Freiheit,
und es gäbe ein bestimmtes QUANTUM Freiheit; es ist aber ausdrücklich gesagt[,] es soll Begrenztheit der Freiheit als solcher
* sein, sie soll auch noch über die Begrenzung hinausgehen, es
soll nicht sein eine mechanische Begrenzung, der Kraft, so daß
die Freiheit weiter gehen könnte, aber aus einem in ihr selbst
liegenden Grunde nicht weiter gehe. Sezen wir den Begriff
zusammen so haben wir ihn selbst. Eine Beschränktheit die aus
der Freiheit herauskommt ist Selbstbeschränkung und diese
müste es sein. [/] sie soll aber doch etwas an sich sein, I[D] E[ST]. 292
ein nothwendiges Denken, also ein nothw[endiges] D[enken].
einer Selbstbeschr[änkung]. wäre die aufgestellte Grenze[,] die
durchs Bestimmen des Idealen zu Stande käme, aber dieß ist
ein *Sollen*, Bestimmtheit des Seins hingegen ist ein Müßen; man

denke an den Charakter des gegebenseins, das Sollen erscheint
uns nicht als durch uns hervorgebracht, dem Grunde nach, es
ist etwas das einmal so ist, durch Denkzwang vorhandenes,
doch ists Bestimmtheit der Freiheit, eine Best[immung]. die *
man nicht findet wie bei dem sinnlichen REELLEN Denken[,] die
man hervorbringen soll, aber daß man sie hervorbringen soll[,
das findet man]. Es ist demnach eine nothwendig zu denkende
Aufgabe: darinnen besteht eben das Wesen der Ideen, daß man
nur die Regel construirt[,] nach der sie zu Stande kommen sollen. z. B. bei dem unendlichen Raume. so ist es gleichsam etwas gegebnes, eine sich aufdringende Aufgabe, 2^{tens} ist es
Aufgabe nur in wiefern man sich dieselbe mit Freiheit auflegt.
Resultat: ich finde mich als ein solches[,] das weder beschränkt
ist noch unbeschränkt, sondern nur frei I[D] E[ST]. durch sich
selbst ins unendliche bestimmbar, durch welches eben alles Sein
(240) ausgeschloßen wird, nur bleibt die Aufgabe sich in seinem
Fortgange selbst zu beschränken. – –

Dieß ists wodurch ich mir zu einem Begriffe und mir selbst
faßlich werde, diese Aufgabe mich selbst zu bestimmen, hier
wars uns nur um die Bestimmtheit zu thun um die Bestimmbarkeit einzusehen; was ist also die Bestimmbarkeit? oder wie
geht man vom Denken der Bestimmtheit zur Bestimmb[ar-
293 keit]. über? [/] was ist denn nun das[,] aus welchem ich mich
herausgr[eife?]

Das bestimmte ich ist reiner Geist, also auch das Bestimmbare ist Geistigkeit I[D]. E[ST] Welt vernünftiger Wesen auser
mir[,] also das Entstehen meiner als INDIVIDUUM ist etwas gene-
tisches; ich erzeige mich als INDIVIDUUM^e [dadurch] daß ich *
mich aus dem Vernunftreiche herausgreife. Die reine Ichheit
ohne Grenzen und die empirische Ichheit woher kommen sie?
(241) lezterer Begriff wird erzeugt durch ein Herausgreifen, wie der
Ofen nur mit dem Unterschiede daß erstes aus der Vernunftwelt heraus[ge]gr[iffen]. ist. Nur muß klar sein, daß das Sollen[,] der kategorische Imperativ zugleich ein theoretisches
PRINCIP ist; was treibt uns zur Annahme vernünftiger Wesen
unseres Gleichen auser uns[?]

e Ms.: indiv

220

4

Wir beziehen das Ideale auf das Reale. Bestimmtheit[,] fixirtsein ist der Hauptchar[akter] deßelben, d[es] Realen sowohl als
Denken als des Subjects ‹das› durch die ‹ß› reale Denken entsteht; das Denken steht bei dem Realen gleichsam still, und ist
nicht wie bei dem idealen in Bewegung. Was ist nun in diesem
realen das Gedachte? Die producirende Einbildungskraft, und
da hier Bestimmtheit eintrifft, die Einbildungskraft im produciren. Es ist ein Product der Einbildungskraft, also was ists?
Die Einb[ildungskraft] synthes[irt] ein unendlich theilbares
Mannigfaltiges, nun ist dieses hier etwas stehendes[,] daher
weils ein Object der REAL[EN]. Thätigkeit ist[.] Demnach wird
nicht auf das mannigfaltige gesehen sondern aufs eine, es ist
das erblickte ein theilb[ares]. bis ins Unendliche, es ist theil-
barer Stoff, Materie im Raume[; /] eben diese*f* Vereinigung des 294
Mannigfaltigen wo auf die Vereinigung bloß gesehen wird,
macht es zur Materie; darauf wird sich nun das Ideale beziehen*g*, und das REALE dadurch AFFICIRT werden, und sein
Gepräge erhalten; in dems[elben]. Zustande nehmlich da ich (242)
bestimmt denke denke ich zugleich geistig und frei, mithin
muß diese Freiheit auch aufs bestimmte Denken Einfluß haben
und seine Spur zeigen, welches ist nun dieses Product des
idealen im Bestimmten? nichts anderes als das ideale Denken
selbst, also ein sich bestimmen, Selbstheit, Freiheit müßte
doch in dem bestimmten liegen. Das reale ist liegende todte
Materie, aber es wird ged[acht]. durch ein frei thät[iges] Wesen
und ist deßen Bestimmung, es muß also doch das Gepr[äge]
deßelben tragen[,] wodurch es auch nur fähig ist Gegenstand
deßelben zu werden. Die Absolutheit kann nicht sein Absolutheit des Handelns sondern bloß Absolutheit*h* des Seins, ein
Sein durch seine Natur[,] durch seine Bestimmtheit, die Materie
wird etwas an sich selbst und durch sich selbst, ein selbst-
ständiges Ding, da es vorher bloß ein mir vorschwebendes
war, es wird für mich ein Gegebenes, ganz eigentlich ohne
mein Zuthun vorhandenes Object. Denn ich bin nur das
freie[;] alle Beschr[änkung]. liegt auser mir. Dieses Beschr[än-

---

f Ms.: eben durch diese   *g Ms.:* ideale Beziehen   *h Ms.:* absolutheit

kende] soll nun sein durch sich selbst, was es ist; es ist
hier eben so wie mit der nothwendigen Aufgabe, beides
ist etwas ohne Zuthun vorhandenes; ich greife mich heraus
aus einer Masse von Bestimmbarem, ich lange nicht über die
Grenze des Beschränkten hinein; es giebt ein höchstes und
niedrigstes; so hier das Bestimmbare für geistige Thätigkeit
Reich der Vernunft, ein niedrigstes[:] ich erblicke mich als
295 reelles versinnlicht [/] und die tiefste Versinnlichung ist mein
Product, zu diesem liegt ein Bestimmbares auser mir, Materie,
aber woher diese? etwa von mir selbst, wird mir also nicht einfallen[,] ich habe es wohl auch selbst gemacht? nein[,] denn
ich trage auf daßelbe die Selbstständigkeit nothwendig über,
dadurch daß ich es denke[;] es wird ein Sein an [und] für sich,
für sich bestehend. Darinne also liegt der Unterschied. Durch
diesen beschr[iebenen]. Act wird das Ding NOUMEN I[D] E[ST].
(243) etwas durch freies Denken producirtes; eben das absolute Denken ist ein sich D[enken]., und dieß geht durch unser ganzes
Bewustsein hindurch[,] kommt bei aller Empirie vor, und
giebt alle[m] durch die Einbildungskraft producirte[n] inneres
Festigen[.] Kant sagt[:] wir legen der Erscheinung ein Substrat
× unter, und dieses ist ein NOUMEN, aber dieß hat zu mancherlei
Misverständniß Anlaß gegeben; das Prod[uct] der Einb[ildungs-
kraft]. und das Prod[uct] des reinen Denkens, die Erscheinung *
und das Erscheinende ist eins; nur die Philosophie unterscheidet[,] was im würklichen Bewustsein eins ist; es liegt der Ersch[einung]. ein NOUM[EN] zu Grunde[;] bestimmter so: die ganze Welt ist Erscheinung und auch NOUMEN, sie ist Product meines
ganzen Geistes, dieser ist reines Denken und Hinschauen[,] in
dem würklichen Bewustsein handelt er als Ganzes; beides
NOUM[EN] und Ersch[einung] ist eins nur von verschiedenen
Seiten durch die nothwendige Duplicität des Geistes angesehen.
  Durch diese[s] reine Denken wird das NichtIch Substanz,
296 aber anders als es oben [/] das Ich wurde; da wurde nur die
Begrenztheit herbeigeführt[,] das materielle war schon, und
dieß wurde durch das reelle Denken begrenzt, das schon vorhandene Mannigfaltige; aber hier ist schon die Begrenztheit
und es wird nur das durch sich selbst bestehende herbeigeführt. In der Deduction hebt das Bewustsein von ‹mir› selbst
an als dem Bewustsein eines unendlichen und nur dadurch daß

[ich] die Unendlichkeit nicht faßen kann, dadurch daß [sich] mit der unendlichen Anschauung die Endlichkeit des emp[iri- *(244)* schen]. D[enkens]. verknüpft[,] werde ich mir zum endlichen. Umgekehrt, *das Bewustsein* der W[elt]. geht ja nicht aus von der Unendlichkeit sondern von der Endlichkeit[;] meiner werde ich mir ganz bewust[,] der W[elt] aber nicht als einer ganzen Welt[,] sondern einzelner Objecte[;] ich faße meine Begrenztheit auf, das die Absolutheit in sich tragende kommt erst durch die Idee hinein. Der Mensch des gem[einen] Bewustseins wohl findet sich ganz, die Welt aber nicht ganz, der Begriff des Universums wird erst allmählig zusammengesezt. Das ich als Subst[anz] kommt [dadurch] zu Stande daß das ideale Denken begrenzt wird, und das Wesen des ich be- st[eht] daher bloß in Thätigkeit, das NichtIch aber dadurch daß das reelle Denken vergeistert wird, dann ist es ein Sein deßen Wesen bloß in Ruhe besteht.

5

Alles wird klarer werden wenn wir beides jezt beschr[änkt] denken; das ideale des best[immten] und das bestimmte des idealen vereinigen, also Synthesen vereinigen. Unser Plan ist einfach. Es versteht sich wohl daß ‹auch› dieses Denken nur ein Denken ist und ‹in einem Moment› vorkommt[,] es also wohl ver[/]einigt sein muß, was daraus entsteht haben wir gesehen. 297 Das jezt ange[zei]gte ist nichts anderes als ein besonders be- st[immtes]. ideales, und besonders bestimmtes reales Den- ken[,] beide[i] ‹sind› auch unzertrennlich; das Ich kommt zu Stande durch die Best[immtheit] des idealen Denkens, dieses sehe ich durchs[k] Ding und das Ding durchs ich; das erstere geschieht in wie fern ich die Freiheit in[l] der Anschauung des Objects realisiren kann, lezteres bloß in wie fern ich meinen Zweckbegriff REALISIRE.

Ich bin nicht ohne Welt, und meine Welt nicht ohne mich. Nun wird, woraufs ankommt, durch diese wechsels[eitige]. Beziehung auf einander, durch die Unzertrennlichkeit[m] beider, beides auf eine gew[isse] Weise weiter charakterisirt.

---

i Ms.: beides   *k Ms.:* durch durchs   *l Ms.:* in in *oder* nur in
m Ms.: unzertrennl.

A) Das NichtIch d[urch]s erstere, das Ich, wird, weil wie wir oben sahen sein Handeln Dauer in der Zeit hat, durch die Zeit hindurch ausgedehnt, es ist zu aller Zeit die nur gedacht wird, Zeit und Wirkung der Freiheit sind nur durcheinander, nun (245) wird so gewiß das Ich durch die Zeit ausgedehnt wird, das NichtIch als für sich bestehendes mitgedacht, daher fällt es als Ding[,] als Noumen, auch mit in die Zeit, und erscheint als seiend zu aller Zeit, weil das Ich das NichtIch immer bei sich führt; seine Bestimmungen durch die Freiheit des Ich, seine ACCID[ENZIEN]. verwandeln sich durch die darauf bezogene Freiheit des Ich im Verhältniße der Zeit. Von Organisation der Natur ist noch nicht die Rede.

298 Die Ursache und Wirkung sind gleichzeitig[, /] durch den Begriff der CAUSAL[ITAET]. entsteht keine Zeit, in der Natur entsteht sonach keine Zeit, die Zeit entsteht nur im Ich, in dem Begriffe der SUBSTANT[IALITAET] auf das Ich angewendet, in dem Durchlaufen der Handlungsmöglichkeiten durch die Einbildungskraft, dadurch daß das Object bloß Object für^n das Handelnde Ich ist, wird ersteres mit durch die Zeit ausgedehnt. Dieß giebt die Bestimmbarkeit des Objects für die Würksamkeit des Ich mit, und füllt die schon bemerkte Lüke. Wir konnten nehmlich nur auf ein Product der Würksamkeit des Ich schließen; nun kommt aber in der Erfahrung ein 2tes vor[,] auf welches wir im Produciren handeln; das ist das Nichtich als NOUMEN, und die mit ihm unzertrennliche Erscheinung, dieß ist zu aller Zeit, schlechthin gegeben, ohne unser Zuthun vorhanden, auf dieses geht unsere Würksamkeit und verändert die Erscheinung[,] doch so daß das Dauernde deßelben immer bleibe, an dem unsre eigene Selbstständigkeit objectivisirt wird. Unbegreiflich ists: wenn ich würke, verändere ich doch das ganze Ding, denn es ist immer ein Fortgehen von entgegengesezt[en] Zuständen zu entg[egengesezten] Zuständen, und doch soll das Ding immer bleiben, es bleibt nichts als das Denken des Dinges, das NOUMEN, an dieses hängt sich die IDENT[ITAET]. des Bewustseins an. Im Ding als dem bestimmbaren, so wie es gegeben sein soll ehe wir darauf würken kann man die unzertrennliche Vereinigung des Noumen und

n Ms.: Kürzel für: auf

224

des Phaenomen am besten erklären; dieses Bestimmbare ist
* nicht ‹form›los sondern erscheint uns nur als gestaltlos. Das Bestehen durch sich selbst, wodurch es erst [/] zu einem Dinge 299
wird, ist bloß da durchs Denken; die Gestalt aber durch die
Einbildungskraft; sie ist aber nur die verworrene Darstellung
aller Handelnsmöglichkeiten, die in dem Dinge ausgedrückt (246)
sind, alles was ich daraus machen könnte. Nun fange ich
darauf an zu handeln, und verändere die Gestalt des Dinges
ganz? was ist denn nun welches durch die Zeit des Handelns
durch dauert? bloß mein Denken, mit der verworrenen Darstellung alles deßen was ich thun könnte, unter welchen ich aber
bloß° immer das Eine thue*p*, Beispiel von einem Baume, von
dem man ein Stück n[ach] dem anderen abschneiden kann. pp.
Dieß B[eispiel] gilt nur von der Würksamkeit in Gedanken[;]
drum sagt F[ichte] anderwärts: SUBSTANZ ist ACCIDENS ‹in› der
* Vereinigung, ihre Form ist das vereinigte, Denken; und dieses ×
* ist das IDEALE Denken des Best[immens]. Jedes Ding ist bezogen
auf unsre mögliche Würksamkeit und auf nichts anderes als die
Wiederherstellung des QUANTUM dieser Würksamkeit. Unsre
Aufgabe ist gelöst[;] wir hatten das ideale und REALE Denken
selbst als vollkommene Synthesis aufzustellen, dieß ist geschehen[,] das Bestimmbare in beiden ist angegeben, beide sind
durch einander bestimmt, β–γ ist vereinigt, die Bestimmtheit
meiner selbst mit dem Reiche der Vernunft überhaupt, auch
* B und C[,] die Bestimmtheit meines Würkens als sinnlicher Act
* mit dem Object worauf dieses mein Würken geht C; beide
* Glieder sind vereinigt, indem ich mich, daß ich theils INDI-
VIDUUM bin theils Geist bin, nicht erblicken kann ohne Ding[,]
das mir zunächst liegend ist [/] mein Product, entfernt liegend 300
aber ein Object (Materie ist,) und umgekehrt das Ding nicht
ohne mich.

§ 18

DA DAS*q* ICH IN DEM ANSCHAUEN SEINES REINEN DENKENS
ZUGLEICH BESTIMMT IST, SO WIRD IHM NOTHWENDIG DIESES
REINE DENKEN SELBST (DAS H[EISST]. DAS ICH ALS PRODUCT

o *Ms.:* ‹immer› bloß   p *Ms.:* Eine bloß thue   q DA DAS *nicht*
in lateinischer Schrift

DIESES DENKEN[S] ALS FREIES WESEN,) EIN BESTIMMTES; EIN
FREIES WESEN ALS SOLCHES ABER KANN NUR BESTIMMT SEIN
DURCH DIE AUFGABE SICH SELBST MIT FREIHEIT ZU BESTIMMEN,
INDEM DAS ICH DIESES DENKT, GEHT ES VON EINER SPHÄRE DER
FREIHEIT ÜBERHAUPT ALS BESTIMMBAREM ÜBER ZU SICH ALS DEM
IN DIESER SPHAERE BESTIMMTEM, UND SEZT SICH DADURCH ALS
INDIVIDUUM, IM GEGENSATZE MIT EINER VERNUNFT UND FREI-
HEIT AUSER SICH.

DA DAS ICH IM BESTIMMTEN DENKEN ZUGLEICH FREI IST, UND
NUR MIT FREIHEIT DAS BESTIMMTE DENKT, SO TRAEGT ES AUCH
DIE FREIHEIT AUF DAS BESTIMMTE ÜBER; ABER FREIHEIT IN DER
BLOSSEN BESTIMMTHEIT, WIE IN DER NATUR, IST SEYN DURCH
SICH SELBST. DADURCH WIRD DEM NICHTICH EIN VOM ICH
UNABHÄNGIGES SEIN ZUGESCHRIEBEN, UND ES WIRD DADURCH
301   ERST EIN DING. IN WIEFERN ES [/] DIESES SEIN HAT, IST ES DAS
(247) FORTDAUERNDE BESTIMMBARE, IN ALLEN BESTIMMUNGEN DIE ES
DURCH DIE FREIHEIT DES ICH ERHAELT[.]

DAS DENKEN DES ICH ALS FREIEN ABER BESCHRÄNKTEN WE-
SENS, UND DAS DES NICHTICHS ALS FÜR SICH BESTEHENDEN DINGES
SIND GEGENSEITIG DURCH EINANDER BEDINGT. DAS[r] ICH SCHAUT
AN SEINE FREIHEIT NUR IN DEN OBJECTEN SEINES HANDELNS;
UND ES SCHAUT AN DIESE OBJECTE NUR IN WIEFERN ES MIT FREI-
HEIT AUF DIESELBEN HANDELT.

---

§. 19

Es liegt auf beiden Seiten der Synthesis die unsre Deduction
und alles Bewustsein umfaßt, etwas höchstes leztes Bestimmbares, dieses haben wir an beiden Seiten der Hauptsynthesis
angeknüpft und unsere[a] Synthesis ist also erschöpft, von einer
Seite die Vernunftwelt[,] von der anderen die Welt der sinnlichen Objecte. Nun ist da die Hauptsynthesis eins sein soll
vorauszusehen daß beides weiter durch einander bestimmt
werden wird[.]

r Ms.: DAS   a Ms.: ⟨in⟩ der

In der Mitte liegt A, an den Seiten β und B, an der einen γ an
der anderen G; das ganze sieht aus wie ein Fachwerk wie eine
Reihe, aber das Bewustsein ist gleich einem Zirkel; γ und G
also [/] müßen in einander greifen und durch einander be-   302
stimmt werden, nur durch dieses schließen wir den Zirkel,
und vollenden unsre Aufgabe; beide müßen ineinander eingreifen, oder bestimmter, beide müßen durch einander bestimmt werden; an diese Bestimmung können wir nicht unmittelbar gehen ohne uns zu verirren, wir müßen unsere Untersuchung tiefer faßen. F[ichte] geht deshalb in die Hauptsynthesis zurück zu dem im vor[igen] §. aufgestellten *ich*, an
welches alles Mannigfaltige dieser Unters[uchung]. anzuknüpfen ist.

1) Das Ich selbst als INDIVIDUUM fand sich bestimmt durch
die ABSOLUT zu denkende Aufgabe sich selbst zu bestimmen.
Nach dem obigen, was Kant den kateg[orischen] IMP[ERATIV].
nennt; die Freiheit ist nicht wie Sein beschränkt, sie muß ihre   ×
Begrenztheit umfaßen, sie muß sich selbst begrenzen. Auch
diese Bestimmtheit läßt sich auf 2 Seiten ansehen[:]

A) als nothwendiges bestimmen, ACTIVE SUBJECTIVE IDEALI-
TER, und dieß ist jenes Sollen ein Sollen ein nothwendiger Begriff[,]

B.) OBJECTIVE als etwas bestimmtes und dann wird die Bestimmtheit ein bleibender Zustand; es wird der Charakter
(Grundcharakter[)][*b*] und das Wesen dieses Ich.

Allenthalben waltet diese DUPLICITAET, auch hier bey dem
höchsten: Bestimmen bestimmt; handeln Handlung ist
daßelbe eine aus 2 Ansichten; hier ist nur Aufgabe zu einer
Handlung, nun kann man die Nothwendigkeit erst denken, als   (248)
ein Sein als eine Bestimmtheit[.] Dieß liegt in der doppelten
Ansicht[. /]

Diese Ansicht ist eine ursprüngliche, zu Folge der originären   303
DUPLICITAET des Ich nothwendig. Welche Bestimmtheit es sei
ist bekannt, des Individuum, als Setzen meiner als einzeln aus
mehreren, durch das mit dem setzen meiner verknüpfte
Setzen anderer[*c*][;] es ist uns nicht mehr hier zu thun um das

---

b am Rand ohne Vermerk   *c von* des Individuums *bis* Setzen an-
derer mit Vermerk am Rand

bloße Denken, sondern um die Wahrnehmbarkeit. Man unter-
scheide sorgfältig anschauen und reines Denken wie oben ge-
lehrt wurde; ich bin ja nur Product meines reinen Denkens,
nun ist gesagt[:] ich greife mich heraus aus einer Vernunft
auser mir, nun würde es aussehen[,] als ob ich eine Freiheit
auser mir nur dächte[;] aber dieß ist nicht der Fall, sondern es
ist die Rede von einer Wahrnehmung der Freiheit und Vernünftigkeit auser mir, und dieß muß DEDUCIRT werden. Es ist
zwar wahr, daß die Vernunft auser uns nur ein NOUMEN ist,
ich halte jeden für vernünftig und frei, aber niemand verlangt
daß ich seine Vernünftigkeit hören und sehen solle oder durch
einen äuseren Sinn wahrnehmen solle, aber wohl daß ich aus
gew[ißen]. Phänomenen dieß schließen soll. Aber es muß in der
Sinnenwelt Erscheinungen geben, auf welche ganz allein wir
genöthigt sind den Gedanken der Vernunft überzutragen, auf *
welche allein uns dieß möglich wird; sie müßten mit jenem
reinen Denken zusammen hängen[;] sie [zu] DEDUCIREN ist
hier unsere Absicht.

    2) Also die Aufgabe ist: Das Sezen der Bestimmtheit, oder
der Denkact in diesem [Sezen] unsrer als INDIVIDUUM, [/] welches Wahrnehmung ist, und auf eine Wahrnehmung auser uns
deutet, soll beschrieben werden. Zwar denken wir uns in die
Sinnenwelt nur als Ursache hinein, und in dieser Hinsicht sind
andere freie Wesen auch NOUMENE; aber dieß ist doch nur in
wiefern wir unser Bestimmen als subjectives und ideales hin- *
stellen; es ist aber nothwendig daß dieses auch objective Ansicht der Bestimmtheit habe; diese ist Wahrnehmung, folglich[:] ich bin INDIVIDUUM im Reiche der Vernünftigkeit[,]
mit diesem hängt mein Denken zusammen[;] deswegen auch
eine Ansicht der Objecte mit der Ansicht der anderen freien
Wesen. Dieß soll nicht in der gewöhnlichen synthetischen Methode vorgetragen [werden], die Synthesis wird schon drinne
liegen[.]

    A. Ich erscheine mir nicht etwan als Ich überhaupt im Ge-
gensaz der Natur sondern als INDIVIDUUM im Gegens[atz]. mit
einer vernünft[igen]. Welt auser mir, als solches finde ich mich
nun, d. i. ich finde mein sein, nicht ein Sein des Dinges, sondern nur Bestimmtheit der moralischen Handelnsmöglichkeiten, nicht hervorgebracht durch mein Denken sondern als

unabhängig davon vorhanden. Wie allenthalben erscheint dieses Denken bloß als Nachbilden, nicht wie das Denken im Zweckbegriff als durch sich selbst bestimmt und Vorbild eines Products in der Sinnenwelt.

Ich bin einmal das was ich bin, ohne mein Zuthun, so kommts mir vor, und muß mir so vorkommen[;] dieses ist die Bestimmt[/]heit von der ich spreche; sie soll an sich so 305 sein; es soll nun einmal so sein; es soll bloße Denknothwendigkeit sein, als eine solche[.]

Anm[erkung:] ich bin in diesem Denken meiner selbst, selbst beschränkt und gebunden wie bei allem reellen Denken, aber nur in wiefern ich mir selbst und meiner eignen Natur überlaßen bleibe, unter dieser Bedingung gehe ich nicht über jene Grenze hinaus; da es aber Beschr[änktheit] der Freiheit ist, so kann ich durch den Gebr[auch]. der Freiheit[,] der hier Mis-
brauch ist, über diese Grenze hinausgehen. Man weiß daß es 2rlei Beschränktheit giebt; z. B. wenn man mir meine Hände und Füße feßelt oder wenn mich jemand anredet. Beschränkt-
heit des physischen und moralischen Vermögens. – Es ist INHUMAN dem [mit] dem man etwas reden will in die Rede zu fallen, aber *d* nicht physisch unmöglich. Dieß leztere ist die Be- (250) stimmtheit von der F[ICHTE] hier redet, eine moralische Bestimmtheit[.]

B. Nun kann sich ein ich doch nur als Ich überhaupt mit dem Charakter des Ich der nur Freiheit ist, nur als handeln sollend und könnend finden. Man wende obigen Unterschied hier an. Ich bin beschränkt heißt nicht ich bin so breit und lang, nein es heißt mein handeln können und sollen ist be[/]schränkt. So 306 viel Merkmale hier dem Charakter des Ich beigefügt werden, müßen erörtert werden. Ich finde mich zuförderst als handeln könnendes, rein als handelndes bin ich gemacht durch mich durch den Willen, nicht aber mir selbst gegeben. Als handeln sollendes kann ich mich finden; was ist denn nun das Denken des Handelns seinem Charakter nach für ein Denken: Das Handeln ist ein fortfließen, es ist also ein versinnlichtes Denken, nur erscheint mir das bloße Entwerfen des Zweckb[egriffs] nicht als ein Handeln, sondern als ein bloßes Denken, als etwas

d Ms.: fallen. aber

auser mir als ein Ding; wie ist beides verbunden? Durch die
Anschauung meines Handelns, die ins besondere auch drum
nach dem obigen Stattfinden muß, weil bloß durch sie eine   *
Zweckerfüllung entsteht. Ich finde mein Handeln also als etwas gegebnes, als ein ‹mögliches›; gesezt ein Mensch hätte
noch nichts gethan (welches absurd ist und und nur auf einen   *
Augenblick gesezt worden) dennoch soll er etwas thun, es
wird also postulirt daß er schon einen Begriff vom Handeln
habe, dieser Begriff[,] der bei ihm nicht aus der Erfahrung kommen kann, müßte bei ihm ein Begriff A PRIORI sein; so hier[:]
ich finde mich als Handelnsollendes, drin liegt das Handeln
schon drinnen; das ist ganz klar eine Versinnlichung die zusammengesezt ist aus dem Zweckbegriffe der kein Handeln ist,
und dem^e realisiren das nicht gefunden wird, also gleichsam
zwischen beiden in der Mitte schwebend. Was schaue ich denn
nun an? etwas durch die Einbildungskraft versinnlichtes. Im
307[a] Handeln ist nicht[/] bleibende Gestalt, weder des Subjects noch
Objects; das Denken des Handelns ist ganz sinnlich und eine
solche Ansicht ist von der Synthesis durch die das Bewustsein
zustande kommt unzertrennlich. Nun muß ich zu dem Bestimmten Handeln ein Bestimmbares sezen, da das Bestimmte^f
(251) sinnlich ist muß das Bestimmbare auch sinnlich sein; das be-   *
stimmbare war nach dem obigen meine INDIVIDUAL[ITAET].
meine sinnliche Kraft, daher muß dieses auch als ein sinnliches
erscheinen. Was ist nun meine Individ[ualität].? mein versinnlichtes Sollen. Eine Auffoderung zur freien Thätigkeit als
FACTUM in der Sinnenwelt. Es ist Beschränktheit meiner Freiheit in einer besonderen Sphäre, oder bestimmte Bestimmbarkeit meiner Selbst. Die Aufforderung eines Sollens muß also erscheinen als Wahrnehmung, welche eine ganz eigne Idee dieses
Systems ist, eine ganz eigne Erklärungsweise die Würksamkeit
in der Sinnenwelt zu erklären. Sie ist nichts als objective versinnlichte Wahrnehmung meiner Best[immung]. auf [andere]
und mit anderen Vernunftwesen in Wechselwürkung zu handeln. Diese Erscheinung ist also folgende: Ich finde mich in
mir selbst aufgefordert frei zu handeln in einer bestimmten
Sphäre; das paßendste B[eispiel]. davon ist das einer Frage; in

e Ms.: Handelns ist, und des   *f Ms.:* bestimmte

ihr ist Bestimmtheit und Bestimmbarkeit, hier ist bestimmte
Bestimmbarkeit, leiden und afficirt werden, und Freiheit.

* 3) Diese Aufforderung die ‹ganz› beschr[ieben] ist, muß, ver- (252)
steht sich[,] im würklichen Bewustsein erklärt werden[, /] sie 307[b]
läßt sich nur erklären durch ein freies Handeln auser mir. (Ich
knüpfe an das Bestimmte ein Bestimmbares und bestimmendes an; dieß ist nach Denkgesezen nur ein Phaenomen, so hier:
an diese Aufforderung knüpfe ich etwas an, dieß heißt erklären[.]) Der Beweiß beider Behauptungen hängt zusammen.
Die Aufforderung ist für sich betrachtet ein bestimmtes, ob-
gleich das mir gegebene zu meinem Handeln sich verhält
wie [ein] bestimmbares; z B bei der Frage ist die Frage in Beziehung auf meine Antw[ort]. ein bestimmbares, aber ist doch
an sich auch etwas bestimmtes, indem es dieß und nichts anderes fragt. – Die Aufforderung liegt demnach in der Mitte
und kann als bestimmt und bestimmbar gefaßt werden, sie
ist RELATIV. Sehen wir sie als bestimmte an so muß ein bestimmbares hinzugesezt werden, was ist nun das Bestimmbare
dazu und das Bestimmende? nichts als ein Handeln ist das
Bestimmende, da in diesem Zust[ande]. nur ein Handeln gedacht wird, es wird sonach nothwendig ein würkliches freies
Handeln auser mir gedacht als der Grund von der in [mi]r vorkommenden Aufforderung, dieses Bestimmende und Bestimmbare ist ein würkliches freies Wesen auser mir, denn das
Bestimmende ist [no]thwendig frei, da das gefundene ein Handeln sein soll, welches lediglich aus einer freien Intelligenz erklärt werden kann. Der gem[eine]. MenschenV[erstand]
schließt auf der Stelle so; und hier hat er das volle Recht so zu
sagen da er in dem Gebiete der Erscheinung steht, denn die
Auffoderung ist ein Phänomen[.] Scholastisch ausgedrückt ist
hier ein Uibergehen von dem Bestimmten zu dem Bestimmbaren, und in die Mitte würde das Bestimmende[h] gesezt
welches den Uibergang vom Bestimmbaren zum Bestimmten
macht. Also von dieser Aufforderung wird nothwendig geschloßen [/] auf eine Intelligenz auser mir. Das Handeln der- 308
selben erscheint in mir, sie selbst aber nicht, sie[i] ist also ein (253)

h Ms.: Bestimmte   *i Ms.:* nicht. sie

bloßes NOUMEN; die freie Intelligenz auser mir ist ganz bestimmt das Gegenstück zu mir selbst nur durch eine ganz　✳
andre Art des Aufsteigens; bei mir gehe [ich] von dem Begriffe der Freiheit aus und gehe auf die einzelne freie Handlung über. Hier aber bei dem W[esen]. auser mir, steige ich von
einer erschienenen Handlung auf zu der Ursache derselben, auf
die ich bloß schließe, die ich nicht empfinden kann. Ich bin
derjenige der seinem Zweckentwerfen unmittelbar bei-
‹wohn›t[,] der sich selbst NOUMEN ist, und dann erst auf sinnliche Erscheinung fortgeht, Du bist der mir nicht als NOUMEN
sondern als Erscheinung vorkommt. Meiner Vernunft bin ich
mir unmittelbar bewust, und schließe nicht bloß auf sie; aber
Vernunft auser mir schließe ich nur. Diese Nothwendigkeit
liegt in dem Uibergehen von dem Bestimmten zum Bestimmbaren.

Bemerkung: Das Handeln des fr[eien]. W[esens]. [au]ser mir,
auf welches so geschloßen ist, verhält sich zu dem mir angemutheten Handeln, wie der angefangene Weg zu der Fort-
setzung deßelben, es ist mir gegeben eine Reihe der Glieder
durch welche der Zweck bedingt ist; eine Reihe die ich vollenden soll; zuförderst ist sonach alles Handeln freier Wesen ein
Hindurchgehen[k] durch unendlich viele Mittelglieder, die
bloß durch die Einbildungskraft gefaßt werden, wie bei der
Bew[egung]. durch unendlich viele Puncte. Es fordert mich [/]
309　jemand auf heißt[:] ich soll an eine gegebene Reihe des Handelns etwas anschließen[;] er fängt an und geht bis auf einen
gew[ißen]. Punct, von da soll ich anfangen. Nun liegt hier ein
unendliches Mannigfaltiges der Handelsmöglichkeiten welche
bloß durch Einbildungskraft zus[ammen]gefaßt werden. Denn
das Handeln mehrerer VernunftW[esen] ist eine einzige durch
Freiheit bestimmte Kette; die ganze Vernunft hat nur ein einziges Handeln; ein INDIVIDUUM fängt an[,] ein anderes greift
(254)　ein und s. f. und so wird der ganze Vernunftzweck durch
unendlich viele [be]arbeitet, und ist das Resultat von der Einwürkung aller; es ist dieses keine Kette physischer Nothwendigkeit weil von Vernunftwesen die Rede ist; die Kette geht
immer in Sprüngen, das folgende ist immer durchs vorher-

k Ms.: hindurchgehen

gehende bedingt, aber dadurch nicht bestimmt und würklich
gemacht. (VID[E]. SITTENLEHRE)[.] Die Freiheit besteht darinn ×
daß aus allen möglichen nur ein Theil an die Kette angeschloßen werde.

4) Wir gehen auf den Punct zurück[,] von dem wir ausgien-
gen, um die Synthesis auszubreiten und näher zu bestimmen.
Die Aufforderung an mich, war wie jeder Eindruck als Wahrnehmung (nicht an sich) Beschränkung meines phys[ischen]
Handelns, sonach meiner physischen Kraft; so wie alles Sein
Aufhebung meines Handelns ist; weil dieß auser mir geschieht
kann ich es nicht, nicht schlechthin, sondern bloß mir selbst
überlaßen kann ich es nicht, wohl wenn ich die Grenze durch-
brechen wollte. Diese Aufforderung heißt und ist Beschränktheit meines *phys[ischen]*. Handelns in gewißer Rücksicht. Es
[/ ist] klar, daß um diese Beschr[änktheit] zu erklären ich eine 310
physische Kraft auser mir annehmen muß, denn es würkt ja
doch bloß physisches auf physisches. Man bemerke wohl den
Uibergang, vorher war bloß von dem Handeln die Rede, das (255)
giebt eine physische Kraft, so bald von Beschr[änktheit] meiner
die Rede ist wird dieß bestimmt, wie nun von einem Handeln
in mir auf ein Handeln auser mir geschloßen wurde, so wird
hier von der sinnlichen Kraft als bestimmten auf ein homoge-
nes (weil es in demselben Act des Denkens vorkam) bestimmendes ‹geschloßen›.*ᵏ'* Es steht so: daß ich mich aufgefordert
* finde ist nichts als sinnliche Aufgabe mich selbst zu beschränken, davon schließe ich auf ein vernünftiges Wesen und da
sie ein sinnliches Handeln ist auf eine sinnliche Kraft dieses
* sinnlichen Wesens, ich realisire ein VernunftWesen als sinnliche
Kraft auser mir.

5.) Auf ein bestimmendes physisches wird also geschloßen,
welches zugleich auch ein bestimmbares ist, welches demnach
nicht gerade so handeln mußte, sondern in seinem Bestimmen
ausgewählt hat von einer ins unendliche verschiedenen Mannigfaltigkeit; kurz es ist eine physische Kraft wie die meinige,
die bloß von der Freiheit abhängt und bloß von ihr bestimmt
wird auf unendlich mannigfaltige Weise. Ich denke sie, ich
denke sie wie alles, bestimmt, als QUANTUM, als individuelle

---

k' Ms.: ‹angenähert› *oder* ‹anzunehmen›

Kraft, zugleich erscheint sie mir als etwas sinnliches materielles
311 im Raum; also [/] das würkende zu der Aufforderung fällt mir
nothwendig aus als ein materieller beschränkter Körper. Mein
Denken der Vernunft auser mir ist sinnlich, ich denke so einen
Körper nicht bloß, sondern realisire ihn auch in der sinnlichen
Anschauung, es ist damit Gefühl verknüpft, nehmlich das der
mir angemutheten Selbstbeschr[änkung], dadurch wird eine
sinnliche Gestalt durch Anschauung hingeworfen.

Bemerkung. Den Zusammenhang zw[ischen]. Idealem und
reellem Denken, weiß nur die Philosophie, dem gem[einen].
MenschenV[erstand] ist beides eins; so verhält es sich überall
wo sie die Duplicität des Denkens erkennt, so hier: Niemand
fragt nach dem Zusammenhange des Willens mit dem Körper.
(256) Darüber hat sich bisher auch noch kein Philosoph gewundert;
beides ist ihm ganz eins: Leib und Seele, z. B. ich habe mich
geschnitten, und: ich dachte, ich habe mich geschnitten[.]
So mit dem vernünftigen Wesen auser uns: es[1] ist da immer *
eine doppelte Ansicht von ihnen, ohne daß wir es inne werden.
Ein gew[ißer] Leib und der Begriff eines vern[ünftigen]. W[e-
sens]. sind in mir unzertrennlich vereinigt; lezter ist doch nur *
ein Ideales etwas gedachtes; er denkt die Vernunft in das Phä- *
nomen hinein. Beides ist unzertrennlich vereinigt; die erstere
denke ich nur, mithin auch nur das[m] leztere; sie ist auch etwas
in mir, und lezteres ist auch, das erstere, nur von der anderen
Seite; dieß stellt die transc[endentale] Philosophie deutlich
dar. [/]

312 *Resultat*[:] auf vernünftige Wesen auser mir schließe ich aus
meiner eignen Beschränktheit durch Freiheit[,] d h. aus einer
Aufgabe mich zu beschränken, dieses rein erblickt als Aufgabe
ist in der Versinn[lichung] Aufforderung zur beschr[änkten]
Thätigkeit; das bestimmbare zu ihr ist bestimmb[ar] ‹in den› *
VernunftW[esen] auser mir, und in wiefern es von mir ‹er- *
blickt› wird ist es reelle physische Kraft. Das Bestimmbare zu
ihr, ist ein Object der Körperwelt. Beides ist unzertrennlich
vereinigt und ist daßelbe pp. Beschränktheit und Freiheit ist
der synthetische Mittelpunct[.] Die Freiheit auser mir wird
gedacht[,] das übrige angeschaut.

l Ms.: Wesens auser uns. es   *m Ms.:* die

6. Dieses Vernunftw[esen] ist Körper, weil es ‹würk›sam erscheint, sein Körper ist best[imm]bar durch Freiheit, so fällt er
mir aus weil ich angenommen habe es sei ein freies Wesen; er
ist modificirbar ins unendliche; nun ist Materie nur durch Thei- *(257)*
lung und Bew[egung] modificirbar, hierin müßte also seine
Modificabilität ins unendliche bestehen; es müßte selber darin
bestehen[,] daß es von der Freiheit abhinge, was als Theil und
was als Ganzes betrachtet werden sollte[,] daß jedem Theile
eine eigne und eine mit dem Ganzen gesezte Bewegung zuge-
höre; daß er *articulirt* sei. Dieß findet sich in der Erfahrung, von
dieser Eigensch[aft] hängt alle Würksamkeit in der Sinnenwelt ab.

Ferner: dieser Körper wird der Freiheit vorausgesezt, denn
* er ist ja das bestimmbare zur Freiheit, welches im Bewustsein
in der Reihe des Denkens immer vorausgeht, eben dadurch
wird er zu einem gefundenen, gegebenen[, /] zu einem eigent- 313
lichen Objecte; so wie das Subject handelt ist dieser Körper da;
er ist daher Natur und ins besondre Naturproduct; lezteres bedarf einer Erklärung und eines Beweises: Die Natur ist nach
dem obigen NOUMEN, in einer gew[ißen]. Rücks[icht]. und das
ist alle Natur, sie ist durch sich selbst gesezt, sie*n* ist was sie ist,
weil sie es einmal ist, und nur in sofern ist sie die Natur zu nennen, man könnte sagen wie Spinoza sagt: NATURA NATURANS, ×
welches sie ist so gewiß sie Natur ist, bestehend weil sie besteht. Nur in wie fern sie durch sich selbst ist heißt sie so. Der
articulirte Leib ist Natur[,] er ist also auf diesem Gesichtspunct[,] dem gem[einen]. Gesichtspunct allem Bewustsein
* vorausgesezt, er ist ein Theil der Natur, denn auser ihm ist der
meinige ja auch da, und Objecte auch nach dem obigen.. Dieser Körper ist Natur, Theil der Natur, ist ferner ein bestimmter
* Theil der Natur, und zwar ein durch sich selbst best[immter].
besonderer Theil; an lezterem hängt der Beweiß. (Von der *(258)*
Articul[ation] aus soll etwas in der Natur erwiesen werden,) er
ist derjen[ige] Theil der Körperwelt, der durch den bloßen
Willen des Vernunftw[esens]. in Bewegung gesezt wird, aber
er geht nur bis zu einer gewißen Grenze im Raume, von welcher Grenze aus auch durch bloßen Willen nichts ausgerichtet

n Ms.: gesezt. sie

werden kann, weil das Vernunftw[esen]. ein endliches sein soll.
Nun findet das Vernunftw[esen] diesen Leib, und diese bestimmte Begrenztheit gehört zum Vernunftw[esen]. und besonders zu seinem Leib, diese Begrenztheit ist etwas von dem
Willen des Wesens unabhängig vorhandenes, er ist ein beschränkter Theil der Sinnenwelt; auch seine Begrenztheit muß
also von dem Willen unabhängig vorhanden sein. Die Grenze
314 deßelben ist sonach [/] auch Natur und durch sie gesezt. Er ist
mit anderen Worten, Naturproduct. Folglich: die Natur
producirt durch sich selbst[,] das ist durch mechanische Ge-
sezmäsigkeit, (denn an Freiheit durch Willen und Begriff ist
hier nicht zu denken) reelle Ganze, also solche die an sich Ganze
sind, durch ein nothw[endiges]. Denken, nicht etwa lediglich
in unserer Freiheit des Denkens. (Durch Freiheit der Abstraction kann ich alles trennen, dann habe ich aber nur ein einge-
bildetes Ganze, wie in allen abstracten Begriffen) Jene reale
Ganze muß ich nothwendig so zusammensezen; ferner ist bekannt der Begriff der Organisation, auf diesen kommen wir
jezt, unsre Deduction geht oben herab, wir gingen aus von dem
höchsten idealen[,] von der Aufgabe sich selbst zu beschrän-
ken°; diese Aufgabe haben wir versinnlicht in dem Phänomen
einer gleichfalls in uns selbst liegenden Aufforderung[;] wir
haben, nach dem Ges[etz] der SUBST[ANTIALITAET]. zu dem
bestimmten der Aufforderung ein bestimmbares auffordern-
de[s] hinzugesezt, wir haben lezteres verwandelt in eine Wahrnehmung[,] in einen Körper in der Sinnenwelt, durch diese
soll eine freie Handlung möglich sein, er muß artikulirt sein,
aus der Artikulation folgt die Organisation, und wird an
obige angeknüpft, denn die Art[ikulation]. kann[,] da der Leib
ein bloßes gefundenes, Natur, ist, nichts anderes sein als Product eines bloßen Naturgesezes, und wir erhielten eine Natur,
welche reelle Ganze, hier die reelle Ganzen eines artikulirten
Leibes bildet, welches die Organisation ist. –

Uiberblick. Wir gingen zu Anfange des § aus, davon: es
315 müßen in den lezten [/] Gliedern unserer Synthesis (Reich der   *
VernunftWesen und von der anderen Seite eine feste Natur)
wieder in wechselseitiger Bestimmung sein[;] da beide in   *

o *Ms.:* beschränken aus

einem Bewustsein vorkommen, muß das Reich der vernünftigen Wesen durch das Reich der Natur hindurch erblickt und bestimmt werden ET V[ICE]. V[ERSA]. Das vernünftige Wesen erschien daher als Theil der Natur, als Naturproducte und Objecte in wiefern sie sinnlich sind.

Umgekehrt: ist etwa auch durch unsere Operation auch die Natur wieder best[immt]. worden? ja! wir haben vor der H[and] gefunden, daß wir besondere Naturobjecte anschauen, da sie uns vorher bloß als ein Ganze[s,] ein NichtIch erschien; jezt erscheint sie uns als System einzelner reeller ganze, weil wir vernünftige sinnliche Wesen*p* unseres Gleichen annehmen mußten[.]

7. Es folgt noch viel mehr; es wird noch etwas ganz anderes *(259)* in der Natur realisirt. Alle diese Theile nehmlich, aus welchen wir den Leib zusammensezen, gehören zusammen und machen nur in ihrem Zusammenhange ein Ganzes aus; diese Ganzheit ist bloß Resultat der Wirksamkeit der Natur, sie ist es die diese Theile zu einem [Ganzen] gemacht hat. Was heißt das? Der Körper eines VernunftW[esens] auser uns, ist nothwendig theilbar ins unendliche[,] wie sich aus dem Begriffe der Materie versteht, alle sind Theile der Natur[;] jeder Theil ist demnach durch sich selbst gesezt, hat in sich den Grund seines Bestehens, und machen alle nur in der Verbindung ein Ganzes aus; auserdem sind sie gar nichts (aus dem Begriffe der ARTICUL[ATION] zeigt sich dieß)[.] ⟨Dieß⟩ daß diese Theile beisammen sind, und nur durch die Verbindung etwas sind, ist durch die Natur so, nicht etwa durch Kunst, da ein jeder Theil zu betrachten [/] ist als durch sich selbst gesezt, und nur in der Ver- 316 bindung Etwas sein soll, so liegt der Grund davon in den Theilen selbst[;] jeder Theil ist so beschaffen daß er ohne die übrigen nicht bestehen kann und alle übrigen nicht ohne diesen einigen. Dieses Geseztsein der Natur, dieses Gesez der Natur nennt man *Organisation* und einen solchen Körper mit solchem Zusammenhange nennt man organisirt. Die Natur sonach, die ganze Natur, denn der einzelne Körper hängt mit dem Naturganzen zusammen, ist also organisirend und organisirt, alle Theile der Natur können nur in so fern sie alle beieinander sind bestehen,

p Ms.: Wesens

nicht ohne ein[ander], daß das so ist davon liegt der Grund in den Theilen oder in der ganzen Natur selbst. Das ganze Universum ist auch ein organisirtes Ganze, wie der Leib eines VernunftW[esens]. Es^q ist es nothwendig weil einzelne organisirte Ganze in ihr möglich sind; welche bloß durch die gesamte Kraft der Natur möglich sind, sie sind bloß Product der Organ[isation]. des ganzen Universum.

8. Sonach wäre unsre Aufgabe gelößt[;] denn beide bestimmbaren, an beiden Enden der Synthesis, sind durch einander bestimmt; das Individuum der Vernunftwelt wird ein Theil der Sinnenwelt[,] wird demnach in die Sinnenwelt hineingesezt und eins mit ihr in einer gew[ißen]. Rücks[icht]., umgekehrt erhält die Sinnenwelt ein ANALOGON der Freiheit, I[D]. E[ST] es kommt in sie der Begriff eines hervorbringens, eines erschaffens, es ist aber Erschaffen nach bestimmten festgesezten Regeln. NOTABENE den Weg wie wir zum Resultate gekommen sind, wir sind bloß von einem Ende[,] von der [/] idealen Reihe ausgegangen, und sind von diesem unvermerkt zum anderen zur Bestimmung der Sinnenwelt gelangt; der Analogie nach hätten wir glauben sollen, wir würden von beiden Gliedern β und в einzeln haben ausgehen müßen, beide untersuchen und ‹nun› erst in der Mitte ein x finden in dem sie zusammengetroffen hätten; dieß war nicht nöthig da das hier gedachte Gesez das der Wechselwirkung ist, in welchem ein ineinandergreifen der Wirkenden Glieder liegt, so daß man von einem aufs andere kommt[,] wenn man eins nur recht faßt; von der anderen Seite hätten wir nicht fortkommen und unser Ziel erreichen können, so konnten wir es, weil Freiheit und Selbstthätigkeit das erste und höchste ist[,] ‹von› dem die Versinnlichung in der Sinnenwelt sich leicht zeigen läßt. Es ist eine W[echsel]W[irkung,] die wir aufgestellt haben; zuförderst: die Vernunftwelt steht mit sich selbst in Wechselw[irkung]. I[D] E[ST]. vernünftige Wesen wirken auf einander ein[,] oder transc[endental]: in jedem INDIVIDUUM ist etwas[,] weshalb es auf Vernunft[wesen] auser sich schließen muß; ebenso steht die Sinnenwelt mit sich selbst in Wechselw[irkung]; denn das aufgestellte Gesez der Organisation ist bloß

q Ms.: sie

238

Zusammenwirken aller Naturkräfte, im Universum. Die VernunftWelt steht in Wechselwirk[ung], die Sinnenwelt, und
beide Welten stehen [mit]einander in gegenseitiger W[ech-
sel]W[irkung] und erscheinen so: zuförderst in artikulirten
Leibern greift Natur und Freiheit in einander, vermittelst der
Freiheit des In‹dividuums› und so wirkt die ganze Freiheit in
die ganze Natur; umgekehr[t] die Natur bringt erst artiku-
lirte Leiber hervor, und producirt auf dem gem[einen] Ge-
sichts[puncte] Vernunftmöglichkeit, und greift ins Reich [/]
vernünftiger Wesen ein, dadurch ist unsre Synthesis geschloßen, 318
und da alles was im Bewustsein vorkommt sie enthält[,] so ist
unsre Aufgabe vollständig gelößt und unsre Arbeit vollendet.

§. 19

DIE BESCHRÄNKTHEIT DES ICH[,] VERSINNLICHT UND ALS
WAHRNEHMUNG[,] ERSCHEINT ALS AUFFODERUNG ZU EINEM
FREIEN HANDELN; DIESE WAHRNEHMUNG ALS BESCHRÄNKUNG
UNSRER PHYSISCHEN KRAFT, VORAUSGESETZT DASS WIR UNS, UNS
SELBST ÜBERLASSEN, ES WIRD SONACH ALS DAS BESTIMMENDE ZU
DIESER BESCHRÄNKUNG EINE PHYSISCHE KRAFT AUSER UNS GE-
SEZT DIE DURCH DEN WILLEN EINES DURCH DIESEN WILLEN BE-
STIMMTEN UND CHARAKTERISIRTEN* FREIEN INDIVIDUUMS AUSER (261)
UNS REGIRT** WERDE. DAS BESTIMMBARE DAVON GIEBT DEN
BEGRIFF UND DIE WAHRNEHMUNG EINES ARTICULIRTEN LEIBES,
EINER PERSON, AUSER UNS.

DIESER, (DER LEIB) IST NATURPRODUCT; UND ALSO DA ER AUS
THEILEN BESTEHT, DIE NUR IN IHRER VEREINIGUNG DIESES BE-
STIMMTE GANZE AUSMACHEN, HAT DIE NATUR IN SICH SELBST
DAS GESETZ, DASS IHRE THEILE SICH NOTHWENDIG ZU GANZEN,
DIE WIEDER EIN EINZIGES GANZE AUSMACHEN, VEREINE[N]. DIE
NATUR IST [/] ORGANISIRT UND ORGANISIREND, UND WIRD, SO 319
WIE EIN SINNLICHES VERNÜNFTIGES WESEN AUSER MIR GESETZT
IST, ALSO GESETZT. DER UMFANG DESSEN WAS NOTHW[ENDIG].
IM BEWUSTSEIN VORKOMMEN MUSS IST ERSCHÖPFT.

---

* I[D]E[ST]. es ist dieser bestimmte Wille[;] von ihm aus wird erst
auf das Vernunftwesen geschloßen.
** ist praktisch zu verstehen, ein in wirkliche ACTIVITAET sezen.

BEM[ERKUNG:] NUR ALS ORGANISIRT UND ORGANISIREND IST
DIE NATUR ERKLÄRBAR, AUSERDEM WIRD MAN DURCH DAS GE-
SETZ DER CAUSALITAET IMMER WEITER HINAUSGETRIEBEN[.] Dadurch fallen die Kantischen Antinomien der Vernunft ganz
× weg, da sie bloß Antinomien des freien Räsonnements sind.

Auf diese Weise haben die alten Philosophen die Beweise
für Gott aus der Welt hervorgebracht, aus Verzweiflung indem sie doch einmal bei etwas stehen bleiben wollten. –

Man muß die Vernunft als ein Ganzes auffaßen, dann findet
kein Widerstreit statt, dann ist die Natur ganz absolut durch
sich selbst gesezt als absolutes Sein, entgegengesezt nur dem
absolutgesezten *ich*. Diese Ansicht muß eine Naturwißenschaft
nehmen.

<small>(262)</small>   Deduction der Eintheilung der WißenschaftsLehre

1) alles was wir *finden* als gegebenes Object in dem wir uns
selbst finden, was an die obj[ective] Ansicht unsrer selbst angeknüpft wird[,] haben wir aufgezeigt. Dieses gefundene objective ist unsere Welt. Eine *vollständige* Erörterung dieser Welt
und Beschreibung, die Bestimmung durch alle Denkgeseze
hindurch, ist die *Wißen[schafts]Lehre der Theorie oder der Erkenntniß* im kantischen Sinne. Es kommt immer nur auf das
gefundene an. Diese WißenschaftsLehre der Erkenntniß muß
auch in unserer Grundlage enthalten sein, sie ists auch ihren
Grundzügen nach[. /]
320   Die besondere Wißenschaft geht bis zur vollständigen Bestimmung der einzelnen Begriffe, da die Grundlage nur die
Hauptbegriffe erörtert. Dieser Hauptbegriff wird durch die
bes[ondere]. Wißenschaft weiter analysirt und dann erst ist[r]
die besondere Wißenschaft vollständig. Das Object derselben
ist durch alle Denkgeseze durchgegangen; es muß durch
bloße Analyse fortgegangen werden können zum besonderen
jeder Wißenschaft aus der Grundlage. (Theoretische Philosophie[:] ihr Object ist die Natur; diese kann betrachtet werden

r Ms.: in

entweder unter bloß mechanischen Gesetzen der Anziehung
und Abstoßung, (B[eispiel]. Kant Metaph[ysik] der Natur[)]   ×
oder unter organischen Gesetzen z. B. Lehre von dem Grunde
des Daseins des Menschen, der Thiere, der Pflanzen ETC[.]
    Beide Untersuchungen erschöpfen die theoretische Philoso-
phie oder die Weltlehre, k[ur]z die th[eoretische]. Philosophie,
lehrt wie die Welt ist und sein muß, wie sie uns gegeben wird;
‹ihr› Resultat ist reine Empirie, hiemit endigt sie sich. (im
gem[einen]. Leben wird das Wort Erfahrung von dem ge-
dan[ken]losesten Menschen gebraucht, er rechnet seine Träu-   *(263)*
mereien zur Erfahrung[;] zuerst muß ausgemacht werden was
Erfahrung ‹sein› kann; dieß zu bestimmen hat ein große‹s›
Verdienst, dieß thut die theor[etische]. Philosophie, sie stellt
auf was nothw[endig]. Erfahrung ist und sein kann.
    2. Um uns selbst zu finden, müßen wir die Aufgabe denken,
uns auf eine gewiße Weise zu beschränken. Diese Aufgabe ist
für jedes INDIVIDUUM eine andere und dadurch eben wird bestimmt, wer dieses INDIVIDUUM eigentlich sei. Diese Aufgabe
erscheint nicht auf ein‹mal› sondern im Fortgange der Erfahrung analytisch jedesmal in wiefern ein Sittengebot an uns [/]
ergeht; aber in dieser Auffoderung liegt zugleich, da wir   321
praktische Wesen sind, zu einem bestimmten Handeln Auffoderung. Dieß ist für jedes INDIVIDUUM auf besondre Art
gültig. Jeder trägt sein Gewißen in sich, und hat sein ganz besonderes; aber die Weise wie das Vernunftgesez allen gebiete
läßt sich nicht in ABSTRACTO aufstellen; so eine Untersuchung   *
wird von einem hohen Gesichtspuncte aus angestellt, auf welchem die INDIVIDUAL[ITAET] verschwindet, und bloß auf das
allgem[eine] gesehen wird. Ich muß handeln, mein Gewißen
ist *mein* Gewißen; in sofern ist die Sittenlehre individuel[l];
so nicht in der allgem[einen]. Sittenlehre. *WißenschaftsLehre*
des praktischen, die insbesondre Ethik wird; d. h. das praktische ist Handeln überhaupt, das Handeln kommt aber durch
die Grundlage immerfort vor, indem auf [. . .]ˢ der ganze
Mechanism[us]. gründet, daher kann die besondre Wißenschaftslehre des praktischen nur sein eine Ethik. ‹Diese› lehrt wie
die Welt durch vernünftige Wesen gemacht werden soll, ihr

s ein unleserliches Wort

Resultat ist Ideal, in wiefern dieß Result[at] sein kann, da es
nicht begriffen werden kann.

Bem[erkung:] Beides[,] die theor[etische] und prakt[ische].
Philosophie ist Wißenschaftslehre, beide liegen auf dem
transcendentalen Gesichtspuncte; erstere weil ja hier auf das
Erkennen gerechnet wird, also auf etwas in uns; und nicht geredet wird von einem sein, *leztere* weil überhaupt gar nicht das
Ich, das INDIVIDUUM, betrachtet wird; sondern die Vernunft
(264) überhaupt in ihrer INDIVIDUALITAET. Die erstere Lehre ist
concret, die leztere ist die höchste abstraction, ‹der des Sinn-   *
lichen› zu dem reinen Begriffe als einem MOTIVE.

3.) es wird in der Ethik nicht das eine oder andere INDIVI-
322 DUUM betrachtet, sondern die Vernunft überhaupt[. /] Nun ist
die Vernunft dargestellt in mehreren INDIVIDUEN die sich in
einer Welt durchkreuzen, soll der Zweck der Vernunft an
ihnen erreicht werden, so muß ihre physische Kraft gebrochen,
und die Freiheit jedes eingeschränkt werden, damit nicht einer
des andern Zwecke störe und hintertreibe. Daraus entsteht die
Rechtslehre oder Naturrecht. Die Natur dieser Wißenschaft
ist sehr lange verkannt worden[;] sie hält die Mitte zwischen
theoretischer und praktischer Philosophie, sie ist theoretische
und praktische Philosophie zugleich[.] Juridische Welt muß
vor der moralischen vorhergehen.

(Ferner ist die R[echts]Lehre auch praktisch, so eine recht-
liche Verfaßung macht sich nicht selbst sondern sie muß hervorgebracht werden; kann aber nicht wie die Moralität durch
Selbstbeschränkung bewirkt werden; sie braucht äusere Mittel und läßt sich nicht gebieten, da von ‹ohngefähr› Vereinigung des Willens mehrerer erst erfordert wird, VID[E]. Kant
× zum ewigen Frieden. Die Aufgabe dieser Lehre ist die: freie
Willen sollen in einem gewißen mechanischen[t] Zusammenhang, und Wechselw[ürkung] gefügt werden; nun giebt es so
einen Naturmechanismus an sich nicht, er hängt zum Theil mit
von der Freiheit ab; Würksamkeit der Natur und Vernunft in
ihrer Vereinigung bewürken diesen Zustand[.)]

Ganz nahe verwandt und in demselben Gebiete liegt die Religionsphilosophie; beide machen aus eine dritte Philosophie:

---

t Ms.: Mechanischen

die Philosophie der Postulate, die Rechtslehre des Postulats an *(265)*
die Freiheit[,] die Religionsphilosophie des Postulat[s] der
praktischen Philosophie an die theo[/]retische, an die Natur   323
welche sich durch ein übersinnliches Gesetz dem Zweck der
Moralität accomodiren soll. Dieses Postulat abzuleiten und zu
erklären ist WißenschaftsLehre; aber die Anwendung deßelben
im Leben ist nicht mehr WißenschaftsLehre sondern pragma-
tischer Theil der Philosophie, und gehört in die Pädagogik
SENSU LATISSIMO.

4) Nach dieser Eintheilung bleibt daher eine Wissenschaft
übrig welche jedem bekannt ist, die man auch immer zur Philosophie gerechnet hat und mit Recht; [(]ich meine nicht die
Logik, welche für jede Wissenschaft gilt und für jedes Hand-
werk, und Instrument des Vernunftverfahrens ist) die Aesthetik, wo liegt diese; die soeben beschriebene und eingetheilte in
ihrer Grundlage aufgestellte Philosophie steht" auf dem
transcend[ent]alen Gesichtspuncte, und sieht von diesem auf
den gemeinen Gesichtspunct herab; das ist das Wesen der
transc[endentalen] Philosophie, daß sie nicht will Denkart im
Leben werden, sondern zusieht einem Ich welches im Leben
sein Denksystem zu Stande bringt, sie schafft selbst nichts. Dieses untersuchte Ich steht auf dem gem[einen]. Gesichtspuncte.

In der Theorie hat die Philosophie alle Menschen als besondere zum Object und sie ist geschloßen[,] so wie der Mensch in
CONCRETO dasteht, ihre Ansicht gilt für jedes INDIVIDUUM. In
der Ethik und R[echts]Lehre wird der Mensch im realen Gesichtspuncte gedacht. Dabei entsteht der deutliche Widerspruch[:] der ideale Philosoph betrachtet den realen Menschen?
Er ist doch aber auch ein Mensch. Der Mensch kann sich auf
den transc[endentalen]. Gesichtspunct erheben, nicht als
* Mensch sondern als transcend[entale]r speculativer Wißen-
schaftl[er]. Es entsteht für die Philosophie selbst ein Anstoß in
ihr" ihre eigene Möglichkeit zu erklären. Was giebts für einen
Uibergang zwischen beiden Gesichtspuncten; – Frage über
die [/] Möglichkeit der Philosophie. Beide Gesichtspuncte sind   324
sich ja gerade entgegengeseztes. Giebts nicht ein Mittleres so *(266)*
ist nach unseren eignen Grundsätzen kein Mittel zu ihm über-

u Ms.: Phil; steht   *v Ms.: Kürzel für:* nur

zugehen. Es ist factisch bewiesen, daß es so ein mittleres giebt
zwischen der transcend[ent]alen und gem[einen]. Ansicht:
dieser Mittelpunct ist die Aesth[etik]. Auf dem gemeinen Gesichtspunct erscheint die Welt als gegeben, auf dem transcen-
d[entalen]. gemacht, (alles in mir) auf dem aesthetischen erscheint sie als gegeben so als ob wir sie gemacht hätten und
wie wir selbst sie machen würden. [([VID[E]. Sittenlehre von
× den Pflichten des ästhetischen Künstlers)[.]

Der Wille erscheint dem ästhetischen Sinne frei; dem ge- *
meinen als Product des Zwangs z. B jede Begrenzung im
Raume ist Resultat der Begrenztheit des Dinges durch andere,
‹denn [sie] werden dabey› gepreßt; jede Ausbr[eitung] ist auch
Resultat des inneren Aufstrebens in dem Körper, allenthalben
Fülle[,] Freiheit^w, ersterer ist unästhetisch, lezter ist der ästhetische. Das ist ästhetischer Sinn, aber die Wißenschaft ist etwas
anderes. Die Wißenschaft ist der Form nach transcendental, sie
ist Philosophie, sie beschreibt die ästhetische Ansicht, in solcher
Ästhetik muß dann nicht ein schöner Geist sein; die ästhetische
Philosophie ist ein Haupttheil der Wißenschaft und ist der *
ganzen anderen Philosophie, die man die reelle nennen könnte,
entgegengesezt. Der Eintheilungsgr[und] ist der Gesichtspunct
welcher verschieden ist. In materialer Ansicht liegt sie zwischen theoretischer und praktischer Philosophie in der Mitte.
Sie fällt nicht mit der Ethik zusammen[,] denn unsrer Pflichten sollen wir uns bewust werden; allein die aesthetische
325 Ansicht ist natürlich und instinktmäsig und depen[/]dirt nicht
von der Freiheit. Dieser Gesichtspunct ist der, durch den man
sich auf den transcendentalen erhebt[,] so folgt daß der Philosoph ästhetischen Sinn d. h. Geist haben müße; er ist deshalb
nicht nothwendig ein Dichter, Schönschreiber, Schönredner;
aber derselbe Geist durch deßen Ausbildung man ästhetisch
wird, derselbe Geist muß den Philosophen beleben, und ohne
diesen Geist wird man es in der Philosophie nie zu etwas
bringen; sonst ‹plagt› man sich mit Buchstaben, und dringt
nicht in das innere.

FINITUM. D. 14. MARZ. 1799

―――――――

w oder: Fülle der Freiheit

244

PHILOSOPHISCHE ANMERKUNGEN

Erste Einleitung, Zweite Einleitung

S. 5, Z. 8: Hume, David, 1711–1776.

S. 5, Z. 15: Kant, Immanuel, 1724–1804. – Kant, Immanuel: „Critik der reinen Vernunft", 3. Auflage, Riga 1790: „Man gewinnt dadurch schon sehr viel, wenn man eine Menge von Untersuchungen unter die Formel einer einzigen Aufgabe bringen kann. Denn dadurch erleichtert man sich nicht allein selbst sein eigenes Geschäfte, indem man es sich genau bestimmt, sondern auch jedem anderen, der es prüfen will, das Urtheil, ob wir unserem Vorhaben ein Gnüge gethan haben oder nicht. Die eigentliche Aufgabe der reinen Vernunft ist nun in der Frage enthalten: WIE SIND SYNTHETISCHE URTHEILE A PRIORI MÖGLICH?" (B 19).

S. 8, Z. 30: „Critik der reinen Vernunft", 3. Auflage, S. 90 ff.: „Der transscendentalen Analytik Erstes Buch. Die Analytik der Begriffe." (B 90 ff.)

S. 10, Z. 22 u. 27: Johann Gottlieb Fichte: „Grundlage der gesammten Wissenschaftslehre", Leipzig 1794/95.

S. 11, Z. 21: Vergl. die Anmerkung zu S. 5, Z. 15.

S. 12, Z. 20: Tiedemann, Dietrich, 1748–1803; Professor der Philosophie in Marburg. – „Theätet oder über das menschliche Wissen ein Beytrag zur Vernunft-Kritik", Frankfurt am Main 1794. Vergl. S. 1–4: . . . „kommt es darauf an, einen festen Punkt zu finden, von welchem man ausgehen, auf welchem man sicher stehen, und die fernere Untersuchungen stützen könne. [. . .] Dieser Satz ist: ich habe Bewustseyn. [. . .] Nehmt das Bewußtseyn, und ihr nehmt alles Denken, alles Erfahren; nehmt die Ueberzeugung von dem Daseyn des Bewustseyns in euch selbst, und ihr vernichtet alle Gewißheit [. . .]. Diesemnach besagt der erste aller Sätze folgendes: ich scheine nicht blos Bewustseyn zu haben, sondern ich habe es ganz gewiß; und was ich als Bewustseyn an mir finde, das ist in Wahrheit Bewustseyn, ich mag es mir so vorstellen oder nicht."

S. 13, Z. 35: Vergl. dazu Fichtes „Vergleichung des vom Hrn Prof. Schmid aufgestellten Systems mit dem der Wissenschaftslehre.", Akad. Ausg. I,3, S. 236 ff.

S. 14, Z. 3: Vergl. etwa „Critik der reinen Vernunft", 3. Aufl. S. 197.

S. 17, Z. 25: „Critik der reinen Vernunft", 3. Aufl., S. 832/33 und 490 ff. (B 832 f. und B 490 ff.).

Philosophische Anmerkungen

S. 19, Z. 19: Karl Ferdinand Hommel, 1722–1781; „Alexander
von Joch beyder Rechte Doctor über Belohnung und Strafe nach
Türkischen Gesezen." Bayreuth und Leipzig 1770. – Fichte setzte sich
schon 1791 im „Versuch einer Critik aller Offenbarung", Königs-
berg 1792, mit Hommels deterministischer Auffassung auseinander:
S. 12; Akad. Ausg. I,1, S. 139; vgl. auch Akad. Ausg. II,2, S. 64.
S. 23, Z. 19: Jakob Sigismund Beck, 1761–1840; Professor der
Philosophie in Halle. Fichte bezieht sich auf den dritten Band des
„Erläuternden Auszugs aus den critischen Schriften des Herrn Prof.
Kant", 3 Bände, Riga 1793, 1794 u. 1796, der den Separattitel „Ein-
zig=möglicher Standpunct, aus welchem die critische Philosophie
beurtheilt werden muß" trug. Vgl. dort S. 51–58 u. 120–205.

Wissenschaftslehre
§ 1

S. 27, Z. 6: Z. B. von Paul Johann Anselm Feuerbach, 1775–1833,
im „Philosophischen Journal einer Gesellschaft Teutscher Gelehrten",
4. Heft des 2. Bandes, Neu-Strelitz 1795, S. 306–322: „Ueber die
Unmöglichkeit eines ersten absoluten Grundsatzes der Philosophie."
und von Karl Christian Erhard Schmid in derselben Zeitschrift, 2. Heft
des 3. Bandes, 1795, S. 95–132: „Bruchstücke aus einer Schrift über die
Philosophie und ihre Principien. Zu vorläufiger Prüfung vorgelegt."
S. 27, Z. 28: „Einzig=möglicher Standpunct . . .", S. 124: „Vor
allen Dingen muß man bemerken, daß der höchste Grundsatz der
Philosophie durchaus keine andere Form haben müsse als die eines
Postulats. Der Sinn desselben besteht eigentlich in der Anmuthung,
daß man sich in die ursprüngliche Vorstellungsweise selbst versetzen
soll. Er sagt also gar nichts aus, und ist doch der Grund aller möglichen Aussagen. Dabey kommt es nicht auf die Erklärung an, was
ein Object, was ursprünglich, was sich etwas vorstellen heiße. Das
sind alles schon abgeleitete Vorstellungen, (Begriffe,) die insgesammt
das ursprüngliche Vorstellen voraus setzen." „Einzig=möglicher
Standpunct . . .", S. 125/126: „Wenn wir demnach das Postulat: sich
einen Gegenstand ursprünglich vorzustellen, für den obersten Grundsatz aller Philosophie ausgeben, so verbinden wir damit eine Behauptung, die aber, näher angesehen, die erstere selbst ist. Wir behaupten
nämlich, daß alle Philosophie auf Thatsache gegründet seyn muß."
S. 138: „Den Verstandesgebrauch selbst zu zergliedern, da in sich
selbst Verständliche sichtbar zu machen [. . .] ist ihre [sc. der critischen Philosophie] ganze Absicht."
S. 28, Z. 6: Karl Leonhard Reinhold, 1757–1823; bis April 1794
Professor der Philosophie in Jena, dann in Kiel. „Beyträge zur Be-

richtigung bisheriger Mißverständnisse der Philosophen". Erster
Band das Fundament der Elementarphilosophie betreffend. Jena 1790.
S. 143: Der allgemeingeltende Grundsatz der Philosophie d. i. der
Satz des Bewußtseins, „muß durchaus keines Raisonnements bedür-
fen um wahr befunden zu werden, und in wieferne ein solcher Satz
nur ein *Faktum* ausdrücken kann, muß er selbst ein Faktum ausdrücken."

S. 28, Z. 27: Vergl. Reinholds „Beyträge . . .", S. 180: „§ IX. Die
bloße Vorstellung muß aus zwey verschiedenen Bestandtheilen bestehen [sc. Stoff und Form der Vorstellung], die durch ihre Vereinigung und ihren Unterschied die Natur, oder das Wesen, einer bloßen
Vorstellung ausmachen."

S. 31, Z. 34: „Critik der reinen Vernunft", 3. Aufl., S. XL f. Anm.,
S. 68, 72, 307. S. 68: „Das Bewußtseyn seiner selbst (Apperception)
ist die einfache Vorstellung des Ich, und, wenn dadurch allein alles
Mannigfaltige im Subject selbstthätig gegeben wäre, so würde die
innere Anschauung intellectuell seyn."

S. 32, Z. 1: Platner, Ernst, 1744–1818; Professor der Medizin und
der Philosophie in Leipzig. Fichte bezieht sich allem Anschein nach
auf Platners „Philosophische Aphorismen", deren „Ganz neue Aus-
arbeitung. Erster Theil", Leipzig 1793, er als Textgrundlage für seine
über mehrere Semester gehaltene Vorlesung über Logik und Metaphysik verwendet hat. Platners Ausführungen über das Ich siehe
§§ 142–156. Vergl. Fichtes Kommentar zu § 151: „im Bew[ußtsein]
komme ich mir also vor nicht als eigentliches Ding sondern als wirklich handelnd." Akad. Ausg. IV,1, S. 225, Zeile 25 f.

S. 32, Z. 17: Schelling, Friedrich Wilhelm Joseph, 1775–1854;
Schelling veröffentlichte im Intelligenzblatt der Allgemeinen Literatur-Zeitung, Nr. 165 vom 10. Dezember 1796 eine „Antikritik"
(Coll. 1405–1408) gegen die von Johann Benjamin Erhard (1766 bis
1827) verfaßte Rezension: „Tübingen, b. Heerbrandt: Vom Ich als
Princip der Philosophie oder über das Unbedingte im menschlichen
Wissen. Von Friedr. Wilh. Joseph Schelling. 1795. XLII u. 208 S. 8."
in Nr. 319. der „Allgemeinen Literatur-Zeitung" vom 11. Oktober
1796, Coll. 89–91. Der Verfasser dieser Rezension war Johann Benjamin Erhard, 1766–1827, Arzt und Philosoph in Nürnberg.

S. 33, Z. 23: „Critik der reinen Vernunft", 3. Aufl., S. 741: „Die
philosophische Erkenntniß ist die Vernunftserkenntnis aus
Begriffen".

S. 33, Z. 24: Ebenda, S. 75: „Gedanken ohne Inhalt sind leer, Anschauungen ohne Begriffe sind blind."

S. 33, Z. 25: Ebenda, S. 151: „transscendentale Synthesis
der Einbildungskraft".

S. 33, Z. 34: „Grundlage der gesammten Wissenschaftslehre",
S. 3–17; Akad.Ausg. I,2, S. 255–264.

§ 2

S. 44, Z. 8: „Grundlage der gesammten Wissenschaftslehre".
S. 44, Z. 17: Ebenda, S. 17; Akad.Ausg. I,2, S. 264.
S. 44, Z. 18: Ebenda, S. 23; Akad.Ausg. I,2, S. 267.
S. 44, Z. 26: Ebenda, S. 28f. u. 48; Akad.Ausg. I,2, S. 270f. u. 282.
S. 44, Z. 34: Ebenda, S. 18; Akad.Ausg. I,2, S. 264.
S. 44, Z. 36: Ebenda, S. 20; Akad.Ausg. I,2, S. 266, Z. 11–15.
S. 45, Z. 4: Ebenda, S. 21; Akad.Ausg. I,2, S. 266, Z. 28ff.
S. 45, Z. 8: Vergl. die Anmerkung zu S. 44, Z. 18.
S. 45, Z. 11: Ebenda, S. 24; Akad.Ausg. I,2, S. 268, Z. 17.
S. 45, Z. 18: Ebenda, S. 26; Akad.Ausg. I,2, S. 269, Z. 17.
S. 45, Z. 30: Ebenda, S. 28; Akad.Ausg. I,2, S. 270, Z. 21.
S. 45, Z. 36: Ebenda, S. 27; Akad.Ausg. I,2, S. 270, Z. 4f.
S. 45, Z. 37: Vergl. die Anmerkung zu S. 45, Z. 30.
S. 46, Z. 8: Ebenda, S. 29; Akad.Ausg. I,2, S. 271, Z. 12–22.
S. 46, Z. 12: Ebenda, S. 30; Akad.Ausg. I,2, S. 271, Z. 32ff.

§ 5

S. 61, Z. 9: Vergl. die Anmerkung zu S. 8, Z. 30.
S. 61, Z. 17: „Von einem neuerdings erhobenen vornehmen Ton
in der Philosophie." In: „Berlinische Monatsschrift" 1796, Mai,
S. 387–426.
S. 62, Z. 31: Schiller, Johann Christoph Friedrich, 1759–1805:
„Ueber die ästhetische Erziehung des Menschen in einer Reyhe von
Briefen". In: „Die Horen" 1795, 1., 2. u. 6. Stück. Vergl. vor allem
11.–16. Brief.

§ 6

S. 66, Z. 33: „Grundlage der gesammten Wissenschaftslehre",
S. 282; Akad.Ausg. I,2, S. 417, Z. 27 bis S. 418, Z. 9.
S. 67, Z. 19: Ebenda, S. 265; Akad.Ausg. I,2, S. 407, Z. 25–35.
S. 69, Z. 38: Vergl. Kant, Immanuel: „Critik der Urtheilskraft",
Berlin und Libau 1790, S. V und 32f.
S. 72, Z. 35: „Grundlage . . .", S. 52f.; Akad.Ausg. I,2, S. 285,
Z. 7ff.
S. 72, Z. 38: Ebenda, S. 233; Akad.Ausg. I,2, S. 389, Z. 26ff.
S. 73, Z. 6: Ebenda, S. 234; Akad.Ausg. I,2, S. 390, Z. 10.
S. 73, Z. 9: Ebenda, S. 236; Akad.Ausg. I,2, S. 391, Z. 16ff.
S. 73, Z. 15: Ebenda, S. 237; Akad.Ausg. I,2, S. 391, Z. 29 bis
S. 392, Z. 6.

S. 73, Z. 18: Ebenda, S. 237; Akad.Ausg. I,2, S. 392, Z. 7f.

S. 73, Z. 23: Ebenda, S. 246; Akad.Ausg. I,2, S. 397, Z. 16ff.

S. 73, Z. 26: Ebenda, S. 260–269; Akad.Ausg. I,2, S. 405, Z. 7 bis
S. 410, Z. 3.

S. 73, Z. 29: Ebenda, S. 269; Akad.Ausg. I,2, S. 410, Z. 4ff.

S. 73, Z. 34: Ebenda, S. 271; Akad.Ausg. I,2, S. 410, Z.25 bis
S. 411, Z. 4.

S. 74, Z. 4: Ebenda, S. 271; Akad.Ausg. I,2, S. 411, Z. 5–9.

S. 74, Z. 21: Ebenda, S. 272; Akad.Ausg. I,2, S. 411, Z. 25–28.

S. 74, Z. 29: Ebenda, S. 272f.; Akad.Ausg. I,2, S. 411, Z. 35 bis
S. 412, Z. 5.

S. 75, Z. 6: Ebenda, S. 273f.; Akad.Ausg. I,2, S. 412, Z. 20 bis
S. 413, Z. 4.

S. 75, Z. 25: Ebenda, S. 274f.; Akad.Ausg. I,2, S. 413, Z. 9f.

S. 75, Z. 27: Ebenda, S. 275; Akad.Ausg. I,2, S. 413, Z. 17ff.

S. 75, Z. 29: Ebenda, S. 276; Akad.Ausg. I,2, S. 414, Z. 14ff.

S. 75, Z. 35: Ebenda, S. 280f.; Akad.Ausg. I,2, S. 416, Z. 23 bis
S. 417, Z. 13.

S. 76, Z. 3: Ebenda, S. 281; Akad.Ausg. I,2, S. 417, Z. 14–18.

S. 76, Z. 14: Ebenda, S. 282; Akad.Ausg. I,2, S. 417, Z. 19–22.

S. 76, Z. 17: Ebenda, S. 282; Akad.Ausg. I,2, S. 417, Z. 27.

S. 76, Z. 20: Ebenda, S. 284f.; Akad.Ausg. I,2, S. 419f.

S. 76, Z. 23: Ebenda, S. 316–322; Akad.Ausg. I,2, S. 437–441.

§ 7

S. 77, Z. 21: Karl Leonhard Reinhold: „Beyträge zur Berichti-
gung . . .“ (vergl. Anm. zu S. 28), S. 167: „Der Satz des Bewußt-
seyns. §. I. Im Bewußtseyn wird die Vorstellung durch das Subjekt
vom Subjekt und Objekt unterschieden und auf beyde bezogen.“

S. 80, Z. 33: Vergl. „Critik der reinen Vernunft“, 3. Aufl., S. 131 ff.

S. 83, Z. 13: Vergl. die Anmerkung zu S. 33, Z. 24.

§ 9

S. 106, Z. 31: Vergl. die Anmerkung zu S. 61, Z. 17.

S. 107, Z. 9: Z. B. „Critik der reinen Vernunft“, 3. Aufl., S. 209:
„Was nun in der empirischen Anschauung der Empfindung cor-
respondirt, ist Realität“.

§ 10

S. 108, Z. 10: Fichte, Johann Gottlieb: „Grundriß des Eigenthümlichen der Wissenschaftslehre in Rüksicht auf das theoretische Vermögen als Handschrift für seine Zuhörer“, Jena und Leipzig 1795.
S. 47 ff. Akad.Ausg. I,3, S. 172ff.

Philosophische Anmerkungen

S. 108, Z. 13: Kant, Immanuel: „Metaphysische Anfangsgründe der Rechtslehre" Königsberg 1797 (dann im selben Jahr als erster Teil zusammen mit den Metaphysischen Anfangsgründen der Tugendlehre unter dem gemeinsamen Titel: „Die Metaphysik der Sitten"), S. XX.

S. 110, Z. 9: „Critik der reinen Vernunft", 3. Aufl., S. 176 ff.: „Von dem Schematismus der reinen Verstandesbegriffe", besonders S. 179 f.: „Diese Vorstellung nun von einem allgemeinen Verfahren der Einbildungskraft, einem Begriff sein Bild zu verschaffen, nenne ich das Schema zu diesem Begriffe."

S. 111, Z. 19: „Critik der reinen Vernunft" 1. Aufl. S. 373: „Raum und Zeit sind [. . .] Vorstellungen a priori, welche uns als Formen unserer sinnlichen Anschauung beywohnen, ehe noch ein wirklicher Gegenstand unseren Sinn durch Empfindung bestimt hat, um ihn unter ienen sinnlichen Verhältnissen vorzustellen." – Vergl. ferner S. 48/49: „Wäre also nicht der Raum (und so auch die Zeit) eine bloße Form eurer Anschauung, welche Bedingungen a priori enthält, unter denen allein Dinge vor euch äussere Gegenstände seyn können, die ohne diese subiective Bedingungen an sich nichts sind, so könntet ihr a priori ganz und gar nichts über äussere Obiecte synthetisch ausmachen. Es ist also ungezweifelt gewiß, und nicht blos möglich, oder auch wahrscheinlich, daß Raum und Zeit, als die nothwendige Bedingungen aller (äussern und innern) Erfahrung, blos subiective Bedingungen aller unsrer Anschauung sind".

S. 111, Z. 21: „Einzig=möglicher Standpunct . . .", S. 141: „Sonach ist der Raum selbst ein ursprüngliches Vorstellen, nämlich die ursprüngliche Synthesis der Gleichartigen". S. 142: „In dieser ursprünglichen Synthesis erzeugen wir den Raum. Wir denken den Raum als ein verbundenes Mannigfaltige."

S. 111, Z. 28: „Critik der reinen Vernunft", 3. Aufl., S. 42: „Der Raum ist nichts anders, als nur die Form aller Erscheinungen äußerer Sinne, d. i. die subjective Bedingung der Sinnlichkeit, unter der allein uns äußere Anschauung möglich ist."

S. 116, Z. 5: „Grundriß des Eigenthümlichen . . .", S. 81–108; Akad. Ausg. I,3, S. 193–208.

S. 116, Z. 11: Ebenda, S. 93; Akad. Ausg. I,3, S. 200, Z. 20–26.

S. 116, Z. 14: Ebenda, S. 94; Akad. Ausg. I,3, S. 200, Z. 27–35.

S. 116, Z. 19: Ebenda; Akad. Ausg. I,3, S. 201, Z. 1–7.

S. 116, Z. 28: Ebenda, S. 94 f.; Akad. Ausg. I,3, S. 201, Z. 8–15.

S. 116, Z. 33: Ebenda, S. 95 f.; Akad. Ausg. I,3, S. 201, Z. 16 bis S. 202, Z. 7.

S. 117, Z. 1: Ebenda, S. 96; Akad. Ausg. I,3, S. 202, Z. 8–13.

Philosophische Anmerkungen

§ 12

S. 124, Z. 23: Vergl. „Critik der reinen Vernunft" 3. Aufl.: „Der Transscendent. Doctrin der Urtheilskraft (Analytik der Grundsätze) Drittes Hauptstück. Von dem Grunde der Unterscheidung aller Gegenstände überhaupt in Phänomena und Noumena." S. 294 fg.

S. 124, Z. 31: „Critik der Urtheilskraft" Berlin und Libau 1790: „Einleitung", S. XIX: „Ob nun zwar eine unübersehbare Kluft zwischen dem Gebiete des Naturbegriffs, also dem Sinnlichen, und dem Gebiete des Freyheitsbegrifs, als dem Uebersinnlichen, befestigt ist, so daß von dem ersteren zum anderen (also vermittelst des theoretischen Gebrauchs der Vernunft) kein Uebergang möglich ist, gleich als ob es so viel verschiedene Welten wären, davon die erste auf die zweyte keinen Einflus haben kann: so soll doch diese auf jene einen Einflus haben, nämlich der Freyheitsbegrif den durch seine Gesetze aufgegebenen Zweck in der Sinnenwelt wirklich machen, und die Natur muß folglich auch so gedacht werden können, daß die Gesetzmäßigkeit ihrer Form wenigstens zur Möglichkeit der in ihr zu bewirkenden Zwecke nach Freyheitsgesetzen zusammenstimme."

S. 125, Z. 14: Vergl. die Anmerkung zu S. 31, Z. 34.

S. 125, Z. 15: Hülsen, August Ludwig, 1765–1810; Privatgelehrter in Jena. „Prüfung der von der Akademie der Wissenschaften zu Berlin aufgestellten Preisfrage: Was hat die Metaphysik seit Leibnitz und Wolf für Progressen gemacht?" Altona 1796. – Fichte gibt hier wahrscheinlich irrtümlich den falschen Titel an. Vergl. zum angegebenen Thema vielmehr: Hülsens „Philosophische Briefe an Hrn. v. Briest in Nennhausen." In: „Philosophisches Journal einer Gesellschaft Teutscher Gelehrten", Bd. VII, 1. Heft, S. 71–103; vor allem S. 91–99.

S. 127, Z. 21: „Critik der reinen Vernunft", 3. Aufl., S. 153: „. . . weil wir nämlich uns nur anschauen wie wir innerlich afficirt werden, welches widersprechend zu sein scheint, indem wir uns gegen uns selbst als leidend verhalten müßten;"

§ 13

S. 137, Z. 22: „Critik der reinen Vernunft", 1. Aufl., S. 2: „Solche allgemeine Erkenntnisse nun, die zugleich den Charakter der innern Nothwendigkeit haben, müssen, von der Erfahrung unabhängig, für sich selbst klar und gewiß sein; man nennt sie daher Erkenntnisse a priori". Vgl. auch 3. Aufl., S. 1–10.

S. 137, Z. 34: Vgl. „Critik der reinen Vernunft", 3. Aufl., S. 129–169: „Transscendentale Deduction der reinen Verstandesbegriffe", §§ 15–27.

S. 137, Z. 36: „Grundriß des Eigentümlichen . . .“, S. 105; Akad. Ausg. I, 3, S. 207 f.

S. 140, Z. 30: „Metaphysische Anfangsgründe . . .“ (vgl. Anm. zu S. 108, Z. 13), S. Vf.: „Die Freyheit der Willkühr ist jene Unabhängigkeit ihrer Bestimmung durch sinnliche Antriebe; dies der negative Begriff derselben. Der positive ist: das Vermögen der reinen Vernunft für sich selbst practisch zu seyn.“

S. 144, Z. 33: Ebenda, S. VIII/IX.

S. 146, Z. 25: „Critik der practischen Vernunft“, S. 54: „Er urtheilet also, daß er etwas kann, darum weil er sich bewußt ist, daß er es soll, und erkennt in sich die Freyheit, die ihm sonst ohne das moralische Gesetz unbekannt geblieben wäre.“ Vergl. auch S. 283.

S. 147, Z. 24: „Critik der reinen Vernunft“, 3. Aufl., S. 69: „Wenn ich sage: im Raum und der Zeit stellt die Anschauung, so wol der äußeren Objecte, als auch die Selbstanschauung des Gemüths, beides vor, so wie es unsere Sinne afficirt, d. i. wie es erscheint; so will das nicht sagen, daß diese Gegenstände ein bloßer Schein wären.“

S. 150, Z. 33: Kant, Immanuel: „Critik der Urtheilskraft“, Berlin und Libau 1790, vergl. etwa „§ 66 Vom Princip der Beurtheilung der innern Zweckmäßigkeit in organisirten Wesen“, S. 295 ff.

S. 151, Z. 2: Kant, Immanuel: „Grundlegung zur Metaphysik der Sitten“, Riga 1785, S. 17: „ich soll niemals anders verfahren, als so, daß ich auch wollen könne, meine Maxime solle ein allgemeines Gesetz werden.“ – S. 52: „Handle nur nach derjenigen Maxime, durch die du zugleich wollen kannst, daß sie ein allgemeines Gesetz werde.“ – „Critik der practischen Vernunft“, S. 54: „Handle so, daß die Maxime deines Willens jederzeit als Princip einer allgemeinen Gesetzgebung gelten könne.“

S. 151, Z. 25: Vergl. etwa „Critik der reinen Vernunft“, 3. Aufl., S. 430 und 560–586.

§ 14

S. 153, Z. 20: Fichte, Johann Gottlieb: „Das System der Sittenlehre nach den Principien der Wissenschaftslehre“, Jena und Leipzig 1798, „Zweites Hauptstück. Deduction der Realität, und Anwendbarkeit des Princips der Sittlichkeit.“, S. 71–202; Akad. Ausg. I,5, S. 73–146.

S. 159, Z. 11: Fichte, Johann Gottlieb: „Grundlage des Naturrechts nach Principien der Wissenschaftslehre“, Jena und Leipzig 1796, 1. Hauptstück, S. 16; Akad. Ausg. I,3, S. 338 f.

S. 164, Z. 36: „Critik der practischen Vernunft“, S. 16 Anmerkung: „Das *Begehrungsvermögen* ist das Vermögen desselben [sc. eines

Wesens], durch seine Vorstellungen Ursache von der Wirklichkeit der Gegenstände dieser Vorstellungen zu seyn."

§ 15

S. 167, Z. 18: „Critik der reinen Vernunft", 1. Aufl., S. 565/66: „So bald wir [. . .] das Unbedingte (um das es doch eigentlich zu thun ist) in demienigen setzen, was ganz ausserhalb der Sinnenwelt, mithin ausser aller möglichen Erfahrung ist, so werden die Ideen TRANSSCENDENT; sie dienen nicht blos zur Vollendung des empirischen Vernunftgebrauchs (der immer nie auszuführende, aber dennoch zu befolgende Idee bleibt), sondern sie trennen sich davon gänzlich und machen sich selbst Gegenstände, deren Stoff nicht aus Erfahrung genommen, deren obiective Realität auch nicht auf der Vollendung der empirischen Reihe, sondern auf reinen Begriffen a priori beruht. Dergleichen transscendente Ideen haben einen blos intelligibelen Gegenstand, welchen als ein transscendentales Obiekt, von dem man übrigens nichts weis, zuzulasssen, es allerdings erlaubt ist, wozu aber, um es, als ein, durch seine unterscheidende und innere Prädicate bestimbares Ding zu denken, wir weder Gründe der Möglichkeit (als unabhängig von allen Erfahrungsbegriffen), noch die mindeste Rechtfertigung, einen solchen Gegenstand anzunehmen, auf unserer Seite haben und welches daher ein blosses Gedankending ist. Gleichwol dringt uns, unter allen cosmologischen Ideen, dieienige, so die vierte Antinomie veranlaßte, diesen Schritt zu wagen. Denn das in sich selbst ganz und gar nicht gegründete, sondern stets bedingte Daseyn der Erscheinungen, fodert uns auf: uns nach etwas, von allen Erscheinungen Unterschiedenem, mithin einem intelligibelen Gegenstande umzusehen, bey welchem diese Zufälligkeit aufhöre. Weil aber, wenn wir uns einmal die Erlaubniß genommen haben, ausser dem Felde der gesamten Sinnlichkeit eine vor sich bestehende Wirklichkeit anzunehmen, Erscheinungen nur als zufällige Vorstellungsarten intelligibeler Gegenstände, von solchen Wesen, die selbst Intelligenzen sind, anzusehen: so bleibt uns nichts anders übrig, als die Analogie, nach der wir die Erfahrungsbegriffe nutzen, um uns von intelligibelen Dingen, von denen wir an sich nicht die mindeste Kentniß haben, doch irgend einigen Begriff zu machen."

S. 169, Z. 18: „Das System der Sittenlehre", S. 200: „Hier erst entsteht ein categorischer Imperativ; als welcher ein *Begriff* seyn soll, und kein Trieb. [. . .] Er ist unser eigenes Produkt; *unser*, in wie fern wir der Begriffe fähige Wesen, oder Intelligenzen sind." Akad.Ausg. I,5, S. 145.

Philosophische Anmerkungen

§ 16

S. 178, Z. 5: „Grundlage des Naturrechts", S. 31–33; Akad.Ausg. I,3, S. 347 f.

§ 17

S. 192, Z. 28: Vergl. „Critik der reinen Vernunft", 3. Aufl., S. 1–3.

S. 198, Z. 4: „Critik der reinen Vernunft", 3. Aufl., S. 108: „Der Definitionen dieser Categorien überhebe ich mich in dieser Abhandlung geflissentlich, ob ich gleich im Besitz derselben seyn möchte."

S. 198, Z. 9: „Critik der reinen Vernunft", 1. Aufl., Riga 1871; „Zweyte hin und wieder verbesserte Auflage.", Riga 1787.

S. 203, Z. 2: „Critik der reinen Vernunft", 3. Aufl., S. 74: „Anschauung und Begriffe machen also die Elemente aller unsrer Erkenntniß aus, so daß weder Begriffe, ohne ihnen auf einige Art correspondirende Anschauung, noch Anschauung ohne Begriffe, ein Erkenntniß abgeben können."

S. 205, Z. 14: „Critik der reinen Vernunft" 3. Aufl., S. 155/56: „Wie aber das Ich, der ich denke, von dem Ich, das sich selbst anschauet, unterschieden (indem ich mir noch andere Anschauungsart wenigstens als möglich vorstellen kann) und doch mit diesem letzteren als dasselbe Subject einerley sey, wie ich also sagen könne: Ich, als Intelligenz und denkend Subject, erkenne mich selbst als gedachtes Object, so fern ich mir noch über das in der Anschauung gegeben bin, nur, gleich andern Phänomenen, nicht wie ich vor dem Verstande bin, sondern wie ich mir erscheine, hat nicht mehr auch nicht weniger Schwierigkeit bey sich, als wie ich mir selbst überhaupt ein Object und zwar der Anschauung und innerer Wahrnehmungen seyn könne."

S. 205, Z. 18: Reinhold, Karl Leonhard: „Versuch einer neuen Theorie des menschlichen Vorstellungsvermögens". Prag und Jena 1789. – S. 422 ff. „Theorie des Verstandes." – S. 422: „Die Vorstellung, welche durch die Art wie die Spontaneität thätig ist, unmittelbar entsteht, heißt *Begriff in engerer Bedeutung*, und das Vermögen durch die Art wie die Spontaneität thätig ist zu Vorstellungen zu gelangen, heißt *Verstand in engerer Bedeutung*."

S. 206, Z. 17: Jacobi, Friedrich Heinrich: „David Hume über den Glauben oder Idealismus und Realismus. Ein Gespräch" Breslau 1787. „Also, das Successive selbst ist das Unbegreifliche; und der Satz des zureichenden Grundes, weit entfernt, uns dasselbe zu erklären, könnte uns verführen, die Realität aller Succeßion zu läugnen. Denn wenn es mit dem Principio generationis nicht anders beschaffen ist, wie mit dem Principio compositionis, so muß jede Würkung als mit ihrer Ursache objectiv zugleich vorhanden gedacht werden. Ist diese Würkung wieder Ursache, so muß ihre unmittelbare Folge abermals mit ihr zugleich seyn, und so bis ins Unendliche. Also können wir auf diese Weise schlechterdings nicht zu einem Begriffe gelangen, der uns die Erscheinung der Folge, der Zeit, oder des Fließenden erklärte. Denn zwischen die Ursache A und die Würkung B ein Mittelding von Seyn und Nichtseyn einrücken zu wollen, hieße, deucht mir, den Unsinn zum Vehiculo des Verstandes machen." (S. 101)

S. 213, Z. 1: „Critik der reinen Vernunft", 3. Aufl., S. 110: „2te Anmerk. Daß allerwerts eine gleiche Zahl der Categorien jeder Classe, nemlich drey sind, welches eben sowol zum Nachdenken auffodert, da sonst alle Eintheilung a priori durch Begriffe Dichotomie seyn muß. Dazu kommt aber noch, dass die dritte Categorie allenthalben aus der Verbindung der zweyten mit der ersten ihrer Classe entspringt."

§ 18

S. 219, Z. 2: Vergl. zu Platners „Philosophischen Aphorismen", § 145: Akad.Ausg. IV,1, S. 222f.

S. 222, Z. 21: „Critik der reinen Vernunft", 3. Aufl., S. 224/225: „Alle Erscheinungen sind in der Zeit, in welcher, als Substrat, (als beharrlicher Form der inneren Anschauung,) das Zugleichseyn sowol als die Folge allein vorgestellt werden kann. Die Zeit also in der aller Wechsel der Erscheinungen gedacht werden soll, bleibt und wechselt nicht; weil sie dasjenige ist, in welchem das Nacheinander= oder Zugleichseyn nur als Bestimmungen derselben vorgestellt werden können. Nun kann die Zeit für sich nicht wahrgenommen werden. Folglich muß in den Gegenständen der Wahrnehmung, d. i. den Erscheinungen, das Substrat anzutreffen seyn, welches die Zeit überhaupt vorstellt, und an dem aller Wechsel oder Zugleichseyn durch das Verhältniß der Erscheinungen zu demselben in der Apprehension wahrgenommen werden kann. Es ist aber das Substrat alles Realen, d. i. zur Existenz der Dinge gehörigen, die Substanz, an welcher alles, was zum Daseyn gehört, nur als Bestimmung kann gedacht werden." – Vergl. auch: 1. Aufl. S. 251/252.

S. 225, Z. 16: „Von der Sprachfähigkeit und dem Ursprung der Sprache." In: „Philosophisches Journal einer Gesellschaft Teutscher Gelehrten", 1795, 1. Bd., Heft 3 und 4, S. 296: „Ich erkläre den Begriff der Substanz transscendentell nicht durch das Dauernde, sondern durch synthetische Vereinigung aller Accidenzen." (Akad.Ausg. I,3, S. 97–127.)

Philosophische Anmerkungen

§ 19

S. 227, Z. 17: Vergl. die Anmerkung zu S. 151, Z. 2.

S. 233, Z. 2: „Das System der Sittenlehre", S. 171 fg: „Jedes Glied einer Naturreihe ist ein vorher bestimmtes; es sey nach dem Gesetze des Mechanismus oder dem des Organismus. [. . .] Was im Ich, von dem Punkte an, da es ein Ich wurde, und nur wirklich ein Ich bleibt, vorkommen werde, ist nicht vorher bestimmt, und ist schlechterdings unbestimmbar. Es giebt kein Gesetz, nach welchem freie Selbstbestimmungen erfolgten, und sich vorhersehen ließen; weil sie abhangen von der Bestimmung der Intelligenz, diese aber als solche schlechthin frei, lautere reine Thätigkeit ist. – Eine Naturreihe ist stetig. Jedes Glied in derselben wirkt ganz, was es kann. Eine Reihe von Freiheitsbestimmungen besteht aus Sprüngen, und geht gleichsam ruckweise. [. . .] In einer Naturreihe läßt sich jedes Glied erklären. In einer Reihe von Freiheitsbestimmungen läßt keins sich erklären; denn jedes ist ein erstes und absolutes. Dort gilt das Gesetz der Kausalität, hier das der Substantialität, d. i. jeder freie Entschluß ist selbst substantiell, er ist, was er ist, absolut durch sich selbst." (Akad. Ausg. I,5, S. 128/29.)

S. 235, Z. 23: Spinoza, Baruch [Benedict] de, 1632–1677. – Vergl. S., B. d.: „Opera omnia posthuma", 1677. Darin: „Ethica, Ordine Geometrico demonstrata", Pars Prima, De Deo, Propositio XXIX, Scholium. „Antequam ulteriùs pergam, hîc, quid nobis per Naturam naturantem, & quid per Naturam naturatam intelligendum sit, explicare volo, vel potius monere. Nam ex antecedentibus, jam constare existimo, nempe, quòd per Naturam naturantem nobis intelligendum est id, quod in se est, & per se concipitur, sive talia substantiae attributa, quae aeternam, & infinitam essentiam exprimunt, hoc est, [. . .] Deus, quatenus, ut causa libera, consideratur. Per Naturam autem intelligo id omne, quod ex necessitate Dei naturae, sivè uniuscujusque Dei attributorum sequitur, hoc est, omnes Dei attributorum modos, quantenus considerantur, ut res, quae in Deo sunt, & quae sine Deo nec esse, nec concipi possunt."

S. 240, Z. 5: „Critik der reinen Vernunft", 3. Aufl., S. 432 f.: „Der Transscendentalen Dialectik Zweytes Buch. Zweytes Hauptstück. Die Antinomie der reinen Vernunft."

S. 241, Z. 2: Kant, Immanuel: „Metaphysische Anfangsgründe der Naturwissenschaft", Riga 1786.

S. 242, Z. 30: Kant, Immanuel: „Zum ewigen Frieden. Ein philosophischer Entwurf". Königsberg 1795.

S. 244, Z. 8: „Das System der Sittenlehre", § 31. „Über die Pflichten des ästhetischen Künstlers", S. 477 f.; Akad. Ausg. I,5, S. 307–309.

PHILOLOGISCHE ANMERKUNGEN

H   Hallesche Nachschrift, veröffentlicht in: J. G. Fichte-Ge-
        samtausgabe der Bayerischen Akademie der Wissenschaf-
        ten, Band IV,2.
B   Fichte Foundations of Transcendental Philosophy (Wis-
        senschaftslehre) Nova Methodo (1798/99) Translated and
        edited by Daniel Breazeale. Ithaca und London 1992.
E   Eschensche Nachschrift (Eutin), bisher unveröffentlicht
F   Änderung durch den Herausgeber Erich Fuchs
Ms   Manuskript der Krauseschen Nachschrift
R   Johann Gottlieb Fichte La Doctrine de la Science Nova Me-
        thodo Tome I: Traduction Texte présenté, établi, traduit et
        annoté par Ives Radrizzani. Lausanne 1989.
S   Seite
Z   Zeile

Erste Einleitung, Zweite Einleitung

S. 7, Z. 29:   Wesen   *F:* Wißen
S. 10, Z. 6:   *Ms:* Das   *F:* Durch das
S. 10, Z. 7:   *Ms:* ist; dadurch   *F:* ist, zeigt
S. 13, Z. 10: streift   *F:* aufwirft
S. 13, Z. 38: begründen;   *F:* begründen,
S. 14, Z. 11: Verstehen   *F:* Verfahren
S. 14, Z. 26: nicht die Dinge   *F:* nicht Dinge
S. 16, Z. 33: *Ms:* Vorstellens   *F:* Vorstellenden
S. 18, Z. 35: Vorstellungen   *F:* Vorstellung
S. 20, Z. 19: dieß   *F:* dieses
S. 25, Z. 28: *Ms:* Fertigkeit   *F:* Festigkeit

Wissenschaftslehre
§ 1

S. 28, Z. 23: *Ms:* Ursache   *F:* Thatsache
S. 30, Z. 16: B   *F:* Bewustseins
S. 30, Z. 34: ein   *F:* im
S. 33, Z. 28: ihm   *F:* ihr

Philologische Anmerkungen

§ 2

S. 38, Z. 7: Dieß *F:* Dieses
S. 38, Z. 14: dieß *F:* dieses
S. 38, Z. 19: ein *F:* kein
S. 39, Z. 1: *Ms:* woraus *R:* worauf
S. 39, Z. 16: *Ms:* dieser Begriff *F:* diese Bestimmbarkeit
S. 40, Z. 37: *Ms:* sezendes *(möglicherweise ein Transkriptionsfehler Krauses beim Anfertigen der Reinschrift aus ursprünglich „sehendes“, dann „setzendes“; wie die Korrektur S. 200 zeigt, sind in Krauses Handschrift tz und h leicht zu verwechseln.)* *F:* sehendes
S. 44, Z. 16: *Ms:* Entgegengesezten *F:* Entgegensezen
S. 45, Z. 23: Synthesis *F:* Synthesiren

§ 3

S. 49, Z. 1: *Ms:* das oben angezeigte *F:* die oben angezeigte Lücke ausgefüllt [vgl. *H* S. 45, Z. 8 und oben S. 46, Z. 14]

§ 4

S. 51, Z. 29: nur *F:* immer
S. 54, Z. 4: *Ms:* nothwendiges *F:* unmittelbares

§ 5

S. 58, Z. 33: ist *F:* wird
S. 58, Z. 36: *Ms:* Bestimmbarkeit *F:* Theilbarkeit
S. 59, Z. 20: *Ms:* rückwärts *F:* ruckweise
S. 59, Z. 36: alle⟨s⟩ *F:* all⟨ein⟩
S. 60, Z. 37: *Ms:* es ist nur durch sie *F:* sie ist nur durch es
S. 62, Z. 25: unauflösliche *F:* unauflösbare

§ 6

S. 64, Z. 15: *Ms:* dieser FUNCTION *F:* diesem Entwerfen
S. 66, Z. 23: *Ms:* sezende *F:* seyende
S. 69, Z. 3: *Ms:* ⟨eins⟩ *im Sinne von:* so etwas *(E:* dies fanden wir: dies ist Gefühl*)*
S. 69, Z. 8: Sphäre[a] *F:* Sphäre[b]
S. 71, Z. 24: *Ms:* eine neue *F:* eine
S. 71, Z. 36: beiwohne[,] *F:* beiwohne,
S. 72, Z. 2: zukommt als was es sich nicht *F:* zukommt was es nicht
S. 72, Z. 6: *Ms:* ursprüngliche *F:* ursprünglich [nothwendige *im Ms. durchgestrichen*]
S. 73, Z. 31: NichtIch *F:* ⟨Richtung⟩

§ 7

S. 78, Z. 21: Anschauung   *F:* Äuserung
S. 81, Z. 6: *Ms:* ist allein   *F:* ist alles in
S. 81, Z. 37: Beschr[änktheit   *F:* Beschr[än]ktheit
S. 82, Z. 36: Bewustsein   *F:* Begriff
S. 82, Z. 39: Bewustsein*), hier als Kürzel für* Begriff?   *F:* Bewustsein*)*
S. 85, Z. 19: *Ms:* erste   *F:* leztere
S. 86, Z. 1: *Ms:* Schweben   *F:* Streben
S. 87, Z. 21: Ich sich[,] indem   *F:* Ich[,] selbst indem

§ 8

S. 89, Z. 36: *Ms:* A⟨n⟩gabe   *F:* Aufgabe
S. 91, Z. 14: Identität..   *F:* Identität?
S. 96, Z. 22: *Ms:* im vorigen § deducirte Reflexion   *F:* Reflexion auf das im vorigen § deducirte
S. 99, Z. 21: Seine   *F:* Seine [sc. des Ich]
S. 99, Z. 36: *Ms:* ein Begriff, die Anschauung.   *F:* ein Begriff.
S. 99, Z. 37: *Ms:* von   *F:* vor

§ 9

S. 103, Z. 30: X   *F:* Y
S. 105, Z. 28: ist   *F:* wird

§ 10

S. 107, Z. 8 v. u.: *Ms:* Ohnerachtet   *F:* [A)] Ohnerachtet
S. 108, Z. 17: *Ms:* 1)   *F:* B)
S. 110, Z. 17: ist   *F:* muß
S. 110, Z. 18: worden   *F:* werden

§ 11

S. 121, Z. 9: *Ms:* im Bewustsein   *F:* in Vereinigung
S. 121, Z. 39: im Bewustsein *irrtümlich für* in Vereinigung?
F: Ms.: im Bewustsein *irrtümlich für* in Vereinigung
S. 122, Z. 20: neuerlich   *F:* innerlich

§ 12

S. 129, Z. 18: Ms: Ich im Begrif   *F:* Ich[,] im Begrif [als Produkt]
S. 129, Z. 37: *Ms:* im Gefühle des Man[ni]gfaltigen   *F:* im Verhältnisse [*deleatur:* des Man[ni]gfaltigen]

S. 130, Z. 5/6: *Ms:* Form des Man[ni]gfaltigen [/] der Anschauung *F:* Form der Anschauung [/] des Man[ni]gfaltigen

S. 133, Z. 10: wißen *F:* meßen

S. 135, Z. 4: reelen *F:* reellen

§ 13

S. 135, Z. 16: *Ms:* doch *F:* noch

S. 135, Z. 19: *Ms:* und eine Zeit *F:* und eine Zeit für uns, ⌣

S. 135, Z. 28: wird *F:* wurde

S. 136, Z. 17: *Ms:* mannigfaltigen Denken *F:* Mannigfaltigen des Denkens

S. 137, Z. 19/20: der Erfahrung *F:* dem Erfahren

S. 137, Z. 23: kann zweierlei *F:* könnte zweierlei

S. 138, Z. 37: *Ms:* dazugedacht *F:* weggedacht

S. 140, Z. 7: ist ein *F:* auf einen

S. 140, Z. 9: der *F:* von

S. 141, Z. 3: *Ms:* Beschränktheit *F:* Freiheit

S. 141, Z. 15: *Ms:* ihm *F:* [aus] ihm

S. 142, Z. 9: *Ms:* jedem *F:* jenem

S. 147, Z. 19: bedingend als *F:* bedingend, als

S. 149, Z. 3: *Ms:* nur *F:* nicht

S. 149, Z. 4: Bestimmten *F:* Bestimmen

S. 149, Z. 15: *Ms:* Zeit *F:* Materie

S. 151, Z. 9: *Ms:* einer Reihe *F:* einem Reiche

S. 151, Z. 28: *Ms:* Uiberschweben *F:* Uibergehen

S. 151, Z. 30: *Ms:* Uiberschweben *F:* Uibergehen

§ 14

S. 152, Z. 26: *Ms:* Erfolgs *F:* Gefühls

S. 161, Z. 9: Grenze *F:* Grenzen

S. 163, Z. 9: wo *F:* wie

S. 163, Z. 16/17: *Der entsprechende Satz lautet in H: S. 159:* [Sache der Reflexion ist] lediglich diese Beziehung der Begränztheit auf den reinen Willen, oder diese Synthesis.

S. 163, Z. 37: anschauen *F:* ansehen

S. 165, Z. 29: *Ms, E:* durch das Gefühl *R, B:* durch das Reflectiren

S. 166, Z. 2: würde *F:* wird

§ 15

S. 167, Z. 26: *Ms:* erste *F (H, R, B):* zweite

S. 167, Z. 26: *Ms:* zweite *F:* erste

S. 168, Z. 32/33: *Ms:* unseres Wesens   *F:* unserer Thätigkeit
S. 169, Z. 14: *Ms:* aufnehmen   *F (H, E):* auflegen
S. 169, Z. 17: *Ms:* 200   *B:* 20 *(entsprechend H; vergl. Sitten-*
lehre: AA I,5, S. 43)
S. 170, Z. 7: *Ms:* Das   *F:* в) Das
S. 170, Z. 22: *Ms:* angefügten   *F:* zugefügten
S. 171, Z. 33: *Ms:* er   *F:* es

§ 16

S. 173, Z. 24: *Ms:* Denkens   *F, H, E:* Dürfens
S. 173, Z. 28: Bewußtsein   *F:* S[elbst]Bewußtsein
S. 174, Z. 23: *Ms:* ersten   *F, H:* ersten [sc. des Handelns]
S. 177, Z. 22: *Ms:* nach dem Willen   *F, H:* der Aufforderung
zufolge

§ 17

S. 179, Z. 26: Thätigkeit   *F:* That
S. 179, Z. 32: W[ollens].   *F:* W[esens].
S. 180, Z. 17: zugleich   *F:* eins *(vgl. Zeile 25, auch H; vielleicht*
Verschreibung für gleich*)*
S. 181, Z. 25: diese   *F:* deine
S. 182, Z. 7/8: sie ist … Philosophen   *E:* aber dies wäre es nur
für ein Wesen außer dem ich – *H:* so ist es für eine Intelligenz außer
uns
S. 182, Z. 13: *Ms:* erscheint   *F:* entsteht
S. 184, Z. 30: *Ms:* ohne   *F:* um
S. 185, Z. 7 v. u.: *Ms:* Ichs   *F, H:* X *(R: Hörfehler Krauses:*
Ichs *für* X?*)*
S. 186, Z. 1: *Ms:* Entschluß   *F:* Deliberieren
S. 187, Z. 25: *Ms:* Erscheinung   *R, B:* Analyse
S. 188, Z. 34: *Ms:* Denken des synth[etischen]   *F:* synth[eti-
schen] Denken
S. 190, Z. 22: *Ms:* Wählen   *F, H:* Wählende
S. 190, Z. 32/33: *Ms:* Abstractionen und concrete Wahrhei-
ten   *F:* abstracte und concrete Wahrnehmung
S. 191, Z. 13: *Ms:* Bedingung zum Bedingten   *F:* Bedingtes
zur Bedingung
S. 191, Z. 32: *Ms:* anstatt   *F:* anstatt *[sc. im Sinne von* oder
besser, *vgl. H:* Strenger ausgedrückt würde es heißen:*]*
S. 193, Z. 31: *Ms:* nur *R, B:* nun
S. 195, Z. 31: *Ms:* Alle Ansicht des Ich ist subjectiv oder objec-
tiv *H:* die Ansicht des Ich ist subjectiv objectiv

S. 196, Z. 1: *Ms:* allem   *F:* allen

S. 196, Z. 31: *Ms:* ist   *F:* wird

S. 197, Z. 8: *Ms:* Bestimmen des Ich   *F:* bestimmende Ich

S. 197, Z. 9: *Ms:* jedenfalls   *F:* gleichsam

S. 197, Z. 17/18: *Ms:* das Entwerfen des Zweckbegriffs   *F, H:* der entworfene Inbegrif

S. 198, Z. 8: *Ms:* Critiken   *F:* Critik

S. 198, Z. 22: *Ms:* Kategorie   *R:* Kategorien

S. 199, Z. 16: *Ms:* Sinnlichkeit   *F:* Sinnenwelt

S. 199, Z. 23: [das]   *F:* das

S. 200, Z. 8: *Ms:* vermittelt ist   *F:* vollzogen ist

S. 200, Z. 20/22: *Ms:* Im Entwerfen ...   *F: Dieser Satz ist, anhand von H, so zu lesen:* Im Entwerfen ist [es] die Aussicht auf den künftigen Zweckbegriff[, um dessentwillen die Vernunft an die Wahl geht]; im Realen ists ...

S. 200, Z. 28: *Ms:* bestimmend als   *F:* als bestimmend

S. 200, Z. 30: setze   *F:* sehe

S. 201, Z. 26: *Ms:* Möglichkeit   *F:* Möglichkeit[, die Bewegung zu denken,]

S. 201, Z. 32/33: *Ms:* dieß ist ... auffaßt.   *H:* nur ist es nicht etwas an sich, sondern [etwas] von uns bloß hinzugedachtes.

S. 202, Z. 7/8: *Ms:* eben deswegen bloß gedacht wird[,]   *F:* bloß gedacht wird[,] eben deswegen

S. 203, Z. 14: *Ms:* Bestimm‹te›   *F:* Bestimmende

S. 203, Z. 21/22: *Ms:* denn dieses ... selbst   *R, B:* denn dieses ist das Produkt meiner Einbildungskraft, *H:* Die Theilbarkeit ... ist nur in der Einbildungskraft, durch die ich das Objekt er-

S. 206, Z. 34: *Ms:* eins allein   *F:* einzeln   [blicke.

S. 207, Z. 13: von der   *F:* die

S. 207, Z. 14: die   *F:* der

S. 207, Z. 22: *Ms:* die Hauptsynthesis   *H:* das Hauptglied in der Synthesis

S. 208, Z. 2: *Ms:* Bestimmte   *F:* Bestimmen

S. 208, Z. 32: sich an den B[egriff]   *F:* sich immer an das Bewustsein

S. 209, Z. 8: Einbildung   *F:* Einbilden

S. 209, Z. 14: *Ms:* gespaltenes   *F:* spaltendes

S. 209, Z. 17–19: *Ms:* sondern ... vorausgesezt wurde.   *H:* sondern daß mit dem reinen Denken, wodurch das sich bestimmen erst entstanden wäre, das Objekt vorausgesezt wird.

S. 209, Z. 24: *Ms:* gleichsam   *H:* gleichfalls

S. 211, Z. 16: *Ms:* ganzen Systeme   *H:* Ganzen, einem Systeme

S. 213, Z. 7: *Ms:* DURCH *F:* AUF
S. 213, Z. 11: URSPRÜNGLICH *(Ms:* URSPRÜNGL.*)* *F:* URSPRÜNG-LICHES
S. 214, Z. 12: DESSELBEN *F:* DERSELBEN

§ 18

S. 215, Z. 26: mit *F:* in
S. 215, Z. 30: als *F:* als ein
S. 216, Z. 4: der *F:* der obersten
S. 217, Z. 29: *Ms:* bestimmte *F:* Bestimmen
S. 218, Z. 7: *Ms:* bloße Vermögen *F:* Bestimmte
S. 219, Z. 2: Herausgehen *F:* Herausgr[eifen]
S. 219, Z. 29: *Ms:* hinausgehen *H:* hinausgehen können
S. 220, Z. 4: Best[immung]. *F:* Best[immtheit].
S. 220, Z. 28: erzeige *F:* erzeuge
S. 222, Z. 23: *Ms:* Prod[uct] des reinen Denkens *H:* Objekt des realen Denkens
S. 225, Z. 2: nur als gestaltlos *F:* immer als gestaltetes
S. 225, Z. 16: *Ms:* vereinigte, *F:* vereinigende
S. 225, Z. 17–19: *Ms:* Jedes Ding … dieser Würksamkeit. *H:* Jedes Ding ist, bezogen auf die mögliche Wirksamkeit nichts anders als Wiederherstellung des Quantums von Wirksamkeit.
S. 225, Z. 25: *Ms:* C *F:* G
S. 225, Z. 26: *Ms:* C *F:* G
S. 225, Z. 27: *Ms:* daß *F:* [dadurch] daß

§ 19

S. 228, Z. 15: *Ms:* Vernunft *H:* Vernünftigkeit
S. 228, Z. 25: *Ms:* unser Bestimmen als subjectives und ideales *H:* unsere Bestimmtheit als subjective und ideale
S. 229, Z. 8: *Ms:* bloße *H:* nicht bloße
S. 230, Z. 3: *Ms:* durch sie *F:* durch ein angeschautes Handeln
S. 230, Z. 6: und und *F:* und
S. 230, Z. 22/23: *Ms:* das bestimmbare *H:* das Bestimmte
S. 231, Z. 3: *Ms:* ⟨ganz⟩ *H:* oben
S. 232, Z. 2/3: *Ms:* durch eine ganz andre Art des Aufsteigens *H:* auf einem andern Wege, (nehmlich durch Aufsteigen)
S. 233, Z. 25: *Ms:* sinnliche Aufgabe *H:* versinnlichte Aufgabe
S. 233, Z. 28: *Ms:* sinnlichen Wesens *F:* vernünftigen Wesens

S. 234, Z. 17: mit dem   *F:* mit den

S. 234, Z. 20/21: nur ein Ideales   *F:* nun offenbar

S. 234, Z. 21: *Ms:* er denkt   *H:* Ich denke

S. 234, Z. 31: *Ms:* bestimmb[ar] <in den>   *H:* die zusammen-
gefaßte Maße der bestimmten einzeln[en]

S. 234, Z. 32/33: *Ms:* <erblickt> *[nahezu unleserlich] H:* wahrgenommen

S. 235, Z. 14: *Ms:* zur   *F:* für

S. 235, Z. 28/29: *Ms:* ist der meinige   *H:* sind noch Leiber
anderer vernünftiger Wesen

S. 235, Z. 31/32: bestimmter besonderer   *F: bestimmter besonderer*

S. 236, Z. 35: müßen   *F:* müßte

S. 236, Z. 37: in wechselseitiger   *F:* eine wechselseitige

S. 238, Z. 23/24: *Ms:* da das … ist   *H:* weil hier nach den Gesetzen der Wechselwirkung gedacht wird

Eintheilung der Wissenschaftslehre

S. 241, Z. 26: nicht   *F:* wohl

S. 242, Z. 10/11: *Ms:* <der des Sinnlichen>   *F:* die Erhebung

S. 243, Z. 31/32: transcend[entale]r speculativer Wißenschaft-
l[er] *F:* treibend eine speculative Wißenschaft

S. 244, Z. 9: Der Wille   *F:* Die Welt

S. 244, Z. 19: Wißenschaft   *F:* Wißenschaft[slehre]

REGISTER

Register

Sachen

Register

Register